21·世·纪·经·济·学·系·列·教·材

现代西方经济学

（第二版）

陈友龙 缪代文 编著

中国人民大学出版社
·北京·

前言

2002年，由中国人民大学出版社出版了我们编著的《现代西方经济学》一书。该书在教学中得到了同学们的好评。这次，应出版社要求，由陈友龙对原书在结构和内容上做了调整、充实，对有的章节进行了重新编写。

本书作为新书出版，有以下几点需要说明。

第一，这次修改后，全书分为经济学概述、微观经济学和宏观经济学三部分。经济学概述部分缩编成两章。原第二章的内容作为第三章，调整到微观经济学部分。

在内容上，对原第十三章重新进行了编写。经过这样的调整和充实后，本书的结构更为明确合理，内容更为丰满。

第二，本书内容覆盖财经类本科教学大纲的全部内容，对西方经济学中的理论、原理、概念、发展线索及重要理论应用、政策措施作了全面的介绍，尤其是对现代主流经济学的介绍，弥补了过去教材的陈旧和理论的不足。

第三，读者没有必要也不可能去掌握西方经济学的所有理论及工具，对于那些细枝末节或对理论、概念理解无关的部分，本书概不涉及，而对那些涉及微观经济学和宏观经济学的基本原理、政策、实例则作了必要的介绍。

第四，形式服从内容，工具服务于理论内容是本书的编写原则。如果理论工具有助于学生理解课程内容，那么必须掌握那些直观图形和精炼的公式，但工具的运用要少而精。

第五，西方经济学的许多原理、范畴源于生活，我们把握它们是为了学以致用。为此，书中运用了大量详实的事例，其宗旨不仅在于学好理论，更重要的是联系实际，达到学习的目的。

本书具体分工是：缪代文（第一章至第三章、第十二章、第十四章至第二十章）、陈友龙（第四章至第十一章、第十三章）。全书由陈友龙负责统编。由于编著者水平有限，不妥乃至错误在所难免，敬请读者批评指正。

作者

2010年9月

目 录

第一篇

经济学概述

第一章

经济学导论

经济学是研究如何实现稀缺资源的有效配置与利用的。本章要求学员初步了解经济学的基本内容，包括经济学的十大原理、两个基本经济模型、资源配置与利用中的基本问题及解决方式、经济学研究的两个层面（微观经济学和宏观经济学）、经济学的研究方法和学习经济学的理由。

第一节　什么是经济学

一、经济学的定义

经济学虽然只有二百多年的历史，但它是近代发展最为迅速的科学，被称为“最古老的艺术和最新颖的科学”、“社会科学的皇后”。经济学对人类经济活动的研究是从资源开始的。

资源是指用于满足人类需要的有形产品和无形产品。它包括资本（如机器、厂房、铁路、车辆、库存等）、劳动（如工人、农民、技术人员、服务人员、管理人员等）、土地（如河流、矿藏、森林等）。它们一经加工，便部分地变成资本物品或生产手段。企业家才能也可以纳入劳动范畴。经济学之中的资源是指经济资源，即必须付出代价（成本）才能获取的稀缺资源。

（一）资源的稀缺性和选择性

经济学研究稀缺资源在各种可供选择的用途之间进行分配。经济学提出以下两种假定。

1. 经济资源是稀缺的

稀缺性是指相对于人类多样、无限的需要而言，满足需要的资源是有限的。我们可以感受到身边稀缺性的存在：收入有限、上班族时间不够用、政府财政紧张、住房短缺、交通拥挤、能源危机等。资源稀缺是相对于人类欲望而言的，所谓欲望，经济学定义为人对生活资料和服务的不间断的需求。人需要空气、食物和水以维持生命并领悟生命的意义，需要适于所处气候的衣着和住所，需要一个属于自己的家和一个属于自己的空间。即使基本欲望满足了，其他更高级、新的欲望还会自行出现：要有更舒适的家、娱乐、教育、交通、生活环境。人们的欲望不断增加，日趋复杂，千头万绪。所以，人类欲望是毫无止境、多种多样、不断变化的。相对于人类欲望而言，满足这些欲望的资源始终是稀缺的。资源稀缺性无论是在贫穷的非洲还是富裕的欧美都同样存在。

2. 选择的必要

选择性是指资源配置，即如何利用既定的资源去生产量多质优的经济物品，以便更好地满足人类的需要。选择的前提是同一资源有多种用途。

煤炭既可用于发电、炼钢，又可用于做饭、取暖；有限的时间里，人们既要安排工作、学习、吃饭睡觉，又得考虑郊游、锻炼、聚会；一定的人力资源既可投入军需品生产制造，又可去生产黄油、面包和精神食粮。就像钢铁既可制造飞机、大炮、坦克，又可生产汽车、轮船、自行车一样，同一资源可满足不同的欲望。由于资源的稀缺，人们的多种多样的、无限的、不间断的需求无法满足，人们不得不权衡和作出选择。例如，生产更多的军需品，就得减少民用品供给；奢侈品多了，必需品就少了；是买两本新出版的畅销小说，还是买一本哲学经典和一条领带？是去参加校园的周末舞会，还是去看两场电影？

（二）经济学解决的基本问题

1. 资源配置问题

人类进行选择的过程也就是资源配置的过程，选择要解决以下三个基本问题。

（1）生产什么。由于资源有限，用于生产某种产品的资源多一些，用于生产其他产品的资源就会少一些。人们必须作出选择：用多少资源生产某种产品，用多少资源生产其他产品。

（2）怎样生产。不同的生产方法和资源组合是可以相互替代的。同样的产品可以有不同的资源组合（劳动密集型方法或资本技术密集型方法）。人们必须决定：各种资源如何进行有效组合，才能提高经济效率。同样的产品生产在不同的外部环境下会有不同的劳动生产率，所以人们还必须决定，资源配置在哪种外部环境下最有效。

（3）为谁生产。这包括：产品如何进行分配，根据什么原则、采用什么机制进行分配，以及分配的数量界限如何把握等。

由资源的稀缺性和选择性引发的这三大基本问题，被称为资源配置问题。

2. 资源利用问题

当经济出现失业时，意味着经济资源的闲置与浪费。所以，经济学不仅要研究资源配置问题，还要研究资源利用问题。所谓资源利用是指人类社会如何更好地利用现有的稀缺资源，使之生产出更多的物品。资源利用包括以下三个问题：

（1）为什么资源得不到充分利用，如何解决失业问题，实现“充分就业”；

（2）经济水平及其产量为什么会产生波动，如何实现经济增长；

（3）货币如何影响经济社会，如何对待通货膨胀或通货紧缩问题。

由上可见，稀缺性不仅引起了资源配置问题，而且还引起了资源利用问题。所以，许多经济学家认为，经济学是研究稀缺资源配置与利用的科学。

二、经济体制及两个基本经济模型

(一) 资源配置的基本方式：市场经济体制和计划经济体制

资源配置与利用中的几大基本问题是：

(1) 生产什么商品？生产多少？何时生产？是多生产军需品满足安全需要，还是多生产民用品满足消费需求？

(2) 如何生产？是用石油和煤炭发电，还是用风力、水力和原子能发电？是手工操作还是机器大规模生产？是大型私人公司还是国有公司？由哪些人使用何种资源、何种技术？谁去打猎？谁去钓鱼？

(3) 为谁生产物品？谁来享用这些物品和劳务？社会产品怎样分配给不同的人和家庭？是按照体力还是按照智商给予酬劳？

(4) 为什么资源得不到充分利用，通过什么手段消除失业以及资本与土地的闲置？

(5) 如何实现经济持续稳定的增长？

(6) 现代经济社会中，对解决失业问题、通货膨胀问题有什么办法？

对以上问题，过去传统社会中主要依靠习惯和传统，而现代社会经济中则主要通过两种基本的经济体制来加以解决。(1) 市场经济体制。它主要通过市场经济来解决资源配置与利用问题（即由市场竞争性价格决定生产什么、如何生产、为谁生产）。企业使用成本最低的技术和成本组合（即如何生产）生产那些价高利大的商品（即生产什么）；生产要素价格或要素供求决定人们收入的高低，产品的分配取决于人们的货币选择或消费决策（为谁生产）；资源的高效率充分利用、经济波动和通货膨胀也主要通过价格的调节与刺激等间接经济手段来实现。(2) 计划经济体制。它主要通过经济计划来解决资源配置与利用问题。中央集中的指令性计划决定生产什么（如军需品或民用品的数量及比例）；如何生产（如生产要素统一调拨、按计划供应、产供销“一条龙”、计划缺口的平衡与调剂）；为谁生产（如产品分配由自上而下的组织及制度决定），其中计划起着支配作用，即资源配置与利用都由计划中心来安排。

(二) 两个经济模型：生产可能性曲线和市场运行图

1. 生产可能性曲线与资源配置

(1) 生产可能性曲线。不同情况下资源配置与利用的效率是不一样的，这可以用生产可能性曲线来表示。生产可能性曲线是指一个社会用其全部资源和当时的技术所能生产的各种产品和劳务的最大数量的组合。

由于整个社会的经济资源是有限的，当这些经济资源被充分利用时，增加一定量的一种产品的生产，就必须放弃一定量的另一种产品的生产。整个社会生产的选择过程形成了一系列产品间的不同产量的组合，所有这些不同产量的组合就构成了社会的生产可能性曲线。下面举例说明生产可能性曲线的含义。

假设一个社会把其全部资源用于 A 和 B 两种产品的生产。其生产可能性曲线如图 1—1所示。

图 1—1 中的生产可能性曲线（a、b、c、d、e、f 的连线）表示一个社会在资源有限、技术一定的情况下所能生产的产品 A 和产品 B 的不同产量组合，它规定了在既有资源约

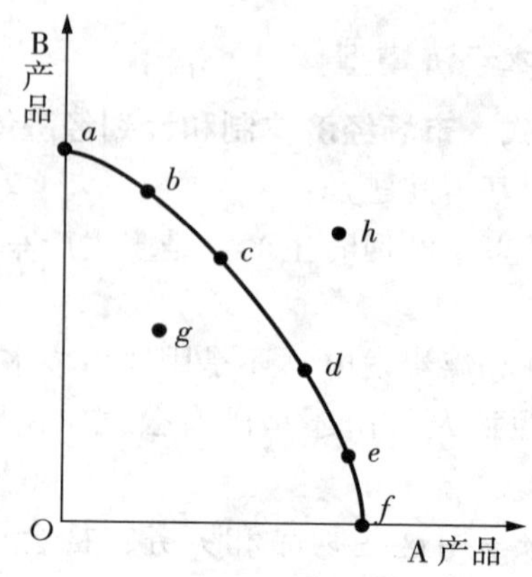

图 1—1 生产可能性曲线

束下所能达到的产量组合边界。如果选择点 b，则社会得到的产品 B 多于产品 A；如果选择点 e，则产品 A 增加，同时必须部分放弃产品 B。在曲线上的任意一点都表示全部资源被利用时，社会可接受并能得到的产量组合。曲线以外（如点 h）是无法达到的产量，因为没有足够的资源；曲线以内（如点 g）虽可以达到，但没有有效利用资源。

生产可能性曲线（边界）可以说明三个概念：

资源的有限性：曲线以外无法达到的组合意味着资源的有限性；

选择：曲线上各种组合的存在意味着选择的必要；

选择成本或机会成本：曲线向下倾斜意味着存在机会成本，要想获得多一些的产品 A，必须以放弃或牺牲产品 B 为代价。

（2）生产可能性曲线的运用。

● 必需品与奢侈品的不同组合及选择。如果所有的资源都用在生产奢侈品上，必需品产量则为零，反之奢侈品产量则为零。如果资源既用于生产奢侈品，又用于生产必需品，则二者的不同组合就是 AB 线上的所有组合点。例如，点 C 表示较多的奢侈品与较少的必需品组合，而点 D 表示较少的奢侈品和较多的必需品组合。AB曲线上的点表示既定稀缺条件下所能生产的奢侈品和必需品的最可行的组合，在曲线之外的点（如点 F）则是达不到的产量组合，曲线之内的点（如点 E）则表示虽可行但不理想，而且缺乏效率的组合（见图 1—2）。

AB 曲线上的不同组合代表了不同的选择或资源配置取向：经济不发达、总收入偏低、温饱型人均收入水平的国家，多选择点 D 代表的组合；经济较富裕的国家多选择点 C 代表的组合。

● 机会成本。生产可能性曲线向下倾斜并呈凸型表明当全部资源被充分利用时，要想获得多一些的奢侈品，就必须牺牲或放弃更多的必需品，即随着奢侈品生产的增长，其选择成本或机会成本也越来越大。选择成本或机会成本递增规律在许多重要的选择中都存在。例如，当我们需要多一些的农产品时，为获得这些农产品必须放弃更多的工业品。换句话说，为得到更多农产品而不得不支付更高的成本。机会成本递增规律（或称相对成本递增规律）显然是与收益递减规律相联系的。

机会成本是经济学中一个非常重要的概念，它是资源有限性的函数，它是直接由选择

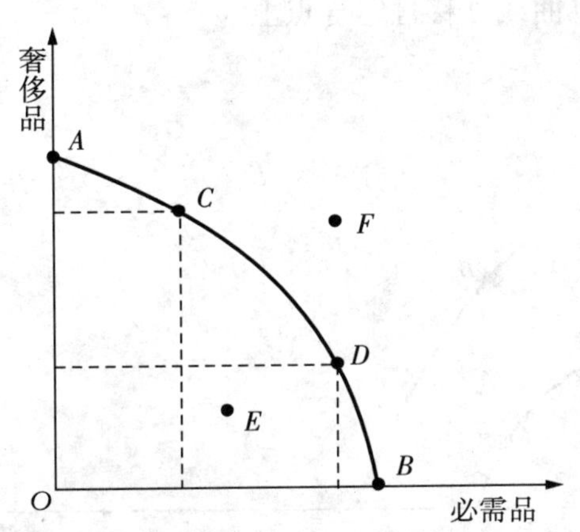

图 1—2　必需品与奢侈品的不同组合及选择

问题引申出来的概念。它的含义是作出一项决策时所放弃的另一项决策的潜在收益。例如，某人有 10 万元资金，开商店可获利 2 万元，炒股票可获利 3.5 万元，如果他选择了开商店，则机会成本就是 3.5 万元。

又如，某人一天用于学习、工作和消遣的时间总共为 16 小时，星期一至星期五每天的时间分配组合选择点 A 组合；星期六、星期日则选择点 B 组合。此时，为新增加 6 小时消遣时间而放弃的 6 小时的学习、工作时间就是周末消遣时间增加的机会成本（见图 1—3）。

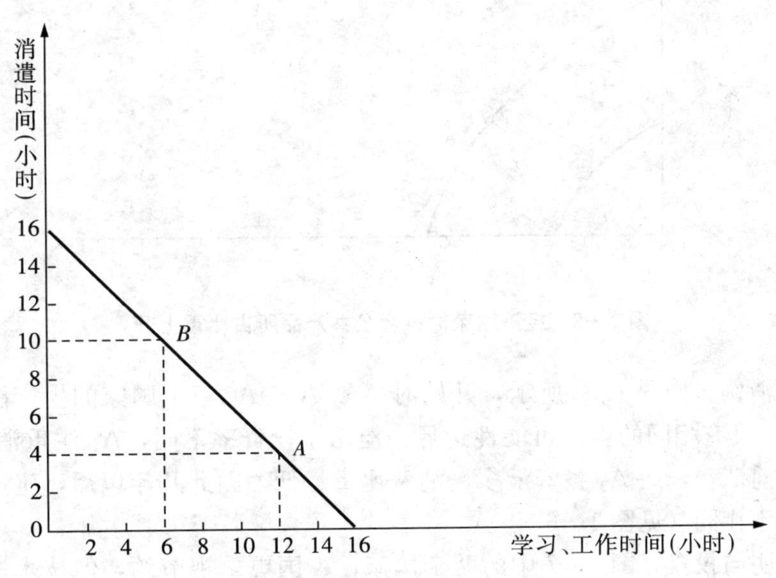

图 1—3　学习、工作和消遣的选择

● 经济发展与经济繁荣。如图 1—4 所示，处于较低发展阶段的贫穷国家，资源主要用于生产食品；而经济发展到较高阶段后，以及随着发达国家的食品消费与生产的减少，奢侈品的生产与消费增加（曲线外移且组合点上移）。

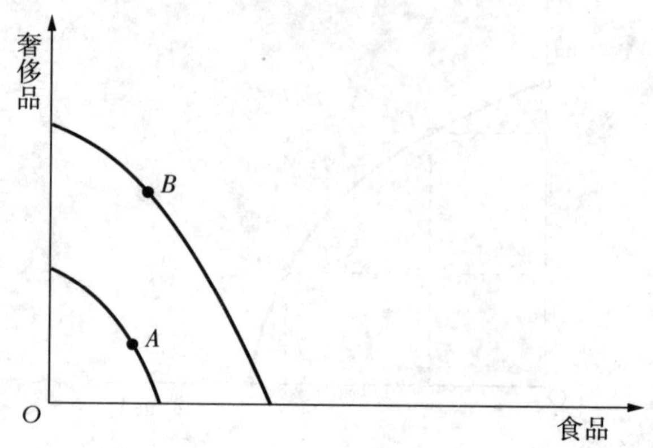

图 1—4　经济发展使生产可能性曲线外移

在图 1—5 中，在经济发展的初级阶段，国民贫穷且居住分散，用于公共产品（国防、道路、公共保健、科研、教育、医疗、安全、反污染计划等）的支出很少；而经济繁荣时期，国民相互依赖性增强，用于私人产品的支出的比重下降（曲线外移且组合点上推）。

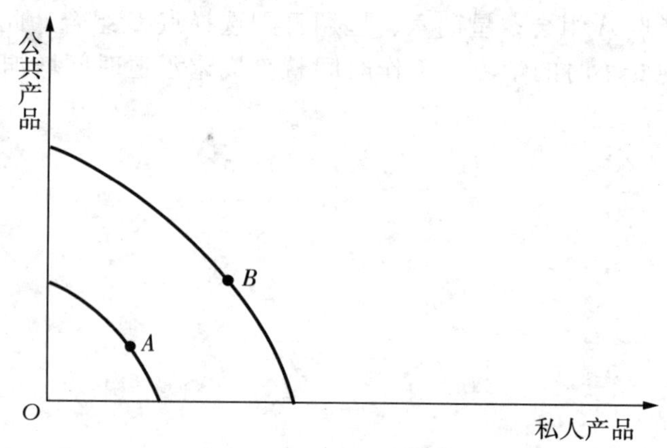

图 1—5　经济繁荣时社会公共产品所占比重上升

● 投资与消费。如图 1—6 所示，开始时 A_1、A_2、A_3 三个国家的生产能力相同（见图 1—6（a）），具有相同的生产可能性边界。但由于投资率不同，A_1 注重消费，A_2 则牺牲了较多的目前消费，而 A_3 投资最多，消费比重最低。因此几年以后，生产能力和消费量跟过去比大不相同（见图 1—6（b））。

● 技术发明与投资。图 1—7 中的两个国家，A 国更重视节约，但技术进步缓慢，通过积累资本品向前发展；而 B 国注重创新与发明，投资于教育、科学、研究和发明的资源较多，由于技术进步和大量资本形成，它的发展更加迅速。

2. 市场运行图

比较资源配置的两种基本方式（计划经济体制和市场经济体制）会发现，由于计划经

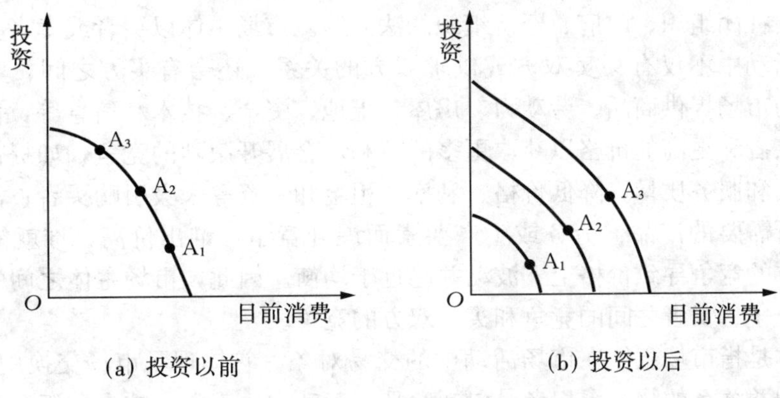

图 1—6　为将来消费牺牲目前消费的投资

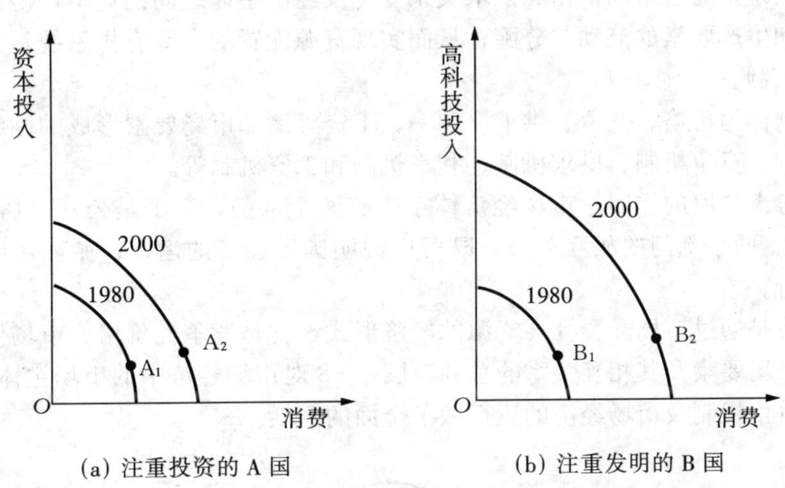

图 1—7　技术发明比单纯的投资更重要

济体制运行所需要的各种条件尚不具备，它不能解决诸如信息问题、动力问题、失衡问题、配置成本问题、条块分割和政企不分问题。因此，当今世界绝大多数国家都选择了以市场为基础的市场经济体制。

市场经济体制是在市场机制作用下配置经济资源的体制，它由市场主体、市场客体以及市场机制构成。

所谓市场，简单地说就是商品或劳务交换的场所或接触点。市场可以是有形的场所，如商店、贸易市场、证券交易所、展销会、订货会等；也可以是无形的场所，如一个电话或某个场合签订的合同便可完成商品或劳务的交换。即任何存在供求关系的时空，都可称为市场。市场除了有形和无形的划分外，还有其他的划分方法，如国际市场、国内市场和地区市场（按范围划分）；消费品市场、生产资料市场或生产要素市场（按商品的自然属性划分）；批发市场和零售市场（按流通方式划分）；现货交易市场和期货交易市场（按交易时间划分）等。

市场的参与者称为市场主体，即市场上从事各种交易活动的当事人。它包括自然人、家庭、企业、社团组织、政府、经济组织的法人等。市场主体以买者或卖者身份参与市场经济活动，活动中不仅有买卖双方或供求双方的关系，还会有买方之间、卖方之间的关系。供给方为市场提供商品、劳动力、房屋、土地、资金、技术和信息等，供给者之间为争取更多的买者和更高的价格以获取更多的盈利，会展开激烈的竞争，如提供新产品和服务，提高产品和服务质量，降低价格、利率、租金和工资等来吸引购买者；需求方同样为争取到自己所需要的产品、劳务或生产要素而展开竞争，谁出价高，谁就能在竞争中获胜；供求双方的竞争导致价格上下波动并趋近于均衡。因此，市场主体之间的竞争表现为买者之间的竞争、卖者之间的竞争和买卖双方的竞争。

市场客体是指市场主体在市场活动中的交易对象。它体现了市场交换中的经济关系，是各种经济利益关系的物质承担者，包括商品、劳动力、工资、技术、资金和信息等。市场主体与市场客体是构成市场运行的两大系统。

市场机制是指通过市场价格和供求关系变化及经济主体之间的竞争，协调生产与需求之间的关系和生产要素的流动与分配，从而实现资源配置的一套有机系统，其核心是市场价格与竞争机制。

市场机制作为价格、竞争、供求、利率、工资等诸如市场要素形成的制约体系，主要包括价格机制、竞争机制、供求机制、利率机制和工资机制等。

如果不考虑政府的作用，市场经济体系中有两个部门，一个是公众（居民），一个是厂商（企业）。两个部门的相互关系，既可以说明国民经济的运行、循环，也可以说明市场经济的运行。

市场经济是通过市场配置社会资源的经济形式，它是竞争性价格、市场供求、市场体系等一系列市场要素及其相互关系的总和。图 1—8 对市场经济中的市场主体、供求关系、市场体系、价格机制及市场经济的运行做了全面的概括。

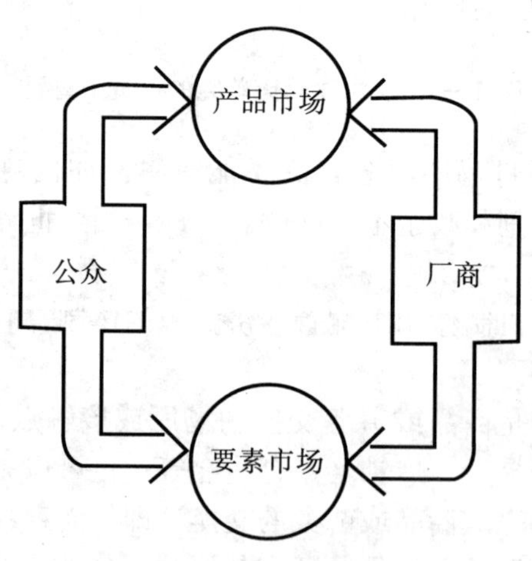

图 1—8　市场运行图

首先考察图 1—8 中的公众，公众为了从消费中取得最大的效用，要到图中圆形所表示的产品市场上购买消费品。供给这些物品的是厂商，厂商之所以供给这些物品，目的在于取得最大利润，而为了取得最大利润，厂商必须把生产费用降低到最低水平。因此，产品市场上形成两条曲线：需求曲线和供给曲线。产品市场上的供求均衡意味着社会能以最优的方式（最低的生产费用）使用资源来使消费者得到最大的满足（最大的效用）。

为了进行生产，厂商必须在生产要素市场上购买生产要素，因此生产要素市场上的需求曲线代表了为满足消费者需要而形成的引致需求。为了取得收入，公众也必须在生产要素市场上出卖生产要素。这一市场上的供求相等或供求曲线相交的交叉点意味着各种生产要素（劳动、资本、土地等）都得到了其生产贡献上的报酬。

三、竞争机制和价格机制

市场运行通过市场机制得以实现，其中最基本和最重要的市场机制是竞争机制和价格机制。

（一）竞争机制

所谓竞争机制，是指竞争同供求关系、价格变动、生产要素流动与组合，以及市场成果分配诸因素之间的有机联系和运动趋向。

以商品市场为例，竞争包括买者的竞争和卖者的竞争以及买者与卖者之间的竞争。竞争的主要手段，在同一生产部门内主要是价格竞争，以较低廉的价格战胜对手；在部门之间主要是资金的流入或流出，资金由利润率低的部门流向利润率高的部门。竞争的内容包括争夺较大的销售市场、资金来源、先进技术和技术人才等。竞争机制充分发挥作用和展开的标志是优胜劣汰。因此，竞争机制的功能一方面是保证价格机制和信贷利率机制等市场机制的充分展开，并充分发挥其功能；另一方面是保证市场机制对企业活动的充分调节。可见，竞争是市场机制的一个基本要素。市场机制促进社会生产力发展和调节社会生产比例的作用，都是通过竞争机制实现的。竞争可以促进企业改善经营管理和提高劳动生产率，可以促使各企业的资金在社会生产各部门之间流动。

如果没有竞争或缺乏竞争，占据市场垄断地位的少数企业就会靠牺牲其他市场参与者（生产者和消费者）的利益，谋取垄断利润，整个社会的经济效率和福利水平也就会因此降低。竞争能降低商品市场价格，增加商品功能和品种，促使厂商提高产品质量和服务质量。正由于此，市场经济下政府的主要职责就是通过经济、法规、行政等各种手段促进竞争，让所有市场主体都能公平地参与市场竞争。

（二）价格机制

市场机制中价格机制处于核心地位。价格机制是指商品或资源的供给与需求同价格变化诸因素之间的有机联系。具体地讲，当某种商品供不应求时，买者的竞争使该商品的卖者竞相提价销售，市场价格上升，并使其他部门的厂商把资金、人力、物力投入到该种商品的生产中。于是，该种商品的供给增加，当增加到超过需求量时，卖者会竞相削价出售商品，该种商品的价格下降，生产者抽出资金，最终供给会下降。价格变化与生产者供给的产品量呈同方向变动，而同消费者对商品的需求量呈反方向变动。

供求、竞争、价格的相互作用最后会使商品的供求趋于一致，形成相对稳定的均衡价格和均衡产量。

价格机制是一种没有上级指令的工作系统，它的运转不需要人们用语言传达命令，不管彼此是否喜欢，价格是无声的语言、无色的指挥灯，它通过一系列供求、竞争的联系，发挥无意识的协调作用。人们把价格机制比喻为一个精巧的机械系统，尽管它存在着不完善之处，却解决着牵涉到数以万计的、关系复杂的问题。任何一个大城市，人口有数百万甚至上千万，每天要消费难以数计的粮食、果品、肉类、蔬菜等，每天有成千上万的人去购买电器、衣物、日用品等，这就需要有物品的流入流出，但是每天有多少种不同的商品被多少个生产者生产出来，又被多少个不同的批发商分给多少个不同的零售商，再转卖给多少个收入、爱好各不相同的消费者？每天消费的大米、面粉、蔬菜、鸡蛋等又是经过多少道环节才到消费者手中？如此庞大而复杂的经济流程是如何进行的？这一切，都是在没有任何人设计、指导和计划下自行完成的，是市场机制这只"看不见的手"创造出来的。

在市场经济中，价格机制有四大功能或作用。

1. 传递信息的功能

商品短缺的信息，会立即通过价格上涨传达出来，价格上涨使该商品的消费者减少需求，而使该商品的生产者扩大生产规模、增加产品供给；商品过剩的信息通过价格下跌来传递，并引起消费者增加对该商品的需求而使生产者撤出资金、缩小生产规模，使该商品供给减少。

价格传递的信息是多方面的，一切影响供求变动的因素的变化，都会在价格波动中得到反映。例如，消费者收入水平的变动、社会收入分配平等程度、消费者偏好的变化、社会人口数量及构成的变动、民族传统、风俗习惯、生产者对未来的预期、技术水平变化、生产要素成本以及宏观产业政策等，都会不同程度地引起需求和供给的变动，并通过价格波动反映出来。这些信息通过价格以外的途径去全面搜集、捕捉、分析是非常困难的。只有价格才能综合地传递这些因素对供求的影响。对于生产者和消费者，恐怕不知道价格涨跌的原因，也不需要知道价格为什么涨跌，只要了解价格变化趋势并作出相应反应就够了。

以股市价格变动为例。经济学家至今还不完全清楚究竟是什么因素直接导致股市的大起大落，这恐怕是因为影响股价涨落的因素太复杂、太微妙了。但是在规范化的市场中，股价的波动传递着一个重要的综合性信息：股市行情看涨，说明投资者信心足、预期乐观、国际国内经济政治环境较好；股市行情看跌，说明投资者对前景悲观、经济政治环境变化微妙。所以，股市价格（股票价格指数及成交额）被视为一国经济状况的"晴雨表"，它传递的信息是综合性的，有重要的参考价值。

2. 合理配置资源的功能

合理配置社会资源，是指对各种有限资源按照社会生产的内在联系，进行各种用途的分配，并取得最佳社会经济效益。市场经济中，市场主体以利润最大化为目的，哪个部门商品价格上升，意味着该部门的生产者可以获得较多的利润，社会资源就会流进这个部门；反之，哪个部门商品价格下降，资源就会从该部门退出，流到市场价格高、利润高的部门中去。当某部门资源投入过多、产品供过于求时，其市场价格就会下降，利润减少；反之，当某部门资源投入过少、产品供不应求时，其市场价格就会上升，利润增加。资源在价格变动引导下在部门间的流入流出使得社会资源得到调整，最终实现资源的合理配置。

3. 提供生产动力和促使企业竞争的功能

每个生产者和生产要素供给者都会不同程度地对价格变化作出反应，这种供给对价格变化作出的反应（供给价格弹性）表明价格能提供生产动力（激励）并促使企业间展开竞争：一旦预期某种商品价格上涨或发现某种商品价格开始上涨，生产者就会增加生产、扩大规模以赚取利润。价格的激励作用使其他生产者也从事该种商品的生产。当社会上某种产品供给量增加并超过市场需求时，价格开始下降，生产者为保证一定的利润，就不得不努力降低成本、采用新技术、提高产品质量；当该行业竞争激烈，供给量大量增加，价格继续下降时，生产该商品的部分生产者就会把资金抽出投向其他行业。激烈的竞争使商品越来越丰富，最终达到要素或资源的合理配置。

4. 影响或决定收入分配和收入水平的功能

市场中，一个人收入的多少取决于其拥有的生产资源（土地、生产工具、劳动力、资金、技术专利、企业家才能等）以及这些资源的市场价格。某种资源或要素市场价格的涨跌实际上影响拥有该种资源或要素的人的收入，进而相对地降低或增加了其他要素所有者的收入。所有要素市场价格都平衡地或同比例地涨落，一般不会影响到人们的相对收入；而各种要素市场价格非平衡或不同比例的变动，会引起人们相对收入的变化。

物价总水平的变化也会影响人们的收入分配。以物价上涨为例，它会减少债权人、工薪阶层、现金持有者、出租人、退休金领取者、固定收入阶层和抚恤金领取者的实际收入，而相对地增加债务人、雇主、黄金持有者、不动产和实物拥有者、承租承包者的实际收入。所以，价格变动能引起人们相对收入水平的变化，从而起着利益分配的作用。

第二节　经济学十大原理

一、经济学家的思考方式

经济学源于经济生活，只要把经济学还原为事理常规，它毫无神秘之处。每个领域都有自己的语言和自己的思考方式，供给、需求、弹性、消费者和生产者剩余、边际成本、边际收益、国民生产总值、充分就业等术语是经济学语言的一部分。经济学家还运用假设、图形、公式等工具来理解、解释现实并简化经济生活。

许多对经济学感兴趣的人常常因其特殊的表达方式而产生畏惧。经济学著作中存在的把经济问题复杂化、数学化、公式化、神秘化倾向，使得初学者对其望而却步，这也招来一些有识之士的批评：其实，可以使每个人都成为经济学家，只要没有数学分析。这种说法虽有些偏颇，但并非毫无道理。经济学可采用四种表达方式：普通散文、简单几何、代数和算术。选择哪一种完全是个人偏好的问题。经济学不像量子力学那样要求有深厚的数学基础，领悟经济学的美妙只需要简单的逻辑推理，只要愿意动脑筋、努力思考就行了。但是，熟悉大多数经济学语言又是必须的，它的价值是能够提供一种关于世界的新的、有用的思考方式。面对繁杂无序、冲突顽固的现象和力量，经济学提供了一个扎扎实实的观念体系。

正如不能在一夜之间成为一个数学家、心理学家或律师一样，学会像经济学家一样思考也需要一些时间。为了尽可能缩短读者掌握经济学的时间（经济学家指出学习时间是稀缺的资源之一），本节用通俗、生动的语言介绍在整个经济学中反复出现的一些重要原理，即交替关系原理、机会成本原理、边际决策原理、激励反应原理、比较优势原理、“看不见的手”原理、“看得见的手”原理、生产率差异原理、通货膨胀与失业短期交替关系原理、收益递减原理，它们是经济分析的基础，同时在不涉及数学分析的情况下介绍宏观经济学和微观经济学的基本内容。

二、经济学十大原理

（一）交替关系原理

在资源既定的情况下，多生产甲产品，必须以少生产乙产品为代价。“天下没有免费的午餐”、“有得必有失”、“甘蔗没有两头甜”、“鱼和熊掌不可兼得”等表达的都是资源约束下的交替关系。经济生活中广泛存在着交替关系，例如：（1）学习经济学的时间多了，在会计学、心理学、人口学上花费的时间就少了；新增加 5 个小时的学习时间，就要放弃本来可用于睡眠、骑车、看电视、打零工的时间。（2）是打工挣钱储蓄货币呢，还是干自己喜欢的事储蓄健康？（3）一国资源更多地用于大炮（军需品）生产还是更多地用于黄油（民用品）生产，“大炮与黄油”存在替代关系。（4）效率与平等之间也存在着交替关系。

（二）机会成本原理

机会成本又称选择成本，是指作出一项选择时所放弃的其他可供选择的资源运用带来的潜在收益。通常而言，为了得到某种东西而必须放弃另一种东西，这种被放弃的东西，经济学称为机会成本。例如：（1）上大学除缴纳学费、书费外，实际上还存在时间成本，即这段时间干工作可以挣得的工薪；（2）体育明星从事职业运动，一年能赚上百万元，上大学的机会成本极高，所以都是在退役以后再去上大学。

（三）边际决策原理

边际决策是指人们经常要对现有行动计划进行增量调整，这种增量调整被称为边际决策或边际变动。例如：（1）当人口增加而此时粮食又是歉收时，农业问题就成为边际问题，需要放在突出的位置上；而当温饱问题基本解决而农业劳动生产率大幅度提高时，农业问题可能会让位给交通问题、电力问题、环境保护问题等。（2）吃糠咽菜的年代，肥胖是富态，而富裕年代，肥胖则是病态，减肥成为时尚。（3）当发展中国家与发达国家坐到一起讨论人权时，发展中国家更关心人权中的发展权、生存权，因为它们面临的边际问题是脱离贫困。（4）消费者和生产者几乎无时无刻不在考虑边际产量，以便作出更好的决策，只有一种行动的边际收益大于边际成本时，理性经济人才会采取该项行动。

（四）激励反应原理

激励反应实际上就是利益原则，即人们会对激励作出反应，人们会比较成本与收益从而作出决策。所以，当成本或收益变动时，人们的行为也会改变。例如：（1）某种商品价格上升时，意味着购买者成本上升，人们会作出减少购买而选择其他替代品的决策；反之，当价格下降时，人们对该商品的购买会增加。同样，该商品的生产者也会根据价格的升降作出相应决策，因为价格的升降意味着出售商品的收益的增减。（2）经济学家发现，广泛地提高税率反而会减少政府的财政收入，因为税率提高降低了对生产者的激励，从而使其生产活动减少。罗纳德·里根（Ronald Reagan）描述过征税的激励反应：美国第二次世界大战期间的战时附加所得税税率达 90%，演员只要拍四部电影收入就适用最高税率，所以演员们拍完四部电影后就停止工作，到乡下度假。高税率引起少工作，低税率引起多工作。因此，1980 年里根施政计划的重要内容之一就是减税，这一激励政策被称为里根经济学（供给学派）的经济学观点。

（五）比较优势原理

比较优势原理又称交换（贸易）原理，它说明了交易能使每个人的状况变得更好的道理。两个人的交换能使双方获益，两个国家的贸易可以使每个国家的状况都变得更好。贸易促使人们专门从事自己最擅长的活动，并享有更多的物品和劳务。

（六）"看不见的手"原理

"看不见的手"原理是指家庭或企业受价格这只"看不见的手"指引，决定购买什么、购买多少、何时购买，决定生产什么、生产多少、如何生产、为谁生产，他们时刻关注着价格，不知不觉地考虑其行动的收益与成本。结果，价格指引这些个别决策者通过市场在大多数情况下实现了整个社会福利的最大化。

"看不见的手"原理最早由经济学家亚当·斯密（A. Smith）提出。17 世纪和 18 世纪是资本主义形成和发展的初级阶段，生产规模相对较小，经济自由竞争还受到各种限制。英国资产阶级古典经济学家亚当·斯密在其 1776 年出版的名著《国民财富的性质和原因的研究》（简称《国富论》）中对经济自由竞争、自由贸易进行了详尽的阐述，斯密表述了使他欣喜若狂的伟大发现［著名经济学家萨缪尔森（P. Samuelson）把这一发现与牛顿的三个定律相提并论］：动机良好的法令和干预手段，不能帮助经济制度运转，不要计划，利己的润滑油会使经济齿轮奇迹般地正常运转，市场这只"看不见的手"会解决一切。每个人既不打算增进公共的利益，也不知道他所增进的公共福利为多少。他所追求的仅仅是他个人的利益。在这种场合，像在其他许多场合一样，他受一只"看不见的手"引导去促进一种目标，而这种目标决不是他所追求的东西，由于他追逐自己的利益，他经常促进了社会利益，其效果要比他真正想促进社会利益时所得到的效果为大。①

后来的经济学家发现，这是人们对市场经济描绘中最经典、最清楚的一段文字。斯密的思想反映了资本主义的时代精神以及处于上升阶段的资产阶级的利益。斯密把个人利己行为与社会经济福利统一起来，由此得出价格调节经济是一种正常的自然秩序（"上帝"的旨意）的结论，使后来的新老自由主义者相信，通向地狱的道路是用良好的愿望铺成的，这使人们时刻警惕干预主义被滥用。

（七）"看得见的手"原理

"看得见的手"原理是指在"看不见的手"失灵或市场失灵的领域和时期，不得不进行政府干预或宏观调控。政府干预有时可以改善市场结果。

市场失灵是指市场本身不能解决资源有效配置的情况。市场失灵包括以下四种情况。(1) 失业和经济周期。尽管一百多年前马克思就科学地说明了经济自发性、盲目性导致的

---

① ［英］亚当·斯密：《国民财富的性质和原因的研究》，下卷，25 页，北京，商务印书馆，1972。

危机和失业，但西方学者直到20世纪30年代才承认失业是一个普遍现象，并且用有效需求不足、三大心理规律说明失业的原因。凯恩斯（J. M. Keynes）提出的宏观财政政策和货币政策的刺激总需求的措施在第二次世界大战期间盛行一时，凯恩斯主义（干预主义）又叫做需求管理。(2) 公共产品领域（国防、公共设施、基础研究、广播电视、教育卫生、医疗保险等）具有的非竞争性或非排他性，使市场机制无能为力，需要政府出面提供这些产品或采取措施保护公平竞争，限制垄断。(3) 外部性问题。外部性包括有益外部性（新发明、接种疫苗、教育投资、助人为乐等）和有害外部性（环境污染、汽车尾气、噪音释放等）。解决有益外部性问题需要政府的奖励和专利保护，以及慈善机构和社会公益团体的参与，解决有害外部性问题要靠政府制定法律、法规、税收政策或界定权利。(4) 平等问题。市场配置会导致贫富悬殊和两极分化，需要政府采取公共政策，削减或缓释残酷的市场竞争后果，如利用累进所得税、社会救济、福利再分配等政策增进社会经济福利，但前提是不降低社会经济效率。

"看得见的手"原理必须建立在市场基础上，在市场失灵的领域发挥作用。由于信息不完全、政策程序等原因，政府干预虽然可以改善市场结果，但并不意味着它总能促进经济福利。

（八）生产率差异原理

生产率是指一国生产物品和劳务的能力。各国生产率的不同导致各国人均收入和生活水平的差异。例如1993年，墨西哥的人均收入为7 000美元，尼日利亚的人均收入仅为1 500美元。生产率高低用一个生产者1小时所生产的物品和劳务量来衡量。在那些生产率较高的国家，人们会拥有更多的电视机、汽车，享受更好的医疗保健、教育和享有更长的预期寿命；而那些生产率较低的国家，大多数人必须忍受贫困的生活。

（九）通货膨胀与失业短期交替关系原理

通货膨胀是指一国经济中物价总水平的持续上升。货币量的迅速增长、货币流通速度加快和生产率的大幅度下降都会导致通货膨胀。失业是指社会中存在的没有工作但仍在积极寻找工作的成年人的现象。许多国家都遇到过通货膨胀与失业交替出现的问题，即通货膨胀率与失业率此消彼长。失业率高，通货膨胀率低；失业率低，通货膨胀率高。经济学家菲利普斯（E. Phillips）把这种交替关系描绘成一条凹形曲线，即菲利普斯曲线。这条曲线仍然是一个有争议的问题，但大多数经济学家认为，通货膨胀与失业之间存在短期交替关系。

（十）收益递减原理

收益递减原理是一条广泛存在的经验性规律，它是指当保持其他投入不变时，连续增加同一单位的某种投入所增加的收益（或产量）越来越少的现象，又称边际收益递减规律。收益递减的原因是：随着某一种投入，如劳动的更多单位增加到固定数量的土地、机器和其他要素上，劳动可使用的其他要素越来越少，土地变得更加拥挤，机器超负荷运转，所投入的劳动也变得较不重要了。

边际收益递减的另一面是边际成本递增。在短期内，当把可变生产要素用于不变的生产要素生产时就表现出收益递减的倾向，这就意味着边际成本有上升的倾向。如果最初存在着收益递增，则边际成本就下降，但在一定时间后，边际收益递减和边际成本递增总会出现。成本的∪形变化规律和收益的∩形变化规律对企业和厂商来讲意义深远。

三、微观经济学和宏观经济学的基本内容

（一）微观经济学

1. 如何使利润最大化

利润是总收益与成本之差。假定你要推出一种新产品，如太阳能变速运动鞋，你一定会对自己提出一系列问题并进行思考，然后分步解决。

第一步，你会考虑投产所必须具备的条件：市场需要量、每双鞋的成本、销售价格、利润多少。你在考虑这些因素时，已经是一个踏进经济学门槛的人了。

第二步，如何使利润最大化？不用翻阅高深的经济学著作，你就会想到：（1）降低成本而质量不变；（2）提高价格但市场需要量和销售价格不变；（3）降低价格但必须扩大销量（薄利多销）。这说明了市场需求、成本、价格和产量是经济分析对象的要素。

第三步，你应做决策了：提价？降价？还是价格不变，降低成本？实际上，凭经验就能作出选择：（1）太阳能变速运动鞋并非生活必需品，价格太高没人买；（2）太阳能变速运动鞋替代性强，涨价会降低需求，会把顾客推到销售皮鞋、布鞋、旅游鞋和汽车的商场；（3）涨价与否还要考虑人们的收入水平、太阳能变速运动鞋售价占社会平均收入的比重、其他相关商品价格等。你在作出选择时，实际涉及的是经济学中的需求价格弹性大小分析。需求价格弹性是指需求量变动率与价格变动率的比率。需求富有弹性的商品（奢侈品、耐用消费品、旅游和旅游纪念品等）适合降价多销，使总收益和总利润增加；需求缺乏弹性的商品（生活必需品、替代性弱的商品）适合提价销售，价格变化引起的需求量变化不大，总收益和总利润会增加；需求无弹性的商品（药品、各种管理收费等）更适合涨价销售，但会受到政府的干预和管制。

需求价格弹性是经济学中非常重要的概念，它不仅使人们知道需求是价格的函数，而且进一步对其量化，使人们知道需求量变动程度的大小。决定需求价格弹性的因素很多，主要包括：收入比重（某商品价格占消费者预算支出的比重与需求弹性成正比）；替代程度（某商品的替代品越多，其需求价格弹性就越大）；时间长短（时间长短与商品需求弹性成正比）；需求程度（生活必需品需求弹性小，而奢侈品需求弹性大）。

第四步，你在确定了价格之后，接下来应对产量多少作出选择。确定产量时，你会把成本分为固定成本和变动成本，并且很快会明白，只有变动成本才与产量有关。每增加一单位产量，成本和收益也会增加（边际成本和边际收益），当每增加一单位产量的收益大于成本（边际收益大于边际成本）时，你会继续增加产量，反之则会减少产量；直到每增加一单位产量的收益等于成本（边际收益等于边际成本）时，这时的产量水平所获得的总利润最多（利润最大化原则）。你会奇怪，最后一双鞋的成本与收益相等，那生产这双鞋有意义吗？你回头翻翻书会明白：首先，它确定了生产规模的大小；其次，成本与收益相等不等于没有得到利润。西方经济学称成本与收益相等时的利润为正常利润，它包含在成本之中：最后一双鞋的卖价 200 元（收益）＝200 元（成本），而成本＝外在成本＋机会成本，即成本＝180 元实际支出＋20 元未支出的机会成本。

2. 一个销售经理不得不面对的市场

西方微观经济学中有关市场出清（产品市场、劳动市场、金融市场在市场机制的作用下能迅速达到均衡状态）、经济人完全理性、完全信息和资源自由流动假设只不过是

经济学家理想的乌托邦。人们实际面对的是接近完全竞争的市场或不完全竞争市场。

在完全竞争市场上，有成千上万的买者和卖者，每一个厂商无法决定和影响价格，它只是市场价格的被动接受者。假如你是一位市场销售经理，为了在市场上立住脚，你必须不断地调整销售量，把握进货时机，低进高出。而从长期来看，你必须告诉企业生产经理：突出产品特色。基于产品的差别性，由市场价格的接受者变为价格的创造者才是取胜之道。

在垄断竞争市场上，因为存在产品差别，竞争手段常常是让人眼花缭乱的广告大战，而注重特色、树立形象、推出品牌，最终也能达到控制产量、提高价格的目的。在垄断竞争市场上，每一个公司的产品都有自己的特点。由于替代品的存在，在掌握价格竞争策略时，了解市场对本产品的需求及需求价格弹性极为重要。一般而言，短期来看，在垄断竞争市场领域的公司有控制产量和价格的能力，但从长期来看，由于竞争性的新公司可以加入，利润会被摊薄。

在垄断竞争市场上，最有效的竞争手段是维持垄断地位，阻止其他公司加入，垄断产品原料、生产技术和发明，维持较大生产规模，最终控制产量和价格。

在寡头市场上，几家厂商垄断了该行业产品的生产和销售，它们彼此密切注意对手的一举一动，而各自都拥有独具特色的产品。在广告宣传上，它们互不相让，攻势如潮，产生的效益相互抵消，结果几败俱伤；这之后，它们会在价格、市场份额上达成协议，协调议定价格和涨价幅度。从竞争策略上讲，寡头之间会尽力避免价格竞争、人为控制价格的广告大战。美国历史上的香烟广告大战、汉堡包大战、各领风骚的汽车争斗等，都留下了惨烈的故事。

一般大公司之间的竞争很少在价格方面展开，那样只会相互损害，伤其元气，常见的是在广告、产品差别、服务质量上明争暗斗。

以上内容涉及了微观经济学中的均衡价格理论、生产和消费理论、弹性理论、成本理论、收益理论以及厂商均衡理论（市场理论和定价决策论）。

（二）现代宏观经济学

1. *凯恩斯的宏观经济学理论*

凯恩斯之前的西方经济学家信奉萨伊定律，认为市场机制能自行调节经济。但古典经济学却无法解释20世纪30年代的经济大萧条。古典经济学认为，萧条、失业只是暂时现象，失业只是劳动供给超过需求时的特殊情况。失业时，工资水平会下降，厂商会雇用愿意接受低工资的失业工人，从而拉低在业工人的工资，这样失业会消失。

但是凯恩斯认为，由于工会、传统、制度限制以及工资刚性，人们已经习惯于既有的工资水平，因而工资水平不可能降低。这样，充分就业只是一种特殊情况，失业可能会经常存在，失业成为一种普遍现象。为什么供给不能创造需求以解决供过于求的问题呢？凯恩斯否定了萨伊定律，认为不是供给创造需求，相反是需求创造了供给。他认为国民收入由总需求（消费需求和投资需求）决定，由于边际消费倾向递减、资本边际效率递减、流动偏好三大心理规律的作用，导致消费需求和投资需求不足，故出现失业。凯恩斯所要解决的核心问题是失业问题，这也是宏观经济学的核心问题。

2. 简化的凯恩斯宏观经济理论（浴缸理论）

一国总收入或经济活动水平取决于各种支出的总水平，政府可以通过制定和调整税率政策、利率政策、政府本身的货币支出来影响居民的消费支出和投资支出。其道理可用浴缸来说明（见图1—9）。

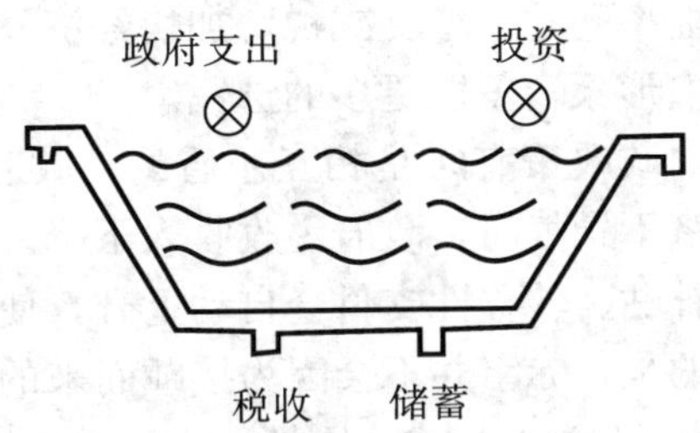

图1—9　经济浴缸

图1—9中的水代表经济活动水平和就业水平。当出现失业时，水位较低，这时可采取以下办法：开大水龙头（增加政府支出和投资）；关小排水口（减少税收，降低储蓄）；开大水龙头的同时，关小排水口。当出现通货膨胀时（充分就业，总需求继续增加，水从浴缸中溢出），应该：关小水龙头（减少支出）；开大排水口（提高利率增加储蓄，提高税率并增加税种以便增加税收）；关小水龙头的同时，开大排水口。国民收入如果正好处于充分就业时的均衡，则应使流入量等于流出量（水位始终不变）。

凯恩斯主义盛行的年代，政府正是用以上办法来管理和调节经济的。政府通过影响消费支出、投资支出和政府支出的总体水平来控制经济（需求管理）。当出现失业和经济萧条时，政府会增加财政支出（公共工程、政府订购、转移支付）；减少税收，降低税率；同时增加货币供应量，降低存贷利率，使存款减少，消费增加，贷款上升，投资增加。如果出现经济高涨，方法正好相反。由此可见，政府的财政政策即增减支出和税收是直接发生作用的；通过货币供应量变化、利率变化影响消费、投资的货币政策是间接发生作用的。

3. 中央银行和政府的干预及其后果

在西方银行体系中，中央银行管理商业银行，而中央银行既独立于国会，又独立于政府。中央银行主要通过货币供应量的变化来影响利率和贷款数量，还可以通过直接变更商业银行向其借款的再贴现率调节利率，通过利率变化作用于投资、储蓄和消费。所以，中央银行运用货币政策（货币供应量和利率）控制经济。

政府主要通过财政政策调节政府支出和税收影响经济总水平，达到控制经济的目的。

20世纪40—60年代，西方各国政府把失业率和通货膨胀率控制在3%～4%的“正常”界限内。凯恩斯理论似乎提供了解决当时所有问题的答案。此时，经济学凌驾于所有社会科学之上，好似一颗璀璨的明珠。但从20世纪60年代中期开始，随着政府开支大增、石油涨价、通货膨胀的出现，高物价并未带来高就业，而是出现了高失业率。经济学家断言的通货膨胀与失业只能交替出现，政府只能在二者之间作出取舍或选择的结论与现实严重背离。现实中，为减少失业而采取的任何措施都会造成高物价；为降低物价采取的措施又带来高失业率，经济学把这称之为滞胀。

为了治理滞胀，西方国家采取了如下办法。(1) 利用货币政策对付通货膨胀，由中央银行负责操作。中央银行代表商业银行利益，作为债权人的商业银行家及股东是不喜欢通货膨胀的。因为通货膨胀时，吸存困难、贷款贬值。(2) 利用财政政策对付失业，由政府具体操作。政府主要关心失业率问题。增支减税，加快经济发展速度，创造更多的就业机会以减少失业，可以树立政府形象，争取更多的选民。

由此可见，货币政策与财政政策有时是相互矛盾的，政府与银行的偏好是不一致的。当银根紧缩、投资不足、经济不景气时，政府税收收入下降。与此同时，不景气严重，失业率上升，失业救济、福利补贴、转移性支付会自动上升，使政府开支迅速上升，收支不平衡，出现赤字。耐人寻味的是，赤字并不会因为接踵而来的通货膨胀而减少或消除。事实上赤字始终存在，这是因为：(1) 政府支出刚性，一旦增长就难以收缩或下降，支出削减计划会受到各方的强烈反对；(2) 赤字实际上是政府债务，政府借债会吸纳很大一部分私人储蓄，从而挤掉了部分本应有的消费和投资支出，萧条加剧，这又促使政府进一步借债以刺激总需求，从而出现赤字恶性循环；(3) 政府举债，从资金市场上筹措资金，填补赤字，对货币需求增加，利率上升，导致私人投资下降，国内货币价格上升、出口下降，如果这时银行扩大货币供应量，就存在出现新一轮通货膨胀的危险。这样看来，调节经济是一件非常复杂的事情，如果调节经济仅仅是运用“凯恩斯政策工具箱”中的各种工具，那么经济学家就无事可做了。即使是天才的经济学家，也不可能提供解决所有问题的答案。

第三节　经济学的方法

一、实证方法和规范方法

(一) 实证方法

实证方法是一种摆脱或排斥价值判断、集中研究和分析经济活动与经济过程如何运行的分析方法。它只研究经济现象间的联系，分析和预测经济行为的后果，只回答“是什么”的问题，对诸如“状态”、“可选择的政策”、“实施某方案的后果”等方面进行描述和解释。用实证方法分析失业、通货膨胀、财政政策、增长、发展等经济问题和经济现象的科学，叫做实证经济学。萨缪尔森认为：“当代政治经济学的首要任务在于对生产、失业、价格和类似现象加以描述、分析、解释，并把这些现象联系起来。”“我们必须尽力树立一种客观和超然的态度，不管个人的好恶，要就事物真相来考察事物。”“检验一种理论是否正确要看是否有助于说明观察到的现象。它的逻辑是否完美，讲得是否细致美妙，那是次要的。”① 他在这里讲的，就是实证方法的基本特征和基本要求。微观经济学与宏观经济学都把社会经济制度作为既定不变量，不分析社会经济制度变动对经济的影响，故它们都属于实证经济学。

① ［美］萨缪尔森：《经济学》，11～18页，北京，商务印书馆，1980。

实证分析一般借助于一系列经验数据、假设条件、经济数量模型，根据理论模型作出预测，然后用事实来验证预测，以便决定修改或放弃理论及其预测。经济学就是在考察资料、形成假说、检验假说、修改或放弃假说中演化和发展的。

（二）规范方法

规范方法是从一定的价值判断（伦理学意义上的好或坏）出发，提出某些标准并把这些标准作为制定经济政策的依据，研究如何才能符合这些标准的分析方法。它回答“应该做什么”、“应该是什么”的问题，其分析结论往往无法通过经验事实来检验。规范尺度或价值判断的标准，不同时期和不同流派的经济学是不同的。例如，中世纪对经济问题的分析，是以神学为规范的；西方古典经济学的规范是个人主义的伦理观；当代福利经济学派的规范则是福利主义；伦理学派的规范是机会均等的彻底自由主义。经济学规范研究重在考察行为的后果，判断它们的好坏善恶，分析这些后果是否可以变得更好。因此，规范研究包含了对于偏好的行动路线的判断和规定。经济学规范研究常常涉及以下问题：通货膨胀的容忍限度应该是多少（6%、8%或12%）？究竟是应当把解决就业压力放在优先位置，还是应当把抑制通货膨胀放在优先位置？是否应该向富人课税以帮助穷人？国防开支每年应当增长3%还是7%？经济学家根据不同规范和价值判断展开争论，他们之间的分歧不可能通过科学或诉诸事实加以解决。对于通货膨胀率应多高、什么程度的贫穷才是合乎正义的以及国防开支应占多大比重的问题，根本不存在正确或错误的答案，这些问题是由政府决策来解决的。在西方，经济学界的喜好争论和混乱令人印象深刻，有人甚至揶揄：如果让任何一种职业的全体成员组成一个行刑队，只有经济学家们会围成一个圆圈。其实，经济学家之间的意见分歧并不像一般人想象得那么大。经济学家之间在实证经济学的许多问题上已经取得了相当一致的意见：如租金控制的影响、最低工资、经济上的关税以及汇率的作用和政府支出。实证经济学只是在货币的作用和通货膨胀问题上，还存在着重大分歧。经济学家之间的重大分歧是在宏观经济学和规范经济学领域，如在有关政府的适当规模、工会的力量、通货膨胀和失业、收入的公平分配等涉及广泛的政治和伦理问题中，经济学家就和他们的父母兄弟一样存在意见分歧；而在有关价格和市场的微观经济学中，经济学家的意见相当一致。

二、经济学的实证化

在微观经济学和宏观经济学的发展过程中，人们越来越强调实证的方法。许多经济学家认为，经济学的实证化是经济科学化的唯一途径，这样才能使经济学成为像物理学、化学一样的真正科学。为此，经济学家提醒人们要避免主观性和合成推理。

（一）避免主观性

人们习惯于用自己大脑中固有的概念、理论、经验来解析经济现象。西方学者承认，经济问题容易引起个人感情变化，在牵涉到根深蒂固的个人信仰和偏见时，容易血压上升，语音刺耳，而某些偏见又都是披上薄薄一层合理化外衣的特殊经济利益。生长在地球上面，以为宇宙的其他部分都围绕地球转；有的人牛顿力学学得很好，却妨碍其掌握相对论；生活在资本主义社会并长久体验其生活方式，要赞同和理解其他经济制度是比较困难的。同样的情况也存在于理论之中，当你采用一套新的经济原理时，你就要以新的和不同的方式去理解现实。因此，要对自己的主观性和没有明确表达出的假设条件事先有所警惕。

（二）防止合成推理谬误

根据微观推导出宏观，由局部到整体，从个体推延至全体而产生的谬误就是合成推理谬误。

在经济学领域可以肯定的是：对于个人来说是对的东西，对整个社会来说并不总是对的。

● 某企业的工人或某行业的工人会从提高的工资中获得到好处，但所有工业的工人并不能从类似的工资提高中获得好处。

● 即使所有的农民努力干活而大自然又给予合作以致获得一次大丰收，农业总收入也很可能下降。

● 在经济萧条时，个人多储蓄一些，反而会减少整个社会的储蓄额。

● 税收能增加政府收入，但也可能减少政府财政收入和国民收入。

● 大规模的广告能增加产品销量，但当该行业所有厂商都大搞广告攻势时，不一定能取得类似销量增加的好处。

● 个人、地方和部门能从关税保护中得到好处，但国家和消费者不一定能从中获益。

（三）警惕反因果关系错误

由于错误地断定因果关系的方向，人们（包括经济学家）会犯反因果关系错误。例如：

● 甲城市警察在不断增加，暴力犯罪事件却有增无减，所以警察越多越集中的地方越危险、越不安全。

● 家庭准备要孩子并预期到孩子出生，开始购买婴儿车和旅行车，从而引起婴儿车和旅行车销售量上升。有人据此认为：婴儿车和旅行车的销售引起人口增长。

● 大规模的广告宣传导致了美国高标准的生活水平。

大脑不能理解一大堆互不相关的事实，一切分析都需要进行概括和抽象、演绎和归纳。例如要分析某城市的高死亡率与人们健康的关系，首先假定该城市与其他城市除居住生活以外的其他条件相同，或者根据年龄分布、性别、有损健康的诸多因素作出校正以便具有可比性，然后考察资料、确定假设、形成假说、检验假说，最后才能对居住在该城市是否有利于健康作出结论。

经济学在考察、分析、描述经济现象时，离不开定义、假设、假说、检验这些实证方法的基本环节，定义概念、确定假设、形成假说、检验假说的过程，也就是理论形成的过程。

第四节　经济学与社会生活的关系

一、经济学与政府

20 世纪 80 年代以来，经济学家已经成为各国政治首脑的经济顾问。政治日程表上充满了经济问题：发达国家首脑的经济会议、税收立法、南北会谈和经济制裁等。政府首脑的身边必须有经济顾问，以保证政治直觉不至于把国家引入歧途。所有国家事务的处理都需要有经济学方面的知识。为了作出事关重大的经济决策，政府领导人本身当然不必是职业经济学专家，但他必须是经济学家提供给他的经济政策建议的明智的“消费者”。丘吉尔（W. Churchill）在他的一生中，一碰到经济学上的问题，就像一个在树林里迷路的孩子，以致在经济问题上屡错屡犯。1925 年，他不顾专家们的反对和警告，把英镑与美元的比价定为 1 英镑兑换 4.87 美元，从而使 20 年代的英国未能从经济停滞中恢复过来。[①] 现代宏观经济学的鼻祖凯恩斯在其 1936 年的经典著作《就业、利息和货币通论》中说：“经济学家和政治哲学家们的思想，不论它们是在对的时候，还是在错的时候，都比一般所设想的要更有力量。的确，世界就是由它们左右着，讲求实际的人自认为他们不受任何学理的影响，可是他们经常是某个已故的经济学者的俘虏。……不论早晚，不论好坏，危险的东西不是既得利益，而是思想。”[②] 想一想，亚当·斯密的自由主义思想二百多年来的影响；马克思《资本论》作为一种思想被付诸实践长达 80 年；凯恩斯的宏观经济理论给西方经济带来的震动；“凯恩斯革命”对西方经济运行的影响，无不证明经济学理论对政府以及经济实践的巨大影响，以至于萨缪尔森在《经济学》开篇的第一句话就是：“骑士制度的时代已经过去了，随之而来的是诡辩者、经济学家和计算机的时代。……经济学被称为社会科学之王，它是最古老的艺术、最新颖的科学。”[③]

二、经济学与企业

经济学通常以提高生产单位的管理效率为己任。西方经济学在不同程度上成为许多管理学科和部门经济学科的理论基础。其中与基础理论关系较大的学科和课程有市场学、财政学、国际金融、公司财政、货币与银行、投资银行学、有价证券分析和管理经济学等。即使技术比较独特的学科和课程，也不能脱离西方经济学，如技术经济学、西方会计等。对消费者需求的分析，有明显的实际用途，如收入增加 3%或者价格下降 10%，对汽车销售的影响是 5%的增加幅度还是 20%的下降幅度？经济学和统计学已经拥有研究这种预测的种种方法。

对于企业管理人员和投资者来说，正确预期国民经济的波动，判断经济有没有下降或衰退的危险，对避免严重损失、获得大量利润极其重要。经济学把国民生产总值或国民收入和就业量联系起来进行综合分析，这种收入和就业分析为把握经济循环波动和国民经济流程提供了便利的方法和工具。

三、经济学与个人生活

人的一生都会与经济学打交道。经济学对经济问题和经济运行的描述，几乎涵盖了生活的方方面面。没有系统地学习过经济学，就无法认识和理解周围的世界。人们在报纸杂志和个人生活中遇到的所有问题：价格、择业、失业、利润、利率、赤字、债券、股票、

① ［美］萨缪尔森、诺德豪斯：《经济学》，12 版，6 页，北京，中国发展出版社，1992。
② ［英］凯恩斯：《就业、利息和货币通论》，397 页，北京，商务印书馆，1999。
③ ［美］萨缪尔森：《经济学》，1 页。

定价决策、购买原则、经营决策和竞争策略等，都能在经济学中找到答案。

掌握经济学知识，懂得经济事务，是现代人有教养的标志之一。学习经济学理论虽然不能保证一个人成为天才，但不学习它，肯定会吃亏并感到缺憾的。在经济学理论中你会发现和了解几代经济学大师的学说：亚当·斯密、马克思、凯恩斯、萨缪尔森、弗里德曼（M. Friedman）、托宾（J. Tobin）、卢卡斯（R. E. Jr. Lucas）、舒尔茨（T. W. Schultz）和布坎南（J. M. Buchanan）等。

学习经济理论对个人的最大影响是对经济有一个比较客观、深入、全面的把握。例如，没经过系统的理论学习，由于陌生感，对宏观经济政策和理论动向把握不住或没兴趣，对生活中的许多事情看不透，只缘身在此山中。中国向市场经济转轨后，今后你将可以通过每月、每季甚至每周的统计资料了解我国的经济情况：物价上涨指数、银行存款利率、货币发行量、汇率变化、股市行情、招聘信息、物品和房屋租赁等。若没经过系统的学习，你会在经济生活的海洋中茫然无措。

经济理论的学习还可以帮助人们正确地认识社会。许多人看问题从个人经验出发，认为对个人有利的事对社会也有利。其实不然，以物价为例：低价供应食品对于每个人都有利，殊不知价格越低供给越短缺，长期供不应求中的低价政策，导致短缺—排队—定量配给—黑市交易—价格控制—短缺的恶性循环，所以低物价对个人有利，对社会不一定有利。又如，粮食丰收对个别农民是好事，收入会增加，但如果所有的农民都丰收，就会出现产量增加收入下降的情况（“增产不增收”）。

涉及价值判断问题时，经济学者没有发号施令的权力。事实上，对于诸如什么是公正的收入分配？政府在经济事务中应起怎样的积极作用？什么是明智的行动方针等这样一些规范性问题的回答，经济学者常常莫衷一是。

经济不同于经济学。一些急于求成者总是问：经济学能教会我如何赚钱、怎样经营工商业和银行吗？如何最明智地花钱，或者如何在股票市场上迅速致富？掌握经济学需要的是逻辑，从经济学中我们能得到许多启发，经济学注意的是整个经济制度的作用，其目标是社会与国家的政策，不是某个人的决策。个人能从经济学中得到许多活动的逻辑解释、描述和判断，个人也可以从中领悟一些东西，并进一步升华。但这并不等于说，不经过经济学的系统训练就会一事无成。绝大多数人的经济行为是遵循经济原理的。

经济学是研究稀缺资源在各种可供选择的用途之间进行有效配置与利用的科学。在解决资源配置与利用问题时，人类社会采取了传统、市场、计划三种形式，在现代社会经济中，则通过计划和市场经济这两种基本的经济体制。

在资源既定情况下，资源配置与利用的效率是不同的，生产可能性曲线很好地说明了这一点。资源配置有两种基本方式，即计划经济体制与市场经济体制，前者所需要的条件不完全具备，所以当今世界各国，都以市场经济体制作为基本的运行方式。市场运行离不开市场和市场机制。经济学喜欢用简洁、精炼的工具（如数学分析和几何图形）来描述经济现象，但这并不意味着必须用某一种工具。经济学十大原理的阐述采用的就是通俗易懂的文字表达方式。经济学有两个基本的领域：微观经济学和宏观经济学。前者研究居民和企业的经济行为，后者研究影响整体经济的力量和趋势。微观经济学运用供求方法和边际方法研究企业和居民的经济行为，包括价格、弹性、市场类型、消费和生产；宏观经济学在研究失业和通货膨胀中，对总供求以及影响总供求的消费、投资、储蓄、进出口、政府收支、货币供应量等因素及相互作用进行了分析。

经济学的方法包括实证方法和规范方法。实证方法是一种描述和解释性的方法，它不提倡或尽可能避免价值判断，回答“是什么”的问题，对“状态”、“政策”、“后果”进行描述。经济学在运用实证方法时，要注意避免主观性、防止合成推理谬误、警惕反因果关系错误。经济学家相信理性，认为理论比感觉更可靠。在今天，政府决策者越来越愿意听听经济学家的建议，许多国家都有专门的经济顾问委员会和最高决策经济参谋机构；一些企业也喜欢在投资决策中请经济学家来作预测；个人经济生活的多样性和复杂性，使人们开始重视经济学。

【思考题】

1. 假如你一天有 16 个小时可在闲暇和学习之间分配。设闲暇时间为变量 x，学习时间为变量 y，用坐标图表示学习与闲暇此消彼长的关系。如果你每天 6 个小时用于闲暇，请在图上标出你要选择的点；假如你决定每天只需要 5 个小时的闲暇时间，请标出新点。你觉得时间少了，改为每天用 18 个小时分配在学习和闲暇上，画出新的曲线。

2. 科学发明增加了用于黄油生产的资源的生产力，而没有增加用于大炮生产的资源的生产力。请用生产可能性曲线图表示这一变化。

3. 不同的制度在解决生产什么、如何生产和为谁生产问题的方式上有何不同？考虑在家庭内、大学里、食品行业和军队里是怎样解决这三个基本经济问题的。

4. 你是否认为对工作的喜爱、社会责任感、成就感能够取代利润动机？请说明这句话的意思：“我从来没有看到那些假装为了公共利益而从事贸易的人做出多少好事来。”

5. 你是否认为稀缺性问题是经济学的中心问题？论据如何？有人认为，未来的希望不是发展生产、增加产出，而是减少人们的欲望。你同意吗？你认为人类应如何解决稀缺性问题？

6. 什么是边际分析方法？你最近遇到的边际问题是什么？你是如何作出边际决策的？

7. 长寿者一般不吸烟，不吸烟者大都长寿，对否？个人在萧条时期多储蓄一些，会增加还是减少社会总储蓄？

8. 解释下列现象：（1）从长期看，竞争的利润怎么能是零呢？谁愿意不赚钱而干活呢？(2) 竞争所消灭的只是超额利润。管理人员仍然能得到其工作的薪金；所有者在竞争的长期均衡中得到资本的正常利润（不多也不少）。

第二章

经济理论的演变

西方经济学，尤其是宏观经济学一直处于众说纷纭、学派林立、莫衷一是的混乱状态，它今后仍将在各派的分歧和争论之中继续向前发展。可以说，经济学是所有学科中发展最快的，新的模型、理论不断涌现，原有的曾经被普遍接受的理论一次次被人们重新评判、分析和检验。经济学就是在这样的不断反复创新中成长的。

第一节　经济学的历史

一、经济学的史前史

早期的经济学研究侧重于经济政策，如反对高利贷、保护关税、主张发展对外贸易、扩大出口和限制进口，其研究侧重于流通领域。早期的经济政策研究虽然没有形成一个完整的体系，但是在主张政府干预、保护贸易这一点上特征突出，经济学家把这一时期（15—17 世纪）的经济研究概括为重商主义。

重商主义产生于欧洲地理大发现的冒险时代，那是一个崇尚英雄、冒险家、商人、航海家的新时代。许多重商主义者相信，通过扩大出口、保护关税、海外殖民能导致一个国家的繁荣。他们的观点被当时的统治者普遍接受，许多重商主义者是王爷们的顾问。重商主义者的代表人物有英国经济学家约翰·海尔斯(J. Hales，移居法国，最早鼓动政府以创造货币来制造繁荣)、托马斯·曼(T. Mun，其著作《英国得自对外贸易的财富》是重商主义的代表作)，法国学者安·德·孟克列钦（A. D. Montchretiem，他的《献给国王和王太后的政治经济学》最早使用政治经济学一词，它使经济理论从一开始就贴近政策）。

二、古典经济学（从亚当·斯密到大卫·李嘉图）

亚当·斯密出版其《国富论》（1776）的那年可以认为是经济学真正诞生之时。亚当·

斯密理论有如此巨大的影响是因为它揭示了资产阶级的时代精神，即斯密向当时处于上升阶段的资产阶级提供了适合于其利益要求的理论，自由竞争、自由放任的理论告诉厂商，照顾好自己的企业是上帝的旨意。斯密认为个人利益与社会利益可以通过市场中的自愿交换实现统一，由此得出价格调节（市场竞争性价格）经济是一种正常的自然秩序的结论，《国富论》出版以后的半个世纪，经济学家发现了收益递减规律。

年轻时代功成名就的马尔萨斯（R. Malthus）是悲观主义的代表人物。他预言，生产率每前进一步都会伴随着人口无节制的增长。那个时代，托马斯·卡列尔（T. Carler）称经济学为“恐怖的科学”。马尔萨斯提醒后人，人口增长必须与经济增长相适应。

1820—1870 年的半个世纪，李嘉图使经济学者和政治家着了迷。李嘉图的成名作是《政治经济学及其赋税原理》，他的劳动价值理论成为马克思主义经济学的重要来源之一。

三、新古典经济学

1870 年前后，有三个人同时独立地提出了边际效用价值，引发了经济学上的“边际革命”。开创经济学这一新时期的经济学家是英国的 W. S. 杰文斯（W. S. Jevons）、瑞士洛桑学派的法国人 L. 瓦尔拉斯（L. Walras）和奥地利的卡尔·门格尔（C. Menger）。

与古典经济学强调成本、生产费用和供给不同，新古典经济学发现和分析了需求、效用和偏好。特别是在瓦尔拉斯的深奥数学分析中，对一般均衡的分析得到完成。1890 年英国剑桥学派经济学家马歇尔（Marshall）出版了《经济学原理》，书中综合了当时各种经济理论，其剪刀均衡价格论把供给曲线和需求曲线神奇地综合在一起，使经济学向简单化、直观化、定量化迈进了一大步。马歇尔也使经济学走出了象牙塔，成为备受政府和社会重视的学科。

马歇尔是庇古（Pigou）、凯恩斯的老师，早年学习数学、物理学。他把达尔文（Darwin）理论引入经济领域，提出自然不飞跃的经济进化论，其理论内容涉及消费、需求、生产、供给，建立了现代微观经济学的基本学科体系。他是最早的经济学折中大师。

四、凯恩斯革命（Keynesian revolution）

在凯恩斯之前，微观经济学发展到如此成熟的程度，以至于没有与之相适应的宏观经济分析。20 世纪 30 年代大萧条对传统经济理论提出了挑战，在凯恩斯出版《就业、利息和货币通论》（以下简称《通论》）之后，经济学就不再是以前的经济学了。作为大萧条之后亦学亦商亦仕的人物，凯恩斯的影响是深远的。为了恢复第二次世界大战后的世界经济秩序，他力主建立世界银行、国际货币基金组织。他的《通论》开创了干预主义时代，一直到今天，当代经济学始终与凯恩斯的名字联系在一起。

五、后凯恩斯主流经济学派（新古典综合派）

第二次世界大战后的一段时间，凯恩斯主义流行于西方各国。美国经济学家萨缪尔森等人把凯恩斯主义的宏观经济学与新古典经济学的微观经济学理论混合在一起，认为这是对混合经济制度的最好概括。他们的理论被称为新古典综合理论，该理论在政策实践中被广泛运用。

六、新自由主义

20世纪60年代末出现在西方国家的滞胀使经济学家重新审视凯恩斯主义。弗里德曼、哈耶克（Hayek）、西蒙斯（H. Simons）、卢卡斯是新自由主义的代表人物，货币主义、自由放任、理性预期是他们与新古典综合派斗争的理论武器。新自由主义使政府实施干预政策时更加慎重，它提醒决策层：应该让市场价格制度发挥作用，如果忽视市场价格制度的作用，社会将受到惩罚。

对主流经济学提出挑战的还有加尔布雷斯（J. K. Galbraith）。他的《丰裕社会》(1957)、《新工业国》(1967) 是最畅销的经济学著作，他的文笔优美和好发惊人议论使之获得了艺术学者的称号。他认为，现代公司追求增长最大化而非利润最大化，他把第二次世界大战后出现的企业集团和跨国公司归入“计划体系”，并认为美国国内“市场体系”中的1 200万个分散企业无法与“计划体系”中的少数千余家大公司相抗衡。

第二节　西方经济理论与中国经济

西方经济学系统研究经济运行已经有两百多年的历史，它被认为是西方市场经济运行的经验性总结。但面对现实经济难题，经济学家也时常感到力不从心，运用西方经济理论、思考线索、分析工具来设计、解决中国现实问题，其艰难程度当然会比西方国家大得多。

充分考虑中国在经济制度、结构特征、发展水平、人口状况、社会政治和历史传统等方面与市场化国家的巨大差异是非常正确的。当中国人民银行将银行利率降低2%以后，并没有出现投资和出口的增长，也没有使储蓄和存款大幅度下降时，我们不应该简单地作出宏观经济理论不适合中国国情的结论。而应该首先分析我国金融体制改革和市场化程度，考察我国融资体制和经济结构离市场经济要求有多远，简单地对西方经济学下轻率的结论是不妥的。因为，错误的结论可能在思想上造成混乱，严重时会导致决策失误。

深入理解西方经济理论，搞清其理论的假设条件，自然就会看出中国国情的特殊性，从而建立起符合中国实际的经济模型。

西方学者讨论的许多问题，对我们来讲具有超前性。例如，我们今天正在努力建立和完善社会保障制度，以便为劳动力流动、自由竞争和企业重组创造条件。而西方国家在20世纪70年代就开始研究诸如“如何评价社会保障制度”、“为什么它会引起效率损失”等问题。西方学者有关“国有化部门”的研究结论，虽然不如我们深刻、具体、实际，但他们早在20世纪60年代末就开始进行研究。研究结果与国有化倡导者的设想相反，国有化后职工并没有天然地产生劳动和经营积极性，而是出现缺乏责任心、市场竞争压力不足、雇佣心理状态、工资刚性要求、工会罢工等一系列始料未及的问题。这些粗浅的结论对西方各国的非国有化政策没有影响。对于非国有化的负面影响，经济学家敏锐地捕捉到了：把已经国有化的部门转为私营部门，会引起社会心理的不协调，引起工会的反对和社会的动乱，最终将使得这些部门的状况比国有化阶段还要糟糕。西方学者把这概括为制度创新成本或制度变迁成本。

关于经济理论和经济模型的预测结果为何很少灵验，西方学者也有研究。他们认为，经济学毕竟不是自然科学，社会经济不等于实验室，是不可假设、不可控制的，经济活动中不确定因素太多。现实经济运行，还包括文化、政治、国际、战争、传统等非经济的因素以及其他不可预测的因素。例如，1968 年美国政府增加了联邦税，减少了消费者的收入，然而消费者的支出却维持不变；1970 年美国政府降低了税收而使消费者收入上升时，消费者却不增加购买。利率上升储蓄不变，利率下降储蓄反而增加；即使存在着高额的个人所得税税率和遗产税率，人们仍然拼命攒钱，把财富作为成就的象征。这些现象促使经济学家不仅着眼于经济变量的分析，还开始注意兴趣、爱好、道德、影响、偶然因素等非经济变量。

第三节　经济学的前景

从苏格拉底、亚里士多德和亚当·斯密到凯恩斯和加尔布雷斯的两千多年的历史发展中，人类社会从商品匮乏时代进入了相对丰裕时代，经济学是对人类提供种类浩繁商品和劳务方面的日常事务的研究。尽管人类社会仍然承受着失业、通货膨胀、沉重债务、持续贫困的困扰，然而经济学家不再相信对人类经济增长的马尔萨斯式的悲观预测，托马斯·卡列尔关于经济学是“沉闷的科学”的论断已失去市场，人们重新相信经济学作为“社会科学皇后”的说法。

20 世纪 30 年代，现代经济学之父凯恩斯透过大萧条的阴影，在其《就业、利息和货币通论》(1936) 一书中为人类描绘出一种令人惊异的经济前景：假设一百年以后，我们所有人的生活……要比我们现在……好上百倍，如果没有大战，没有人口的巨大增长，那么经济问题是可以解决的。那时，经济问题不再是人类的永久的问题。那时，人类将面临的问题是，怎样利用越来越多的闲暇，过着智慧、和睦、美好的生活。当人类富裕以后，最深层的经济问题不再是生产什么、如何生产、为谁生产，而是为什么要富裕、为什么目的而活着，“人的价值”、“选择的自由”、“平等”、“公平”等将取代效率。

千万不要忘记，这只是预言和假设，它说明人类经济命运会不断好转。凯恩斯要告诉子孙后代的是：那是更远的未来，经济学应该关注现在，在今后一百多年的时间里，人类仍要把某些令人憎恶的品质（如占有货币的爱好）奉若神祇。

当我们试图理解经济和经济学的现在和未来时，可以仔细品味加尔布雷斯教授在《丰裕社会》中对现代社会的关键性评价：一个贫困交加的社会必然崇敬生产，而丰裕社会则应将注意力转向其他目标；当私人财富得到保证时，社会福利便成为可能；我们正在从对物的投资转向对人本身的投资。

最后，我们对本章作简短的总结：

经济学的历史从亚当·斯密出版《国富论》(1776) 算起，至今已有二百多年了，以亚当·斯密、大卫·李嘉图为代表的古典经济学反映了处于上升阶段的资产阶级的利益要求，他们的劳动价值理论包含了许多科学的成分。

1870—1890年，边际学派和马歇尔对经济学作了重大修正，他们把研究重点从经济关系转向对需求、效用、偏好、供给等市场要素的研究，并且引入自然科学工具。马歇尔从供求均衡角度研究价格，开创了微观经济学的先河。

凯恩斯从收入和就业关系入手，对失业、通货膨胀进行了深入考察，创立了宏观经济学，使经济学从理论分析阶段进入政策研究阶段。

凯恩斯之后的经济学流派，影响较大的一个是后凯恩斯主流经济学派，另一个是新自由主义学派。前者把凯恩斯主义的宏观经济学与新古典经济学（马歇尔等）混合在一起，对凯恩斯理论进行修修补补，以便解释“滞胀”现象；后者则认为“滞胀”完全是凯恩斯主义的干预政策造成的，反对一切形式的政府干预。

【思考题】

1. 请说出不同时期经济学的代表人物及他们的理论和政策主张，画一张简单的经济学家图谱。
2. 20世纪的经济学大师都是熟练运用数学分析工具的巨匠，请说明原因，并试举几例。
3. 说明经济学理论中假设条件的重要性。
4. 试说明经济学的前景与经济学家的任务。

第二篇

微观经济学

第三章

需求、供给与均衡价格

本章将说明市场需求与供给如何决定价格以及价格怎样配置稀缺资源。学习本章，首先要了解影响需求或供给的不同因素，并严格区分需求量或供给量的变动和需求或供给的变动及其几何表示，同时要把握需求或供给受不同因素影响的变化程度（弹性理论）；其次，要理解供求相互作用怎样决定均衡价格和均衡产量，以及竞争在均衡价格和均衡产量形成中的作用；最后，应熟悉供求分析的实际运用以及价格对经济的调节。

第一节　需求理论

一、需求与价格

（一）需求

需求是指居民在一定时期内，在不同价格水平上愿意并且能够购买的商品数量，即不同的价格与相应的需求量之间的关系就是需求。需求不同于需求量，需求是价格与需求量之间的关系①，而需求量则是指按照某种给定的价格人们愿意并能够购买的数量。关于需求，必须注意两点：(1) 需求与需求量是两个相互联系而又不同的概念。需求量随着价格的变化而变化（当需求函数既定时）。这里所说的需求量是有支付能力的需求量。(2) 需求可分为个人需求和市场需求。个人需求是指某个居民对某一商品的需求；市场需求是指居民全体对某一商品的需求，市场需求是个人需求的集合。

（二）需求表、需求曲线和需求定理

市场实践证明，不同的价格对应着不同的需求量，即居民在特定时间内，对某一商品

① 经济学家劳埃德·雷诺兹（Loygd G. Reynolds）的需求定义是："需求是按各种价格要购买的数量单（或表）。在经济学中，需求总是说一个表。它不是单一的数量。如果我们要研究按某种特定价格购买的数量，我们叫它需求量。"参见［美］劳埃德·雷诺兹：《微观经济学》，80～81页，北京，商务印书馆，1993。

的需求量同这种商品的价格之间存在着一一对应的关系。例如，当某一商品的价格为 1 美元时，需求量为 100 个单位；价格为 2 美元时，需求量为 90 个单位；价格为 3、4、5、6、7、8、9、10 美元时，需求量顺次为 80、70、60、50、40、30、20、10 个单位。价格为 11 美元时，需求量为 0（见表 3—1）。

表 3—1　　某商品需求表

价格—需求量组合	价格（美元）	需求量（单位数）
a	0	110
b	1	100
c	2	90
d	3	80
e	4	70
f	5	60
g	6	50
h	7	40
i	8	30
j	9	20
k	10	10
l	11	0

表 3—1 是某种商品的需求表。需求表用数字表示某一商品的价格和需求量之间的函数关系。这种需求表提供了价格—数量的各种组合，说明了在各种价格下可能有的需求量。

价格—需求量函数关系可以列表，也可以绘成曲线。通过需求表，很容易找出对应于每一价格的需求量；通过需求曲线，不仅容易找出对应于每一价格的需求量，而且可以明显地看出价格变化时需求量变化的趋势。

现在根据表 3—1 中的价格—需求量组合绘出需求曲线（见图 3—1）。在价格—需求量坐标平面上，找出表中价格—需求量组合 a、b、c、d、e、f、g、h、i、j、k、l 各点，然后将各点连接起来，便得到需求曲线。

从图 3—1 中可以看出，需求曲线表示的是商品价格和需求量之间的函数关系。当某一商品的价格为 0 时，需求量为 110，这时价格—需求量组合为横轴上的点 a；价格为 11 时，需求量为 0，价格—需求量组合为纵轴上的点 l。其他组合都位于连接这两点的直线上，如点 i 为（Q_1，P_2）、点 f 为（Q_2，P_1）等。需求曲线是一条光滑的曲线，这是建立在价格和需求量的变化都是连续的这一假设基础上的。西方学者认为这一假设有简便的优点，尽管它很难符合实际。

需求曲线向右下方倾斜，斜率为负。价格和需求量之间的关系可以是线性关系，也可以是非线性关系。当二者之间存在线性关系时，需求曲线是一条向右下方倾斜的直线，直

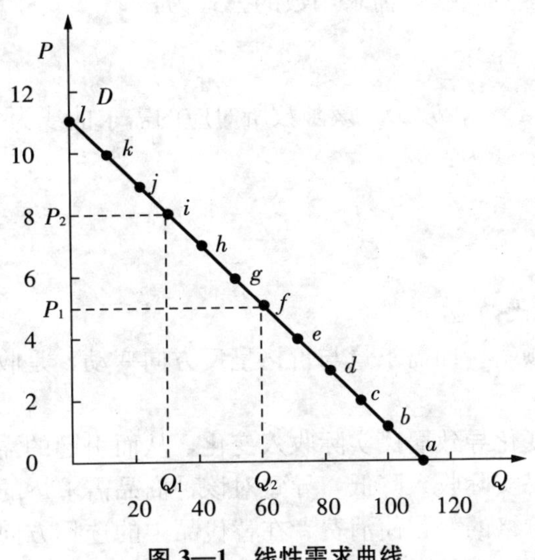

图 3—1　线性需求曲线

线上任一点的斜率都相等。图 3—1 中的需求曲线便是如此。与此不同，当二者之间存在非线性关系时，需求曲线是一条向右下方倾斜的曲线，曲线上不同的点的斜率是不同的（见图 3—2）。

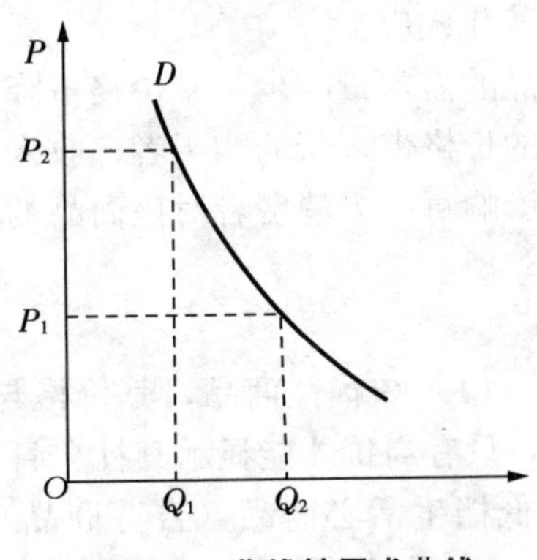

图 3—2　非线性需求曲线

图 3—2 的纵轴表示单位商品的价格 P，横轴表示市场对该商品的需求量 Q。需求曲线 D 上的任意一点（如 a 或 b）都有相对应的价格和在该价格水平上的需求量。

从图 3—2 可以看出，商品价格越低，市场对该商品的需求量越大。需求曲线向右下方倾斜以及需求曲线的负斜率反映了这种价格和需求量的反比关系。需求定理是指在其他条件不变的情况下，当一种商品的价格下降时，需求量（购买量）就随之增加，即价格与需求量按反方向变化。需求函数可表示为：

$$D=f(P)$$

上式表明，某种商品的需求量 D 是价格 P 的函数，价格作为自变量，其变动引起需求量（因变量）反方向变动。线性需求函数的公式为：

$$D=a-b\cdot P$$

式中，a、b 为常数，且 $a>0$，$b>0$。该函数所对应的需求曲线为一条直线。

非线性需求函数的公式为：

$$D=aP^{-b}$$

式中，a、b 含义同上式。

（三）收入效应和替代效应

需求曲线向右下方倾斜，即需求量与价格呈反方向变动，是收入效应和替代效应共同作用的结果。

收入效应是指价格变化导致居民实际收入变化，从而引起的需求量的变化。当一种商品价格提高时，引起居民实际收入降低，导致对该种商品需求量的下降。

替代效应是指商品价格的变化使消费者在替代品中的选择方向发生了变动，此时居民的实际收入并未发生变化。就是说，如果某种商品价格上涨了，而其他商品的价格没有变化，那么其他商品的相对价格下降，消费者就要用其他商品来替代该商品，从而对这种商品的需求就减少了。简单讲，就是通过购买非涨价商品来替代涨价商品，减少对涨价商品的需求量，达到实际收入不减少的目的。例如，大米涨价而面粉价格不变，面粉相对就便宜了，消费者就会更多地购买面粉而减少大米的购买量。这种某种商品价格上升而引起的其他商品对该商品的取代就是替代效应。

替代效应使价格上升的商品的需求量减少，使价格下降的商品的需求量增加，即较高的价格挤走一些购买者，较低的价格带来新的购买者；收入效应使消费者价高时少买，价低时多买，即价格的高低变化影响每一个消费者对该商品的购买量。所以，替代效应和收入效应说明了需求定理的成因。

（四）需求定理的例外

需求定理有三种例外情况。（1）炫耀性商品，其价格与需求量呈同方向变化。例如，首饰、豪华轿车、名牌商品等，只有高价才能显示其社会身份；低价或大众化后，高档消费群的需求量反而下降。（2）低档生活必需品（吉芬商品），其价格上升时需求量增加。例如，在 1845 年爱尔兰大灾荒时，马铃薯的价格上升，需求量反而增加。（3）投机性商品（股票、债券、黄金、邮票等），其价格发生波动时需求量呈现出不规则变化，受心理预期影响大。

（五）需求价格弹性

需求量随价格的变化而变化，但不同的商品在不同的价格水平上，需求量对价格的反应程度是不一样的。价格下跌 10%，需求量可能增加 2%，也可能增加 20%。经济学用需求价格弹性来表示这种区别。

需求弹性是需求理论中的一个重要概念，除了需求价格弹性（需求弹性）外，还有需求交叉弹性、需求收入弹性。

不同物品的需求价格弹性是不同的，一般把物品的需求价格弹性分为五类：需求富有弹性（$E_d>1$）、需求缺乏弹性（$1>E_d>0$）、需求单位弹性（$E_d=1$）、需求无弹性（$E_d=$

0）和需求无穷弹性（$E_d \to \infty$）。

商品需求弹性的大小直接影响厂商在价格决策中的总收益大小。例如，家电、化妆品、旅行、航空等需求富有弹性的商品，它的价格与总收益呈反方向变动，价格上升，总收益减少，价格下降，总收益增加，这正是"薄利能多销"；而像食品、药品等需求缺乏弹性的商品，它们的价格与总收益呈同方向变动，价格上升，总收益增加，价格下降，总收益减少，正所谓"谷贱伤农"、"增产不增收"。

二、需求函数

（一）影响需求的因素

影响需求的因素多种多样，概括起来主要有以下七种。

1. 商品本身的价格

商品本身价格的变化引起对该商品需求量的反方向变动，即需求定理。前面已讨论过了。

2. 相关商品价格

许多商品之间存在着相互联系。商品之间的联系有两种：一种是互补关系，一种是替代关系。互补关系的商品如钢笔与墨水、录音机与磁带、香烟与打火机等。具有互补关系的商品，当一种商品价格上升时，对另一商品的需求就下降，反之亦然。替代关系的商品如羊肉与牛肉、面粉与大米、公路与铁路等。这种替代关系的商品，当一种商品价格上升时，对另一种商品的需求也上升，反之亦然。从而可以得出结论：两种互补商品之间价格与需求呈反方向变动，因为它们共同满足一种欲望，它们之间是互补的；两种替代商品之间价格与需求呈同方向变动，因为它们可以互相替代来满足同一种欲望。

3. 收入水平和分配平等程度

平均收入增加，收入分配趋向平等，会使需求增加；反之则下降。富裕的国家或家庭对汽车、电器、水果、住宅、电力等的需求高于不发达的国家或家庭。仔细观察会发现，由于各种商品需求程度上的差异，市场需求量对收入变化的反应也是不同的。必需品对收入变化的反应不大，而奢侈品、耐用消费品对收入变化的反应则较大。应当注意，并不是任何商品的需求都与收入同方向变动，前面介绍的低档商品就是例外。

4. 消费偏好

社会消费风尚的变化，将促使消费者在商品价格未发生任何变化的情况下增加或减少对某种商品的需求。而消费者偏好的变化受许多因素影响，其中广告宣传可以在一定程度上影响偏好的形成，这就是为什么许多厂商不惜血本大做广告的原因。

5. 人口数量与结构

人口数量的增减直接影响需求的变化。人口结构的变动主要影响需求的结构，进而影响对某些商品的需求。例如，人口的老龄化会减少对碳酸饮料、时尚服装、口香糖、儿童用品等的需求，但会增加对保健用品、药品的需求。

6. 政府的经济政策

政府的经济政策一般是间接影响需求变化的。例如，偏紧的财政政策和货币政策会抑制消费需求，而鼓励消费的消费信贷制度则会增加需求。

7. 消费者对未来的预期

消费者对自己的收入水平、对商品价格水平的预期直接影响其消费欲望。如果预期未来收入水平上升，商品价格水平也会上升，则消费者会增加目前需求与消费；反之则会减少现在的需求与消费。在我国，随着社会保障制度、医疗制度、教育制度、住房制度的改革，今后这方面的支出将占到收入的一定比重，这一预期实际上影响了我国居民目前的需求与消费。

（二）需求函数

如果把影响需求的各种因素作为自变量，把需求作为因变量，则可以用函数关系来表示影响需求的因素与需求之间的关系，这种函数称为需求函数。用公式表示为：

$$D = f(a, b, c, d, \cdots, n)$$

式中，D 为需求；a，b，c，d，$\cdots$，n 代表影响需求的因素。该公式的经济意义是：影响需求的因素是多种多样的，包括价格、收入、分配、政策、人口、预期等一系列因素，它们的变动都会引起需求不同程度的变动。

如果假定其他因素不变，只考虑商品本身的价格与该商品需求量之间的关系，并以 P 代表价格，则需求函数为：

$$D = f(P)$$

（三）需求量的变动与需求的变动

经济学严格区分需求的两种变化，即需求量的变动和需求的变动。

1. 需求量的变动

需求量的变动是指在其他因素不变的情况下，由于商品自身价格变化引起的需求量的变化，其考察范围限于 $D = f(P)$ 。从需求表上看，需求量的变动表现为同一需求表中价格—需求量组合的变动。从需求曲线图上看，商品价格的变动（自变量）所引起的需求量的变动（因变量）表现为同一条需求曲线上的点的移动（见图 3—3）。

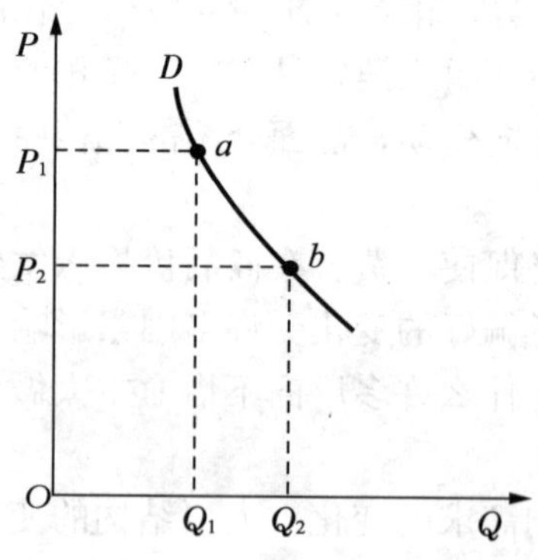

图 3—3　需求量的变动

图 3—3 中，当价格为 P_1 时需求量为 Q_1，当价格下降到 P_2 时需求量增加到 Q_2。在需求曲线上表现为从点 $a(Q_1, P_1)$ 到点 $b(Q_2, P_2)$ 的移动。

2. 需求的变动

需求的变动是指在商品本身价格不变的情况下，由于其他非价格因素的变化所引起的需求量的变动。需求变动的需求函数公式为：

$$D = f(a, b, c, d, \cdots, n)$$

式中，自变量排除了价格因素。

从需求表看，需求的变动不是同一需求表中价格—需求量组合的移动，而是整个需求表的变化。从需求曲线图看，需求的变动表现为整个需求曲线的移动（线移动）（见图 3—4）。

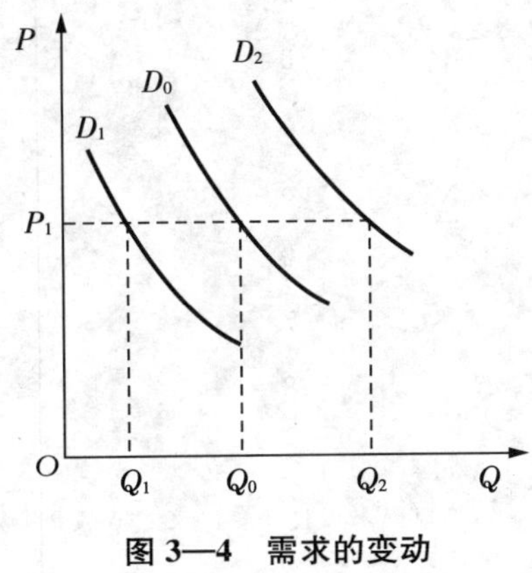

图 3—4 需求的变动

图 3—4 中，P_1 价格未发生变化，只是由于收入、相关商品价格、人口、预期、偏好、国家政策的变化，引起需求曲线向左下方或右上方移动。读者可以根据不同因素的变动，自己判断需求曲线变动的方向。

第二节 供给理论

一、供给与价格

（一）供给

供给是指厂商或企业在一定时期内，在每一价格水平上愿意并且能够提供的商品数量。需要指出的是，供给不是某一个价格水平或特定价格上的供给量，经济学上的供给反映的是价格与其供给量之间的关系。供给分为个别供给和市场供给。

（二）供给表、供给曲线和供给定理

市场实践证明，不同的价格对应着不同的供给量，即厂商在特定时期内，愿意并且能够提供的商品数量与该商品的价格之间存在着一一对应的关系（见表 3—2）。

把表 3—2 中的价格—供给量组合关系绘成曲线就是供给曲线（见图 3—5）。通过供给曲线，不仅可以很容易地找出与价格对应的供给量，而且可以明显地看出价格变化时供给量变化的趋势。

价格与供给量的关系可以是线性的（见图 3—5），也可以是非线性的（见图 3—6）。非线性供给曲线上每一点的斜率不同，而线性供给曲线上各点的斜率则是相同的。它们的区别不影响供给曲线的性质，即价格与供给量同方向变动，价格上升，供给量增加。

表 3—2　　某种商品的供给表

价格—供给量组合	价格（美元）	供给量（单位数）
a	0	0
b	1	10
c	2	20
d	3	30
e	4	40
f	5	50
g	6	60
h	7	70
i	8	80
j	9	90
k	10	100
l	11	110

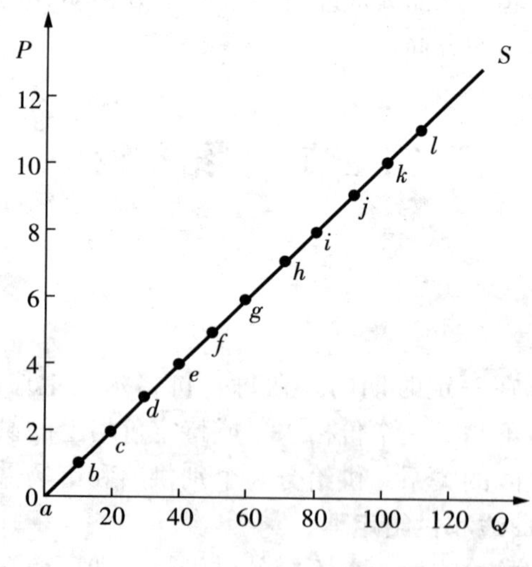

图 3—5　线性供给曲线图

图 3—6 中纵轴表示单位商品的价格，横轴表示市场供给量，*S* 代表供给曲线。线上的任意一点都有相对应的价格和在该价格水平上的商品供给量，如 $a(Q_1, P_1)$、$b(Q_2, P_2)$。

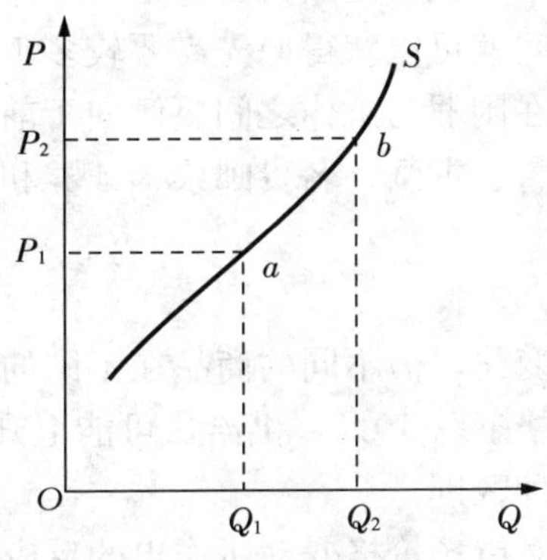

图 3—6　非线性供给曲线

（三）供给定理

供给定理是指某种商品的供给量与其价格呈同方向变动，即供给量随着商品本身价格的上升而增加，随着商品本身价格的下降而减少。供给定理反映的是在假定价格以外因素不变的前提下，商品本身价格与供给量之间的关系。

供给定理存在的原因有两个。(1) 企业对最大利润的追求。较高的价格意味着较多的利润，较多的利润驱使企业扩大生产，增加供给。当价格下降时，利润也下降，这又促使企业缩减生产，从而减少了供应量。(2) 商品价格必须同增加的成本（边际成本）相适应，才能使商品供给量相应增加。因为根据收益递减规律和成本递增规律，在一定的技术条件和生产规模下，产量达到一定程度以后便会出现收益递减和成本递增现象。这时，价格提高的幅度会大于供给量增加的幅度，供给曲线逐步变陡。

（四）供给定理的例外

有些特殊商品，供给定理不适用，如劳动力的供给。当工资（劳动力的价格）增加时，劳动力的供给会随着工资的增加而增长；但当工资增加到一定程度时，如果工资继续增加，劳动力的供给不仅不会增长，反而会减少（见图 3—7）。

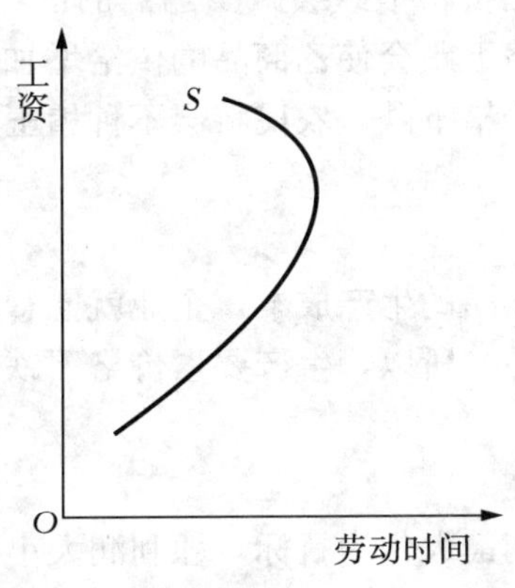

图 3—7　弯曲的劳动力供给曲线

劳动力的供给之所以呈以上形状，是因为随着工资率（每小时工资水平）的进一步提高，劳动者仅用较少的工作时间就可以获得原先需要较多工作时间才能获得的维持基本开支所需的工资收入，这时，他在闲暇与工作之间更倾向于前者。

除劳动力外，像土地、古董、古画、名贵邮票、证券和黄金等，这些物品的供给曲线可能呈不规则变化。

（五）供给价格弹性

供给量随着价格的变化而变化，但不同的商品在不同的价格水平上，供给量对价格变化的反应程度是不一样的。价格下跌10%，供给量可能上升20%，也可能仅上升5%。经济学用供给价格弹性来表示这种区别。

供给价格弹性是指供给量对市场价格变动所作出的反应程度，即供给量变化的百分比除以价格变化的百分比的比值。

根据不同商品供给价格弹性的大小，一般把商品的供给价格弹性分为五类：供给富有弹性（$E_s>1$，如劳动密集型）、供给缺乏弹性（$0<E_s<1$，如资金技术密集型）、供给单位弹性（$E_s=1$）、供给弹性无限大（$E_s\rightarrow\infty$）和供给无弹性（$E_s=0$）。

供给弹性的大小取决于以下因素：

（1）供给的难易程度；

（2）时间长短和生产周期；

（3）成本高低。

二、供给函数

（一）影响供给的因素

影响供给的因素概括起来主要有以下八种。

1. 商品本身的价格

根据供给定理，商品本身价格的变化引起供给量同方向变动。

2. 相关商品价格

两种互补商品之间，甲商品价格下跌会减少乙商品的供给，使乙商品供给曲线左移。两种替代商品之间，甲商品价格下跌会使乙商品的供给增加，反之减少。例如，一块地可种植小麦也可种植玉米，玉米价格下跌，农民将会不种植玉米而种植小麦，使小麦的供给曲线右移。

3. 生产要素的价格

生产要素价格下降会降低商品的生产成本，企业就愿意增加供给，甚至愿意以比以前更低的价格提供同样数量的商品。所以，生产要素价格下跌会使供给曲线右移；反之，供给曲线左移。

4. 厂商目标

经济学一般假定厂商以利润最大化为目标，即利润大小决定厂商供给多少。但厂商有时也以市场占有率、销售最大化以及政治、道义、名誉等目标而决定其供给。

5. 技术进步

技术进步可大大提高生产效率，使企业有可能在给定资源条件下更便宜地生产商品，或者说用同样的资源生产出更多的商品。所以，技术进步会使供给曲线右移。新材料、新能源的利用，可将供给带到一个新的水平。

6. 政府的政策

政府的财政政策、价格政策、产业政策、分配政策和货币政策等都会刺激或抑制供给。

7. 厂商预期

乐观的预期会增加供给；反之，厂商对投资前景持悲观态度则会减少供给。

8. 自然条件、社会条件和政治制度等

（二）供给函数

如果把影响供给的各种因素作为自变量，把供给作为因变量，则可以用函数关系来表示影响供给的因素与供给之间的关系，它表示供给是各种影响供给因素的函数。其计算公式为：

$$S = f(a, b, c, d, \cdots, n)$$

式中，S 为供给；a，b，c，d，…，n 代表影响供给的因素（如厂商目标、预期、技术和成本等）。

假如其他因素不变，只考虑商品本身的价格与该商品供应量间的关系，则供给函数为：

$$S = f(P)$$

上式表明某商品的供给量 S 是价格 P 的函数。

（三）供给量的变动和供给的变动

1. 供给量的变动

供给量的变动是指在其他因素不变的情况下，商品本身价格变动所引起的供给量的变动，其函数公式是 $S = f(P)$。从供给表上看，供给量的变动表现为同一供给表中价格—供给量组合的变动；从供给曲线图上看，供给量的变动表现为同一条供给曲线上的点的移动。

在图 3—8 中，当价格为 P_1 时供给量为 Q_1，当价格上升为 P_2 时供给量增加为 Q_2，价格与供给量的变化在供给曲线上表现为从点 a 移动到点 b。

2. 供给的变动

供给的变动是指在商品本身价格不变的情况下，其他因素变动所引起的供给的变动。其函数公式是 $S = f(a, b, c, d, \cdots, n)$。从供给表上看，供给的变动不是同一供给表中价格—供给量组合的移动，而是整个需求表的变化；从供给曲线图上看，供给的变动表现为整个供给曲线的移动（线移动）。

在图 3—9 中，价格 P_1 未发生变化，只是由于厂商目标、技术、成本、预期、相关商品价格和政策等因素的变化，引起供给曲线向左上方或右下方移动。

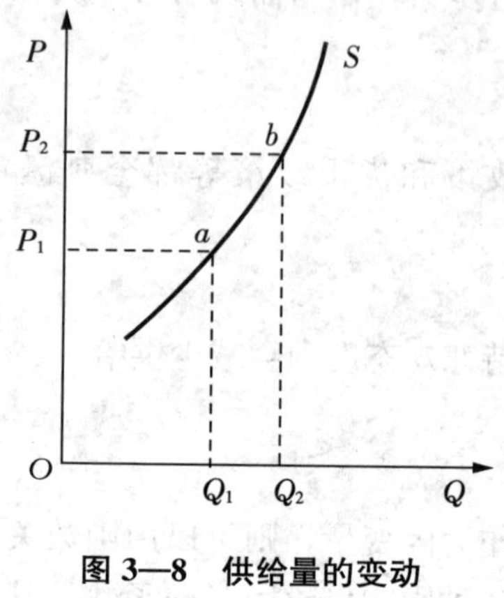

图 3—8　供给量的变动

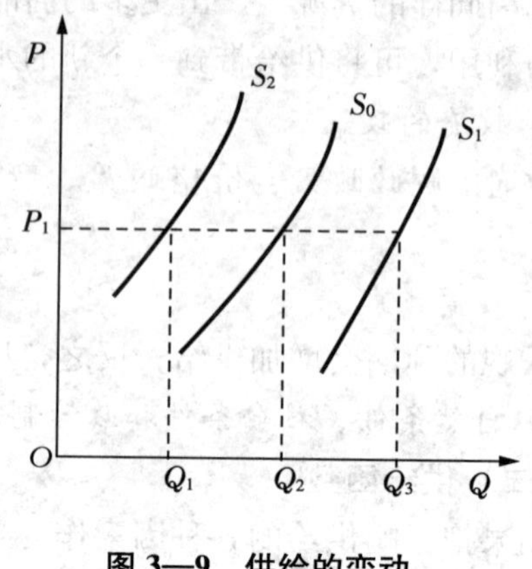

图 3—9　供给的变动

第三节　均衡理论及其运用

一、均衡、均衡价格和均衡数量

（一）需求与供给的均衡

均衡是指供给与需求达到了平衡的状态。在曲线图上，均衡是指供给曲线和需求曲线的相交点。

（二）均衡价格和均衡数量

前面的分析表明，需求与供给是市场中两种相反的力量，市场上的需求方和供给方对市场价格变化作出的反应是相反的。所以在大多数情况下，需求量与供给量是不相等的，或者供过于求，或者供不应求（见图 3—10 和图 3—11）。

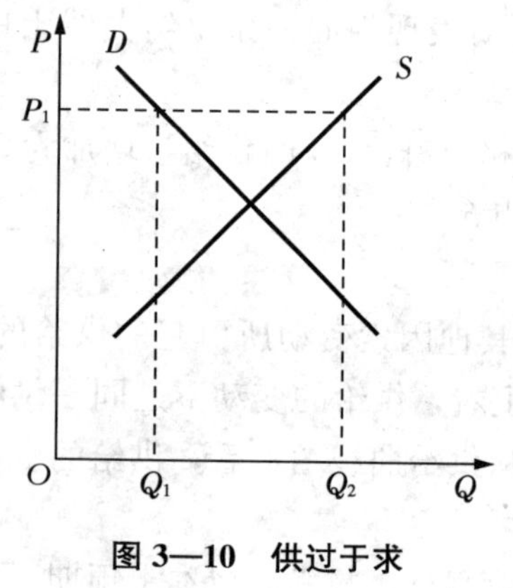

图 3—10　供过于求

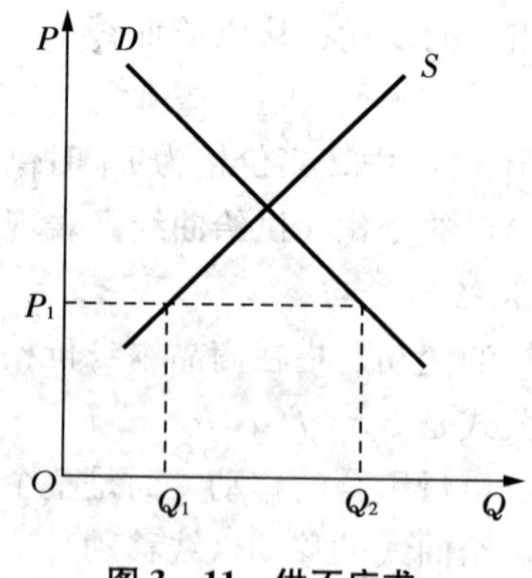

图 3—11　供不应求

当供不应求时，市场价格会上升，从而导致供给量增加而需求量减少；当供过于求时，市场价格会下降，从而导致供给量减少而需求量增加。供给与需求相互作用最终会使商品的需求量和供给量在某一价格上正好相等。这时既没有过剩（供过于求），也没有短缺（供不应求），市场正好出清。这种需求量与供给量在某一价格水平上正好相等的情况，经济学称之为均衡状态。此时的价格为均衡价格，此时的供给量和需求量正好一致，称为均衡数量。

从几何意义上说，供求均衡出现在该商品的市场需求曲线与市场供给曲线的交点上，该交点被称为均衡点。均衡点相对应的供求量和价格分别被称为均衡数量和均衡价格（见图 3—12）。

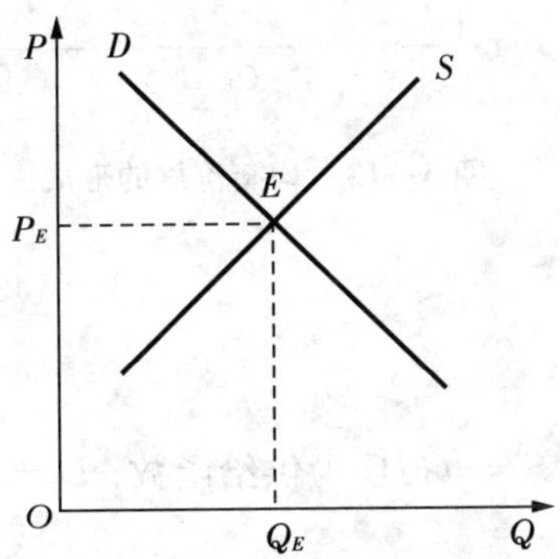

图 3—12　均衡价格和均衡数量

当我们单独考察需求与价格或者供给与价格时，价格决定需求或者价格决定供给，这时价格是自变量，需求或供给是因变量。当我们考察价格是由什么因素决定时，会发现供给和需求相互作用决定价格，即价格由供求决定。供求决定价格有三种情况：（1）供给量大于需求量，供求不均衡导致价格下降，价格下降引起供给量减少、需求量上升，缓和供过于求状态，直至消除过剩；（2）供给量小于需求量，供求不均衡导致价格上升，价格上升引起供给量增加、需求量下降，缓解供不应求状态，直至消除短缺；（3）供给量等于需求量，价格处于相对静止的状态，这时的价格即为均衡价格。

因此，市场上的价格最终是由需求和供给两种相反的力量共同作用的结果，只有将需求和供给二者结合起来，才能说明一种商品价格的决定。经济学中讲的“价格决定”一般是指由于供给量和需求量的相互作用，最终使供求不均衡得以消除，使价格不再波动而处于一种相对静止、不再变动的状态，这时的价格和数量是暂时确定的，即均衡价格和均衡数量。

（三）均衡价格的形成与竞争

1. 均衡价格的形成

均衡价格的形成过程即是价格决定的过程，它是通过市场上供求双方的竞争过程自发形成的（见图 3—13）。

用经济模型来说明均衡价格的决定，其条件为：

$$D = f(P)$$

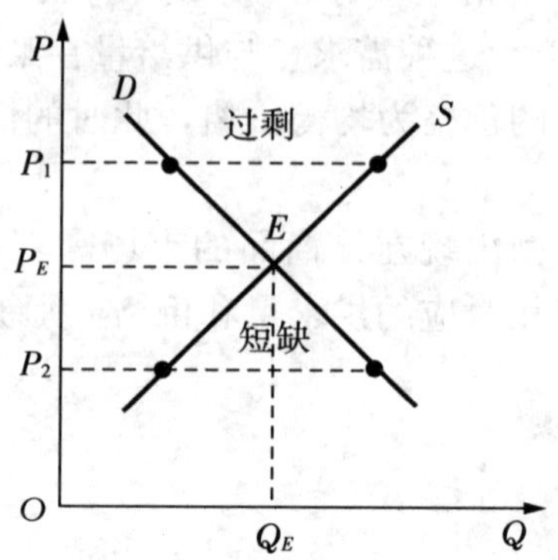

图 3—13　均衡价格的形成

$$S = f(P)$$

$$D = S$$

式中，$D = f(P)$ 为需求函数；$S = f(P)$ 为供给函数；$D = S$ 代表供求相等，即决定均衡价格的公式，可以据此得出 P 值。

例如，已知需求函数、供给函数和均衡条件为：

$$D=26-4P$$

$$S=-4+6P$$

$$D=S$$

求均衡价格和均衡数量。

解：根据均衡条件 $D=S$，有：

$$26-4P=-4+6P$$

得均衡价格：$P_E=3$

将 $P_E=3$ 代入需求函数和供给函数，得：

$$D=26-4\times3=14$$

$$S=-4+6\times3=14$$

所以，均衡价格为 3，均衡数量为 14。

2. 均衡价格的形成与竞争

均衡价格的形成与竞争是分不开的。当某种商品供不应求时，会出现买者的竞争，买者竞相抬价，使卖者处于有利的位置，结果商品价格上升；当某种商品供过于求时，会出现卖者的竞争，卖者竞相削价，使买者处于优势，结果商品市场价格下降；当某种商品的供求均衡时，买卖双方势均力敌，价格趋近不变，从而决定了均衡价格和均衡数量。

（四）均衡的变动与供求定理

1．均衡的变动

均衡价格和均衡数量是由供求均衡决定的，即供求均衡点决定了均衡价格和均衡数量。需求和供给的变动必然会引起均衡点的移动，从而导致均衡价格和均衡数量的变动（见图 3—14）。

在图 3—14 中，需求量或供给量的变动（从 a 到 d、从 d 到 E，或者从 b 到 E、从 E 到 c），都不会引起均衡点或曲线交叉点的移动。

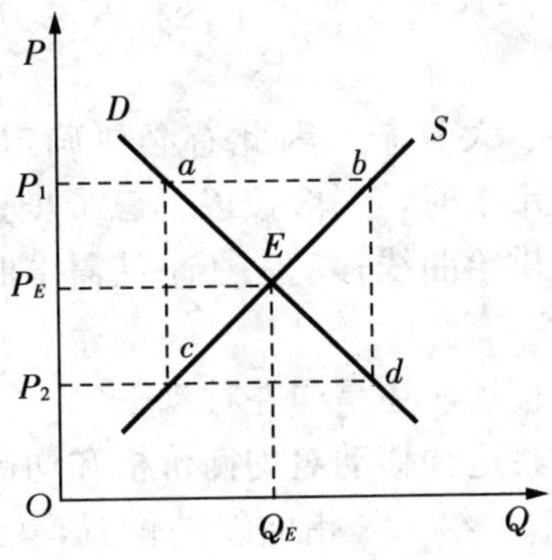

图 3—14　价格的决定

但是在图 3—15 和图 3—16 中，供给的变动和需求的变动却会引起均衡点的移动，从而导致均衡价格和均衡数量的变化。

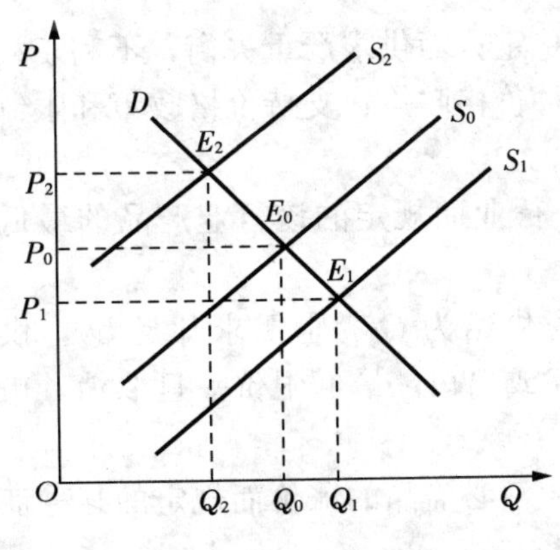

图 3—15　供给变动效应

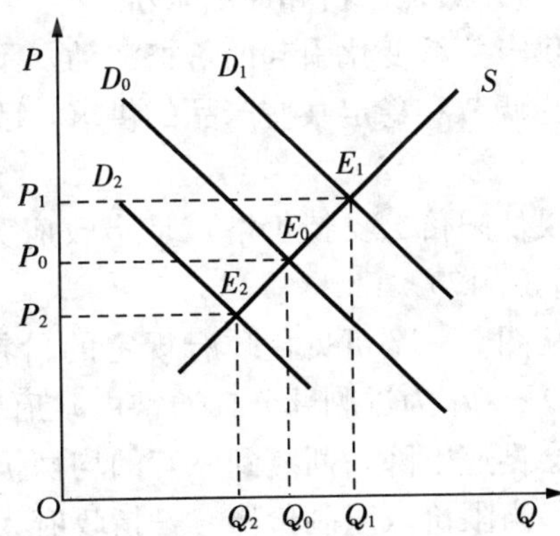

图 3—16　需求变动效应

在图 3—15 中，假定需求曲线不变，当供给的增加使供给曲线向右移动时，均衡数量增加而均衡价格降低，当供给的减少使供给曲线向左移动时，均衡数量减少而均衡价格提高，这称为供给变动效应。

在图 3—16 中，假定供给曲线不变，当需求的增加使需求曲线向右移动时，均衡价格和均衡数量会增加；当需求的减少使需求曲线向左移动时，均衡价格和均衡数量会下降，这被称为需求变动效应。

2. 供求定理

以上所述的供给变动效应和需求变动效应也就是供求定理。供求定理的内容是：需求的变动引起均衡价格和均衡数量同方向变动；供给的变动引起均衡价格反方向变动，从而引起均衡数量同方向变动。

供求定理是经济学中最重要的定理之一，它具有广泛的实用价值。这是因为，价格和产量取决于供给曲线和需求曲线的位置，当某些事件发生时，会使供给曲线和需求曲线发生移动，曲线移动说明市场上的均衡改变了。这种变动分析是对原均衡与新均衡加以比较，称之为比较静态分析。

由于影响均衡的因素太多、太复杂，因此有必要确定分析某事件影响市场均衡的步骤。在分析某个事件如何影响市场时，一般按以下三个步骤进行：

第一步，确定该事件是使供给曲线移动，还是使需求曲线移动，或者是使两种曲线都移动。

第二步，确定曲线是向右移动，还是向左移动。

第三步，利用供求图来考察这种移动对均衡价格和均衡数量的影响。

分析中要注意，“需求”、“供给”是指曲线的位置，而“需求量”、“供给量”是指买者和卖者希望获得或出售的数量。因此，说明需求或供给移动中涉及的是“点移动”还是“线移动”是理解供求原理的关键。

二、供求分析的运用

（一）最低限价和最高限价

供求关系变化引起的价格波动，不利于生产的稳定；而供求严重失衡，不利于社会稳定。为调节和稳定某些产品的供求，政府会采取两种价格政策：支持价格政策和限制价格政策。

最低限价（支持价格）是指政府为了扶植某一行业而规定的该行业产品的最低价格（见图 3—17）。

从图 3—17 可见，政府规定的价格为 P_1，此时供给为 Q_1，但需求却是 Q_2，供过于求，Q_1-Q_2 为过剩部分，通常由政府收购建立库存或出口。最低限价一旦取消，市场价格将会迅速下降，回复到原有的均衡价格水平。

最高限价（限制价格）是指政府为了限制某些生活必需品的涨价而规定的某种商品的最高价格（见图 3—18）。

在图 3—18 中，政府限价为 P_1，低于均衡价格，此时供给为 Q_1，需求为 Q_2，供不应求，为了不让价格上涨，不得不实行配给制。在限制价格下，由于价格固定，供给也固定化，需求大于供给得不到缓解，于是出现排队、短缺、抢购、定量配给、黑市交易、走后门、浪费等现象。所以，经济学者一般反对长期采用限制价格政策（如通过政府规定房租、利率、粮食等商品的价格）。

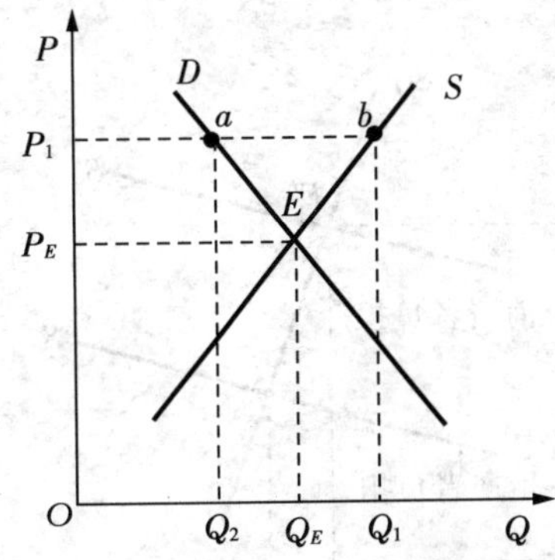

图 3—17　最低限价（支持价格）

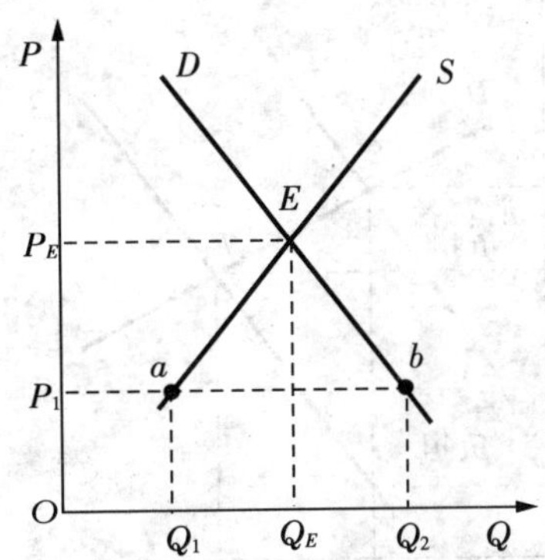

图 3—18　最高限价（限制价格）

（二）征税的影响

在图 3—19 中，假设对汽油生产者征收直接税 x 元，这将使生产者供给减少，供给曲线向左上方移动。这是因为，赋税增加后，厂商单位汽油得到的收益下降，愿意提供的产量下降，供给减少（曲线左移）、价格上升，即 $S \to S'$。赋税由消费者和生产者共同负担。

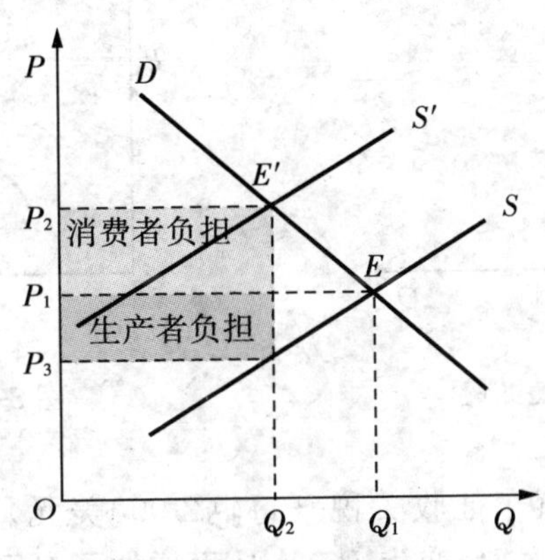

图 3—19　赋税的负担

赋税到底是主要由消费者还是生产者负担取决于供给和需求的相对弹性。如果需求价格弹性大于供给价格弹性，赋税主要转嫁给生产者；反之转嫁给消费者（见图 3—20 和图 3—21）。

（三）限制种植、限制医生数量、汽车关税和技术进步使供求变动的分析

图 3—22 说明了政府如何通过限制玉米种植数量来提高农民的收入。供给减少（$S \to S'$）后，玉米单位销售价从 P_1 提高到 P_2。

图 3—23 说明了限制医生的数量如何使医疗价格上涨，医生收入增加。例如高昂的学习费用、严格的开业条件、颁发医生营业许可证等，使医生的供给下降并维持在一个不变的水平（Q_2）上。

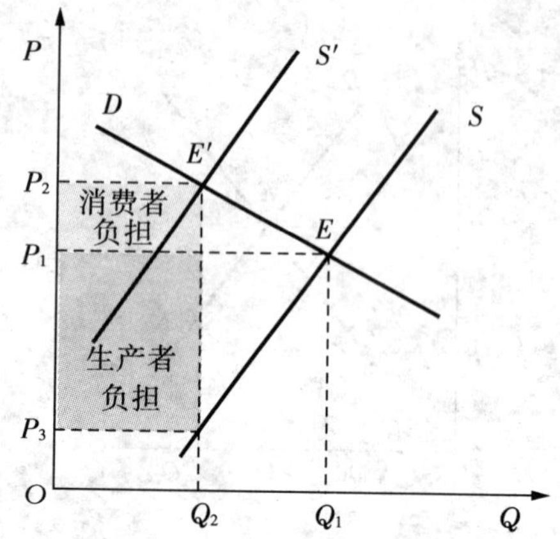

图 3—20　赋税主要转嫁给生产者

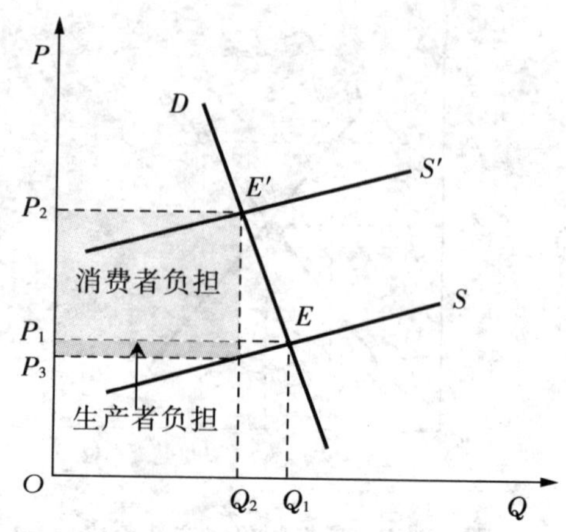

图 3—21　赋税主要转嫁给消费者

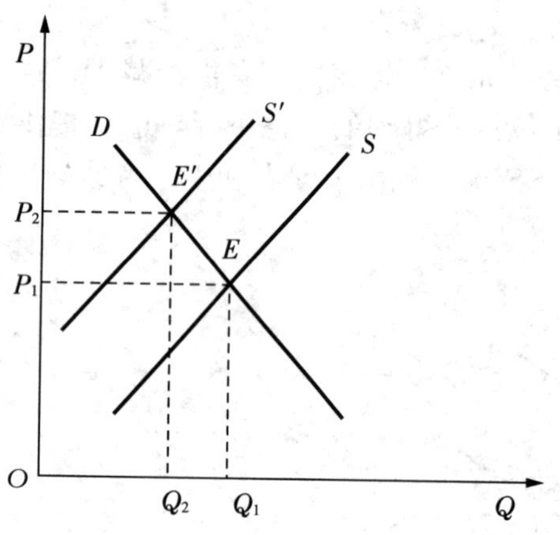

图 3—22　限制玉米种植数量

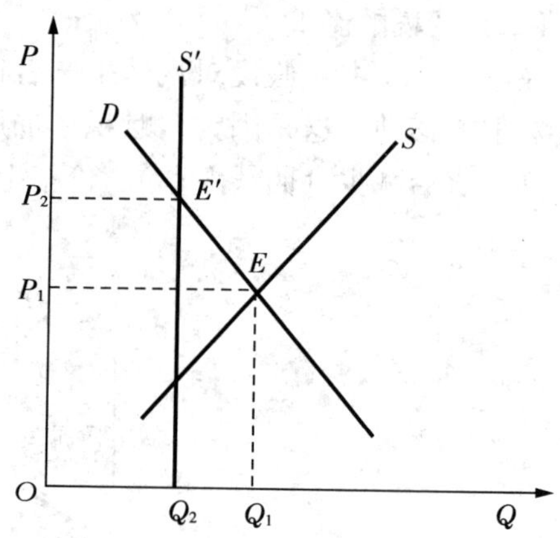

图 3—23　限制医生数量

在图 3—24 中，对进口汽车征收关税（每辆2 000美元），使进口汽车供给减少（由 OQ_1 变为 OQ_2），价格上升（由 P_1 变为 P_2），从而增加了对国内汽车的需求。

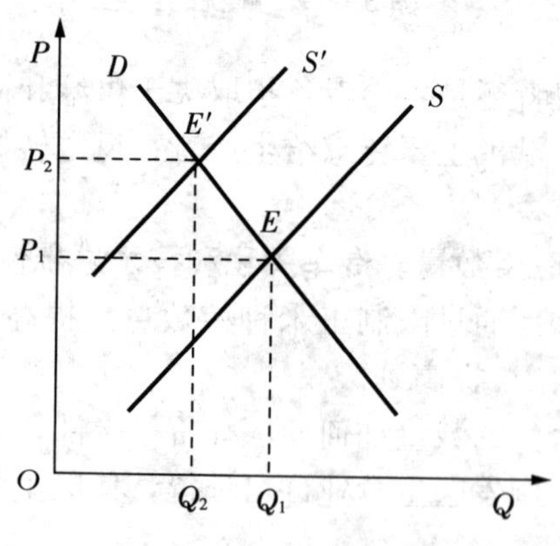

图 3—24　汽车关税

在图 3—25 中，假定煤是由劳动按不变成本生产出来的（水平线），煤的生产技术的提高使煤的生产成本大幅度下降，煤价由 P_1 降为 P_2。

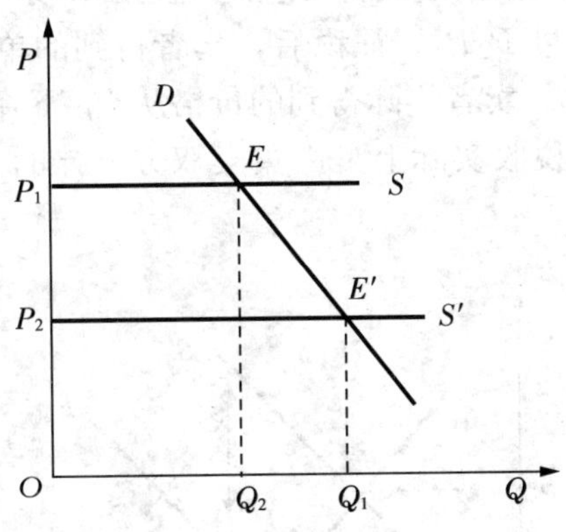

图 3—25　技术进步

（四）向买者征税和向卖者征税

政府向买者征税，税收最初影响需求。需求曲线向左下方移动，移动距离等于单位商品的征税量。供给曲线并不受影响，因为在任何一种既定的价格水平下，卖者向市场提供产品的激励是相同的（见图 3—26）。

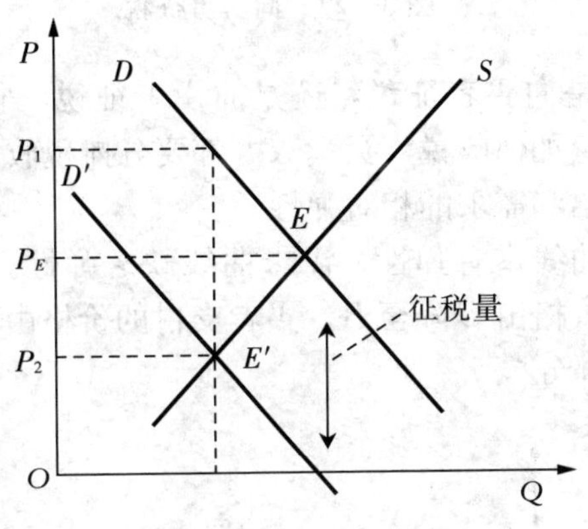

图 3—26　向买者征税

在图 3—26 中，买者购买时不得不向政府付税，需求曲线向下移动。移动距离也是确定的，即 P_1P_2。征税后，均衡价格从 P_E 降至 P_2。消费者购买单位商品，除了支付 OP_2 的价格给销售商外，还必须缴纳 P_1P_2 的消费税。就是说，消费者单位商品支付的总价款是 OP_1。

表面上看，税收完全由消费者负担。仔细分析会发现，实际上税收是由买者和卖者分担。因为税收使单位商品价格下降，从 P_E 降至 P_2，这样，在 P_1P_2 的税收中，消费者实际负担 P_EP_1，生产者负担 P_2P_E。所以当向一种商品征税时，会抑制市场活动，减少销售量，税收由买卖双方负担。

政府向卖者征税，税收最初影响供给。供给曲线向左上方移动，移动距离等于单位商品的征税量。

向卖者征收一定量税收，供给曲线将相应向左上方移动，这时均衡数量下降，均衡价格上升，移动距离等于征税量 P_2P_1。征税后，卖者得到的单位价格虽然是 OP_1，但必须将其中一部分（P_1P_2）缴税。卖者实际得到的价格从 P_E 下降到 P_2。从图 3—27 中可以看出，虽然是对卖者征税，但税收实际上是由买卖双方分摊的，卖者负担 P_2P_E，买者负担 P_EP_1（见图 3—27）。

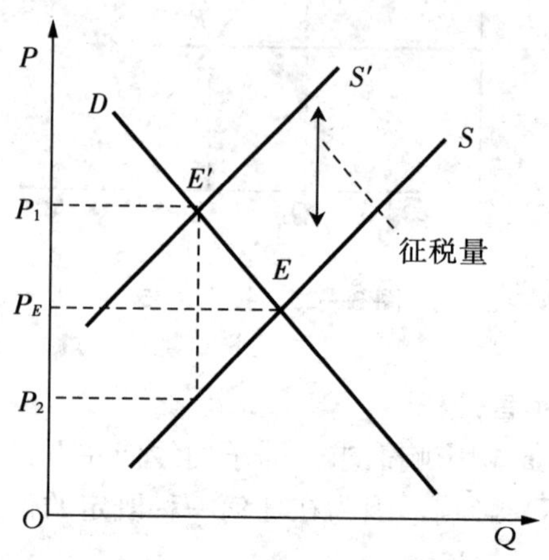

图 3—27　向卖者征税

以上分析表明，不管是向买者征税，还是向卖者征税，它们都使买者支付的价格上升，卖者的收入下降；无论如何收税，买卖双方都要分摊税收。到底是买者负担得多还是卖者负担得多，取决于供给和需求的相对弹性。

在图 3—28 中，供给曲线富有弹性，需求曲线缺乏弹性。没有税收时的价格由 E 决定。征税后，卖者得到的价格由 C 降至 B，买者支付的价格由 C 上升到 A。显然，在征税量 AB 中，买者负担较大部分。

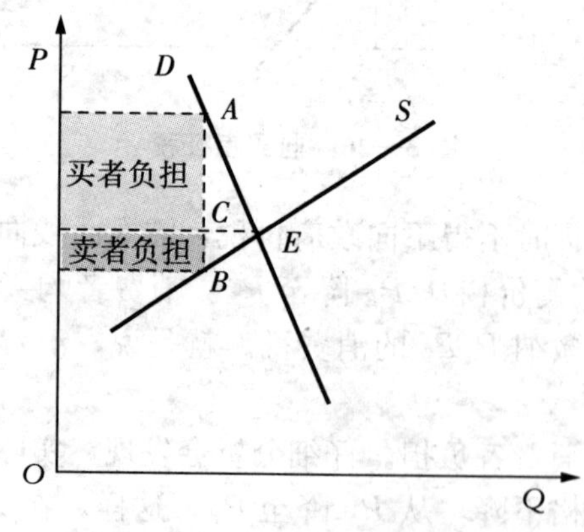

图 3—28　供给弹性大于需求弹性

（$E_s>E_d$）

在图 3—29 中，需求曲线富有弹性，供给曲线缺乏弹性。没有税收时的价格由 E 决定。征税后，卖者得到的价格由 C 降至 B，买者支付的价格由 C 上升至 A。显然，在征税量 AB 中，卖者负担较大部分。

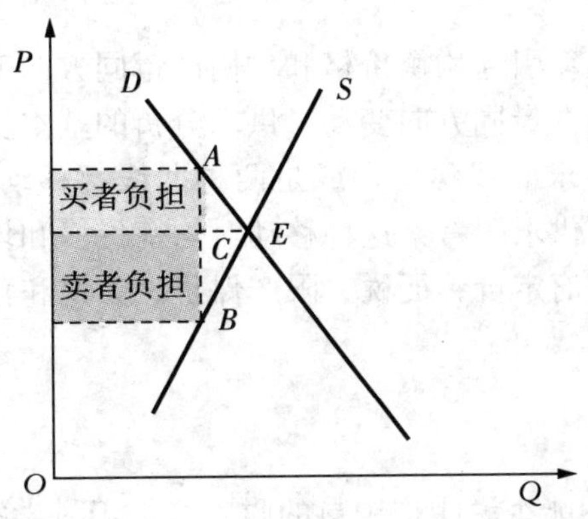

图 3—29　供给弹性小于需求弹性

($E_s < E_d$)

图 3—28 和图 3—29 说明：税收负担更多地落在了缺乏弹性的市场一方。这是因为，弹性小意味着买者对该种商品没有适当的替代品，或者卖者的退出成本较高，没有新的适合生产的替代品，退出困难。当对该商品征税时，市场中选择机会少的一方不能较容易地离开市场，从而必须承担更多的税收负担。

需求理论说明了价格、收入、分配、偏好、人口政策、预期是如何影响需求的；价格是影响需求的因素中最重要的因素。经济学用需求表、需求曲线、需求定理、需求价格弹性等说明需求与价格的关系。需求是价格的反函数，即价格变化引起需求量反方向变动(需求定理)，价格变化大小引起的需求变化的程度用需求价格弹性来表示；影响需求的因素除了价格以外，主要包括收入、分配平均程度、消费偏好、人口及结构、政府的政策和消费预期等，这些因素变动引起需求不同方向和不同程度的变动。经济学把价格变化引起的需求量变动称为“需求量的变动”或“沿曲线的点移动”(点移动)，把非价格因素变动引起的需求变动称为“需求的变动”或“需求曲线的线移动”(线移动)。线移动的前提是假定价格水平不变。

供给理论说明了价格因素和非价格因素（相关商品价格、生产要素价格、厂商目标、技术、政策、厂商预期和自然、社会、政治条件等）如何影响供给。经济学用供给表、供给曲线、供给定理、供给价格弹性等说明供给与价格的关系。供给是价格的函数，即价格变化引起供给量同方向变动（供给定理），价格变化引起的供给量变化幅度用供给价格弹性来表示；影响供给的非价格因素包括相关商品价格、生产要素价格、厂商目标、技术进步、政府政策、厂商预期和自然、社会、政治条件等。经济学把价格变化引起的供给量变动称为“供给量的变动”或“沿曲线的点移动”(点移动)，把非价格因素变动引起的供给变动称为“供给的变动”或“供给曲线的线移动”(线移动)。线移动的前提是假定价格水平不变。

需求曲线与供给曲线相交决定了均衡（市场均衡）。当供不应求或供过于求时，价格会波动，直至供求两种力量达到均衡状态。均衡时价格和产量被称为均衡价格和均衡产量；影响供求的因素的变动，不仅会引起供求本身的变动，同时还会引起均衡价格和均衡产量的变动。

供求定理是指需求的变动引起均衡价格和均衡产量同方向变动；供给的变动引起均衡价格反方向变动而引起均衡数量同方向变动。供求分析的基本步骤是：（1）确定某事件影响的是供给曲线移动还是需求曲线移动，或是两种曲线都移动；（2）确定曲线是向左移动，还是向右移动；（3）用供求图考察这种移动对均衡价格和均衡数量的影响。供求分析具有广泛的应用领域，如政府定价、征税、限产保价、关税和营业许可等。

【思考题】

1. 供给和需求相互作用能否说明推销员的收入2倍于科学家，律师和会计师的收入5倍于管道工吗?

2. 举出一系列政府改变价格制度自发作用的事例，如纯净食品法、药物法、最低工资标准、污染控制、免费青霉素、房租控制、执业许可、驾驶执照。在每一个例子中，政府发挥了什么作用?

3. 在计划经济和市场经济中，供给不足问题分别是通过什么方式解决的（可用石油价格变化的例子加以说明）?

4. 画出供求图及说明供求变化，并确定以下几件事例涉及的是需求曲线的移动还是需求量的改变：

（1）汽车销售量随消费者收入的增加而上升。

（2）当教皇允许天主教徒在星期五吃肉后，鱼价下跌。

（3）征收汽油税减少了汽油的消费。

（4）在一场灾难性的小麦病虫害之后，面包销售量下降。

（5）小麦病虫害之后，花生酱和果子冻的销售量下降。

5. 假设你控制着某产品的供给（垄断厂商）。你正在考虑，把该产品价格提高10%是不是合算。要是知道该产品的需求价格弹性，对你有帮助吗？为什么?

6. 1973—1974年，石油输出国组织决定把原油价格提高500%，这样对它们有利。这对原油需求曲线有什么影响?

7. 说明为什么下列判断题的正确答案都是“错”。

（1）巴西咖啡歉收会降低茶、柠檬和奶油的价格。

（2）流行长裙的时尚会降低羊毛的价格并提高盐的价格。

（3）一种新出现的吃肉的瘾头会降低谷物的价格并且提高兽皮和兽角的价格。

（4）甜菜的种植提高了热带甘蔗地的地租。

8. 画出供求图及说明供求变化，并确定以下事件涉及的是供给曲线的移动还是供给量的改变：

（1）卫生部门在医生的压力下，取缔了无照行医和美容美发厅。

(2) 通过关税提高价格，达到减少汽车进口、维持国内汽车行业工人高就业的目的。

(3) 新技术的运用使煤炭供给成本下降、供给增加。

(4) 虚假误导性广告的废止，减少了人们对“保健食品”的需求。

(5) 对房屋开发商和房屋购置者征税减少了房屋的数量。

9. 某报有这样一段论述：“乍一看来，向商品征税会提高消费者支付的价格。但是，价格的上升会降低需求。需求下降又会使价格下降。因此，无论如何，可以认为向商品征税不会提高商品价格。”这段话对吗？为什么？画出图形加以说明。

10. 西方学者说：“价格告诉人们干什么，人们自觉对价格变化作出反应；价格波动自动地实现稀缺资源的供求均衡、安排资源和进行收入分配；价格还提供了生产、需求、产业结构和资源流动的信息。”你能说明不利用价格杠杆，经济是如何运转的吗？

第四章

弹性理论

对需求和供给的进一步分析需要引进弹性概念。弹性是衡量相关事物反应程度的尺度。经济学家通常用到的弹性有：需求价格弹性、需求收入弹性、需求交叉弹性和供给价格弹性。弹性理论有着广泛的应用价值。例如较高学费对学生数量的影响、收入变化与能源消费的关系、总收益变动、产量增减以及税收等，都与弹性理论有关。

第一节　需求弹性

一、需求价格弹性

（一）什么是需求价格弹性

需求曲线的形状看起来很抽象，但它对工商界有很大的实际用途。如果一个公司把其产品价格削减 10%，销售量将增加 5%，利润率还能是 25%吗？如果提高价格，销售量略减或大减，预测结果与公司利益是息息相关的。因此，公司和管理咨询机构都舍得花钱测算需求价格弹性。

弹性表示反应程度。需求价格弹性是指在其他因素不变的条件下，一种商品需求量变动对其价格变动作出反应的程度。衡量反映程度的指标是需求价格弹性系数（E_d），它是需求量变动百分比与价格变动百分比之比。其计算公式如下：

$$需求价格弹性系数(E_d)=\frac{需求量变动百分比}{价格变动百分比}$$

$$=\frac{\frac{\Delta Q}{Q}}{\frac{\Delta P}{P}}=\frac{\frac{Q_2-Q_1}{Q_1}}{\frac{P_2-P_1}{P_1}}$$

式中，ΔQ 为需求变动量；Q 为需求量；ΔP 为价格变动量；P 为价格。假定某一商品的价格从 12 元下降到 10 元，相应地，需求量从 10 个单位增加到 20 个单位，这时需求价格弹性系数为：

$$E_d=\frac{\frac{20-10}{10}}{\frac{10-12}{12}}=-6$$

E_d 为负值表示价格与需求量呈反方向变动。在现实中，为了方便一般取其绝对值。这里，E_d 的绝对值为 6，即需求量变动是价格变动的 6 倍。

在需求价格弹性系数公式中，ΔP 很容易确定，但分母中 P 的正确数值应为多少呢？是初始值，还是终值？对于微小的百分比变动，如从 100 变动到 99，分母中的差异不显著；但对较大幅度的变动，其差异就十分显著了。此时，通常采用平均价格作为计算价格变化的基础价格，使用平均数量作为基础数量来衡量数量变动百分比。因此，需求价格弹性系数公式还可写为：

$$E_d=\frac{\frac{\Delta Q}{\frac{Q_1+Q_2}{2}}}{\frac{\Delta P}{\frac{P_1+P_2}{2}}}$$

（二）需求价格弹性的五种情况

不同商品的需求在其弹性上是有差异的。必需品，如食品的需求通常对于价格变动的反应微小；而奢侈品，如航空旅行则常常具有很高的价格敏感性。根据商品的需求对价格变动的反应程度，可将需求价格弹性区分为五种情况。

1. 需求富有价格弹性

需求富有价格弹性是指需求量变动的幅度大于价格变动的幅度。如果价格变动 1 个百分点引起需求量的变动大于 1 个百分点，就是需求富有价格弹性（见图 4—1）。

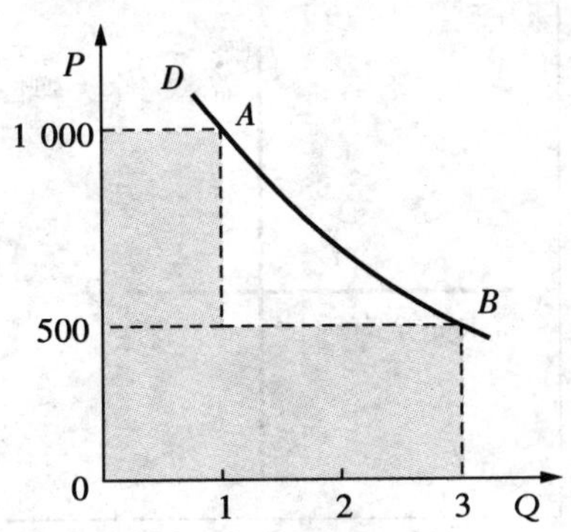

图 4—1　需求富有价格弹性

图 4—1 中，价格下降了 50%，需求量从点 A 变到点 B，增加两倍，表明需求富有弹性。

2. 需求缺乏价格弹性

需求缺乏价格弹性是指需求量变动的幅度小于价格变动的幅度。如果价格变动 1 个百分点引起需求量的变动小于 1 个百分点，就是需求缺乏弹性（见图 4—2）。

图 4—2 中，价格下降了 50%，需求量仅仅增加了 25%，表明需求缺乏弹性。

3. 单位需求弹性

单位需求弹性是指需求量变动的幅度与价格变动的幅度相一致。如需求量变动的百分比正好等于价格变动的百分比（见图 4—3）。

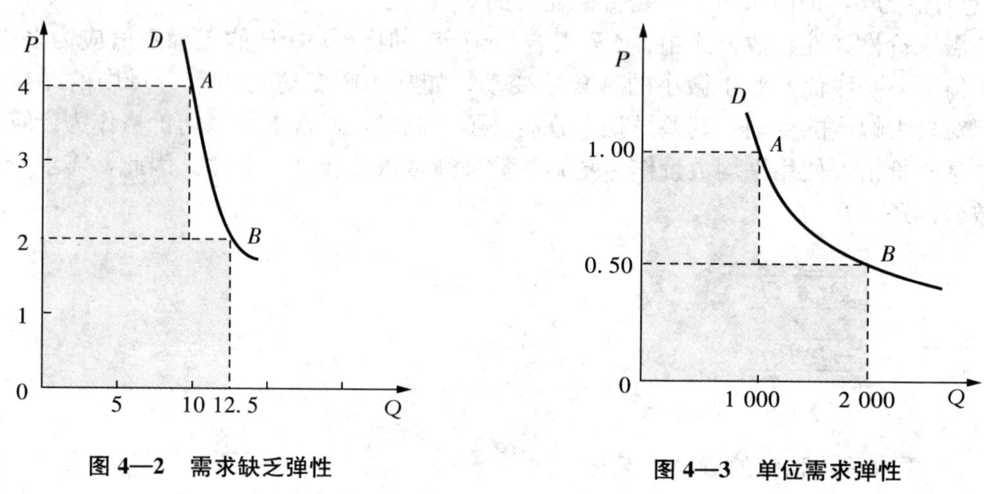

图 4—2　需求缺乏弹性　　　　图 4—3　单位需求弹性

图 4—3 中，价格下降 50%，引起需求量增加一倍，表明需求为单位需求弹性。

4. 需求完全有弹性

需求完全有弹性是指需求量具有无穷大的弹性，意味着价格的微小变化会引起需求量无穷大的变动，见图 4—4 中与横轴平行的曲线。

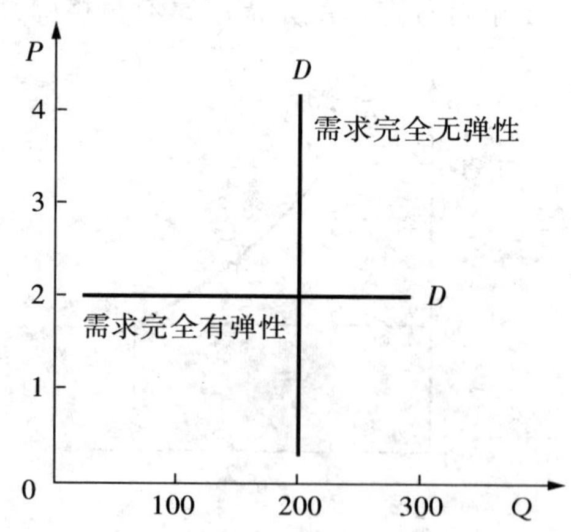

图 4—4　需求完全有弹性和完全无弹性

5. 需求完全无弹性

需求完全无弹性是指无论价格如何变化需求量都不会作出反应，见图 4—4 中与纵轴平行的曲线。

（三）决定弹性程度的因素

商品的需求价格弹性存在着差异，特别是消费品的需求价格弹性，对此人们做了大量的研究工作（见表 4—1）。①

表 4—1　测算的若干商品的需求价格弹性

商　　品	价格弹性
西红柿	4.6
青豆	2.8
出租车服务	1.2
家具	1.0
电影	0.87
鞋	0.70
香烟	0.51
医疗保险	0.31
客车旅行	0.20
居民用电	0.13

不同商品需求价格弹性存在差异的主要因素有如下四个方面。

（1）消费品项目在消费者的预算中所占的分量。如果该项目在家庭预算中所占分量较小，消费者对价格变化反应小，而不像对大项目那样反应大。例如，报纸的价格即使增加一倍，其消费也不会有多大变化。

（2）替代商品。如果只有 A 产品能满足特殊欲望，那么消费者可能不管价格如何都会坚持购买。如果 B 产品同样可以满足这一欲望，那么 A 产品价格一旦上升，许多消费者将会购买 B 产品来代替。替代品的品种越多，越适合满足同一欲望，需求价格弹性越大。例如，治疗某一疾病的特定药物和某一品牌的牙膏，前者的需求价格弹性就会低于后者的需求价格弹性。

用这个原理也可以说明为什么名牌产品的需求弹性比一般产品的需求弹性大。尽管有特征完全相同的产品，但消费者可能宁愿要一种特殊品牌的，如汽车、香烟或牙膏等，从而某一种品牌的价格相对其他品牌就会上涨，就会引起许多消费者的需求发生变动。例如，苏伊茨（Suice）估计，新汽车的需求价格弹性约在 0.6～1.0 之间，但是特制汽车的需求弹性约为 4.0。这样，如果通用汽车公司将其价格降低 10%，而其他公司的价格不变，则通用汽车的销售约增加 40%。②

---

① Hanic Kela，*Middle Rank Microeconomics*：*Theory and Applications*，New York，1986.

② Suice，*Principles of economics*，New York，1970.

（3）必需品和奢侈品。通常说必需品是无弹性的，而奢侈品是有弹性的。但是，没有什么方法可确定“必需”。“必需”是说有些东西即使价格变动，消费者也坚持要买，即有些东西的需求价格弹性小。虽然这是逻辑上的循环论证，但我们知道，必需品和奢侈品确实存在。在美国，根据需求弹性把香烟、啤酒、汽车同报纸、鞋子以及土豆一起算做必需品，而新鲜水果、蔬菜、航空旅行和国外旅游，其价格弹性为2～4，必须算做奢侈品。

（4）时间期限的长短。需求弹性是随着买者适应价格变化所需时间的长短而变化的。如果商品价格今天下跌20%，下个星期的销售量可能并不比这个星期多多少。但是，几个星期后，越来越多的人意识到价格的变化，并较大幅度调整购买习惯。3个月后，销售量将有较大幅度的增加，而12个月后，会有更大的增加。例如，豪撒克（Huasak）和泰勒（Taylor）确定，航空旅行短期的需求弹性只有0.1，而长期的需求弹性却是2.4；国外旅游，短期的需求弹性只有0.7，长期的需求弹性是4.0。①

（四）派生需求弹性

前面所举例的都是消费者所购买的商品，但大量的产品，如原料、半成品、机器、建筑材料等，都是一个公司从另一个公司买来而不进入零售市场的。对这些商品的需求，依靠于或者派生于对若干最终产品的需求。对它们的需求都是为了得到最终产品所形成的需求，所以叫做派生需求。红砖的需求，派生于建筑物的需求；钢材的需求，派生于用钢材制造的最终产品的需求。

派生需求曲线，其形状与意义和通常需求曲线一样。它的弹性表示销售对价格变化的反应，或者很大，或者很小。这主要取决于以下三种情况。

（1）最终产品的需求弹性。用于生产最终产品的材料，其价格的增加将提高最终产品的生产费用，从而提高最终产品的价格。如果最终产品价格的提高，引起销售量很快下降，那么用以制造最终产品的材料，其销售也将迅速下降。因此，最终产品的需求弹性越大，派生于最终产品的需求弹性也越大。

（2）费用项目在总费用中的重要性。假定产品费用为100美元，某项材料费用占10%。现在材料的价格增长10%，从而同样的产品，其费用不再是10%，而是11%。为了补偿费用的增加，最终产品的价格就要从100美元上升到101美元，即上升1%。假定最终产品的需求弹性为1，所用材料的需求却非常不具有弹性，其价格增加10%，只引起销售量下降1%。原因是材料在总费用中所占部分太小，以致其价格的增长对最终产品的价格和产量影响很小。

假定材料费用占产品价格100美元中的60美元。如果产品的需求弹性为1，那么材料价格增长10%，可以造成6%的产品价格的增长，而产品和材料二者的销售将下降6%，材料的需求弹性较以前大为增加。由此，得出派生需求的第二个原则：材料的需求在最终产品的费用中所占分量越大，它的弹性也越大。

（3）替代品。假定材料或者部件的价格增长了，最终产品的生产者无论如何也得继续使用它们。这种情况可能有，也可能没有，常常总会有代替的可能。例如棉花价格较高时，人造纤维和其他合成纤维将代替它；钢材价格增长了，某些用途可以用铝、铜或其他

---

① Huasak, Taylor, *Demand of United States Consumer*, Massachusetts, 1970.

金属代替。代替的可能性越大，该商品的需求弹性越大。

简言之，派生需求的弹性，直接随着最终产品的需求弹性、该项费用在总费用中所占的比例，以及生产过程中使用替代品的可能程度而变化。

二、需求收入弹性

(一) 什么是需求收入弹性

需求量不仅受价格，也受买者收入的影响。假定一个家庭的收入增长 100%，由年收入5 000美元上升为10 000美元，那么该家庭所需商品要比过去多一些，但需求量的增长会因商品不同而不同。为测度不同商品需求对收入变化的反应，可使用需求收入弹性这一概念。需求收入弹性是指需求量变动对个人收入变动的反应程度。其计算公式为：

$$\text{需求收入弹性}=\frac{\text{需求量变动百分比}}{\text{收入变动百分比}}$$

假定某一消费者实际收入增加 10%，需求量提高 3%，则需求收入弹性是 0.3。如果需求量提高 30%，则需求收入弹性是 3.0。

在美国，每个家庭的实际收入每 20～25 年增加一倍，这使国民经济中几乎所有商品的需求曲线都有不同程度的提高。一些商品对收入变化反应大，而另一些商品则反应小。人们可根据需求量、收入和其他变量的市场资料，得到需求收入弹性的估算值（见表 4—2）。

表 4—2① **需求收入弹性估算表**

商　　品	需求收入弹性
汽车	2.5
住宅（房主占用的）	1.5
家具	1.5
书	1.4
餐馆进餐	1.4
衣物	1.0
医生服务	0.75
烟草	0.64
鸡蛋	0.37
人造黄油	−0.20
猪肉产品	−0.20
面粉	−0.36

表 4—2 中，消费量增长比收入增长快的为奢侈品，其需求收入弹性较高。需求量随着收入增长而下降的为劣等品，其需求收入弹性为负值。劣等品并不存在质量问题，而只

① Hanic Kela, *Middle Rank Microeconomics: Theory and Applications*.

反映它们在家庭预算中的地位。对于许多日常用品，如衣服、鸡蛋等，其收入弹性一般为0～1.0，这样的商品为正常商品。

（二）恩格尔定律

恩格尔定律与需求收入弹性有关。这一定律在19世纪由德国经济学家恩格尔（E. Engel）提出。他对许多消费品的需求收入弹性进行统计后，发现食品需求收入弹性系数小于1，衣服、住房的需求收入弹性系数等于1，医疗、奢侈品和娱乐等的需求收入弹性系数大于1。据此得出了恩格尔定律，即随着收入增加，用于食物的支出在货币收入中所占的比重会越来越小。统计学家根据恩格尔定律来划分家庭的贫富，即以食品支出在家庭收入中所占的比重作为划分依据。后来，这一定律又被作为划分国家贫富的依据。

根据恩格尔定律，可得到恩格尔系数。其计算公式为：

$$\text{恩格尔系数}=\frac{\text{食物支出金额}}{\text{总支出金额}}$$

恩格尔系数是反映居民消费水平的重要指标。按照联合国粮食及农业组织公布的标准，恩格尔系数在59％以上的国家为绝对贫困，50％～59％的国家为勉强度日，40％～50％的国家为小康水平，30％～40％的国家为富裕。

（三）吉芬商品

与需求收入弹性有关的另一因素是吉芬商品的存在。英国经济学家吉芬（R. Giffen）在对1845年爱尔兰的土豆销售进行研究时发现，土豆价格上升，需求量反而增加。这种反常情况，形成了经济学说史上的吉芬之谜，人们也称其为吉芬效应。这种需求与价格呈同方向变动的商品，便为吉芬商品。吉芬商品是低档商品中的一种，但并不是所有的低档商品都是吉芬商品。

吉芬商品的需求量之所以同价格同方向变动，其原因在于，土豆价格上升，意味着必须消费土豆的人们的实际收入减少，他们不得不更多地消费土豆，少消费其他商品。

三、需求交叉弹性

（一）什么是需求交叉弹性

一种商品的需求量变动受多种因素的影响，假定其他因素不变，仅仅考察一种商品价格变化与它的相关商品的需求量变化之间的关系，则需要运用需求交叉弹性。

需求交叉弹性是指一种商品需求量变动对另外一种商品价格变动的反应程度。衡量反应程度的指标是需求交叉弹性系数，即一种商品需求量变动比率与另外一种商品价格变动比率的比值。其计算公式为：

$$\text{需求交叉弹性系数}=\frac{\text{一种商品需求量变动百分比}}{\text{另一种商品价格变动百分比}}$$

（二）相关与非相关商品的需求交叉弹性

由需求交叉弹性系数的公式可见，需求交叉弹性涉及商品之间的关系。根据商品之间的关系，可将全部商品划分为两类：一类是相关商品，另一类是非相关商品。相关商品可细分为两种。

（1）一种是替代商品。替代商品是指满足同一欲望的存在着相互替代关系的商品。例如大米和白面，对于满足人们的食欲来说，消费了大米就可不再消费白面。大米可顶替白面，白面也可顶替大米，所以二者是替代商品。在替代商品中，一种商品的价格下降，就会引起另外一种商品的需求量减少，反之亦然。替代商品的需求交叉弹性系数为正值，因为它们之间的需求量与价格呈同方向变动。

（2）另一种是互补商品。互补商品是指满足同一欲望的存在着相互补充关系的商品。例如钢笔和墨水、黑板和粉笔，对于满足书写需要来说，它们之中缺了哪一个都不行，二者之间存在着补充关系，所以它们是互补商品。在互补商品中，一种商品的价格下降，另一种商品的需求量就会增加，反之亦然。互补商品的需求交叉弹性系数为负值，因为它们之间的需求量与价格呈反方向变动。

非相关商品即独立商品。独立商品是指满足同一欲望但不存在相关关系的商品。例如牛肉和钢笔，无论牛肉的价格如何变化，钢笔的需求量都不会受到影响，因为二者是满足不同欲望的商品。

第二节　供给价格弹性

一、什么是供给价格弹性

对需求弹性的论述也适用于供给弹性。供给弹性包括供给价格弹性、供给交叉弹性和供给收入弹性等。这里考察的是供给价格弹性，通常称为供给弹性。

供给价格弹性是指一种商品的供给量对于其市场价格的反应程度。准确地讲，供给价格弹性衡量的是：当商品价格提高1%时，供给量变动的百分比。其计算公式为：

$$E_s=\frac{\text{供给量变动百分比}}{\text{价格变动百分比}}$$

假设供给量固定不变，不论市价如何只能全部出售，这便是供给完全无弹性或供给曲线为垂直线的情况。

另一种极端的情况是，价格的微小下降会使供给量降低到零，而价格的微小上升会导致无穷大的供给。此时，供给量变动的百分比与价格变动的百分比的比率非常大，从而形成了水平供给曲线。这便是供给有无限弹性的极端情况。

在两个极端情况之间，存在着供给富有弹性、供给缺乏弹性和单位供给弹性的情况，这取决于供给量增加的百分比是大于还是小于价格变动的百分比。在供给的价格弹性等于1的情况下，供给量增加的百分比正好等于价格上升的百分比。

可以容易看出，供给的价格弹性的定义与需求的价格弹性的定义是类似的。唯一的区别在于：对于供给而言，数量对价格的反应是正的，而对需求而言，其反应是负的。

图 4—5 描绘了供给弹性的三种情况：垂直的供给曲线表示供给完全无弹性；水平的供给曲线表示供给完全有弹性；经过原点的曲线表示单位供给弹性。

图 4—6 中，供给曲线上各点的弹性均大于 1。例如点 A，因为 $BC>OB$，所以 $E_s>1$。

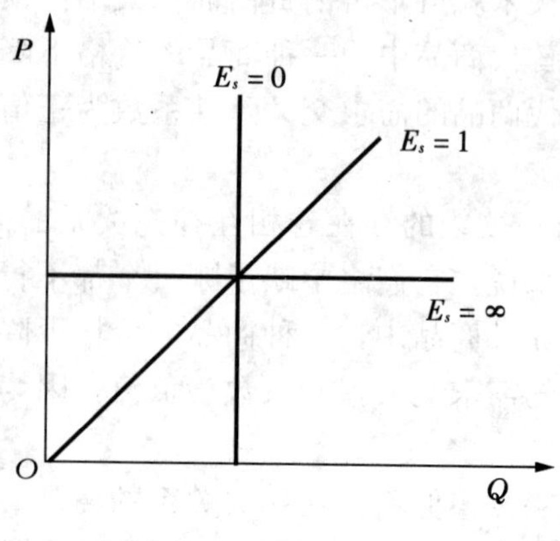

图 4—5　三种供给弹性

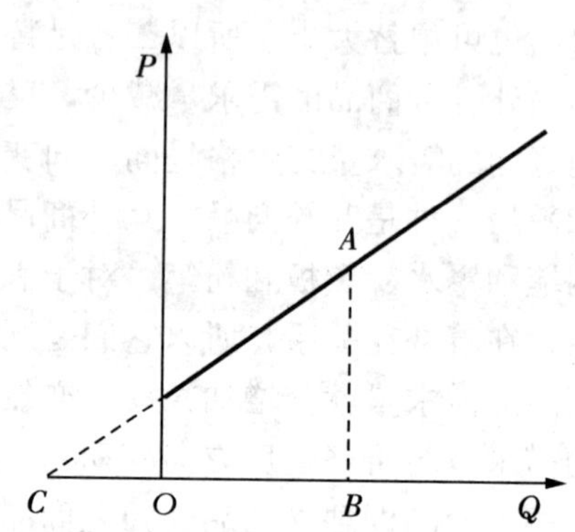

图 4—6　供给富有弹性

供给弹性公式可写为：

$$E_s=\frac{\frac{\Delta Q}{Q}}{\frac{\Delta P}{P}}=\frac{\Delta Q}{\Delta P}\cdot\frac{P}{Q}$$

根据上式，供给曲线上点 A 的弹性可写为：

$$E_s=\frac{\Delta Q}{\Delta P}\cdot\frac{P}{Q}=\frac{CB}{AB}\cdot\frac{AB}{OB}=\frac{CB}{OB}>1$$

$E_s>1$ 表示供给富有弹性。

在图 4—7 中，供给曲线上各点的弹性均小于 1。例如点 A，因为 $BC<OB$，所以 $E_s<1$。它表示供给缺乏弹性。

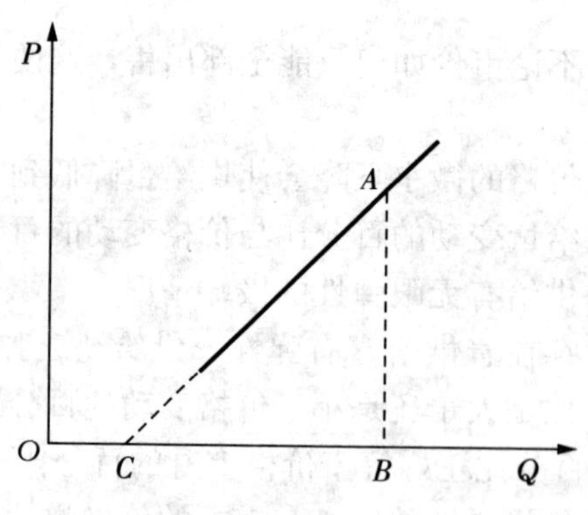

图 4—7　供给缺乏弹性

二、影响供给弹性的因素

(1) 行业生产能够增加的程度。如果在现行市场价格下很容易购买到投入品，就像纺织行业的情况那样，那么微小的价格上升，就会引起产量大幅度地增加。这意味着供给弹性相对较大。假定生产能力受到严重限制，就像南非金矿开采那样，即使黄金价格急剧上升，南非的黄金产品也只能作出微小反应。

(2) 时间长短。当商品价格发生变化时，厂商对产量的调整需要一定的时间。在很短的时间内，厂商若要根据商品的涨价及时增加产量，或者根据商品的降价及时缩减产量，都存在不同程度的困难，供给弹性较小。但在较长时间内，生产规模的扩大与缩小甚至转产都是可以实现的，供给量可以对价格变动作出较充分的反应，供给弹性较大。

(3) 生产成本随产量变化的情况。就生产成本而言，如果产量增加只引起边际成本的轻微上升，则意味着厂商的供给曲线比较平坦，供给弹性较大。相反，如果产量增加引起边际成本大幅度上升，则意味着厂商供给曲线比较陡峭，供给弹性较小。

(4) 产品生产周期的长短。在一定时期内，对于生产周期较短的产品，厂商可以根据市场价格变化及时调整产量，供给弹性较大。相反，生产周期长的产品供给弹性往往较小。

第三节　需求弹性的应用

一、为什么要进行需求价格弹性和需求收入弹性估算

(一) 需求价格弹性

对于许多经济应用来说，进行需求价格弹性的数量估算是十分必要的。例如，一位汽车制造商想知道安装昂贵的污染控制设备所引起的汽车价格上升对汽车销量的影响；一所学院需要了解较高的学费对学生人数的影响；一位出版商需要计算课本价格上升对其销量的影响。这些都需要对需求价格弹性进行估算。

(二) 需求收入弹性

相似的决策也需要估算需求收入弹性。例如，政府计划修建一条公路或铁路，它要估算收入上升对旅行的影响；政府在计划未来环境保护时，必须计算收入上升对能源消费的影响；在决定进行必要的投资以扩大生产能力时，电力部门需要知道需求收入弹性，以估算电力消费。

二、需求价格弹性与总收益

需求价格弹性与总收益有着密切关系。它可从下列公式中得到说明：

$$TR = P \cdot Q$$

式中，TR 为总收益；Q 为与需求量相一致的销售量；P 为单位价格。

从公式可知，总收益取决于价格和需求量。所以，需求价格弹性发生变化，必然会引起总收益发生变动。

由于不同商品的需求价格弹性不一样，因此对总收益的影响也不同。这里，以需求价格弹性的五种情况分别来考察它们对总收益的影响。

1. 需求富有弹性的商品

假定电视机的需求富有弹性 $E_d=2$，每台电视机的价格为 500 元，销售量为 100 台，这时总收益为：

500×100=50 000（元）

如果每台电视机的价格从 500 元下降到 450 元，下降幅度为 10%。由于$E_d=2$，销售量便会增加到 120 台。这时总收益为：

450×120=54 000（元）

两者比较，后者每台电视机的价格虽然下降了，但总收益却增加了4 000元。

反过来看，如果电视机的价格提高 10%，那么销售量会减少 20%。这时总收益为：

550×80=44 000（元）

两者比较，虽然后者每台电视机的价格提高了，但总收益却减少了6 000元。

通过上述分析，可得出这样一个结论：需求富有弹性的商品，它的价格与总收益呈反方向变动。价格上升，总收益减少；价格下降，总收益增加。

2. 需求缺乏弹性的商品

应该指出的是，并不是任何降价都会增加销售量，从而增加总收益。

以面粉为例。假定需求弹性系数 $E_d=0.5$，每千克面粉的价格为 2.00 元，销售量为 100 千克。这时总收益为：

2.00×100=200（元）

如果面粉的价格下降 10%，由于 $E_d=0.5$，销售量则上升 5%。这时总收益为：

1.80×105=189（元）

两者比较，虽然后者每千克面粉的价格下降了，但总收益并未增加，反而减少了 11 元。

反过来看，若每千克面粉的价格上升 10%，销售量将下降 5%。这时总收益为：

2.20×95=209（元）

两者比较，虽然后者每千克面粉的价格上升了，但总收益并未减少，反而增加了 9 元。

通过上述分析，可得出这样一个结论：需求缺乏弹性的商品，它的价格与总收益呈同方向变动。价格上升，总收益增加；价格下降，总收益减少。

3. 具有单位需求弹性的商品

单位需求弹性即 $E_d=1$。在这种情况下，总收益为最大值。萨缪尔森指出："大多数的 *DD* 曲线在价格较高的起始部分属于弹性充足的情况，在低数值的*P* 的终结部分属于弹性不足的情况，而在其间，通过弹性为 1 的位置，这时，$P \cdot Q$具有最大的数值。”[①] 即 $E_d=1$时，总收益最大（见表 4—3）。

表 4—3 单位需求弹性的总收益

P	ΔP	Q	ΔQ	E_d	TR
12		1			12
10	2	2	1	3.67	20
8	2	3	1	1.80	24
6	2	4	1	1.00	24
4	2	5	1	0.56	20
2	2	6	1	0.27	12

表 4—3 中，在价格为 6～8 的范围内，需求量变动的幅度与价格变动的幅度相一致，即需求弹性系数为 1，这时总收益最大。

4. 需求完全有弹性和需求完全无弹性的商品

对于需求完全有弹性和完全无弹性的商品，厂商的总收益变动与前三种情况不同。

在需求完全有弹性的情况下，厂商面对既定价格，收益可无限增加，因此不会降低价格。如果提高价格，总收益会减少为零，因此厂商也不会提高商品价格。

在需求完全无弹性的条件下，厂商降低商品售价只会引起总收益同比例于价格下降而减少；相反，提高价格只会引起总收益同比例于价格提高而增加。

第四节　供给弹性的应用

一、蛛网理论

蛛网理论引入了时间变化，通过对属于不同时期的需求量、供给量和价格之间相互作用的连续考察，用动态分析方法论述诸如农产品、畜牧产品这类生产周期较长的商品的产量和价格在偏离均衡状态以后的实际波动过程及其结果。

西方经济学根据均衡状态的稳定与否，将均衡区分为稳定均衡和不稳定均衡。就均衡价格模型而言，当一个均衡价格体系在受到外力的干扰而偏离均衡点时，如果这个体系在市场机制的作用下能回到原有的均衡点，则称这个均衡价格体系是稳定均衡。与此相反，如果这个体系在市场机制的作用下不再回到原有的均衡点，则称这个均衡价格体系是不稳定均衡。蛛网理论的分析涉及稳定均衡和不稳定均衡。

① ［美］萨缪尔森：《经济学》，10 版，中册，9 页，北京，商务印书馆，1988。

蛛网理论考察的是生产周期较长的商品。蛛网理论的基本假定是：商品的本期产量 Q_t^s 决定于前一期的价格 P_{t-1}，即供给函数为 $Q_t^s=f(P_{t-1})$，商品本期的需求量 Q_t^d 决定于本期的价格 P_t，即需求函数为 $Q_t^d=f(P_t)$。蛛网理论分析了商品产量和价格波动的三种情况。

1. 供给曲线斜率的绝对值大于需求曲线斜率的绝对值

当市场受到干扰偏离原有的均衡状态后，实际价格和实际产量会围绕均衡水平上下波动，但波动幅度越来越小，最后会回复到原来的均衡点（见图 4—8）。

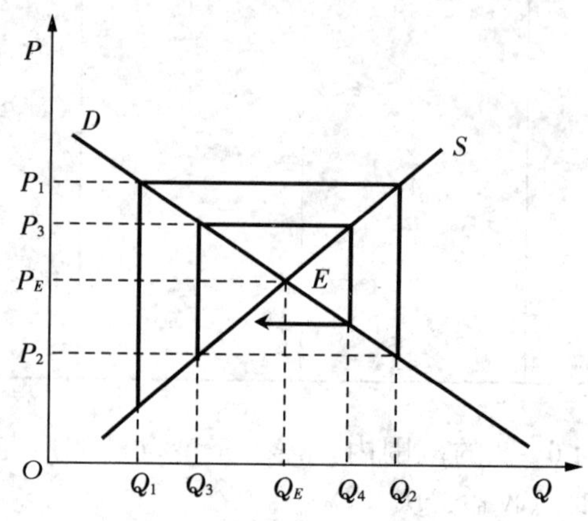

图 4—8　收敛型蛛网

假定第一期由于某种外在因素干扰，如恶劣的气候条件，实际产量由均衡数量 Q_E 减少为 Q_1。根据需求曲线，消费者愿意支付 P_1 的价格购买全部产量 Q_1，于是实际价格上升为 P_1。根据第一期的较高价格水平 P_1，根据供给曲线，生产者将第二期的产量增加为 Q_2。

第二期，生产者为了出售全部的产量 Q_2，接受消费者所愿意支付的价格 P_2，于是实际价格下降为 P_2。根据第二期的较低价格水平 P_2，生产者将第三期的产量减少为 Q_3。

第三期，消费者愿意支付 P_3 的价格购买全部产量 Q_3，于是实际价格上升为 P_3。根据第三期的较高价格水平 P_3，生产者又将第四期的产量增加为 Q_4。

如此循环下去，实际产量和实际价格的波动幅度越来越小，最后回复到均衡点 E 所代表的水平。也就是说，由于外在的原因，当价格和产量偏离均衡数值后，经济制度中存在着自发因素，能使价格和产量自动实现均衡复归。

从图 4—8 中可见，只有当供给曲线斜率的绝对值大于需求曲线斜率的绝对值时，即供给曲线比需求曲线较为陡峭时，才能得到蛛网稳定的结果。所以，两条曲线的上述关系是蛛网趋于稳定的条件，相应的蛛网被称为收敛型蛛网。

2. 供给曲线斜率的绝对值小于需求曲线斜率的绝对值

当市场由于受到外力的干扰偏离原有的均衡状态后，实际价格和实际产量上下波动的幅度会越来越大，偏离均衡点越来越远（见图 4—9）。

假定第一期由于某种外在因素的干扰，实际产量由均衡水平 Q_E 减少为 Q_1。根据需求曲线，消费者为了购买全部的产量 Q_1，愿意支付较高的价格 P_1，于是实际价格上升为

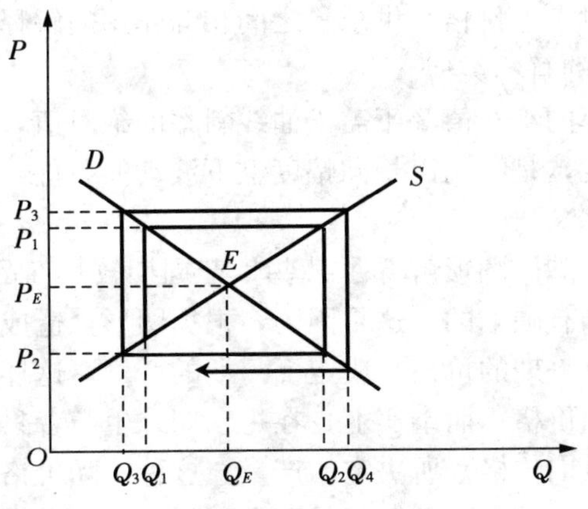

图 4—9　发散型蛛网

P_1。根据第一期的较高价格水平 P_1，根据供给曲线，生产者将第二期的产量增加为 Q_2。

第二期，生产者为了出售全部的产量 Q_2，接受消费者所愿意支付的价格 P_2，于是实际价格下降为 P_2。根据第二期的较低价格水平 P_2，生产者将第三期的产量减少为 Q_3。

第三期，消费者为了购买全部的产量 Q_3，愿意支付的价格上升为 P_3，于是实际的价格又上升为 P_3。根据第三期的较高价格水平 P_3，生产者又将第四期的产量提高到 Q_4。

如此循环下去，实际产量和实际价格上下波动的幅度越来越大，偏离均衡点 E 所代表的均衡产量和均衡价格越来越远。由此可见，图中的均衡点 E 所代表的均衡状态是不稳定的，被称为不稳定均衡。

因此，供给曲线斜率的绝对值小于需求曲线斜率的绝对值，即供给曲线比需求曲线较为平坦时，才能得到蛛网不稳定的结果。所以，两条曲线的上述关系是蛛网趋于不稳定的条件，相应的蛛网被称为发散型蛛网。

3. 供给曲线斜率的绝对值等于需求曲线斜率的绝对值

当市场由于受到外力的干扰偏离原有的均衡状态后，实际产量和实际价格始终按同一幅度围绕均衡点上下波动，既不进一步偏离均衡点，也不逐步趋向于均衡点（见图4—10）。

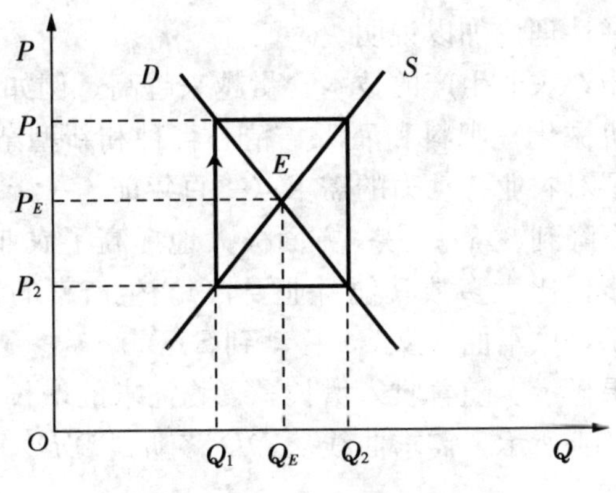

图 4—10　封闭型蛛网

对图 4—10 中不同时点上价格与供求量之间相互作用的解释，与第一种情况对图 4—8 和第二种情况对图 4—9 的解释类似。

这里，供给曲线斜率的绝对值等于需求曲线斜率的绝对值，即供给曲线和需求曲线具有相同的陡峭或平坦程度，是蛛网以相同幅度上下波动的条件，相应的蛛网被称为封闭型蛛网。

西方经济学家认为，蛛网图形解释了某些生产周期较长商品的产量和价格波动情况，但这些图形还是很简单和有缺陷的。这是因为，根据图形，造成产量和价格波动的主要原因是：生产者总是根据上一期的价格来决定下一期的产量，这样，上一期的价格同时也就是生产者对下一期的预期价格；而事实上，在每一期，生产者只能按照本期的市场价格来出售由预期价格（即上一期价格）所决定的产量。这种实际价格和预期价格的不吻合，造成了产量和价格的波动。但是，这种解释是不全面的。因为生产者根据自己的经验，会逐步修正自己的预期价格，使其接近实际价格，从而使实际产量接近市场的实际需求量。关于这一点，经济学家阿西玛加普罗斯（Asimajapulos）举出了实例予以说明①。

在美国，1972 年由于暴风雨等恶劣气候，土豆产量大幅度下降，从而土豆价格上涨。随土豆价格上涨，农场主便扩大土豆的种植面积，使土豆产量在 1974 年达到了历史最高水平，结果导致土豆价格急剧下降。以缅因州为例，1 磅土豆的价格由 1974 年 5 月的 13 美分降为 1975 年 3 月的 2 美分，比平均生产成本还低。这种现象显然可用蛛网理论来说明。

作为补充，阿西玛加普罗斯又举了一个特殊的例子来说明蛛网理论的缺陷：当普林斯·爱德华岛的农场主们都因土豆价格下降而缩减土豆种植面积时，只有一个农场主不这样做。因为这个农场主根据长期的经营经验，相信土豆价格将上升，而眼下正是自己增加土豆生产的时候。可见，这个农场主的预期和行为与蛛网理论所分析的情况是不同的。

二、限制对数量和价格的影响

（一）“谷贱伤农”与限制种植

1. “谷贱伤农”

“谷贱伤农”是中国流传已久的一句俗语，它描述了在丰收年份，农民收入反而减少的现象。这一现象可用弹性理论加以说明。

随着科学技术的进步，农业生产的技术含量越来越高。例如，通过运用拖拉机、联合收割机和摘棉机来实现机械化；肥料和灌溉、精心育种和新型杂交种子等方面的进展等。这一方面大幅度地降低了对农业劳动力的需求（一百年前，一半的美国人生活和工作在农场。今天，这个数字已下降到 3%）；另一方面极大地提高了农业生产率（统计资料表明，美国农业生产率的增长步伐比大多数其他行业要快）。生产率的快速增长，大幅度地增加了供给。如图 4—11 所示，供给曲线从 SS 移动到 $S'S'$。

长期统计研究的结果显示：随着收入增长，食物需求的增长相对较慢，使农产品需求曲线有限右移。如图 4—11 所示，需求曲线从 DD 移动到 $D'D'$。

---

① Asimajapulos, *Microecomics*, Oxford University Publishing House, 1978.

供给的快速增长超过了需求的有限增长，从而导致农产品价格下降。如图 4—11 所示，决定价格的均衡点 E 移动到均衡点 E'。1951—1990 年，相对于总体价格水平而言，美国农作物价格下降了 67%；同时，由于需求缺乏弹性，随价格下降农业收入减少。

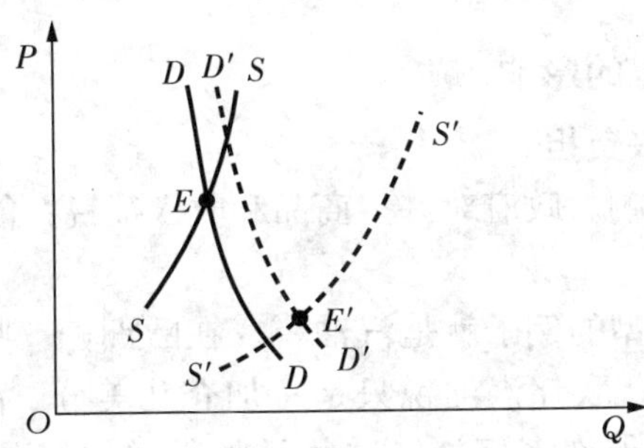

图 4—11　供给的扩张和无价格弹性的需求导致了农业的危难

2. 限制种植

作为收入下降的反应，农民往往寻求政府给以经济资助。长期以来，与其他国家一样，美国政府采取了多种措施来帮助农民。例如，通过价格支持提高了农产品的价格；通过关税和配额限制进口；按产量直接给农民以补贴。

在政府支援农业的方案中，争议最多的是要求农民限制产量。图 4—12 说明了这一政策的经济影响。

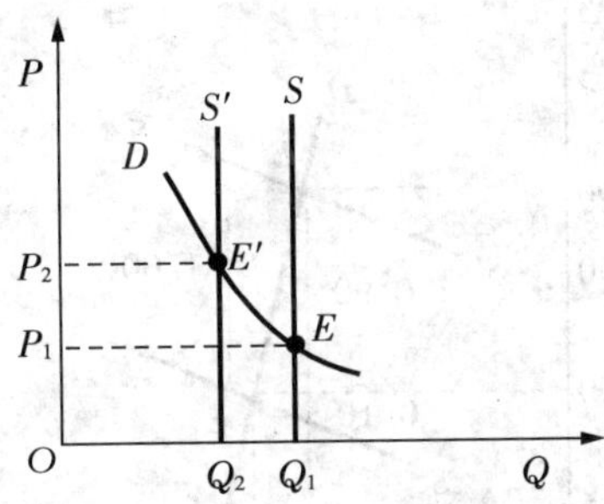

图 4—12　限制种植提高了价格

如果美国农业部要求农民比上年减少 20%的玉米耕种面积，这将引起玉米的供给曲线向左上方移动。由于食物需求缺乏弹性，限制种植不仅提高了玉米和其他农作物的价格，而且增加了农民的总收入和利润。

当然，消费者在限制种植和较高的农产品价格中遭受了损失，正如水灾或旱灾造成粮食稀缺的情形一样。当通过闲置生产性农业资源以达到支持农民的目的时，这是社会必须付出的代价。

(二) 限制医生的供给

限制不仅运用于农业，也可用于其他行业，如限制医生的供给。

在一些国家，为了在医院里得到一个位置，必须通过资格考试。

资格考试作为一种限制，有效地降低了医生的供给，使医疗供给曲线左移。这种限制和类似证书的拥护者相信，为了提高医疗服务质量，这些措施是必要的。

由于医疗服务的需求缺乏价格弹性，因此限制从医人数会提高医疗服务价格，增加医生收入。对于消费者而言，较高质量的医疗服务是以较高花费为代价的。

三、税收对价格和数量的影响

（一）提高汽油税由谁来负担

现在我们考虑税收的影响。政府对许多商品和收入征税，能否应用供求分析来考察税收的微观经济影响呢？

回答是肯定的。一个典型的例子就是汽油税。在欧洲，一些国家对每加仑汽油征收 2 美元～4 美元的税；在美国，联邦汽油税只是每加仑几美分。高汽油税的提倡者们指出，国家从较高汽油税中可以获得许多好处，这些税收所增加的财政收入有助于降低预算赤字；它还可以抑制不断增长的石油消费，减少使用能源而产生的空气污染和其他外部经济效果。

下面运用供给和需求来分析对汽油征收每加仑 1 美元税收的最终经济影响。税收的负担是会向后完全转嫁给石油行业呢？还是会向前转嫁给消费者呢？其答案只能由供给和需求分析来给出。图 4—13 表明原来的均衡点在点 E，即 SS 曲线与 DD 曲线的相交点。此时，每加仑汽油的价格为 1 美元，每年汽油的总消费量为1 000亿美元。

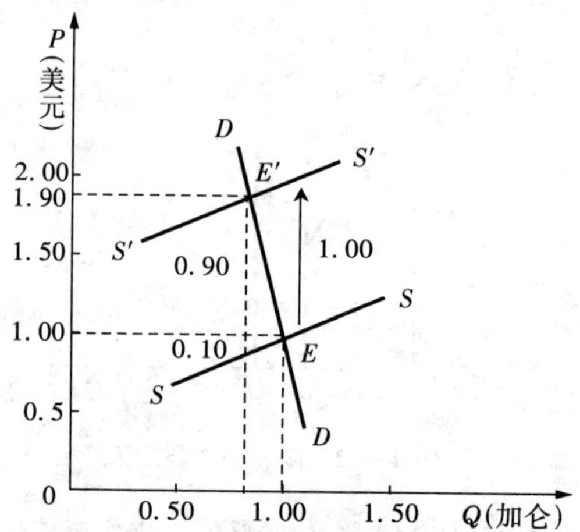

图 4—13　汽油税由消费者和生产者共同负担

把在汽油零售市场征收 1 美元税收的负担描绘在图上便是：在需求曲线保持不变的情况下，供给曲线向上移动。需求曲线没有移动，这是因为征收汽油税以后，在每一价格水平上的需求量并未发生变化。消费者可能既不知道也不关心，加油站提高价格的收入究竟是到了政府、石油公司还是其他地方。

相比之下，供给曲线正好向上移动了 1 美元。其原因在于：要使他们愿意出售相同的数量（如1 000亿加仑汽油），生产者必须得到与以前相等的净价格。也就是说，在每一供给量上，市场价格的上升幅度必须正好等于税额。如果生产者最初愿意以每加仑 0.90 美元的价格出售800亿加仑，那么他们仍然愿意以1.90美元的价格出售相同的数量（在扣除税额以外，生产者得到了0.90美元的相同价格）。

新的均衡价格出现在新的供给曲线与需求曲线的交点上，即$S'S'$与DD相交的点E'。由于供给曲线的移动，价格上升了；同时，购买量和出售量下降了。仔细考察该图就会发现，新的均衡价格从1美元上升到大约1.90美元。购买量与出售量从均衡量1 000亿加仑下降到新的均衡产量，约为800亿加仑。

谁最终支付税款呢？显然，石油行业支付了一小部分，即生产者所得到的价格下降了10美分，每加仑汽油只得到90美分，而不是1美元。消费者承担了大部分负担，消费者支付的价格上升了90美分。

一般说来，消费者和生产者承受税收负担的大小取决于需求和供给的相对价格弹性。如果相对于供给而言，需求缺乏弹性，则税收负担向前转嫁到消费者身上；如果相对于需求而言，供给更加缺乏弹性，则税收负担向后转嫁到生产者身上。

（二）汽车关税对汽车价格和数量的影响

从亨利·福特时代到20世纪50年代，美国控制着世界汽车市场。随着欧洲和日本的快速发展，美国成为汽车进口国。20世纪80年代，美国进口汽车占市场份额为25%。遭受过剩生产能力和失业沉重打击的汽车公司和工会，提出了一个解决方案，即设置汽车关税。

对每辆进口汽车征收2 000美元的关税会减少进口汽车的供给，使供给曲线向左上方移动（见图4—14）。进口汽车价格上升，需求量就会减少。

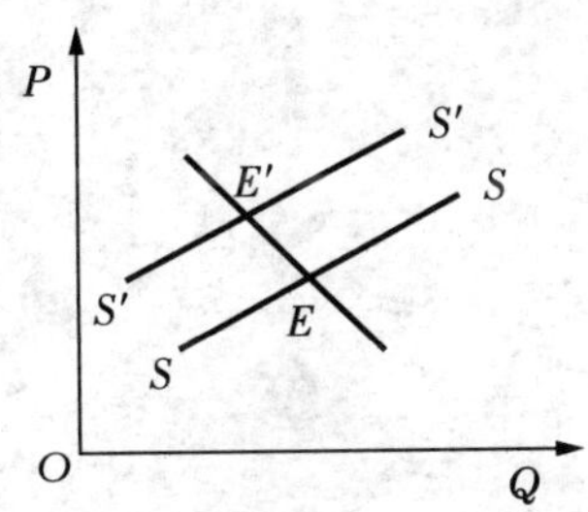

图4—14　提高关税对进口汽车的影响

进一步看，征收汽车关税对国产汽车有什么影响呢？国产汽车对进口汽车有替代作用，二者的需求量与价格呈同方向变动。因此，进口汽车在征收关税后价格上升，国产汽车需求量必然增加，使需求曲线向右上方移动。在国产汽车的供给曲线不变的情况下，国产汽车的价格和数量都会增加。

【思考题】

1. 用图形解释和说明，1990—1991年对伊拉克石油出口的封锁如何影响了石油的供给与需求，因而影响了石油的均衡价格和数量。

2. 原油供给价格弹性在短期被估算为0.05。如果石油的初始价格为每桶3美元。那么，世界石油市场因石油禁运使供给量下降了 5%，这对于石油的价格和数量将产生何种影响？

3. 通常丰收后，农民的收入反而降低。试用供求图形来说明这一道理。

4. 需求研究表明，毒品的需求价格弹性为 0.1。假定某市一半吸毒者通过犯罪来维持他们的生计。运用供求分析，说明实施一项强硬的法律方案使进入该市的毒品供给下降了 50%，这对该市犯罪率产生什么影响？如果毒品价格下降 90%，这对犯罪活动和毒品使用有何影响？如果一项计划使毒品使用者数量减少一半，这对毒品价格和吸毒者又有何影响？

第五章

消费者行为和需求

本章将考察基数效用论和序数效用论，分析制约和影响消费者购买行为的因素，从而说明市场需求。基数效用论主要以边际效用及其递减规律和同一单位货币所购买的不同商品的边际效用均等，来解释消费者行为。序数效用论则主要以无差异曲线、边际替代率及其递减规律和预算线与无差异曲线在切点上的均衡，来解释消费者行为。

第一节　选择与效用

一、效用是选择的基准

解释消费者行为，依赖于一个基本前提，即人们倾向于选择在他们看来具有最高价值的那些商品和劳务。商品或劳务价值高低的依据是什么呢？一个世纪以前，经济学家提出了“效用”这一概念，将其作为消费者在不同消费可能性之间进行选择的基准。

效用就是满足。更准确地说，效用是指消费者从消费某种商品或劳务中得到的主观上的享受。西方经济学家认为，不应该将效用等同于可观察到或衡量到的任何确指的生理功效或感觉。相反，效用是一种科学构想，经济学家用它来解释有理性的消费者如何把其有限的资源分配在能给他们带来最大满足的商品和劳务上。

二、选择的假设条件

假设虽然不完全真实，却体现了真实的重要方面。在考察消费者行为时，首先假定消费者的行为是始终一贯的。其次假定个人行为有成效，可以达到最大满足。这一假设使人们能够解释什么是合理的行为，这有助于理解消费者的实际购买活动。

具体讲，假设包括：

(1) 消费者知道他们要的是什么，他们有一定的目标，如充饥、解渴、防避自然灾害、未来的保险、防止盗窃、休息和健康等。他们也知道，一个目标同另一个目标相比，其价值的高低。

（2）他们知道，每种商品和服务能够达到的目标效果，如一件新衣服增添了多少光彩、一块牛排够不够充饥等。

（3）他们知道能够在市场上买到的每件商品的价格。

（4）每个消费者利用这些信息最大地达到他的满足。

三、效用的两种选择学说

由于效用是用来表示消费者在消费商品时所感受到的满足程度，于是就产生了对这种满足程度即效用的度量问题。在这一问题上，西方经济学家先后提出了基数效用和序数效用的概念，并在此基础上形成了分析消费者行为的两种方法，即基数效用论者的边际效用分析方法和序数效用论者的无差异曲线分析方法。

在19世纪和20世纪初期，西方经济学家普遍使用基数效用的概念。基数效用论者认为，效用如同长度、重量等概念一样，可以具体衡量并加总求和，具体的效用量之间的比较是有意义的。表示效用大小的计量单位被称为效用单位。例如，对某一个人来说，吃一顿丰盛的晚餐与看一场高水平的足球赛的效用分别为5效用单位和10效用单位，则可以说这两种消费的效用之和为15效用单位，且后者是前者的2倍。

到20世纪30年代，序数效用的概念为大多数西方经济学家所使用。序数效用论者认为，效用是一个有点类似于香、臭、美、丑那样的概念。效用的大小是无法具体衡量的，效用之间的比较只能通过顺序或等级来表示。仍就上面的例子来说，消费者要回答的是偏好哪一种消费，即哪一种消费的效用是第一，哪一种消费的效用是第二。或者说，要回答的是宁愿吃一顿丰盛的晚餐，还是宁愿看一场高水平的足球赛。序数效用论者还进一步认为，就分析消费者行为来说，以序数来度量效用的假定比以基数来度量效用的假定所受到的限制要少，它可以减少一些被认为值得怀疑的心理假设。

目前，现代西方经济学在分析消费者行为时，既有主要以基数效用为分析工具的，也有主要以序数效用来说明问题的。

第二节　基数效用

一、边际效用及其递减规律

大多数经济学者并不认为效用是一个可测量的量，但是许多经济学者还是认为“效用单位”是一个有启发性的示意词汇，对说明需求的主要原则有用。

人们从消费某种商品中得到满足，称为效用。进一步讲，消费某种商品的第一个单位给你带来一定水平的满足或效用。现在设想消费第二个单位商品，你的总效用将会增加。因为该种商品的第二个单位给你带来了某些增加的效用。人们所得到的某些增加的效用或效用的增加量称为边际效用。

一个世纪以前，经济学者在分析效用时发现：随着个人越来越多地消费某种商品，其从中得到的增加的或额外的效用量是递减的。他们将这一规律称为边际效用递减规律，如表5—1所示。为了说明这一规律，这里假定A先生是一位咖啡爱好者，他每月只要喝0.5千克咖啡就能得到大量的效用，早上第一杯咖啡能应付整天工作。也许他能由一个月喝0.5千克变为一个月喝1千克，现在他可以在早餐或者在中午喝上第二杯。这将得到增加的效用，虽然不像第一个0.5千克得到的那样多。如每月3千克，他可能在午餐后或晚上喝第三杯。这将进一步增加他的满足，但比第二个0.5千克少。依此类推，最后当他喝到多得使他失眠时，增加的那0.5千克便得不到正效用了。

表5—1　　　　A先生喝咖啡的效用

咖啡量（千克/月）	总效用	边际效用
0	0	
0.5	7	7
1	13	6
1.5	18	5
2	22	4
2.5	25	3
3	27	2
3.5	28	1
4	28	0

表5—1中第三栏，表示A先生每月增加0.5千克咖啡获得的边际效用，并且边际效用趋于递减。

二、总效用与边际效用

表5—1第二栏是A先生从不同数量的咖啡消费中得到的总效用。这一栏的数据来自第三栏自上而下到该水平的边际效用之和。如A先生每月消费2千克，他的总效用是第一个到第四个0.5千克边际效用之和，即7＋6＋5＋4＝22。随着消费量的增加，只要边际效用为正值，其总效用就增加。当边际效用下降为零时，即消费4千克咖啡时，总效用便停止增加。

边际效用能否变为负值呢？答案是肯定的。如果消费者的商品多到必须扔掉部分，多到造成麻烦和破费时，它就变为负值。番茄的边际效用在正常情况下为正值，但收获过剩时就变为负担。

表 5—1 中的数据可以用图 5—1 表示。每一长方形的高度，表示每增加 0.5 千克咖啡所得到的边际效用。长方形的高度一直往下减，最后为零。横轴上任一点左侧长方形面积的总和表示该消费产生的总效用。例如，如果四个月消费 2 千克，总效用就是图中阴影部分的面积。

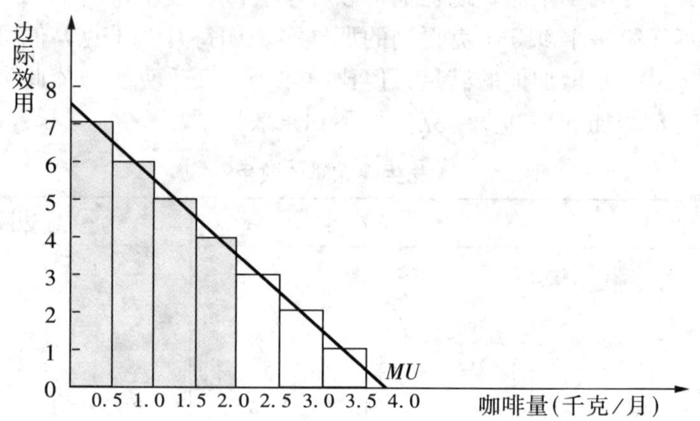

图 5—1　总效用和边际效用

图中边际效用表现为阶梯形，是因为这里以 0.5 千克的咖啡为基本量。假如把基本量取为无穷小，可得到图中用 *MU* 表示的曲线，即边际效用曲线。

在表 5—1 和图 5—1 中都可以看到，当 A 先生消费得越来越多时，A 先生得到的总效用会增长得越来越缓慢。这是因为随着 A 先生消费数量的增加，边际效用递减造成的。

三、消费者均衡

作为消费者，在什么条件下可以从消费品市场中得到最大满足呢？我们说，消费者购买各种消费品是为了使效用最大化，或者说从消费品购买中所产生的满足与享受的量达到最大化。人们并不希望所购买的最后一个鸡蛋和最后一双鞋所提供的边际效用正好相等，因为一双鞋的成本远远高于一个鸡蛋的成本。因此，更合理的做法应该是：如果一种商品的价格两倍于另一种商品，那么应该继续购买这种商品，直到它所提供的边际效用正好是另一种商品的两倍时为止。

这形成了如下结论：人们应该如此安排自己的消费，即在每一种单个商品上花费的单位支出能给自己带来相同的边际效用。在这种情况下，可以说从购买中得到了最大的满足或效用。

因此，满足或效用最大化的基本条件是：在消费者的收入固定和他面临的各种商品的市场价格既定的条件下，当花费在任一种商品上的最后一美元所得到的边际效用正好等于花费在其他任何一种商品上的最后一美元所得到的边际效用时，该消费者得到了最大的满足或效用。

为什么需要这一条件呢？如果任何一种商品一美元能够提供更多的边际效用，那么把钱从其他商品的花费中转移到该商品上去，一直到边际效用递减规律使得该商品的每一美元的边际效用下降到等于其他商品的边际效用时为止，这就增加了消费者的效用。如果花费在某种商品上的每一美元提供的边际效用少于一般水平，那么可以购买较少数量的该商品，直到花费在该商品上的最后一美元所提供的边际效用上升到一般水平为止。[①] 处在消费者均衡中的各种商品，每一美元的普通边际效用被称为收入的边际效用。它衡量在消费者能够享受追加的一美元消费时可得到的添增效用。

消费者均衡的这一基本条件可以用不同商品的边际效用和价格表示：

$$\frac{MU_x}{P_x}=\frac{MU_y}{P_y}=\text{每一美元收入的 } MU$$

四、物以稀为贵的原因

为什么像水那样对生命不可缺少的东西的价格很低，而对于生命并非必不可少的钻石却具有很高的价格呢？

两百多年前，这一悖论困扰着亚当·斯密。现在我们知道如何解答这一问题了：水的供给曲线和需求曲线相交于很低的价格，而钻石的供给曲线和需求曲线相交所决定的钻石的均衡价格很高。那为什么水的供给曲线和需求曲线相交于如此低的价格呢？这是因为，钻石是十分稀缺的，得到一单位钻石的成本很高；而水相对来说是丰富的，在世界上的许多地方都可以几乎不费任何代价就能得到。

但这仍没有把成本信息与其重要性联系起来，即水比钻石有用得多。为了回答这个问题，除了考虑成本外，还必须考虑商品整体上的效用并不决定它的价格或需求。相反，水的价格取决于它的边际效用。由于有如此之多的水，所以最后一杯水只能以很低的价格出售。即使最初的几滴水相当于生命自身的价值，但最后的一些水仅仅用于浇草坪或洗汽车。商品的数量越多，其最后一单位的相对购买愿望越小。这说明了为什么大量的水具有低微的价格，为什么必不可少的空气成为免费商品。这里，正是巨额量使其边际效用大大减少，从而降低了这些重要商品的价格。

五、消费者剩余及其应用

（一）消费者剩余

消费者剩余是指消费者愿意支付的价格高于实际价格的差额。之所以会产生剩余，是因为所得到的好处大于所支付的代价，这种额外的好处根源于递减的边际效用。人们之所以能享受到消费者剩余，根本的原因在于：对于人们所购买的某种商品的每一单位，从第一单位到最后一单位支付了相同的价格。同时，人们所支付的每一单位的代价是它最后一单位的价值。根据边际效用递减这一基本规律，前面的每一单位要比最后一单位具有更高的价值。因此，人们就从前面的每一单位中享受了效用剩余。

---

① 在经济学中，商品单位的不可分割性是重要而不能忽视的问题。例如，高级轿车的单位就不能像果汁那样被分割成任意小的部分。假设消费者购买一辆而不是两辆卡迪拉克轿车。那么，第一辆车的边际效用必然大于同样数量的金钱购买其他商品的边际效用，正是由于这一原因消费者才购买它。而第二辆卡迪拉克轿车的边际效用又必然很小，所以消费者不去买它。当不可分割性起作用时，关于均衡的相等法则可以被改述成不相等法则。

图 5—2 说明了消费者剩余的概念。比如说，水的价格为每加仑 1 美元，在图 5—2 中用过 1 美元的水平线表示。消费者考虑在该价格水平时购买多少加仑的水。第一加仑的水是非常有用的，能够消除极度的干渴，消费者愿意为它支付 9 美元。但是，这第一加仑水的代价只是 1 美元（水的市场价格）。这样，消费者就获得了 8 美元的消费者剩余。

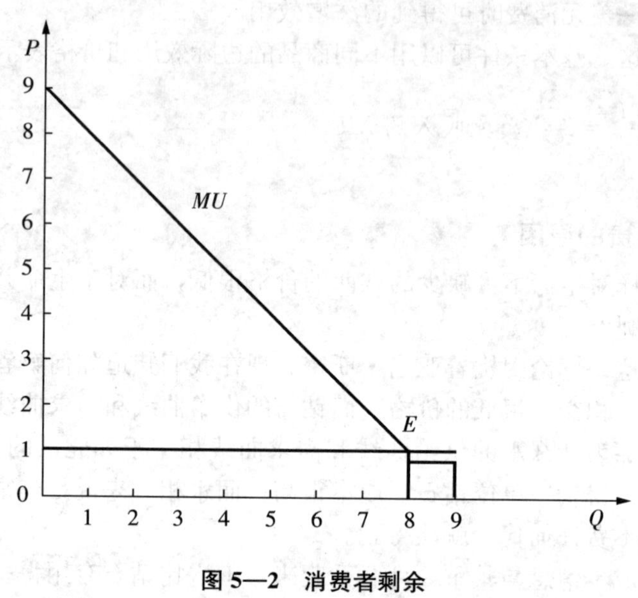

图 5—2　消费者剩余

再考虑第二加仑的水。这一加仑的水对消费者来说值 8 美元，但代价仍然为 1 美元，因此消费者剩余为 7 美元。如此下去，直到第九加仑的水，它对消费者来说只值 50 美分，因此就不购买这一加仑水了。在点 E 时，消费者达到了均衡，此时按每加仑 1 美元的价格，该消费者购买了 8 加仑的水。

尽管消费者只支付了 8 美元，但消费者愿意支付即他得到的总效用为 44 美元。把各边际效用相加（44 美元＝9 美元＋8 美元＋…＋2 美元）就得到了这一结果。这样，该消费者得到了超过其支付额 36 美元的消费者剩余。

（二）消费者剩余的应用

在有关公共产品的决策中，消费者剩余的概念是极其有用的。假设修筑一条高速公路。由于高速公路对所有人免费，它并不能带来任何收入。使用高速公路的人所得到的价值在于时间的节省或旅行的安全，这能够用个人的消费者剩余来衡量。为了避免个人之间效用比较的困难问题，假设有10 000个使用者，他们在所有方面都是完全相同的。

通过仔细估算，每个人可以从高速公路中得到 350 美元的消费者剩余。如果总成本小于 350 万美元（350 美元×10 000），消费者就会赞成修筑这条高速公路。从事于成本—收益分析的经济学家一般会建议，如果这条高速公路的总消费者剩余大于它的成本，就应该建筑这条高速公路。

消费者剩余除了可以帮助社会了解在什么时候值得修筑桥梁或道路以外，还可以解释为什么不能把价格和价值等同起来。我们已经知道，尽管水和空气的总经济价值远远超过了钻石或皮衣，但它们可能具有很低的货币价值。空气和水的消费者剩余是很大的，而钻石和皮衣的价值可能只略微大于其购买价格。

消费者剩余的概念还说明了，现代社会的公民享受着巨大的特权。每个人都能以低价购买到大量的品种繁多的非常有用的商品。

假定没有资本、设备，没有其他人的劳动，而更重要的是，没有一代代人积累下来的技术知识，每一个人能生产出多少商品呢？显然，所有人都从经济世界中获得了消费者剩余。霍布豪斯（Hobhouse）认为，某些行业的组织者由于“自我奋斗”获得了成功，并且“创造”了自己的企业，而在事实上是整个社会向他提供了技术工人、机器、市场、安定和秩序，这些范围广泛的条件和社会环境是许多代人共同努力创造出来的。

第三节　序数效用

一、无差异曲线

（一）偏好的假设条件

序数效用论者认为，商品的效用是无法具体衡量的，商品的效用只能用顺序或等级来表示。他们提出消费者偏好的概念，取代了基数效用论者关于效用的大小可以用“效用单位”来表示的说法。序数效用论者指出：消费者对于各种不同商品组合的偏好（即爱好）程度是有差别的，这种偏好程度的差别决定了不同商品组合的效用的大小顺序。具体来说，对于 A、B 两个商品组合，若某消费者对组合 A 的偏好程度大于对组合 B 的偏好程度，则可以说组合 A 的效用水平大于组合 B，或者说，组合 A 给消费者带来的满足程度大于组合 B。

序数效用论者关于消费者偏好有以下三个基本的假设条件。

(1) 对于任何两个商品组合 A 和 B，消费者总是可以且仅仅只能作出以下三种判断中的一种：对 A 的偏好大于对 B 的偏好，对 A 的偏好小于对 B 的偏好，对 A 和 B 的偏好相同。对 A 和 B 具有相同的偏好，也被称为 A 和 B 是无差异的。

(2) 对于任何三个商品组合 A、B 和 C，如果某消费者已经作出判断：对 A 的偏好大于（小于、等于）对 B 的偏好，对 B 的偏好大于（小于、等于）对 C 的偏好。那么，该消费者必须作出对 A 的偏好大于（小于、等于）对 C 的偏好的判断。

(3) 如果两个商品组合的区别仅在于其中一种商品的数量不同，那么消费者总是偏好于含有这种商品数量较多的那个组合。这意味着，消费者对每一种商品的消费都处于饱和以前的状态。

（二）无差异曲线及其特征

无差异曲线和偏好概念是联系在一起的。

无差异曲线是用来表示消费者偏好相同的两种商品的不同数量的各种组合。或者说，它是表示能给消费者带来同等效用水平或满足程度的两种商品的不同数量的各种组合。与无差异曲线相对应的效用函数为：

$$U = f(X_1, X_2)$$

式中，U 为常数，表示某个效用水平；X_1 和 X_2 分别为商品 1 和商品 2 的数量。由于无差异曲线表示的是序数效用，所以这里的 U 只是表示某一效用水平，而不在于其具体数值的大小。有的西方学者称这种效用水平为效用指数。

无差异曲线可以用表 5—2 和图 5—3 来说明。

表 5—2　　某消费者的无差异表

商品组合	表 a		表 b		表 c	
	X_1	X_2	X_1	X_2	X_1	X_2
A	20	130	30	120	50	120
B	30	60	40	80	55	90
C	40	45	50	58	60	83
D	50	35	60	50	70	70
E	60	30	70	44	80	60
F	70	27	80	38	90	54

表 5—2 是由某消费者关于商品 1 和商品 2 的一系列组合所构成的无差异表。该表由三个子表，即表 a、表 b 和表 c 组成。每一子表中有商品 1 和商品 2 的六种不同数量组合。每一子表中的六种组合给消费者带来的效用水平假设是相等的。以表 a 为例，消费者对于这六种消费者组合的偏好程度是无差异的，认为这六种组合给自己所带来的满足程度是相同的。同理，消费者对表 b、表 c 中的每一商品组合的偏好程度也是相同的。

需要注意的是，表 a、表 b、表 c 各自代表一定的效用水平，它们之间的效用水平是不相同的。根据消费者偏好的第三个假设，不难发现表 a 代表的效用水平低于表 b，表 b 又低于表 c。当然，消费者的偏好程度有无限多，因此有无穷多个无差异子表。表 5—2 所示的只是其中的三个。

根据表 5—2 可绘制出无差异曲线，如图 5—3 所示。由于消费者具有无穷多个无差异子表，因此作出的无差异曲线也可有无数条。图 5—3 所示的不过是其中的三条。

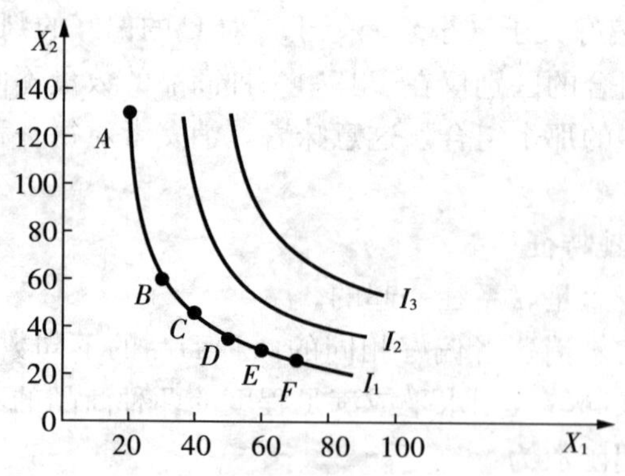

图 5—3　某消费者的无差异曲线

图 5—3 中的横轴表示商品 1 的数量 X_1，纵轴表示商品 2 的数量 X_2，I_1、I_2 和 I_3 分别代表与表 a、表 b 和表 c 相对应的三条无差异曲线。以无差异曲线 I_1 为例，图中的无差异曲线是这样得到的：假定商品数量可以无限细分，先在坐标图上描出表 a 中的 A、B、C、D、E、F 六个组合点，然后用曲线将这六个点连接起来，便形成了光滑的无差异曲线 I_1。类似地，根据表 b 和表 c，可以分别作出无差异曲线 I_2 和 I_3。

图 5—3 中每一条无差异线曲线上的任何一点，如无差异曲线 I_1 上的点 A、B、C、D、E、F 所代表的商品组合给消费者带来的效用水平都是相等的。显然，无差异曲线是消费者偏好相同的两种商品的各种不同组合的轨迹。每一条无差异曲线代表一个效用水平，不同的无差异曲线代表不同的效用水平。图中三条无差异曲线代表的效用水平是不相同的，其中无差异曲线 I_3 代表的效用水平大于无差异曲线 I_2，无差异曲线 I_2 代表的效用水平大于无差异曲线 I_1。

无差异曲线具有以下特征：

（1）由于通常假定效用函数具有连续性，故在同一坐标平面上的任何两条无差异曲线之间存在着无数条无差异曲线。离原点越近的无差异曲线代表的效用水平越低，离原点越远的无差异曲线代表的效用水平越高。

（2）在同一坐标平面上的任意两条无差异曲线不会相交。如果相交，便违背了消费者偏好的第一个假定。

（3）无差异曲线凸向原点。从图 5—3 可见，无差异曲线不仅是向右下方倾斜的，即无差异曲线的斜率为负值，而且无差异曲线是凸向原点的，即随着商品 1 数量的连续增加，无差异曲线斜率的绝对值是递减的。无差异曲线的这一特性是由商品的边际替代率及其递减规律决定的。

二、商品的边际替代率及其递减规律

（一）商品的边际替代率

当消费者的购买沿着一条既定的无差异曲线向下滑动时，两种商品的组合会发生变化，但消费者所得到的效用水平却是不变的。由此可得出商品的边际替代率的概念。在维持效用水平或满足程度不变的前提下，消费者增加某种商品的消费量所需放弃的另一种商品的消费量，称为商品的边际替代率。以 RCS 代表商品的边际替代率，则商品 1 对商品 2 的边际替代率为：

$$RCS=-\frac{\Delta X_2}{\Delta X_1}$$

式中，ΔX_1 和 ΔX_2 分别为商品 1 和商品 2 的变动量。由于 ΔX_1 和 ΔX_2 的符号肯定是相反的，为了使商品的边际替代率取正值以便于比较，在公式中添加了一个负号。

图 5—4 具体说明了商品的边际替代率的概念。

图 5—4 中的无差异曲线所对应的效用函数为 $U=f(X_1, X_2)$。如果消费者的购买沿着这条无差异曲线由点 A 运动到点 B，由于效用水平不发生变化，当商品 1 的数量由 X_1' 增加到 X_1'' 时，商品 2 的数量会相应地由 X_2' 减少为 X_2''。或者说，消费者愿意放弃 $X_2'X_2''$ 即 ΔX_2 数量的商品 2，以取得 $X_1'X_1''$ 即 ΔX_1 数量的商品 1。在这种情况下，两种商品的变化

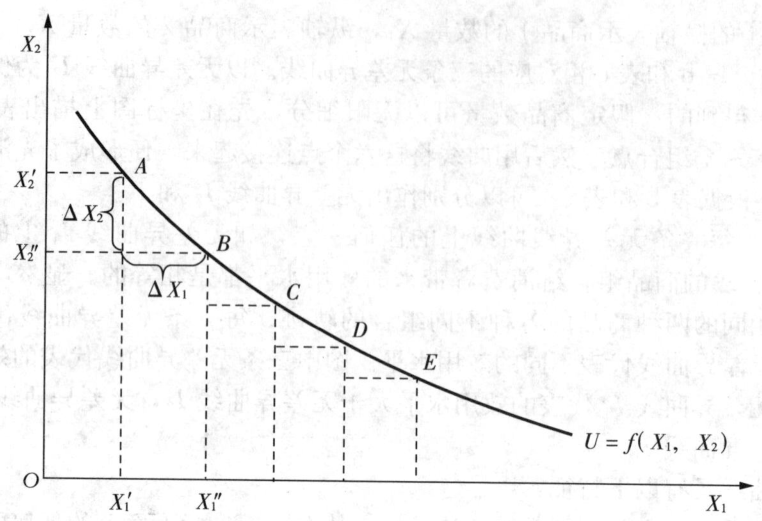

图 5—4 商品的边际替代率

量之比的绝对值为 $\Delta X_2/\Delta X_1$，这便是由点 A 到点 B 的商品 1 对商品 2 的边际替代率。

假定商品数量的变化量趋于无穷小，即当 $\Delta X_1 \to 0$ 时，则商品的边际替代率公式可以写为：

$$RCS = \lim_{\Delta X_1 \to 0}\left(-\frac{\Delta X_2}{\Delta X_1}\right) = -\frac{\mathrm{d}X_2}{\mathrm{d}X_1}$$

显然，无差异曲线上任何一点的商品的边际替代率等于无差异曲线在该点的斜率的绝对值。

（二）商品的边际替代率递减规律

序数效用论者在分析消费者行为时提出了商品的边际替代率递减规律。

商品的边际替代率递减规律是指：在维持效用水平不变的前提下，随着一种商品消费数量的连续增加，消费者为得到每一单位的这种商品所需要放弃的另一种商品的消费数量是递减的。例如在图 5—4 中，消费者由点 A 经点 B、C、D，运动到点 E 的过程中，随着消费者对商品 1 消费数量的连续的、等量的增加，消费者为得到每一单位的商品 1 所需放弃的商品 2 的消费数量是逐渐减少的。也就是说，对于连续的、等量的商品 1 的变化量 ΔX_1 而言，商品 2 的变化量 ΔX_2 是递减的。

商品的边际替代率递减的原因是：当消费者处于商品 1 数量较少和商品 2 数量较多的点 A 时，消费者会由于拥有较少数量的商品 1 而对每一单位的商品 1 较为偏好，同时会由于拥有较多数量的商品 2 而对每一单位的商品 2 的偏爱程度较低。于是，每一单位的商品 1 所能替代的商品 2 的数量是比较多的，即商品的边际替代率比较大。但是，由点 A 到点 E，消费者拥有的商品 1 的数量会越来越多，相应地对每一单位商品 1 的偏爱程度会越来越低；与此同时，消费者拥有的商品 2 的数量会越来越少，相应地对每一单位商品 2 的偏爱程度会越来越高。于是，每一单位的商品 1 所能替代的商品 2 的数量便越来越少，也就是说，商品的边际替代率是递减的。

商品的边际替代率递减表示无差异曲线的斜率的绝对值是递减的。商品的边际替代率递减规律决定了无差异曲线凸向原点。

三、预算线及其变动

(一) 预算线

预算线又称预算限制线或消费可能线。预算线是指在消费者收入和商品价格一定的条件下，消费者所能购买到的两种商品不同数量的各种最大组合。

假定某消费者收入为 80 元，全部用来购买商品 1 和商品 2，商品 1（X_1）的价格为 4 元，商品 2（X_2）的价格为 2 元。那么，全部收入都用来购买商品 1 可得 20 单位，全部收入都用来购买商品 2 可得 40 单位。由此作出的预算线为图 5—5 中的 AB。

在图 5—5 中，预算线 AB 把平面坐标图划分为三个区域：预算线 AB 以外区域中的任何一点，如 C 点，是消费者利用全部收入不可能实现的商品购买的组合点；预算线 AB 以内区域中的任何一点，如 D 点，表示消费者的全部收入在购买该点的商品组合后还有剩余；唯有预算线 AB 上的任何一点，才是消费者的全部收入刚好花完所能购买到的商品组合点。

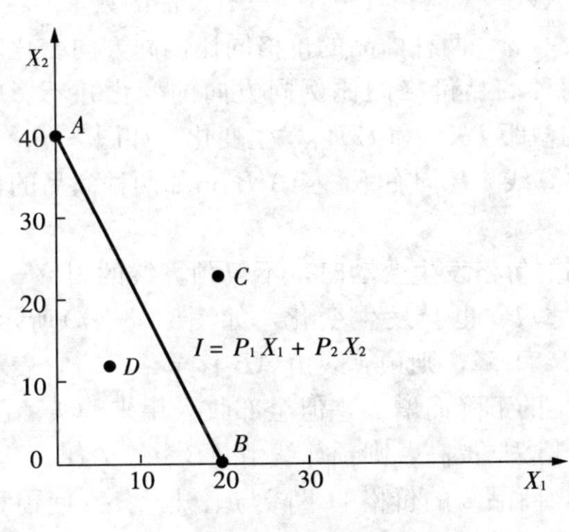

图 5—5 预算线

如果 I 表示消费者的既定收入，以 P_1 和 P_2 分别表示商品 1 和商品 2 的价格，以 X_1 和 X_2 分别表示商品 1 和商品 2 的数量，则预算线的方程为：

$$I=P_1X_1+P_2X_2$$

上式表示，消费者全部收入 I 等于其购买商品 1 的支出和购买商品 2 的支出之和。

由上式可得，消费者全部收入购买商品 1 的数量为 I/P_1，它是预算线在横轴上的截距，即图 5—5 中 $0B$。消费者全部收入购买商品 2 的数量为 I/P_2，它是预算线在纵轴上的截距，即图 5—5 中的 $0A$。预算线的斜率可写为：

$$-\frac{0A}{0B}=-\frac{\frac{I}{P_2}}{\frac{I}{P_1}}=-\frac{P_1}{P_2}$$

预算线的方程也可写为：

$$X_2 = -\frac{P_1}{P_2}X_1 + \frac{I}{P_2}$$

式中，$-P_1/P_2$ 为预算线的斜率；I/P_2 为预算线在纵轴上的截距。

（二）预算线的变动

由于预算线是表示在一定收入 I 的限制下，两种商品的价格 P_1 和 P_2 为已知时，消费者可以购买到的两种商品的各种组合。因此，消费者的收入 I 或商品价格 P_1、P_2 发生变化时，便会引起预算线的变动。预算线的变动可以归纳为以下四种情况。

（1）当两种商品的价格不变，消费者的收入发生变化时，预算线的位置会发生平移。这是因为，商品的价格不变，则预算线的斜率$-P_1/P_2$不变。于是，收入的变化只能引起预算线的截距 I/P_1 和 I/P_2 发生变化，如图5—6（a)所示。假定原有的预算线为 AB，若消费者收入增加，则使预算线由 AB 向右平移至$A'B'$，表示消费者的全部收入用来购买其中任何一种商品的数量因收入的增加而增加了。若消费者收入减少，则使预算线由 AB 向左平移至$A''B''$，表示消费者的全部收入用来购买其中任何一种商品的数量因收入的减少而减少。

（2）当消费者的收入不变，两种商品的价格同比例同方向变化时，预算线的位置也会发生平移。这是因为，两种商品价格同比例同方向的变化并不影响预算线的斜率$-P_1/P_2$，而只能引起预算线的截距 I/P_1 和 I/P_2 发生变化，如图5—6（a)所示。如果两种商品的价格同比例下降，则预算线 AB 向右平移至$A'B'$；如两种商品的价格同比例上升，则预算线向左平移至 $A''B''$。

（3）当只有一种商品的价格发生变动时，不仅预算线的斜率$-P_1/P_2$会发生变化，而且预算线的截距 I/P_1 或 I/P_2 也会发生变化，如图5—6（b)所示。假定原来预算线为 AB，如果商品 1 的价格 P_1 下降，则预算线由 AB 移至 AB'。它表示消费者的全部收入用来购买商品 1 的数量因 P_1 的下降而增加，但全部收入用来购买商品 2 的数量并未受到影响。相反，如商品 1 的价格 P_1 提高，则预算线由 AB 移至AB''。

同理，在图5—6(c)中，商品 2 的价格的下降与上升，分别使预算线由 AB 移至 $A'B$ 和 $A''B$。

（4）当消费者的收入和两种商品的价格都同比例同方向变化时，预算线不变。这是因为，此时预算线的斜率$-P_1/P_2$ 未变，预算线的截距 I/P_1 和 I/P_2 也没有变化。

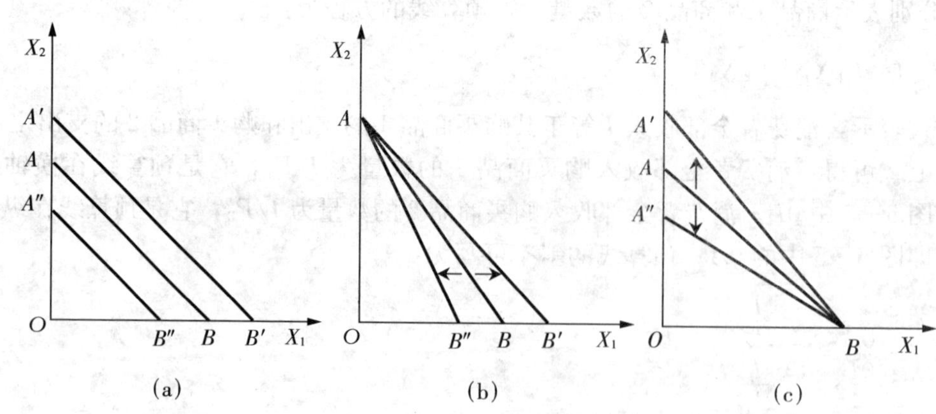

图 5—6　预算线的变动

四、消费者均衡

序数效用论者把无差异曲线和预算线结合在一起来说明消费者均衡。

如前所述，消费者的偏好决定了消费者的无差异曲线，一个消费者关于任何两种商品的无差异曲线组合可以覆盖整个坐标平面；消费者的收入和商品的价格决定消费者的预算线，在收入既定和商品价格已知的条件下，一个消费者关于两种商品的预算线只能有一条。那么，当一个消费者面临一条既定的预算线和无数条无差异曲线时，他应该如何决策才能获得最大的满足程度呢？序数效用论指出，只有既定的预算线与其中一条无差异曲线相切的切点，才是消费者获得最大效用水平或满足程度的均衡点。下面以图 5—7 来具体说明。

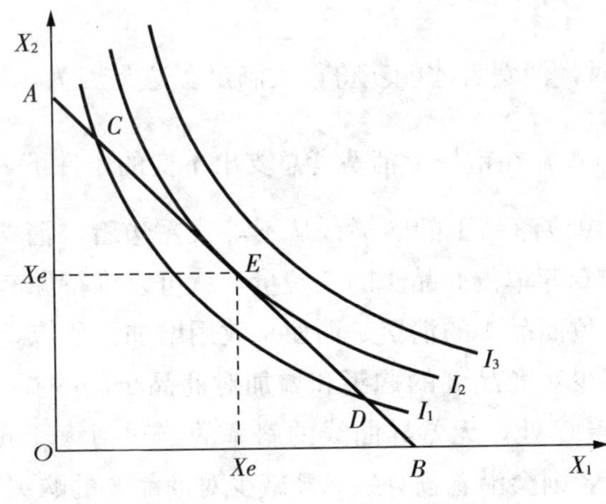

图 5—7 消费者均衡

在图 5—7 中，AB 为预算线，I_1、I_2 和 I_3 为无数条无差异曲线中具有代表性的三条。现在的问题是：消费者应该如何选择两种商品的购买数量（X_1、X_2），才能获得最大的效用水平？

在图 5—7 中，既定的预算线 AB 和其中一条无差异曲线 I_2 相切于点 E，点 E 就是在既定收入约束条件下消费者能够获得最大效用水平的均衡点。这是因为，就无差异曲线 I_3 来说，虽然它代表的效用水平高于无差异曲线 I_2，但它与既定的预算线 AB 既无交点又无切点。这说明消费者在既定的收入水平下无法实现对无差异曲线 I_3 上的任何一点的商品组合的购买。就无差异曲线I_1来说，虽然它与既定的预算线 AB 相交于点 C、D，这表明消费者利用现有收入可以购买无差异曲线 I_1 上 C、D 两点的商品组合。但是，无差异曲线I_1的效用水平低于无差异曲线I_2，C、D 两点的商品组合不会给消费者带来最大满足。因此，理性的消费者不会用全部收入去购买无差异曲线 I_1 上的 C、D 两点的商品组合。就点 C 和点 D 来说，如果消费者能购买 AB 上位于点 C 右边和点 D 左边的任何一点的商品组合，则可以达到比 I_1 更高的无差异曲线，以获得比点 C 和点 D 更大的效用水平。这种沿着 AB 线段由点 C 往右和由点 D 往左的运动，最后必定在点 E 上达到均衡。显然，只有

当既定的预算线 AB 和无差异曲线 I_2 相切于点 E 时，消费者才获得了在一定收入的约束下的最大满足。

在切点 E 上，无差异曲线 I_2 和预算线 AB 的斜率相等。我们知道，无差异曲线的斜率的绝对值可用商品边际替代率来表示，预算线的斜率的绝对值可用两种商品价格之比来表示，所以在点 E 有：

$$RCS=\frac{P_1}{P_2}$$

这是消费者效用最大化的均衡条件。它表示在收入一定的条件下，为了得到最大的消费满足，消费者应在两种商品的边际替代率等于两种商品的价格之比的原则下，进行购买。

只有在 $RCS=\frac{P_1}{P_2}$ 时，消费者才能获得最大满足。这是因为，如果 $RCS=\frac{\mathrm{d}X_2}{\mathrm{d}X_1}=\frac{1}{0.5}>\frac{1}{1}=\frac{P_1}{P_2}$，从不等式右边看，在市场上消费者总支出不变的条件下，消费者减少 1 单位商品 2 的购买，就可增加 1 单位商品 1 的购买；从不等式左边看，消费者在减少 1 单位商品 2 的消费量时，只需增加 0.5 单位商品 1 的消费量，就可以维持原有的满足程度。这样，消费者就因多得到 0.5 单位商品 1 的消费量而使总效用增加。所以，在这种情况下，理性的消费者必然会不断地减少对商品 2 的购买和增加对商品 1 的购买，以便获得更大的效用。例如，在图 5—7 中的点 C 处，无差异曲线的斜率的绝对值大于预算线的斜率的绝对值，即 $RCS>P_1/P_2$，消费者则会沿着预算线 AB 减少对商品 2 的购买和增加对商品 1 的购买，逐步达到均衡点 E。

相反，如果 $RCS=\frac{\mathrm{d}X_2}{\mathrm{d}X_1}=\frac{0.5}{1}<\frac{1}{1}=\frac{P_1}{P_2}$，从不等式右边看，在市场上消费者总支出不变的条件下，消费者减少 1 单位商品 1 的购买，就可以增加 1 单位商品 2 的购买；从不等式左边看，消费者在减少 1 单位商品 1 的消费量时，只需增加 0.5 单位商品 2 的消费量，就可以维持原有的满足程度。这样，消费者就因多得到 0.5 单位商品 2 的消费量而使总效用增加。所以，在这种情况下，理性的消费者必然会不断减少对商品 1 的购买和增加对商品 2 的购买，以获得更大的效用。例如，在图 5—7 中的点 D 处，无差异曲线的斜率的绝对值小于预算线的斜率的绝对值，即 $RCS<P_1/P_2$，消费者会沿着预算线 AB 减少对商品 1 的购买和增加对商品 2 的购买，逐步向均衡点 E 靠近。

只有当消费者将两种商品的消费量调整到 $RCS=P_1/P_2$ 时，或者说，调整到由消费者主观偏好决定的两种商品的边际替代率和市场上的两种商品的价格之比相等时，消费者才处于一种既不想再增加也不想再减少任何一种商品购买量的一种均衡状态。这时，消费者获得了最大的满足。

第四节　需求曲线的背后

一、基数效用与需求曲线

运用基数效用可以很容易了解，为什么需求曲线是向下倾斜的。为了简便起见，假设每一美元收入的边际效用是固定不变的，然后提高第一种商品的价格。在消费量不变的情况下，第一个比率（即第一种商品的 MU/P_1）就会低于所有其他商品每一美元的 MU。因此，消费者不得不再调整第一种商品的消费。调整的过程是：(1) 减少第一种商品的消费；(2) 从而提高了第一种商品的 MU；直至 (3) 在第一种商品新的、减少了的消费水平上，花费在第一种商品上每一美元的新的边际效用再次等于花费在其他商品上的每一美元的 MU 为止。

这样，一种商品的较高价格降低了消费者对该种商品的最佳消费量，这也就是需求曲线向右下方倾斜的原因。

二、序数效用与需求曲线

我们可以通过价格—消费曲线来说明消费者的需求曲线。

价格—消费曲线是指在消费者偏好、收入和其他商品价格不变的条件下，与某一种商品的不同价格水平相联系的消费者预算线和无差异曲线相切的消费者效用最大化的均衡点的轨迹。这一轨迹就是价格—消费曲线（见图 5—8）。

假定商品 1 的初始价格为 P_1，相应的预算线为 AB，它与无差异曲线 I_1 相切于点 E_1，点 E_1 就是消费者的一个均衡点。再假定商品 1 的价格由 P_1 下降为 P_2，相应的预算线由 AB 移至 AB'，于是预算线 AB' 与另一条较高的无差异曲线 I_2 相切于均衡点 E_2。同理，若商品 1 的价格由 P_1 上升为 P_3，预算线由 AB 移至 AB''，于是预算线 AB'' 与另一条较低的无差异曲线 I_3 相切于均衡点 E_3。显然，在商品 1 的每一个价格水平上，总可以找到一个与之相对应的消费者均衡点。随着商品 1 价格的不断变化，可以找到无数个消费者均衡点。它们的轨迹就是价格—消费曲线，即图中的曲线 PC。

由消费者的价格—消费曲线可以推导出消费者的需求曲线。

分析图 5—8 (a) 中价格—消费曲线 PC 上的三个均衡点 E_1、E_2 和 E_3，可以看出，在每一个均衡点上，都存在着商品 1 的价格与商品 1 需求量之间的一一对应关系。在均衡点 E_1，商品 1 的价格为 P_1，则商品 1 的需求量为 X_1；在均衡点 E_2，商品 1 的价格由 P_1 下降为 P_2，则商品 1 的需求量由 X_1 增加为 X_2；在均衡点 E_3，商品 1 的价格由 P_1 上升为 P_3，则商品 1 的需求量由 X_1 减少为 X_3。根据商品 1 的价格和需求量之间的这种对应关系，把每一个 P 值和相应的均衡点上的 X 值绘制在商品的价格—需求量坐标图上，便可得到单个消费者的需求曲线。从这一推导过程中可以清楚地看到，需求曲线上与每一价格水平相对应的需求量，都可以给消费者带来最大效用水平或满足程度。换句话讲，消费者

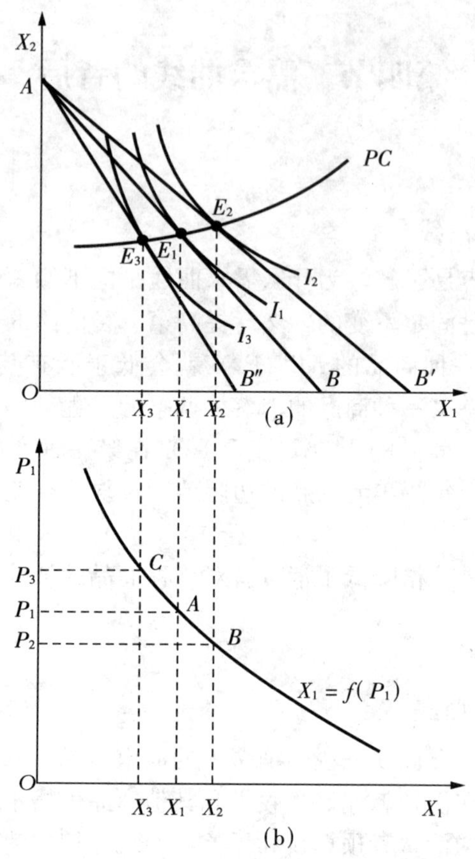

图 5—8　价格—消费曲线和消费者的需求曲线

正是在追求最大效用或满足中使需求曲线向右下方倾斜的。

三、从个人需求到市场需求

人们通常关心的不是一个人的商品需求，而是某一种商品所有人的需求总量。那么，如何从个人需求推导出整个市场的需求呢？

通过把所有消费者的需求量加总，可以得到某一商品的整个市场的需求曲线。每一个消费者都具有一条需求曲线，该曲线是根据需求量与价格来描绘的，它一般向右下方倾斜。如果所有的消费者都具有完全相同的需求曲线，那么市场需求曲线就是每一个消费者的需求曲线的相应倍数。

然而，人们的需求并不是完全一样的。一些人的收入较高，一些人的收入较低；有些人喜欢喝咖啡，另一些人喜欢喝茶。为了得到总的市场需求曲线，我们所要做的事情就是计算在每一价格水平上不同的消费者的消费总量，然后把总量作为一个点描绘在市场需求曲线上（见图 5—9）。

图 5—9 表明，在 5 美元价格下，把消费者 A 的 1 单位需求量和消费者 B 的 2 单位需求量相加，得到了 3 单位的市场需求。

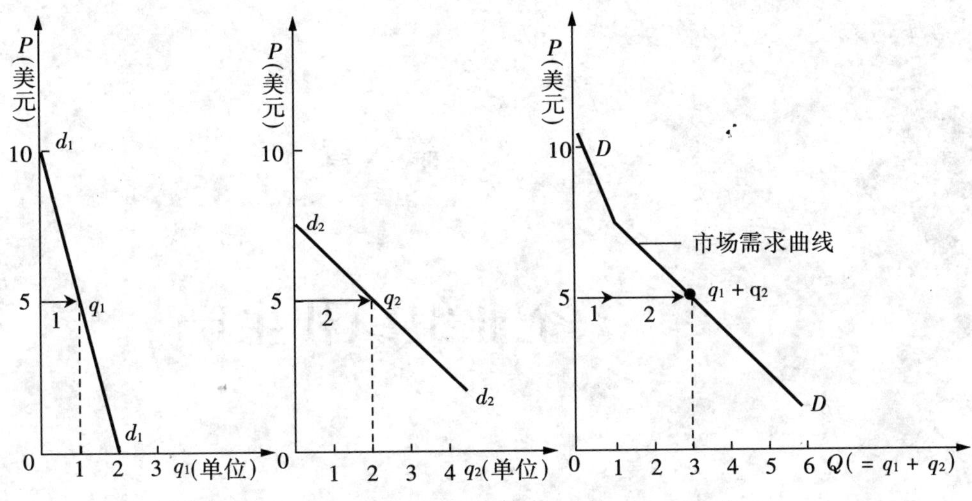

图 5—9　根据个人需求推导市场需求

某一种商品的市场需求曲线表示：在每一个买者的收入和一切其他价格既定时，总需求量与价格呈反方向变化。这里，只要个别需求曲线真实，总需求曲线也必然真实。

【思考题】

1. 边际效用曲线为什么向右下方倾斜？

2. 同一货币单位所购买的不同商品的边际效用均相等，这是消费者购买的明智原则吗？

3. 为什么在无差异曲线图中的任何一点上，只有一条无差异曲线通过？

4. 如果一个消费者位于其预算线与一条无差异曲线的交点，请解释为什么未达到均衡？他如何调整才能达到均衡？

5. 消费者行为的分析要说明什么问题？

6. 如果有两种商品，$\frac{MU_x}{P_x}>\frac{MU_y}{P_y}$，消费者怎样进行调整才能达到效用最大化？

第六章

企业组织和生产

本章将考察生产者供给。供给来自企业。因此，本章首先介绍以企业形式组织生产的必要性和企业的基本形式；尔后，主要从物质技术方面对企业的中心活动——生产进行分析。

第一节 企业组织

一、企业存在的主要原因

企业存在有许多原因，但其中主要的原因是：利用大规模生产的经济性，筹集资金和组织生产过程。

导致在企业里组织生产的最强有力的因素来自大规模生产的经济性。有效率的生产需要专业化的机器、厂房、装配线和把劳动划分成许多细小的操作活动。研究表明，汽车的有效率生产要求生产量至少达到每年300 000辆。我们几乎不能指望工人会自发组织起来，准确而又以正确的程序完成每一项任务；相反，企业通过购买或租用土地、资本、劳动和原料来协调生产过程。如果不需要专业化的劳动分工，那么每个人都能在自己的后院里生产出自己需要的电力、数字式手表和精纺衬衫。显然，这是不可能的。因此，效率通常要求在企业里进行大规模生产。

与之相关的企业功能是为大规模生产筹集资源。建造一个一体化的钢厂要花费十几亿美元；研究和开发一条新的飞机生产线花费更高。19 世纪，企业往往由富裕的个人提供资金。今天，企业生产所需资金的大部分来自企业利润或金融市场的借款。实际上，现在仅依靠私人筹资的生产活动是难以想象的。

企业存在的第三个理由是提供管理。经理是组织生产、引入新思想或新产品或新生产方法、进行企业决策的人，同时也是对企业的成功或失败负有责任的人。生产毕竟不能自行组织起来。必须有人监督新厂房的建造，与工会进行谈判，购买原料和保障供应等。一旦所有生产要素都安排就绪，还得有人监督生产者的日常活动，以保证他们有效率地和诚实地完成工作。

二、个体业主制和合伙制企业

（一）个体业主制企业

在个体业主制企业中，企业是业主的个人财产，由业主直接经营。业主享有该企业的全部经营所得，同时对企业的债务负有无限责任。如果经营失败，出现资不抵债的情况，企业主要用业主的家产来抵偿。

个体业主制企业是最早的企业形式，在市场经济中，它通常存在于零售商业、自由职业、个体农业、个体手工业和服务业等领域，由注册会计师、家庭农场、注册医师、注册律师、家庭手工业作坊、家庭服务店铺和零售店等构成。

个体业主制企业一般规模较小，内部管理机构简单。它的特点是：开业和歇业的程序简单易行，产权能够比较自由地转让，经营者与所有者合一，经营方式灵活，决策迅速，利润独享，保密性强。精打细算、勤劳节俭是这类企业普遍的优点。

它的缺点在于：(1) 企业本身财力有限，且偿债能力也有限，取得贷款的能力较差，难以从事大量投资的工商活动。个体业主制企业需要扩大规模时，往往联合其他业主与其合伙经营。(2) 企业的生命力较弱。如果业主无意经营或因健康状况无力经营，企业的业务就会中断。(3) 企业好坏完全依赖于业主个人素质。素质较低的业主难以由外部人员替换。

（二）合伙制企业

合伙制企业是由两个或两个以上的个人联合经营的企业。合伙人分享企业所得，并对企业亏损共同承担责任。它可由部分合伙人经营，其他合伙人仅出资并共负盈亏，也可由所有合伙人共同经营。多数合伙制企业规模较小，也有的合伙制企业规模较大，甚至有几百位合伙人参加，如美国某些大型律师事务所和会计师事务所就是大型的合伙制企业。

合伙制企业的一种形式是无限责任公司，也称无限公司。与无限公司相关的是两合公司，即由无限责任股东和有限责任股东共同组成的股份公司。在两合公司中，有限责任股东以其出资额为限对公司债务负有限责任，无限责任股东则对公司债务负有无限连带责任。由于无限责任股东承担较大的风险，因此是公司的法定代表人，在公司经营管理决策中占支配地位。有限责任股东通常不参与公司的经营管理工作，只是在每一营业年度终了时，有权查阅公司当年的资产负债表、检查公司的营业状况和财务情况。两合公司比无限公司易于吸收投资，但其稳定性不如无限公司，其内部管理也较复杂。随着股份公司组织形式的发展，这两种公司形式已为数不多。

合伙制企业与个体业主制企业相比，主要有两大优点。

(1) 由于可以由众多的合伙人共筹资金，因而资本规模较个体业主制企业大；同时，由于合伙人共负偿还责任，减小了贷款者的风险，它的筹资能力较个体业主制企业大为提高。

(2) 合伙人对企业盈亏负有完全责任，意味着他们以自己身家性命来为企业担保，因而有助于增强经营者的责任心，提高企业信誉。

合伙制企业的主要缺点有以下三点。

（1）它是依据合伙人之间的协议建立的，每当合伙人退出、死亡或新的合伙人被接纳时，都必须重新谈判建立新的合伙关系。

（2）筹集资金的能力受限于合伙人；同时，合伙人都有权代表企业从事经济活动，重大决策需经所有合伙人同意，因而容易造成决策上的延误和差错。

（3）合伙人对合伙企业的债务负有连带责任，不以其投入的那部分资本为限。这种情况会使那些不能对企业经营活动单独行使完全控制权的合伙人面临风险。

考虑到合伙制企业的优缺点，一般说来，规模较小、资金需要较少，而经营者的个人信誉至关重要的企业，如律师事务所、诊疗所等，可采取这种组织形式。那些规模经济要求高、扩展迅速，提供标准化产品和服务的企业，由于需要筹集大量资金和不断接纳新的投资者，因此以建立法人公司制为宜。

三、公司制企业和合作制企业

（一）公司制企业

在市场经济的数百年发展过程中，逐渐形成了企业制度的三种基本类型，即个体业主制、合伙制和公司制。在现代市场经济中，公司制企业在数量上不是最多的，但它们占据着支配地位。大中型企业通常采取公司制形式。据统计，1977 年美国大约有1 500万家厂商，其中绝大多数是个体业主制企业，每个企业的平均年营业额只有 3.5 万美元；各类公司虽然只有 224 万家，但平均年营业额却高达 183 万美元。① 公司制企业比个体业主制企业复杂得多。企业制度的演变主要表现在公司制的逐步发展和成熟上。

1. 公司制企业的产生及其发展

公司的雏形可追溯到 15 世纪，当时地中海沿岸商业相当发达，在航海贸易中产生了一种名为“康枚达”的组织。它可视为现代公司制的萌芽。“康枚达”是一种契约，契约一方将金钱或商品委托给另一方，后者以委托财物的形式经营某一事业，经营所得利润由双方按契约分享，委托人的责任以所出财物为限。16 世纪后，由于国际贸易的发展和重商主义政策的影响，英国出现了一批以发展海外贸易和掠夺殖民地为目的的合股贸易公司。其中有较大影响的是英国女王特许成立的英国东印度公司。当时与英国并驾齐驱的荷兰、法国等，也先后建立了一批类似的公司。

17 世纪上半叶，英国明确了公司的独立法人地位，与自然人有相同的民法能力，将公司同作为自然人的个体业主制企业和合伙制企业相区别。随后，英国产生了稳定的合股公司，股本变为长期投资，股权不能退出只许转让，定期发放股利，也出现了股票交易市场。18 世纪，这种合股公司发展到法国、德国和美国以及世界其他地区。19 世纪后半期，公司在银行、交通运输和一些公共事业部门得到迅速发展。进入 20 世纪，公司已成为市场经济中企业组织的主要形式，出现在制造业、采掘业、运输业、公用事业、银行和保险业等行业。公司制企业主要分为有限责任公司和股份有限公司两种形式。

---

① ［美］S. 费希尔、L. 唐布什：《经济学》，上册，177 页，北京，中国财政经济出版社，1989。

2. 有限责任公司

有限责任公司又称有限公司，在英国和美国也称为封闭公司或私人公司，是指由两个以上股东共同出资，每个股东以其认缴的出资额对公司行为承担有限责任的公司。公司以其全部资产对其债务承担责任。

有限责任公司不对外公开发行股票，股东的出资额由股东协商确定。每一位股东的出资额可以不同。股东交付股金后，公司出具股权证书作为股东的权益凭证。股权证书不同于股票，不能自由流通，在其他股东同意后才可转让，并要优先转让给公司原有股东。

有限责任公司的股东通常有名额规定。在英国、法国、日本等国家，规定有限责任公司股东人数必须在 2～50 人之间。当股东人数超过上限时，必须向法院申请特许或转为股份有限公司。

在有限责任公司中，股东投入公司的财产与他们个人的其他财产脱钩，仅以出资额为限承担公司责任。因此，与无限责任公司相比，股东所承担的风险大大降低。此外，有限公司还具有设立程序比较简单、不必发布公告、不必公开账目、不必公开资产负债表，以及内部机构设置灵活等优点。有限责任公司的缺点是筹集资金的范围和规模较小，因此一般适宜中小企业。

3. 股份有限公司

股份有限公司是指注册资本由等额股份构成，通过发行股票筹集资本，以其全部股本对公司债务承担有限责任的企业法人组织。它由有限责任股东组成。

股份有限公司的资本总额可分为每股金额均等的股份，以便根据股票数量计算每一股东所拥有的权益。在证券交易所上市的股份有限公司，其股票可在社会上公开发行，并可自由转让，但不能退股，以保持公司资本的稳定。公司中股东的身份、地位、信誉不再具有重要意义，任何出资人都可成为股东。股东成为单纯的股票持有者，其权益主要体现在股票上，并随股票的转让而转移。这类公司的股东人数在法律上有最低限额规定。法国和日本规定不得少于 7 人，德国规定不得少于 5 人。

股份有限公司的产权分属于股东。股东有权分享公司的盈利，股东有两种途径分享公司盈利。(1) 公司定期向股东支付股利。股利有两种形式：一是根据事先约定的利率向优先股股东发放的股息；二是依据企业盈利状况向普通股股东发放的红利。(2) 通过股票升值获得投资报酬。

股票交易有两条途径：(1) 证券交易所上市；(2) 柜台交易。上市交易有一定的优越性，经审查可在证券交易所上市的公司，有助于提高公司的信誉、知名度和资信度，股票价格变动可为公司经营决策提供重要依据等。但各国证券交易所为保障证券交易的质量，都对上市公司提出了较高的标准：公司要有足够的资本规模，要有多年良好的业绩，社会公开发行股票额占实收股本额相当大的比例，记名股东不能少于最低限额等。经审查符合上市标准的公司只是少数。绝大多数股票转让是采取场外柜台交易。

股份有限公司的管理制度包括三个层次：(1) 作为所有者的股东；(2) 作为法人及其法定代表的董事会；(3) 作为高层执行官员的总经理、常务董事。公司的最高权力机关是股东大会。它的例会一般每年召开一次，通常采取一股一票的原则进行表决，作出人事安排、公司重大经营决策以及收入分配等决定。具体来说，作为最高权力机关的股东大会拥有对剩余收入的索取权；在审议董事会关于修改公司章程、公司合并、出卖全部财产的建议和财务报告时的投票权；对高层经理人员的任命和解雇权；对董事会的起诉权；对公司经营管理活动的知情权和监察权。由于股东大会无法适应及时作出具体经营决策的需要，故需选出少数人组成董事会。董事会聘任总经理和其他高级主管人员。董事和经理人员作为由所有者授权的代理人，代表股东经营和管理企业。

董事会是公司的最高决策机构。董事会成员作为股东的受托人，承担受托责任，全权负责制定经营管理战略，任命作为代理人的高层执行官员。董事长是公司的法定代表人。董事会有权随时撤换不称职的高层执行官员。事实上，在现代大公司中，其他高层执行官员大多由总经理提名，每一两个月一次的董事会只起战略指导和监控作用，其余的控制权一般掌握在高层经理人员手中。

在股份有限公司中，所有者与经营者、股东与高层经理人员之间形成了委托—代理关系。委托人和代理人各自追求自己的目标。作为委托人的股东要求经理人员尽职尽责，执行好经营和指挥的职能，以便取得更多的盈利。作为代理人的高层经理人员追求的则是知识、才能、社会地位以及个人收入最大化。二者的差异需要一套有效的激励机制加以协调。这主要包括：

（1）公司聘用一定数量的外部董事、设立独立的审计稽核机构如监事会等，对经理人员进行监督。

（2）根据经理人员的工作业绩实行物质奖惩。高层经理人员的报酬决定由报酬委员会拟定并提交董事会审议批准，其报酬较普通员工高几倍到几十倍，所采取的形式有薪金、奖金、在职消费和股票或股票期权等。①

为了保护股东和债权人的利益，各国法律都要求股份有限公司的账目必须公开，在每一财政年度终了时公布公司的年度报告和资产负债表，以供股东和债权人查询。

由于历史、社会和经济等条件的不同，各国的股份有限公司制企业各具特色。在产权结构上，日本公司的法人持股者主要是银行和其他企业。英国和美国则主要是养老金基金等非银行机构。在公司经营管理制度上，日本的公司董事大多由公司各事业部或工厂领导兼任，因此董事会基本上由总经理提名的高级职员组成；美国法律规定，外部董事要在董事会中占有相当大的比重；德国和一些北欧国家实行双重董事会制度：董事会是高层经理人员组成的执行机关，监督职能由监事会来行使。

股份有限公司与合伙制企业比较，其优点有以下四个方面。

（1）股东只对企业债务负有有限责任。股东的风险要比合伙人小得多，从而使股份有限公司成为筹集大量资本的良好的企业组织形式。

（2）具有独立生命力。公司一旦建立，其业务不会因为股东死亡或股权转移而终止。

（3）决策及时。在业务决策上，只需多数同意，不必一致通过。

（4）公司的经济行为受有关法律的限制和保护，有利于决策的连续性和减少差错。

股份有限公司与有限责任公司相比，二者有以下四点区别。

（1）股份有限公司规模较大，股东人数没有上限规定，股份可自由转让，董事可面向

① 股票期权是指公司给高层经理人员在一定年限后按现价购买一定量股票的权利。

社会聘任。

(2) 募集资金的方式不同。有限责任公司不发行股票，而是通过公司股东协商集资入股的方式募集资金。股份有限公司募集资金的方式有两种：其一，定向募集，由公司发起人认购股份，以及向一定范围的投资者募集股份；其二，社会募集，除公司发起人认购股份外，其余股份可在社会上通过公开发行股票方式募集。我国《股份公司规范意见》规定，采取定向募集方式的公司不得发行股票，应以股权证代之；采取社会募集方式的公司可发行股票。

(3) 股份有限公司可凭借大规模的筹资能力，提高市场竞争力。

(4) 股票可迅速转让，提高了资本流动性。股东认为公司经营不善会抛售股票，将资金投向其他公司。众多的股东出售股票可能导致某些收购者接管公司和撤换经理人员，即"用脚投票"。这种情况将对公司经理人员形成压力，鞭策其努力提高企业的经济效益。

股份有限公司的优点使它成为市场经济中大型企业的主要企业组织形式。1980 年美国有 159 家雇员人数超过5 000人的公司，总就业人数为2 080万人，接近全部劳动人口的20%，占社会销售总额的绝大部分。相反，1 100多万家个体业主制企业的销售额只占社会销售总额的不到 20%。

股份有限公司也有其缺点：(1) 公司设立程序复杂，组建和歇业不像其他类型企业那样简便；(2) 公司营业情况和财务状况向社会公开，保密性不强；(3) 股东购买股票主要是取得股利和在股票升值时获利，缺少对企业长远发展的关心等。尽管如此，股份有限公司仍然是现代市场经济中最适合大中型企业的企业组织形式。

(二) 合作制企业

合作制企业是以本企业或合作经济实体内的劳动者平等持股、合作经营，股本和劳动共同分红为特征的企业组织形式。这种企业组织形式存在于生产领域，也存在于流通领域。

在市场经济发达的国家中，有的合作制企业专门向农民提供廉价的农业生产资料，有的为农民加工、运输、储藏、销售农产品，有的则进行资金的融通和存贷。合作制企业在保护劳动者利益，减少中间盘剥等方面具有重要作用。政府对合作制企业通常实行优惠和扶植政策。

合作制企业与股份制企业有着明显的区别。合作制企业的股金来自企业内部，外部人员不能入股。股份制企业的资金既可来自企业内部，也可来自企业外部。合作制企业的股金是随着劳动者，即它的所有者变动的。加入合作制企业，带着股金进来；退出则带走其股金。股份制企业的投资者一旦投资或购买股票便不能抽走资金、退回股票，而只能通过出让股权收回资金。

合作制企业也不同于合伙制企业。合伙制企业的合伙人并不一定参加本企业的工作，股金也不具有劳动者自带的特点。合作制企业的产权分属于企业职工所有。所有者与劳动者合为一体，职工既是劳动者，也是本企业的所有者，股金同职工结合在一起。

合作制企业的职工在工资收入外，可以股金获得红利。这有利于调动企业职工的积极性，增强企业活力，提高经济效益。合作制企业适用于劳动出资型为主、本小利微、工资收入较低的小型工商企业及各种服务业。

第二节　生产函数和收益递减规律

一、什么是生产函数

生产函数分析假设：(1) 生产者一直追求有效率的生产，即以最低成本进行生产，或者说对于一定数量的投入，生产者总是力图生产出最大产出量，尽可能地避免资源浪费；(2) 在决定生产和出售什么产品时，生产者追求利润最大化。

一个经济社会的实质就是生产。以食物生产为例，农场主使用投入品或生产要素，如劳动、土地、机器和肥料等，在收获季节得到一定量的产出，如小麦等。

投入与产出之间存在着函数关系。生产函数是指在一定的技术条件下能生产出的最大产出量与得到这一产出所需要的投入之间的关系。它反映了一定的物质技术状况。例如，能够生产出不同数量玉米的土地和劳动的各种组合；在电力生产方面所需要的汽轮机、污染控制设备、燃料和劳动的各种组合；能够通过输油管传送的原油量与管道直径、抽油机的马力和其他因素的各种组合。

有成千上万个不同的生产函数，每个生产函数对应于一种产品。生产函数描述了一个企业如何能够生产出它的产品组合，也是决定企业成本曲线的重要因素。

二、总产量、平均产量和边际产量

从企业的生产函数中，可以得到三个重要的产量概念，即总产量、平均产量和边际产量。

总产量是以实物单位衡量的产出总量，如多少蒲式耳小麦或多少桶石油（见表 6—1 第二栏和图 6—1）。

表 6—1　　**总产量、边际产量和平均产量表**

劳动单位	总产量	边际产量	平均产量
0	0	—	—
1	2 000	2 000	2 000
2	3 000	1 000	1 500
3	3 500	500	1 167
4	3 800	300	950
5	3 900	100	780

在图 6—1 中，TP 为总产量，L 为劳动。

表 6—1 和图 6—1 表明，随着劳动投入量的增加，总产量作出相应的反应。在劳动投入量为零时，总产量为零；随着单位劳动的增加，总产量增长，当劳动投入量为 5 个单位

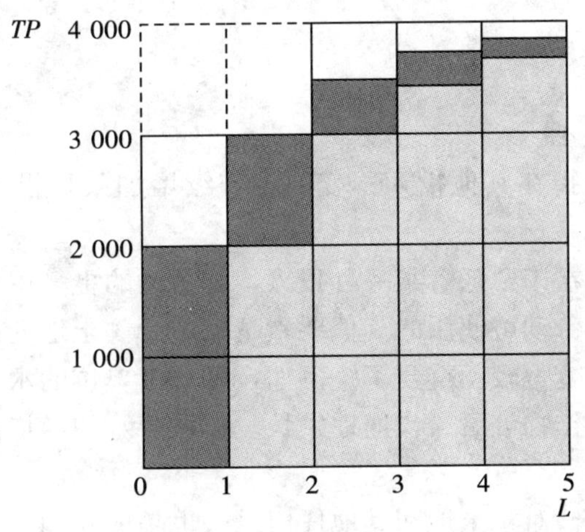

图 6—1　总产量曲线

时，总产量达到最大值3 900个单位。在这一过程中，随着投入单位的不断增加，总产量的增长呈现为越来越小的阶梯式。

平均产量是总产量除以总投入的平均数（见表 6—1 第四栏）。在使用一个劳动单位时，劳动的平均产量为每个劳动单位2 000个单位；在使用两个劳动单位时，劳动的平均产量为每个劳动单位1 500个单位。

边际产量是指在其他投入不变时，增加某一种投入所增加的产量或额外产出量。例如，如果土地、机器和其他投入不变，劳动的边际产量就是从增加 1 单位的劳动中得到的额外产量（见表 6—1 第三栏和图 6—2）。

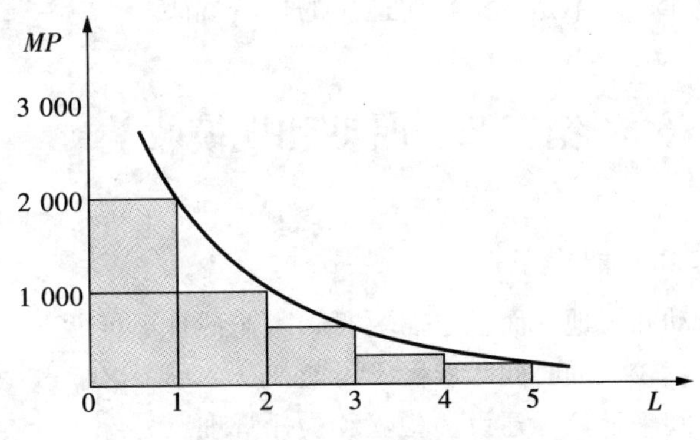

图 6—2　边际产量递减

在图 6—2 中，*MP* 为边际产量，*L* 为劳动。

表 6—1 和图 6—2 表明，第一个单位劳动，其边际产量为2 000；第五个单位劳动，其边际产量仅为 100。图 6—2 中，边际产量呈现阶梯式递减。据此可给出边际产量递减曲线。该曲线与坐标轴围成的面积，即矩形阴影部分的面积加总，等于图 6—1 所示的总产

量。总产量的变化受限于边际产量的变动，边际产量递减决定了总产量越来越小的阶梯式增长。

三、边际收益递减规律

边际收益递减规律是指在其他投入不变时，连续增加某种投入所增加的产量越来越少，从而引起收益递减。

边际收益递减的原因在于：随着某一种投入，如劳动的更多单位增加到固定数量的土地、机器和其他投入上，劳动可使用的其他要素越来越少。土地变得更加拥挤，机器超负荷运转，所投入的劳动也变得较不重要了。例如，第一个单位的水关系到作物的生命；以后几个单位的水可以保持作物健康、快速地生长。但随着水的增加量越来越多，土地被淹没，大多数作物会被淹死。

对于劳动成立的规律，对于土地和其他任何投入也是成立的。例如，如果将土地和劳动互换，劳动不变而改变土地数量，那么在其他投入不变的情况下，土地的边际产量就是增加 1 单位土地所引起的总产量的增量。我们可以计算出每一种投入（劳动、土地、机器、水和肥料等）的边际产量，而且边际产量适用于任何一种产出（小麦、玉米、大豆和钢等）。

在把边际收益递减规律运用到生产上时，必须注意，边际收益递减规律只是一条泛泛观察到的经验性规律，而不是像地球引力规律那样的普遍真理。在许多经验研究中都发现了这一规律，同时也发现了不符合这一规律的例外。另外，边际收益递减规律可能并不适用于所有的产量水平。最初的劳动投入可能表现出边际物质产品递增，这是因为需要一定时间使机器运转起来，也需要把工人运送到工作场地中去。同时，最后一批劳动投入可能表现为负的边际产量，像太多的水会使作物窒息一样。因此说，边际收益递减规律是存在例外情况的经验性规律，而不是一条普遍适用的自然规律。

第三节　时期和规模收益

一、瞬期、短期和长期

生产不仅需要劳动和土地，而且也需要时间。输油管不可能在一夜之间建造起来，一旦开始建造，就要持续较长的时间；农民不可能在一个季节之内改变作物种植；大的发电厂要花费十几年的时间来设计、建设、检验和委托管理。另外，资本设备一旦以一种具体的形式投入田纳西河畔的发电厂或加尔维斯顿的石油化工厂，就不能有效地拆除、搬迁到其他地方或转作其他用途。

考虑到时间在生产和成本中所起的作用，将其分为三种：（1）把瞬期定义为一个如此短的时期，以至于生产不能作出任何调整；（2）把短期定义为企业能够通过改变可变要素（如原料和劳动），但不能改变固定要素（如机器设备）来调整生产；（3）把长期定义为一个足够长的时期，包括设备在内的所有要素都能得到调整。

为了更加清楚地理解这些概念，这里以钢铁生产为例，分析不同时期对于需求变动作出反应的可能方式。譬如说，某一钢铁公司只利用了其高炉生产能力的70%，此时由于竞争对手的生产出现了故障，引起钢的需求突然上升。在一两天的瞬期内，钢铁公司根本不可能调整其生产。核查和复核订单需要花费时间，启用闲置的高炉、重新安排作息时间和订购必需的原料也需要花费时间。在从事这些活动时，生产将保持不变。因此，在这一最短的时期里，即在瞬期里，产出实际上是固定的或事先确定的。

随着时间的推移，钢铁公司开始能够调整生产，以适应新的需求水平。它能够通过增加工时、雇用更多的工人、更加有效地利用工厂和机器等来提高产量。生产能够通过改变可变投入而得到调整的这一时期就是短期。

如果钢铁需求的增长持续了相当长的一段时期，如2年或3年。钢铁公司就会考察资本需求，并决定是否应该增加生产能力。从更一般的意义上讲，它可能考察所有的固定要素，即那些由于受到物质条件或法律合同限制在短期内不能得到调整的要素。在长期，钢铁公司可能增加新的、更加有效的生产过程，铺设轨道或安装自动化的控制系统，或者在很远的地方建造一个新钢铁厂。

二、规模收益

边际收益和边际产量递减是指所有其他投入保持不变时，产出对于单项投入增加的反应。有时人们对于增加所有投入的后果感兴趣。例如，如果土地、劳动、水和其他投入都增加相同的比例，小麦产量会发生什么变化；如果劳动、计算机、橡胶、钢和厂房的空间都增加1倍，汽车产量会有什么变化。这些问题涉及规模收益的概念，规模收益是指投入规模的增加对产出量的影响。换句话说，规模收益表明当所有投入增加时，总产量的反应程度。这里，应当区分以下三种情况。

（1）规模收益不变。规模收益不变表示所有投入的增加导致产出同比例增加。如果劳动、土地、资本和其他投入都增加1倍，在规模收益不变的情况下，产出也增加1倍。例如，许多手工业（如在有些国家使用的手织机）就表现为规模收益不变。

（2）规模收益递减。规模收益递减发生在所有投入的平衡增加导致总产出以较小比例增加的时候。如果一个农民的耕地、种子、劳动和机器都增加了50%，其总产出只增加了40%，这种情况就是规模收益递减。许多涉及自然资源的生产活动，如种植酿酒的葡萄或栽培树木等，都表现为规模收益递减。

（3）规模收益递增。规模收益递增发生在所有投入的增加导致产出水平以更大比例增加的时候。例如，劳动、资本和原料增加10%，会引起总产出超过10%的增长。现实中，一些规模较大的工厂的许多制造过程都享有适度的规模收益递增。

经济学家一般认为，大多数生产活动应当能够达到规模收益不变。他们认为，如果生产能够通过对现有工厂一次次简单重建而得到调整，那么生产者很容易使投入和产出保持相同比例的增长。在这种情况下，任何产出水平上的规模收益不变。

20世纪以来，规模经济和大规模生产在很大程度上推动了许多国家的经济增长。现在，许多生产的生产规模又扩大了许多倍。在19世纪中期，一艘货船能够装运2 000吨货物，当今最大的超级油轮可以装载100多万吨石油。

经济规模普遍扩大会引起生产率提高。如果递增的收益是普遍的，那么较大的投入规模和生产会导致更高的生产率。生产率是总产出与投入的加权平均数之差。例如，企业投入增加 4%，由此引起产出增加 10%，那么生产率就上升了 6%。从这里可以看出，一个国家人均产出的增加和生活水平的提高，可能部分地来源于生产中规模经济的利用。

尽管在许多部门中，规模经济的潜力很大，但在某些方面也可能出现规模收益递减。当企业的规模变得越来越大时，管理和协调也就日益困难；在无情地追逐较高利润的过程中，企业可能发现它的市场已经扩展到能够有效管理的范围之外；如果只有很少的时间用来研究市场和制定决策，高层管理人员可能变得脱离日常生产活动，并且开始犯错误；规模过大的企业会发现它们自己面临较小、更敏捷的对手的挑战。因此，尽管技术上可能产生规模收益不变或递增，但是对管理和监督的需要可能最终导致大企业的规模收益递减。

第四节　最优投入组合

生产要素的不同组合带来的产出量是不同的。有理性的生产者会选择最优投入组合进行生产。确定最优投入组合需要运用等产量曲线和等成本线。

一、等产量曲线

（一）什么是等产量曲线

等产量曲线是指在技术水平一定的条件下，生产同一产量的两种生产要素投入量的各种不同组合所形成的曲线。以 Q 表示既定产量水平，L 表示可变要素劳动的投入量，K 表示可变要素资本的投入量，则与等产量曲线相对应的生产函数为：

$$Q=f(L, K)$$

图 6—3 中有三条等产量曲线，它们分别表示可以生产出 50 单位、100 单位和 150 单位产量的各种生产要素的组合。以产量为 50 单位的等产量曲线为例，50 单位的产量可使用点 A 的要素组合生产出来，也可使用点 B 的要素组合或点 C 的要素组合生产出来。

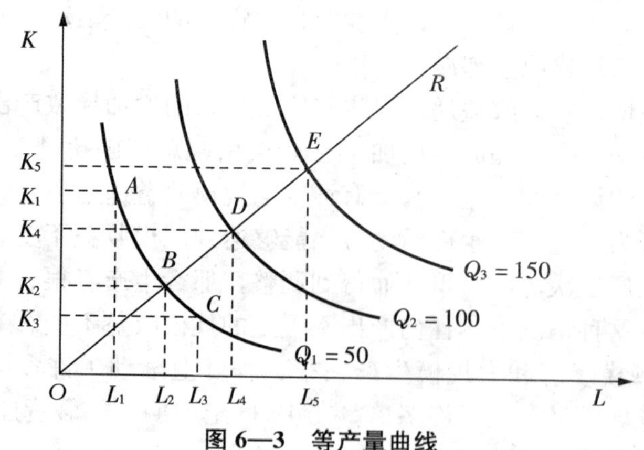

图 6—3　等产量曲线

与无差异曲线相似，等产量曲线与坐标原点的距离表示产量水平的高低：离原点越近的等产量曲线代表的产量水平越低；离原点越远的等产量曲线代表的产量水平越高。同一平面坐标系中的任意两条等产量曲线不会相交。等产量曲线是凸向原点的。

此外，由等产量曲线图的坐标原点出发引出的一条射线代表两种可变要素投入数量的比例固定不变情况下的所有组合方式，射线的斜率就等于这一固定不变的两种要素投入数量的比例。例如，在 OR 射线上的 B、D 和 E 三点上，50 单位、100 单位和 150 单位的产量是以 $\frac{OK_2}{OL_2}=\frac{OK_4}{OL_4}=\frac{OK_5}{OL_5}$ 的固定不变的投入比例生产出来的。从原点沿既定的射线（如 OR）移动，随着产量水平的不断提高，两种要素投入的绝对数量是不断增加的，但两种要素的投入数量比例是固定不变的。要注意区别这种射线和等产量曲线的差别。一条这样的射线表示要素投入数量不变比例的组合和可变产量之间的关系；一条等产量曲线表示不变的产量水平和要素投入数量可变比例的组合之间的关系。

（二）边际技术替代率及其递减规律

等产量曲线表示生产者可以通过两种要素之间的相互替代，来维持一个既定的产量水平。例如，为了生产 50 单位的某种产品，生产者可以使用较多的劳动和较少的资本，也可以使用较少的劳动和较多的资本。前者可以看成是劳动对资本的替代，后者可以看成是资本对劳动的替代。在图 6—3 中，为了维持固定的 50 单位的产量，在企业沿着既定的等产量曲线由点 A 滑动到点 C 的过程中，劳动投入量必然会随着资本投入量的不断减少而增加；相反，在由点 C 运动到点 A 的过程中，劳动投入量必然会随着资本投入量的不断增加而减少。由两种要素之间这种相互替代的关系，可以得出边际技术替代率的概念。在维持产量水平不变的条件下，增加一个单位的某种要素投入量时所减少的另一种要素的投入数量，称为边际技术替代率。以 RTS 表示边际技术替代率，劳动对资本的边际技术替代率的公式为：

$$RTS_{LK}=-\frac{\Delta K}{\Delta L}$$

式中，ΔK 和 ΔL 分别为资本投入的变化量和劳动投入的变化量。公式中的负号是为了使 RTS 在一般情况下为正值。

在两种生产要素相互替代的过程中，存在着一种变动趋势：在维持产量不变的前提下，当一种生产要素的投入量不断增加时，每一单位的这种生产要素所能替代的另一种生产要素的数量是递减的。这一趋势称为边际技术替代率递减规律。

边际技术替代率递减的原因是：随着劳动对资本的不断替代，劳动的边际产量逐渐下降，而资本的边际产量不断上升。因此，随着劳动对资本的不断替代，作为逐渐下降的劳动的边际产量与逐步上升的资本的边际产量之比的边际技术替代率趋于递减。

二、等成本线

等成本线是指在既定的成本和生产要素价格条件下，生产者可以购买到的两种生产要素的各种不同数量组合的轨迹（见图 6—4）。

在图 6—4 中，C 代表既定成本，ω 代表劳动价格（工资率），r 代表资本的价格（利

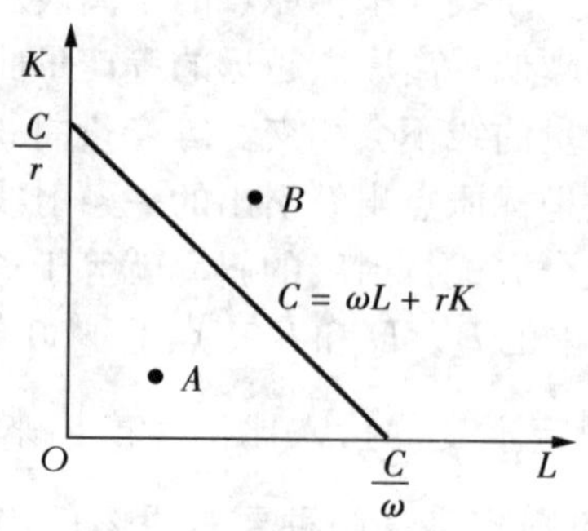

图 6—4　等成本线

息）。横轴上的点$\frac{C}{\omega}$表示既定的全部成本都购买劳动时的数量，纵轴上的点$\frac{C}{r}$表示既定的全部成本都购买资本时的数量，连结这两点的线段就是等成本线。它表示既定的全部成本所能购买到劳动和资本的各种组合。等成本线以内区域中的任何一点，如点 A，表示既定的全部成本都用来购买该点的劳动和资本的组合以后还有剩余。等成本线以外的区域中的任何一点，如点 B，表示用既定的全部成本购买该点的劳动和资本的组合是不够的。唯有等成本线上的任何一点，才表示用既定的全部成本能刚好购买到的劳动和资本的组合。

在成本固定和要素价格已知的条件下，便可以得到一条等成本线。所以，任何关于成本和要素价格的变动，都会使等成本线发生变化。关于这种变动的具体情况，与前面对预算线的分析类似。此处不再赘述。

三、如何确定最优投入组合

把企业的等产量曲线和相应的等成本线画在同一个平面坐标系中，就可确定企业在既定成本下实现最大产量的最优要素投入组合点，即生产均衡点（见图 6—5）。

在图 6—5 中，有一条等成本线 AB 和三条等产量曲线 Q_1、Q_2 和 Q_3。等成本线 AB 与其中一条等产量曲线 Q_2 相切于点 E，该点就是生产均衡点。它表示在既定成本条件下，企业应该按照点 E 的要素组合进行生产，即劳动投入量和资本投入量分别为 L_1 和 K_1，这样厂商就会取得最大的产量。

为什么点 E 是生产要素最优投入组合点呢？这是因为，等产量曲线 Q_3 代表的产量虽然高于等产量曲线 Q_2，但等成本线 AB 与等产量曲线 Q_3 既无交点又无切点，说明等产量曲线 Q_3 所代表的产量是企业无法实现的产量，因为企业利用既定成本只能购买到位于等成本线 AB 上或等成本线 AB 以内区域的要素组合。等产量曲线 Q_1 虽然与等成本线 AB 相交于 R、S 两点，但等产量曲线 Q_1 所代表的产量是比较低的。此时企业在不增加成本的情况下，只需由点 R 出发向右或由点 S 出发向左沿着既定的等成本线 AB 改变要素组合，就可以增加产量。因此，只有等成本线 AB 和等产量曲线 Q_2 的相切点 E，才是实现既定成本条件下的最大产量的要素组合。任何更高的产量在既定成本条件下都是无法实现的，任何更低的产量都是低效率的。

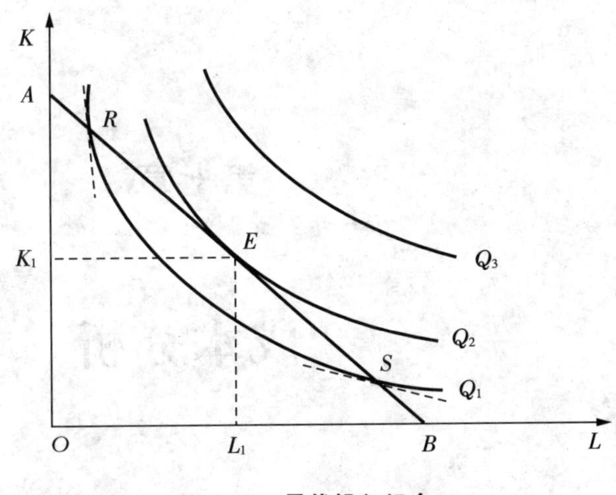

图 6—5　最优投入组合

确定生产要素最优投入还有另一种方法，即在既定产量下当所花费成本最小时的要素组合为最优投入组合。其道理类似于成本既定时产量最大的要素组合。这里不再赘述。

【思考题】

1. 生产为什么要以企业形式来进行，其主要原因是什么?

2. 在其他生产要素不变的条件下，只增加某一种要素投入，为什么存在着收益递减的可能性？为什么两种要素投入均变动则存在规模收益不变的可能性?

3. 为什么说生产要素的最优投入组合有利于提高经济效益?

4. 分析企业行为的下列变化。哪种情况代表了技术不变的条件下，一种要素替代另一种要素？哪种情况代表了技术变革？用生产函数图说明每一种情况。

（1）当石油价格上升时，企业以煤来代替石油做燃料。

（2）在引入了激光扫描机后，美国钢铁制造商改善了钢板厚度的稳定性，从 0.05 英寸减少到 0.01 英寸。

（3）一个排版公司将其雇用的打字员裁减了 60%，同时将计算机操作员增加了 150%。

（4）某大学为其全体教师购买了个人用计算机，同时减少了文书人员的数量。

第七章

成本分析

成本的高低决定利润多寡，同时成本也是企业在市场竞争中进行决策的重要依据，因此企业对成本极为重视。本章首先介绍企业的各项成本，然后在一般意义上分析短期成本和长期成本。这里的成本主要是指机会成本。通过对各种经济成本的分析，为下一章考察市场理论奠定基础。

第一节　成本概念

一、总成本

总成本包括不变成本和可变成本。

（一）总成本

现在考察某企业的资本、劳动和原料等的投入，生产的产出量用 Q 表示。该企业在要素市场上购买这些投入。一个追求利润的企业为了保持生产活动的盈利性，会密切关注这些投入的成本。该企业的会计有责任计算出在每一产量水平下发生的总费用，即总成本（TC）。总成本是指生产每一产量水平所需要的开支的最低总额，它随产量的上升而上升。总成本等于不变成本与可变成本之和（见表 7—1）。

表 7—1　　不变成本、可变成本和总成本

产量 Q	不变成本（美元） FC	可变成本（美元） VC	总成本（美元） TC
0	55	0	55
1	55	30	85
2	55	55	110

续前表

产量 *Q*	不变成本（美元） *FC*	可变成本（美元） *VC*	总成本（美元） *TC*
3	55	75	130
4	55	105	160
5	55	155	210
6	55	225	280

表 7—1 说明了各种不同产量的简化了的总成本。观察第一栏和第四栏可以看到，*TC* 随着 *Q* 的上升而上升。这是很自然的，因为生产某一商品的更多产量必须使用更多的劳动和其他投入，增加的生产要素引起货币成本的增加。例如，生产 2 单位的总成本为 110 美元，生产 3 单位的总成本为 130 美元等。

为了实现最低水平的成本，企业经理人员必须以最低的支出购买生产所需要的原料（如石油、铁矿石等）；把最新的生产技术运用到生产活动之中；用最经济的方式制定其他决策。由于这种管理上的努力，表 7—1 所示的不变成本和可变成本都是企业生产一定产量时所支付的最小成本。

（二）不变成本

不变成本是指即使产量水平为零也必须支付的开支总额。不变成本不受任何产出量变动的影响，有时不变成本也称“经常开支”或“沉没成本”。它由许多项目构成，如契约规定的建筑物和设备租金、债务的利息支付、长期工作人员的薪水等。

在表 7—1 中，第二栏的不变成本用 *FC* 表示。由于 *FC* 是无论产量水平如何变化都必须支付的金额，因此 *FC* 的数值为 55 美元，保持不变。

（三）可变成本

可变成本是指随着产出水平变化而变动的开支。它包括原材料、工资和燃料，以及不属于不变成本的所有成本。

表 7—1 第三栏为可变成本，用 *VC* 表示。根据定义，当 *Q* 为零时，*VC* 的起始值为零。它是 *TC* 中随着产量增加而增加的部分。实际上，在任何两种产量之间，*TC* 的增加量就是 *VC* 的增加量，因为 *FC* 的数值一直不变。

由表 7—1 可绘出总成本、不变成本和可变动成本曲线图（见图 7—1）。

在图 7—1 中，*FC* 与横轴平行。这是因为在短期不变成本不会随产量的变动而变化。*TC* 曲线以产量为零时不变成本所在处为起点，随产量变动向右上方倾斜，开始较快，尔后渐缓，最后又加快。*VC* 从原点出发向右上方倾斜，其变动趋势与 *TC* 一致。因为 *FC* 一定时，*TC* 的变动取决于 *VC*。

二、边际成本

边际成本是成本概念中最重要的概念。边际成本是指生产增加一单位产出所增加的成本。例如，一个企业生产1 000张光盘的总成本为10 000美元。如果生产1 001张光盘的总

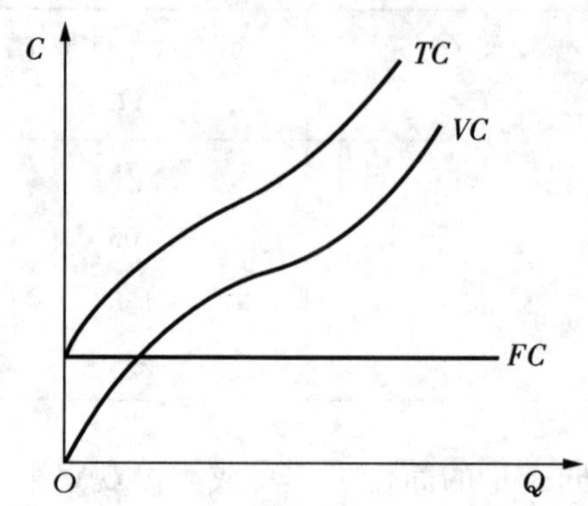

图 7—1　总成本、不变成本和可变成本曲线

成本为10 015美元，那么生产第1 001张光盘的边际成本就是 15 美元。边际成本可用 *MC* 表示（见表 7—2）。

表 7—2 用表 7—1 中的数据，说明了如何计算边际成本。表 7—2 第三栏中的 *MC* 数值来自第二栏中的 *TC* 减去前一产量的 *TC*。例如，第一产量单位的 *MC* 是 30 美元（85－55）；第二产量单位的边际成本是 25 美元（110－85）；依此类推。

表 7—2　　边际成本的计算

产量 *Q*	总成本（美元） *TC*	边际成本（美元） *MC*
0	55	—
1	85	30
2	110	25
3	130	20
4	160	30
5	210	50

除了从 *TC* 栏中得到 *MC* 之外，还可以从表 7—1 中第三栏的第一个 *VC* 数值与下一产量的 *VC* 值相减而得到 *MC*。因为可变成本的增加永远与总成本的增加完全相同，唯一不同之处在于：*VC* 根据定义必须从零开始，而不是从 *FC* 水平开始。

根据表 7—2 可绘出图 7—2。

图 7—2 说明了总成本与边际成本的关系。它表明 *TC* 与 *MC* 之间的关系类似于总产量与边际产量，或者总效用与边际效用之间的关系。经验告诉人们，对于大多数短期生产活动，以及农业和许多小企业来说，边际成本曲线呈现出如图 7—2（b）所示的∪形。这种∪形曲线在开始阶段下降，接着达到最低点，然后逐渐上升。正是 *MC* 曲线的这一特性，决定了 *TC* 曲线的运行轨迹。

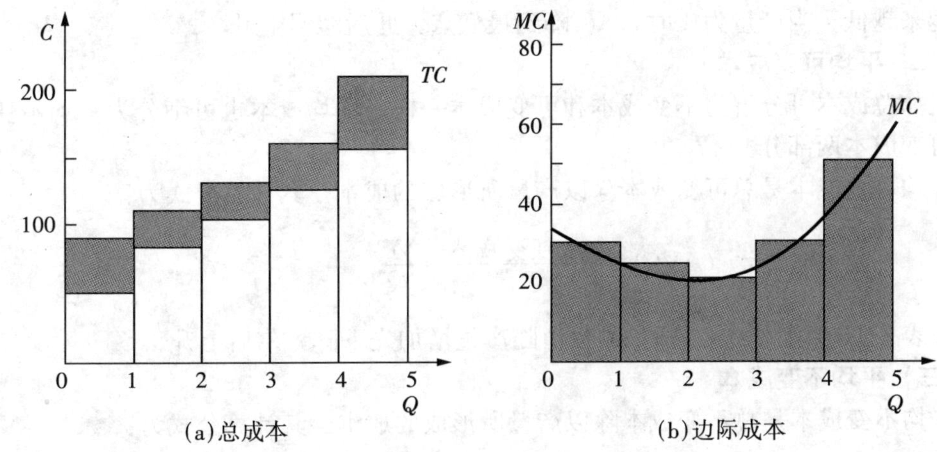

图 7—2　总成本与边际成本之间的关系

三、平均成本、平均不变成本和平均可变成本

(一) 平均成本

平均成本也称单位成本，是总成本除以产量所形成的成本。其计算公式为：

$$平均成本\ (AC) = \frac{总成本}{产量} = \frac{TC}{Q}$$

根据总成本和产量可计算出平均成本（见表 7—3）。

表 7—3　　根据总成本计算的各项成本

产量 Q	不变成本 FC（美元）	可变成本 VC（美元）	总成本 TC（美元）	边际成本 MC（美元）	平均成本 AC（美元）	平均可变成本 AVC（美元）	平均不变成本 AFC（美元）
0	55	0	55	—	∞	0	∞
1	55	30	85	30	85	30	55
2	55	55	110	25	55	27.5	27.5
3	55	75	130	20	43.3	25	18.3
4	55	105	160	30	40	26.3	13.8
5	55	155	210	50	42	31	11
6	55	225	280	70	46.7	37.5	9.2
7	55	315	370	90	52.9	45	7.9
8	55	425	480	110	60	53.1	6.9
9	55	555	610	130	67.8	61.7	6.1
10	55	705	760	150	76	70.5	5.5

在表 7—3 第六栏中，当产量仅为 1 个单位时，平均成本必然等于总成本，即 85 美元

(85/1)。当产量为 2 个单位时，平均成本为 55 美元（110/2）。应该注意，在开始时平均成本越来越低；当产量为 4 时，*AC* 降到最低点，此后缓慢上升。

（二）平均可变成本

正如总成本可分解为不变成本和可变成本一样，平均成本也可细分为平均不变成本和平均可变成本两部分。

平均可变成本是总可变成本除以产量所形成的成本。其计算公式为：

$$\text{平均可变成本（}AVC\text{）}=\frac{\text{总可变成本}}{\text{产量}}=\frac{VC}{Q}$$

在表 7—3 第七栏中，*AVC* 的数值随产量增加先下降，尔后上升。

（三）平均不变成本

平均不变成本是总不变成本除以产量所形成的成本。其计算公式为：

$$\text{平均不变成本（}AFC\text{）}=\frac{\text{总不变成本}}{\text{产量}}=\frac{FC}{Q}$$

在表 7—3 第八栏，*AFC* 在开始时为无穷大，随着产量增加越来越小，这是因为有限的 *FC* 为越来越多的产量所分摊。

第二节　短期成本分析

一、平均成本最低点和平均可变成本最低点

根据表 7—3，可绘出平均不变成本、平均可变成本、平均成本和边际成本曲线图（见图 7—3）。

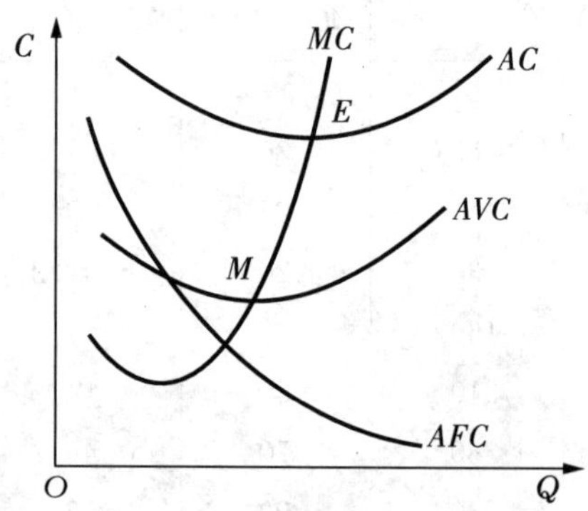

图 7—3　根据总成本曲线得出其他成本曲线

在图 7—3 中，*AFC* 是一条随产量不断增加，并向右下方不断倾斜的曲线。其他三条曲线呈∪形。其中，在 *MC* 曲线上升的过程中，总是通过 *AC* 曲线的最低点。这意味着，如果 *MC* 曲线位于 *AC* 曲线的下方，那么 *AC* 曲线必然会下降。因为如果 *MC* 小于 *AC*，

最后一单位的成本小于过去全部单位的平均成本。这时，新的 AC（包括最后一单位成本的 AC）必然会小于原来的 AC，因此 AC 必然会下降。

如果 MC 大于 AC，最后一单位的成本大于过去全部单位的平均成本。因此，新的平均成本（包括最后一单位成本的 AC）必然会高于原来的 AC。所以，当 MC 大于 AC 时，AC 必然会上升。

当 MC 等于 AC 时，最后一单位的成本正好等于过去全部单位的平均成本。因此，新的 AC（包括最后一单位成本的 AC）等于原有的 AC。当 AC 等于 MC 时，AC 曲线既不上升，也不下降。如果这时厂商最后一单位产量销售出去的收益也与 MC 和 AC 相等，那么这个最低平均成本点，即图 7—3 中的点 E 即为收支平衡点。

同样道理，当 MC 处于 AVC 下方时，AVC 下降；当 MC 大于 AVC 时，AVC 上升。只有 MC 与 AVC 相等时，AVC 处于最低点。如果这时厂商的最后一单位产量销售出去也与 MC 和 AVC 相等，那么 AVC 的最低点，即图 7—3 中的点 M 通常可称为停止营业点。

二、边际收益递减与∪形成本曲线

在经济学中流行的∪形成本曲线是以边际收益递减规律为基础的。

在下面的成本分析中，考察短期资本是不变的，劳动是可变的，并进一步假设企业面临着一种竞争性劳动市场，在该市场上每一单位劳动具有相同的工资成本。在这种情况下，由于每增加一单位劳动所生产的额外产量是不断下降的，因此产出的边际成本会上升。也就是说，可变要素的边际收益递减意味着短期边际成本的递增。这就说明了为什么边际收益递减导致边际成本在某一点之后开始上升（见图 7—4）。

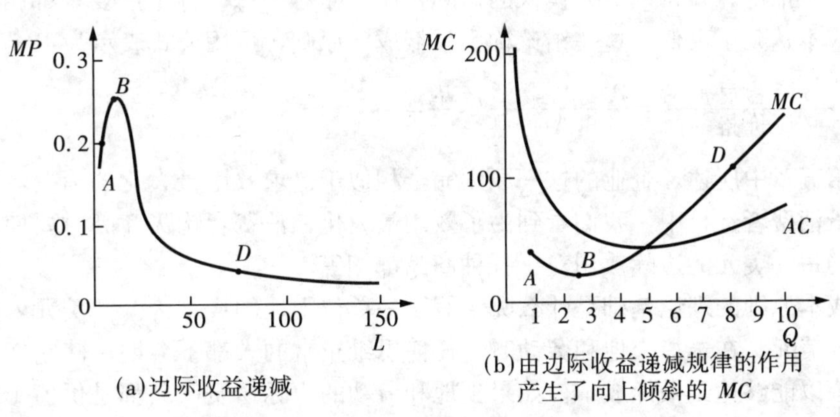

(a)边际收益递减

(b)由边际收益递减规律的作用产生了向上倾斜的 MC

图 7—4　收益递减与 U 形成本曲线

图 7—4 中的∪形边际成本曲线源于图 7—4（a）中的边际产量曲线。例如，在土地不变和劳动可变的情况下，图 7—4（a）中劳动的边际物质产品在开始时上升到点 B 的左边，在点 B 达到最高值。此后，由于劳动的边际收益递减规律发挥作用，下降到点 D。与此相对应的是，在图 7—4（b）中点 B 左边的区域，如点 A，边际产量递增意味着边际成本不断下降；在点 B，边际产量的最大值发生在边际成本的最低点；在点 B 右边的区域，

如点 D，由于劳动的边际产量下降，使生产的边际成本上升。

总之，在短期，当资本或土地等要素固定不变时，可变要素一般表现为开始阶段的边际收益递增和随后出现的边际收益递减。与之相应的成本曲线表现为开始阶段的边际成本递减和随后出现的边际成本递增。

三、最小成本原则

运用边际物质产品概念可以说明在给定各种投入价格的条件下，厂商如何选择最小成本进行生产。

在下面的分析中，假设厂商追求生产成本的最低化。这一假设不仅对于完全竞争的厂商有意义，对于垄断者甚至大学或医院等非营利性组织也同样有意义。这一假设表明，厂商应该在最低可能的成本上进行生产，使利润或其他性质的剩余收益量达到最大。

例如，两个方案都能够生产出 9 单位的理想产量。在两种情况下，燃料（F）的成本为每单位 2 美元，而每小时劳动（L）的成本为 5 美元。第一个方案的投入组合为 $F=10$ 和 $L=2$；第二个方案的投入组合为 $F=4$ 和 $L=5$。在市场价格下，第一个方案的生产总成本为：(2 美元×10)+(5 美元×2)=30 美元；第二个方案的总成本为：(2 美元×4)+(5 美元×5)=33 美元。因此，第一个方案是较好的最小成本的投入组合。

当存在着许多种可能的投入组合时，如何能够把各种情况加以一般化呢？首先计算劳动、燃料、资本等投入的每单位成本；然后计算每一种投入的边际物质产品。当每一美元投入的边际物质产品对于各种投入都相等时，就得到了最低成本的投入组合。这也就是说，每一美元的劳动、土地等对于产量的边际贡献必须正好相等。

根据这一推论，当每一美元投入的边际物质产品对于每一种生产要素都相等时，企业的生产总成本达到了最低。这一结论称为最低成本原则，可用公式表示为：

$$\frac{L\text{ 边际物质产品}}{L\text{ 价格}}=\frac{A\text{ 边际物质产品}}{A\text{ 价格}}=\cdots$$

正如第五章中所述，企业的这一原则完全相似于追求效用最大化的消费者所遵循的原则。在分析消费者选择中，我们看到为了效用最大化，消费者购买商品时要使花费在每一消费品上的每一美元的边际效用对于各种商品都相等。

最低成本原则的理论基础是什么呢？假设一单位土地的成本为 800 美元，每小时劳动的成本为 8 美元。在选择土地和劳动时，任何思维正常的人都不会期待使它们的边际物质产品相等，以能够达到最低成本。如果土地和劳动的边际物质产品都是价值 100 美元的小麦，那么相等的边际物质产品就意味着增加 800 美元的土地可以生产出 100 美元的小麦，而增加 8 美元的劳动也可以生产出 100 美元的小麦。显然，这是缺乏效率的。企业会减少土地的投入，而增加劳动的投入。当每一美元的土地和劳动的边际物质产品相等时，企业就达到了生产成本的最低化。

最低成本原则的一个推论是：如果一种要素价格下降，而所有其他要素的价格不变，那么企业用现在更便宜的要素替代所有其他要素是有利可图的。以劳动为例。劳动的价格下降会提高 MP_L/P_L 的比率，从而使 MP_L/P_L 高于所有其他投入的 MP/P。根据收益递减规律，增加劳动的雇用量会降低 MP_L，从而降低 MP_L/P_L。在这一过程中，劳动的较低价格和较低的 MP，会使每一美元的劳动边际物质产品重新与其他要素的比率相等，从而体现了最低成本原则。

第三节 长期成本分析

在长期内厂商可以根据产量的要求调整全部的生产要素投入量，甚至进入或退出一个行业。在长期内，厂商所有的成本都是可变的。厂商的长期成本可以分为长期总成本（LTC）、长期平均成本（LAC）和长期边际成本（LMC）。

一、长期总成本

厂商在长期内对全部生产要素投入量的调整意味着对企业生产规模的调整。也就是说，从长期看，厂商总是可以在每一产量水平上选择最优的生产规模进行生产。长期总成本是指厂商长期内在各种产量水平上通过改变生产规模所能达到的最低总成本（见图 7—5）。

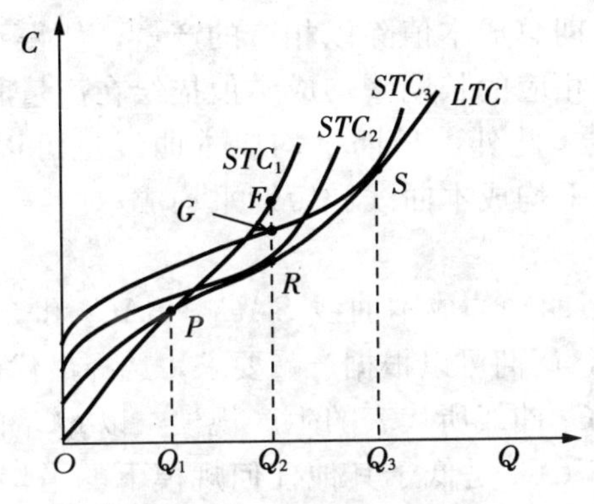

图 7—5 长期总成本曲线

在图 7—5 中，有三条短期总成本曲线 STC_1、STC_2 和 STC_3，分别代表三种不同的生产规模。由这三条短期总成本曲线在纵轴上的截距可知，STC_1 曲线所表示的总不变成本小于 STC_2 曲线所表示的总不变成本，STC_2 曲线所表示的总不变成本小于 STC_3 曲线所表示的总不变成本。总不变成本的大小，往往可以代表生产规模的大小。因此，从三条短期总成本曲线所代表的生产规模看，STC_1 最小，STC_2 居中，STC_3 最大。

假定产量为 Q_2，在短期厂商可能面临 STC_1 曲线所代表的过小的生产规模或 STC_3 曲线所代表的过大的生产规模，因此厂商只能按较高的总成本来生产产量 Q_2，即在 STC_1 曲线上的点 F 或 STC_3 曲线上的点 G 进行生产。但在长期，情况就会发生变化。厂商在长期内可以变动全部的要素投入量，选择最优的生产规模，因此厂商必然会选择 STC_2 曲线所代表的生产规模进行生产，从而将总成本降低到所能达到的最低水平，即厂商是在 STC_2 曲线上的点 R 进行生产。类似地，在长期内厂商会选择 STC_1 曲线所代表的生产规模，在

点 P 上生产 Q_1 的产量；选择 STC_3 曲线所代表的生产规模，在点 S 上生产 Q_3 的产量。这样，厂商就实现了既定产量下的最低总成本。

在图 7—5 中只有三条短期总成本曲线，但理论分析上可以假定有无数条短期总成本曲线，因此厂商可以在任何一个产量水平上，都找到相应的一个最优的生产规模，都可以把总成本降到最低水平。也就是说，可以找到无数个类似于点 P、R 和 S 的点，这些点的轨迹就形成了图中的长期总成本曲线。显然，长期总成本曲线是无数条短期总成本曲线的包络线。在这条包络线上，在连续变化的每一个产量水平上，都存在着 LTC 曲线和一条 STC 曲线的相切点，该 STC 曲线所代表的生产规模就是生产该产量的最优生产规模，该切点所对应的总成本就是生产该产量的最低总成本。所以，LTC 曲线表示长期内厂商在每一产量水平上由最优生产规模所带来的最小生产总成本。

LTC 曲线是从原点出发向右上方倾斜的。它表示当产量为零时，长期总成本为零，以后随着产量的增加，长期总成本增加。

二、长期平均成本

厂商在长期内实现每一产量水平上的最小总成本的同时，必然会实现相应的最小平均成本。所以，长期平均成本曲线可根据长期总成本曲线画出。具体的作法是：把长期总成本曲线上每一点的长期总成本值除以相应的产量，便得到每一产量上的长期平均成本值；再把每一个产量和相应的长期平均成本值描绘在产量和成本的平面坐标图中，便可得到长期平均成本曲线。此外，长期平均成本曲线也可以根据短期平均成本曲线求得。为了更好地理解长期平均成本曲线和短期平均成本曲线之间的关系，现介绍另一种方法。

在图 7—6 中有三条短期平均成本曲线 SAC_1、SAC_2 和 SAC_3，它们各自代表三种不同的生产规模。在长期内，厂商可以根据产量要求，选择最优的生产规模进行生产。产量为 Q_1 时，厂商会选择 SAC_1 曲线所代表的生产规模，以 OC_1 的平均成本进行生产。而对于产量 Q_1 而言，平均成本 OC_1 是低于其他任何规模下的平均成本的。产量为 Q_2 时，厂商会选择 SAC_2 曲线所代表生产规模进行生产，相应的最小平均成本为 OC_2。产量为 Q_3 时，厂商会选择 SAC_3 曲线所代表的生产规模进行生产，相应的最小平均成本为 OC_3。

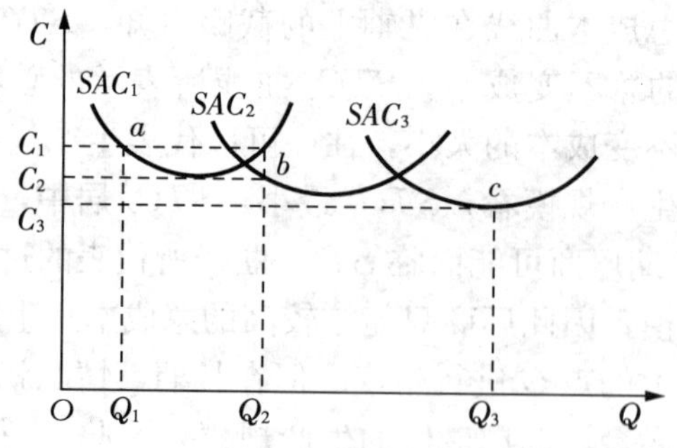

图 7—6　最优生产规模选择

在长期内，厂商总是可以在每一产量水平上找到相应的最优生产规模进行生产。在短期内，厂商做不到这一点。假定厂商现有的生产规模为 SAC_1 曲线所示，需要生产的产量为 OQ_2，那么厂商在短期内只能以 SAC_1 曲线上的 OC_1 平均成本来生产，而不可能是以 SAC_2 曲线上较低的 OC_2 平均成本来生产。

由于长期内可供厂商选择的生产规模是很多的，在理论分析中，假定生产规模可以无限细分，从而可以有无数条 SAC 曲线。于是，便可得到长期平均成本曲线（见图7—7）。

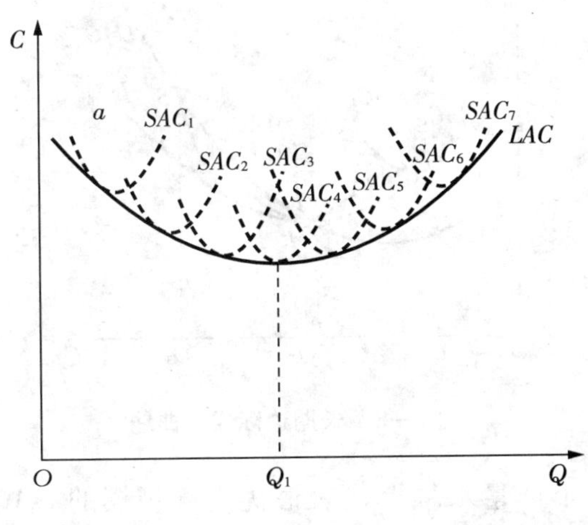

图 7—7　长期平均成本曲线

在图 7—7 中，长期平均成本曲线是无数条短期平均成本曲线的包络线。在这条包络线上，连续变化的每一个产量水平都存在 LAC 曲线和一条 SAC 曲线的相切点。该 SAC 曲线所代表的生产规模就是生产该产量的最优生产规模，该切点所对应的平均成本就是相应的最低平均成本。LAC 曲线表示厂商长期内在每一产量水平上可以实现的最小平均成本。长期平均成本曲线呈先降后升的∪形，这种形状和短期平均成本曲线是很相似的。但是，这两者形成∪形的原因并不相同。如前所述，短期平均成本曲线呈∪形是由于短期生产函数的边际收益递减规律的作用。但在长期内所有生产要素投入量都可变的情况下，边际收益递减规律不对长期平均成本曲线的形状产生影响。长期平均成本曲线的∪形特征主要是由长期生产中的规模经济和规模不经济所决定的。

在企业生产扩张的开始阶段，厂商由于扩大生产规模而使经济效益得到提高，这叫做规模经济。当生产扩张到一定的规模以后，再继续扩大生产规模，就会使经济效益下降，这叫做规模不经济。这种规模经济和规模不经济都是由厂商变动自己的企业生产规模所引起的，所以也称为规模内在经济和规模内在不经济。正是规模内在经济和规模内在不经济，决定了 LAC 曲线表现出先下降后上升的∪形特征。

需要指出的是，关于 LAC 曲线的形状，一些经济学家近些年来的经验性研究结果表明，在大多数行业的生产过程中，企业在得到规模内在经济的好处后，规模内在不经济的情况往往要在很高的产量水平上才会出现。

三、长期边际成本

长期边际成本曲线可以由长期总成本曲线得到。因为 $LMC=dLTC/dQ$，所以只要把每一个产量水平上的 LTC 曲线的斜率值描绘在产量和成本的平面坐标图中，便可得到长期边际成本（LMC）曲线。长期边际成本曲线也可以由短期边际成本曲线得到（见图7—8）。

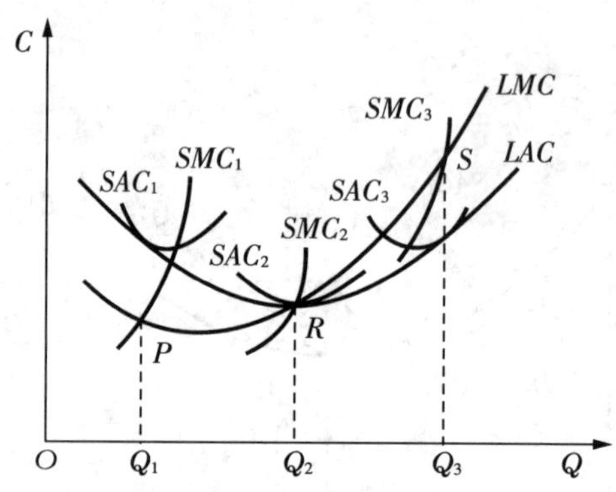

图 7—8　长期边际成本曲线

在图7—8中，每一个产量水平上代表最优生产规模的 SAC 曲线都有一条相应的 SMC 曲线，每一条 SMC 曲线都过相应的 SAC 曲线最低点。在产量 Q_1 上，生产该产量的最优生产规模由 SAC_1 曲线和 SMC_1 曲线所代表，相应的短期边际成本由点 P 给出，PQ_1 既是短期边际成本，又是长期边际成本，即 $LMC=SMC_1=PQ_1$。同理，在产量 Q_2 上，有 $LMC=SMC_2=RQ_2$；在产量 Q_3 上，有 $LMC=SMC_3=SQ_3$。在生产规模可以无限细分的条件下，可以得到无数个类似于点 P、R 和 S 的点，将这些点连结起来便得到一条光滑的长期边际成本曲线。长期边际成本曲线呈∪形，它与长期平均成本曲线相交于长期平均成本曲线的最低点。这是因为，根据边际产量和平均产量之间的关系，当 LAC 曲线处于下降段时，LMC 曲线一定处于 LAC 曲线的下方，也就是说，此时 $LMC<LAC$，LMC 将 LAC 拉下；相反，当 LAC 曲线处于上升段时，LMC 曲线一定位于 LAC 曲线的上方，也就是说，此时 $LMC>LAC$，LMC 将 LAC 拉上。因为 LAC 曲线在规模内在经济和规模内在不经济的作用下呈先降后升的∪形，这就使得 LMC 曲线也必然呈先降后升的∪形，并且两条曲线相交于 LAC 曲线的最低点。

第四节　企业会计和机会成本

一、显成本和隐成本

企业的生产成本可以分为显成本和隐成本两部分。

企业生产的显成本是指厂商在生产要素市场上购买或租用所需要的生产要素的实际支出。例如，某厂商雇用一定数量的工人，从银行取得一定数量的贷款，并租用一定数量的土地，为此这个厂商就需要向工人支付工资，向银行支付利息，向土地出租者支付地租，这些支出便构成了该厂商的生产显成本。从机会成本的角度讲，这些支出必须等于相同的生产要素使用在其他最好用途时所能得到的收入。否则，这个企业就不会购买或租用这些生产要素，并保持对它们的使用权。

企业生产的隐成本是指厂商本身所拥有的且用于该企业生产过程的那些生产要素的总价格。例如，为了进行生产，厂商除雇用一定数量的工人、从银行取得一定数量的贷款和租用一定数量的土地之外，还动用了自己的资金和土地，并亲自管理企业。西方经济学者指出，既然借用他人的资本需付利息，租用他人的土地需付地租，聘用他人来管理企业需付薪金，同样道理，当厂商使用自有生产要素时，也应该得到报酬。所不同的是，厂商是自己向自己支付利息、地租和薪金，这笔价值也应该计入成本之中。由于这笔成本支出不如显成本那么明显，故称为隐成本。隐成本也必须从机会成本的角度按照企业自有生产要素在其他最佳用途中所能得到的收入来支付。否则，厂商会把自有生产要素转移出本企业，以获得更高的报酬。

二、经济利润与正常利润

经济利润是指企业的总收益与总成本之间的差额。企业所追求的最大利润指的就是最大的经济利润。经济利润也可称为超额利润。

在西方经济学中，需要区别经济利润和正常利润。正常利润是指厂商对自己所提供的企业家才能的报酬的支付。正常利润是成本的一个组成部分。因此，经济利润不包括正常利润。由于厂商的经济利润等于总收益减去总成本，所以当厂商的经济利润为零时，厂商仍然可得到正常利润。

三、资产负债表和损益表

企业会计核算的成本及利润与经济学家计算的成本及利润存在着差异。了解这些差异，对于经济学和企业行为的充分了解是很必要的。无论经营一家企业，还是管理自己的投资，都离不开各种账目。其中，资产负债表和损益表是必须掌握的。

（一）资产负债表

资产负债表是一种报告书，记录了企业、个人或国家在某一时点上的价值。资产负债表的一边是资产（企业所拥有的有价值的财产或权利）；另一边有两项，即负债和所有者权益（等于总资产减去总负债）。

资产负债表的基本恒等式或平衡关系是总资产等于总负债加上企业的所有者权益，即：

总资产＝总负债＋所有者权益

或

所有者权益＝总资产－总负债

让我们通过分析表 7—4 来说明这个恒等式。该表显示了一个叫做热狗风险公司的新留学生企业的简单资产负债表。左边是资产，右边是负债和所有者权益。

表 7—4 **热狗风险公司资产负债表**

2000 年 12 月 31 日 单位：美元

资　产		负　债	
流动资产：		流动负债：	20 000
现金	20 000	应付债款	30 000
存货	80 000	应付票据	100 000
固定资产：		长期负债：	
设备	150 000	应付债券	0
房屋	100 000	所有者权益	
		股东资产：	
		普通股票	200 000负
资产总计	350 000	债和所有者权益总计	350 000

表 7—4 中，几乎所有的项目都是用它们的交易价值或过去的成本来衡量。这与经济学家的“价值”概念不同。例如，土地是按其购买价格列入资产负债表；设备和房屋也是按其购买价格计算其价值等。会计人员之所以使用过去的成本，是因为它反映了客观的评估，并且容易证实。

在表 7—4 中，流动资产指在一年内可转化为现金的资产，而固定资产代表资本品和土地。表中列举的大多数具体项目都可以说是不言自明的。这里的现金包括货币和银行存款，是唯一价值准确不用估计的资产。

在资产中需要说明的两个项目是存货和固定资产，这两种资产都是在一直使用或消耗的。存货（本例中包括热狗、面包和储存的设备）可以用许多种不同的方法来估价。当原料的成本在一定时期内发生变动时，可按原先的价格来评估，也可按现价来评估。固定资产（本例中为房屋和设备），由于使用过程中会逐渐贬值，所以要计提折旧。

在负债中，应付账款和应付票据是指由于购买物品或借入资金而欠别人的款项。应付债券是在市场上发行的长期贷款。所有者权益是按过去成本评估的企业资产减去负债之后的净值。

（二）损益表

假如热狗风险公司获得了盈利，为了说明该年 12 个月中的收入流动和盈利情况，需要填报损益表。

表 7—5 说明：(1) 热狗风险公司从 2000 年的销售中获得了收益；(2) 为了得到这些收入而花费了开支；(3) 净收益，即扣除开支以后剩下的利润。用公式可表示为：

净收入（利润）＝总收益－总支出

表 7—5 热狗风险公司收益报告书

（2000 年 1 月 1 日至 12 月 31 日） 单位：美元

净销售额（除去一切折扣和回扣）	242 000
销售物品的成本：	
原料	50 000
劳动成本	90 000
折旧	20 000
各种经营成本	10 000
销售和管理成本	14 000
	184 000
净营业收入（净销售额减去销售物品的成本）	58 000
减去：固定利息开支和州与地方税	8 500
税前净收益（利润）	49 500
减去：公司所得税	15 000
税后净收益（利润）	34 500
减去：支付普通股的红利	14 500
留利增加额	20 000

首先看看右边一栏中的数据。销售额为242 000美元；销售物品的总成本为184 000美元。因此，剩下的净营业收入为58 000美元。在这一营业收入中必须支付8 500美元加上15 000美元的利息和各种税款，剩下的34 500美元就是税后净收益（或利润）。支付14 500美元的普通股票的红利，剩下的20 000美元作为留存收益存在企业。必须注意，利润是销售额减去成本的余额。

现在，让我们回过头来看看所售商品的成本。这些项目中的大部分都是不言自明的：原料、劳动成本、各种经营成本、销售和管理成本。但是，与资产负债表的情况一样，在损益表中也有两个项目：存货和折旧需要注意。在表 7—5 的简单例子中，热狗风险公司的存货没有发生变化，因此也就没有评价存货的问题。但是，如果已制成的商品的存量发生了变动，那么必须决定变动之后的商品存量的价值。

表 7—5 所示的20 000美元的折旧费，代表了使用固定资产（本例中为房屋和设备）的成本费用。大多数公司拥有自己的资本品，但是这些资产并不能永远存在下去。例如，卡车会被用坏，计算机会被淘汰，建筑物最终会倒塌。为了说明固定资产的价值的这种下降，会计人员按照不同的方法计提折旧费。尽管存在着许多种不同的折旧方法，但是每一种方法都遵循以下两条主要的原则：（1）折旧总额加上余额必然等于物品的过去成本或购买价格；（2）在资产的会计周期（它通常与该资产的实际经济寿命相联系），折旧被计入每年的会计费用之中（即使公司没有支出任何货币）。

在本例中，设备按 10 年寿命期计提折旧，150 000美元的设备每年计提15 000美元的折旧费。100 000美元的房屋，按 20 年每年计提5 000美元的折旧费。这样，2000 年的总折旧费为20 000美元。

四、机会成本

经济学家研究所有成本，无论这些成本是否反映了货币性交易，这与会计账目一般排除非货币性交易不同。例如，会计账目没有涉及其所有者自有资金的资本费用；没有计算企业里所有者的劳动；当企业把有害废弃物倒入河流时，也没有计算所发生的环境污染费用。但从经济学的观点来看，这些都是真实的成本，应该计算在内。

某一活动的机会成本是指采取这种行动而没有采取另一种选择时所放弃的机会，或所招致的成本。机会成本这一概念有助于理解货币成本和实际经济成本之间的差别。

我们可通过分析热狗风险公司的所有者的劳动来理解机会成本。该所有者每周投入 60 小时劳动，而没有领取"工资"。在年末，如表 7—5 所示，公司获得20 000美元的利润。这对于一个新开张的企业来说是相当好的。

经济学家坚持认为，无论生产要素为谁所有，在经济上生产要素的收益是重要的。即使所有者没有直接领取报酬，而是以利润的形式得到补偿，也应该把所有者的劳动作为成本来计算。由于所有者有其他工作机会，因此必须把失去的机会作为所有者劳动的成本来计算。

通过细致的考察可以看到，热狗风险公司的所有者能够找到一份相似的、同样有趣的工作，他为别人工作可获得45 000美元的年收入。这就代表了机会成本或放弃的收益，因为该所有者决定去当不支付工资的小企业老板，而不是作为其他公司的雇员而获得工资。

下面计算热狗风险公司的实际利润。如果用20 000美元可衡量的利润，减去所有者劳动的机会成本45 000美元，那么结果是净亏损25 000美元。因此，尽管账目上得出的结论是热狗风险公司在经济上是可行的，但是从经济学的角度看该公司是无利可图的亏损企业。

机会成本的实际应用比企业使用不付报酬的要素的例子要广泛得多。机会成本关注的是实际经济成本或在商品稀缺时所做决策的后果。

【思考题】

1. 解释边际成本与平均成本的差别。为什么 AVC 看起来总是很像 MC？为什么根据 VC 和 TC 来计算 MC 是同样的？

2. 为什么 MC 与 AC 和 AVC 相切于 AC 和 AVC ∪形曲线的最低点？

3. 说明上升的 MC 曲线和收益递减规律的关系，以及 MC 曲线的下降部分与收益递减规律的关系。

4. 假定从甲地到乙地，飞机票价为 100 元，飞行时间为 1 小时；公共汽车票价为 50 元，需要 6 小时。考虑下列各种情况下最经济的旅行方法：

（1）一个企业家，每小时的时间成本是 40 元。

（2）一个学生，每小时的时间成本是 4 元。

（3）你自己如何？试说明在这个问题上，机会成本的概念是关键的。

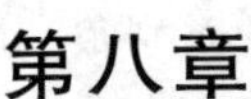

第八章

厂商均衡

厂商均衡是在各类市场中，考察厂商在生产中如何争取利润最大化。西方经济学将市场划分为四种类型：完全竞争市场、垄断市场、垄断竞争市场和寡头垄断市场。在不同的市场结构中，厂商的需求各不相同。面对不同的需求曲线，厂商通过价格和产量的决定来贯彻利润最大化原则，从而实现厂商均衡。

第一节　市场类型和最大利润规律

一、市场类型

（一）四种市场类型

厂商进行生产的目的在于获取最大利润。厂商的利润取决于厂商的收益和成本。在价格水平一定的条件下，厂商的成本是由生产中技术方面的因素决定的，厂商的收益取决于市场上消费者对厂商产品的需求状况。在不同市场条件下，厂商所面临的需求状况不同。不同市场条件下的厂商所面临的需求差异，直接影响厂商所获得的利润。因此，考察厂商争取最大利润的市场均衡，有必要区分不同类型的市场和厂商。

根据市场竞争的范围和程度，微观经济学将市场划分为四种类型：完全竞争市场、垄断竞争市场、寡头市场和垄断市场（见表 8—1）。

表 8—1　　市　场　类　型

市场结构	生产者数目和产品差别程度	行业领域	企业对价格控制的程度
完全竞争	许多生产者，完全相同的产品	农产品	没有

续前表

市场结构	生产者数目和产品差别程度	行业领域	企业对价格控制的程度
垄断竞争	几个生产者，产品的差别很小或没有差别	零售业	一些
寡头	几个生产者，产品具有某些差异	汽车、计算机	相当程度
垄断	单一生产者，产品没有相近的替代品	地方电话、电力和煤气等公共事业（自然垄断）	相当大，但通常受管制

（二）不同市场类型的成因

为什么某些行业表现得接近于完全竞争，而另一些行业则为少数大企业所控制呢？这主要是由以下三个因素造成的。

1. 成本条件

可以想象，消费者用一周工资就能购买到的东西，如果自己生产可能要花费一生的时间。由于分工和专业化基础上的规模经济，大企业能够快速有效率地生产出生活必需品。正是由于规模经济使成本降低，改变了完全竞争，成为不完全竞争存在的重要原因。

图 8—1 说明了成本和市场之间的相互关系。在图 8—1（a）中，企业有一直下降的平均成本和边际成本曲线，表明持续的规模收益递增。随着产量增加，该企业可使其设备越来越专业化、劳动越来越熟练，可以不断地提高生产能力。对该企业的产品需求无论有多大，即该行业的需求曲线 DD 所处的位置与其成本有多远，该企业最有效率的规模总是越来越大。因此，成千上万个完全竞争者想要和平共处是不可能的，因为一个大企业具有远远高于小企业的效率。这是一种自然垄断。

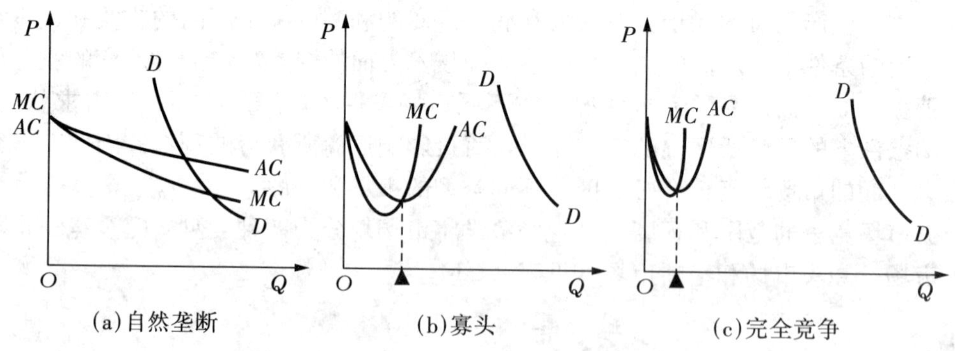

图 8—1　平均成本与自然垄断、寡头和完全竞争

图 8—1（b）表明的是寡头市场。图中，企业享受了一定产量水平的规模经济后，规模经济已全部实现，平均成本开始上升。但 AC 曲线上升得太晚，以致不能避免完全竞争而遭到破坏。该行业的总需求曲线 DD 没有提供足够大的市场，以确保为数众多的企业能

够按照图中所示的有效率的成本曲线来进行生产。

图 8—1（c）说明了一种有利于完全竞争的情况。在该行业的需求和成本结构之中，能够支撑完全竞争所需要的有效经营的为数众多的企业。

尽管成本差异是决定市场类型的重要因素，但是竞争的障碍也能增加集中程度。例如在美国，最大的三家卷烟企业每家需要占有全国市场的 6％～12％，才能维持最低的有效经营规模。然而，这三家最大的卷烟企业的实际市场份额从平均水平上看已达到了全国市场的 23％。

2. 法律限制

有时，政府限制某些行业里的竞争。主要的法律限制包括专利、进入的限制和外贸关税与配额。

专利是在法律上限制进入某一行业的一种非常特殊的形式。专利是赋予发明者本人独自（或垄断）使用具有专利的产品或生产方法的特权。例如，波拉罗达（Plarod）公司之所以能完全垄断一次成像照相机市场，就是因为有专利的保护。政府赋予专利以垄断权，从而鼓励发明活动。这对于小企业和个人来说尤其有利。没有对专利的保护，一个发明者就很难从其所单独探索的更好的产品或生产方法中获得好处。

政府也对许多行业施加进入或退出限制。政府常常给予企业特许垄断权。这些特许垄断具有合同的性质，在这种情况下，政府授予企业提供某种服务（主要是自来水、电力、天然气或电话通讯）的排他性权利。作为回报，该企业同意限制自己的利润，并向所有的消费者提供服务。这种安排在重要商品和劳务的自然垄断行业中是受欢迎的。和专利的情况一样，这种限制对于整个经济可能是有好处的，但毫无疑问，它们非常有力地阻碍了竞争，并增加了垄断的力量。例如，美国电话电报公司运用政府授权的进入障碍，防止竞争者进入长途电话业。

法律限制的另一个例子就是进口限制，它的经济合理性较弱。假设某一行业支持完全竞争，但世界上的许多国家都要对外国生产者实行高关税或配额限制。其结果是每一个国家的市场更小，生产者仅仅能向国内市场出售产品。每一个国家的需求曲线 *DD* 在保护主义政策下大大向左侧移动。

世界贸易的保护主义把行业结构从图 8—1（c）改变到图 8—1（b），甚至改变到图 8—1（a）中的情况。美国的历史学家都非常了解这一点，正如他们所说的“关税是垄断之母”。与之相比，在一个正常市场上，当通过拆除关税壁垒市场得到扩大时，强有力的和有效的竞争将得到鼓励，价格趋于下降。最富于戏剧色彩的增加竞争的例子发生在欧盟，最近 30 年来，其成员国之间的关税稳定降低，企业从较大的市场中获益，降低了行业的集中程度。

在市场经济中，减少和排除竞争障碍的需要是公共政策的主要目标之一。

3. 产品差别

除了以法律方式设立的竞争障碍之外，还存在着一些经济障碍。对于潜在竞争者的主要障碍是产品差别的普遍存在。

例如汽车市场，主要的工业化国家中目前有 12 家以上的生产汽车的大公司，由于相对于购买价格而言，运输成本是低廉的，因此可能期望汽车市场接近于完全竞争。而实际上，由于产品差别的存在，竞争的障碍相当大。产品差别的某些来源是自然存在的。例如，英国的汽车方向盘在右边，很难吸引美国的驾驶者；巨大的美国汽车在街道狭窄、停车场很小的国家销售量很小。产品差别的另一些来源则在很大程度上是人为造成的。例如，在20世纪50年代，带着长长尾翼的小汽车很受消费者喜爱，而广告宣传又使人们把马力大小与男子汉气概联系起来，从而加剧了这种爱好；现在，德国的豪华型汽车更加值钱，就连外形与德国汽车相似的汽车也是如此。

产品差别，无论是自然的还是人为造成的，都增加了进入障碍和提高了集中程度。一种产品，如汽车、软饮料或香烟的总需求被分割成许多有差别产品的较小的市场。在这种市场上，每一种有差别的产品的需求是如此之小，以至于这些市场不能维持许多企业按其∪形成本曲线的低点进行生产。后果是图8—1（c）中完全竞争的 *DD* 曲线向左方收缩，收缩到如图8—1（a）和图8—1（b）所示的垄断和寡头的情况。因此，产品差别和关税一样导致了更高的集中程度和更加不完全的竞争。

二、最大利润规律

收益与利润有着密切的关系。厂商的收益就是厂商的销售收入。厂商的收益可分为总收益（*TR*）、平均收益（*AR*）和边际收益（*MR*）。

总收益是指厂商按一定价格出售一定量产品时所获得的全部收入。以 P 表示既定市场价格，以 Q 表示销售总量，则有：

$$TR=P\cdot Q$$

平均收益是指厂商平均每一单位产品销售所获得的收入。其计算公式为：

$$AR=\frac{TR}{Q}$$

边际收益是指厂商增加一单位产品销售所获得的收入增量。其计算公式为：

$$MR=\frac{\Delta TR}{\Delta Q}$$

利润是总收益与总成本的差额。因此，增加一单位产品的生产和销售，如果总收益的增加大于总成本的增加，利润将会增加；反之，如果总成本的增加大于总收益的增加，利润将会减少。由此可得出最大利润规律，即：$MR>MC$ 则增加产量；$MR<MC$ 则减少产量；$MR=MC$ 则产量处于最佳水平。

这个规律具有普遍意义，它对任何厂商都适用。但是，应用这一规律的结果如何，则取决于厂商所在市场的类型。

（1）厂商是否在完全竞争下经营。如果在完全竞争下经营则厂商的产品价格为市场所确定，厂商只是既定价格的接受者，它要解决的问题只是按市场价格提供多少产品。

（2）厂商具有某种市场力量，即具有某种可改变产品价格的能力。最显著的例子是，一个公司是某种产品的仅有生产者，即垄断。大多数厂商尽管不能完全垄断，但它们对产品价格均有控制能力。这样的厂商就要在价格水平和生产率两个方面作出选择。

第二节　完全竞争市场

一、完全竞争厂商的短期均衡

在完全竞争市场条件下的短期生产中，不仅产品市场的价格是既定的，而且生产中的不变要素投入量也是无法改变的，即厂商只能按既定的生产规模进行生产。所以，厂商只有通过对产量的调整来实现 $MR=MC$ 的利润最大化的均衡条件。厂商短期均衡时的盈亏状况可以用图 8—2 来说明。

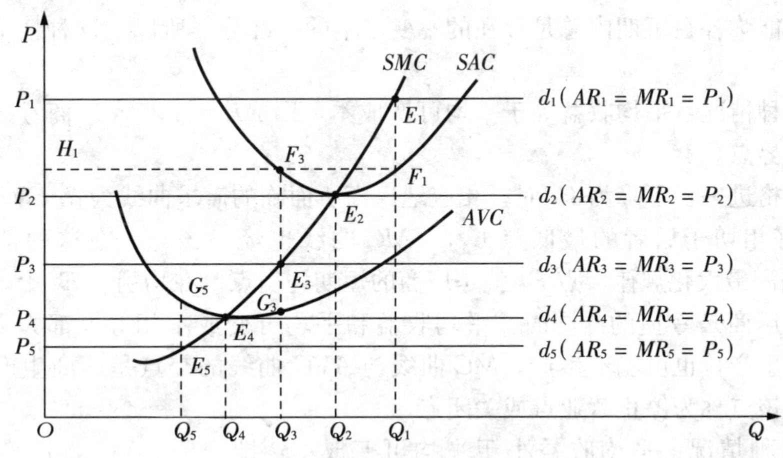

图 8—2　完全竞争厂商的短期均衡

图 8—2 中的三条成本曲线 SMC、SAC 和 AVC 共同代表厂商的既定的短期生产规模；厂商所面临的五条需求曲线 d_1、d_2、d_3、d_4 和 d_5 分别代表在五个不同市场价格水平下厂商的收益状况。下面的分析将表明，对于厂商的一个既定的生产规模来说，不同的市场价格水平将直接影响厂商短期均衡时的盈亏状况。厂商的短期均衡可以分为以下五种情况。

（1）第一种情况：平均收益大于平均总成本，即 $AR>SAC$，厂商获得利润。

当市场价格为较高的 P_1，相应地厂商所面临的需求曲线为 d_1 时，根据 $MR=SMC$ 的利润最大化的均衡条件，厂商选择的最优产量为 Q_1。因为在 Q_1 的产量上，SMC 曲线和 MR 曲线相交于点 E_1，点 E_1 是厂商的短期均衡点。这时，厂商的平均收益为 E_1Q_1，平均总成本为 F_1Q_1，平均收益大于平均总成本，厂商在单位产品上所获得平均利润为 E_1F_1，利润总量为 $E_1F_1 \cdot OQ_1$，相当于图中矩形 $H_1P_1E_1F_1$ 的面积。

（2）第二种情况：平均收益等于平均总成本，即 $AR=SAC$，厂商的利润为零。

相对于第一种情况，市场价格由 P_1 下降为 P_2，厂商所面临的需求曲线相应地向下平移为曲线 d_2，而且厂商所面临的需求曲线 d_2 恰好与短期平均总成本曲线相切于后者的最低点 E_2，短期边际成本曲线也经过该点。由于该点就是 SMC 曲线和 MR_2 曲线的交点，所以点 E_2 就是厂商的短期均衡点，相应的均衡产量为 Q_2。在 Q_2 产量水平上，平均收益

为 E_2Q_2，平均总成本也为 E_2Q_2，厂商的利润为零，但厂商的正常利润全部实现了。由于在这一点上厂商既无利润，又无亏损，所以 SMC 曲线与 SAC 曲线的交点也被称为厂商的收支相抵点。

(3) 第三种情况：平均收益小于平均总成本，但仍大于平均可变成本，即 $AVC<AR<SAC$，厂商亏损，但继续生产。

当市场价格继续降为 P_3 时，相应地厂商所面临的需求曲线为 d_3，SMC 曲线和 MR_3 曲线相交所决定的短期均衡点为 E_3，均衡产量为 Q_3。在 Q_3 产量水平上，平均收益为 E_3Q_3，平均总成本为 F_3Q_3，平均收益小于平均总成本，厂商是亏损的，单位产品的亏损额为 F_3E_3，总亏损量为 $F_3E_3 \cdot OQ_3$。平均可变成本为 G_3Q_3，它小于平均收益 E_3Q_3。此时，厂商虽然亏损，但仍继续生产。因为只有这样，厂商才能在用全部收益弥补全部可变成本之后，还能弥补在短期内总是存在的不变成本的一部分。所以在这种情况下，生产要比不生产强。

(4) 第四种情况：平均收益等于平均可变成本，即 $AR=AVC$，厂商亏损，处于生产与不生产的临界点。

当市场价格进一步下降为 P_4 时，相应地厂商所面临的需求曲线为 d_4，而且曲线 d_4 与 AVC 曲线恰好相切于后者的最低点 E_4，SMC 曲线也经过该点。在这种情况下，根据 $MR=MC$的利润最大化规律，点 E_4 就是厂商的短期均衡点。在均衡点 E_4 上，平均收益小于平均成本，厂商是亏损的。同时，平均收益和平均可变成本相等，都为 E_4Q_4。因此，厂商可能继续生产，也可能不生产。MC 曲线与 AVC 曲线的交点是厂商生产与不生产的临界点，通常该点称为停止营业点或关闭点。

(5) 第五种情况：平均收益小于平均可变成本，即 $AR<AVC$，厂商亏损，停止生产。

这时厂商如果继续生产，其全部收益连可变成本都无法全部收回，更谈不上对不变成本的弥补。事实上，厂商只要停止生产，可变成本将降为零。显然，此时不生产要强于生产。

综上所述，完全竞争厂商短期均衡的条件是：

$$MR=MC$$

在短期均衡中，当 $MR=AR=P$ 时，厂商可以获得最大利润，可以利润为零，也可以蒙受最小亏损。

从完全竞争厂商的短期分析中，可以得到完全竞争厂商的短期供给曲线。根据图 8—2，在既定的每一价格水平下，厂商愿意提供的产量都出现在 MC 曲线等于或高于 AVC 曲线最低点的位置。由此可得出：完全竞争厂商的短期边际成本曲线上等于和高于平均可变成本曲线最低点的部分，就是完全竞争厂商短期供给曲线。该曲线是一条向右上方倾斜的曲线。

二、完全竞争行业的短期供给曲线

加总所有厂商的供给曲线，可得到整个行业的供给曲线，即市场供给曲线（见图 8—3）。

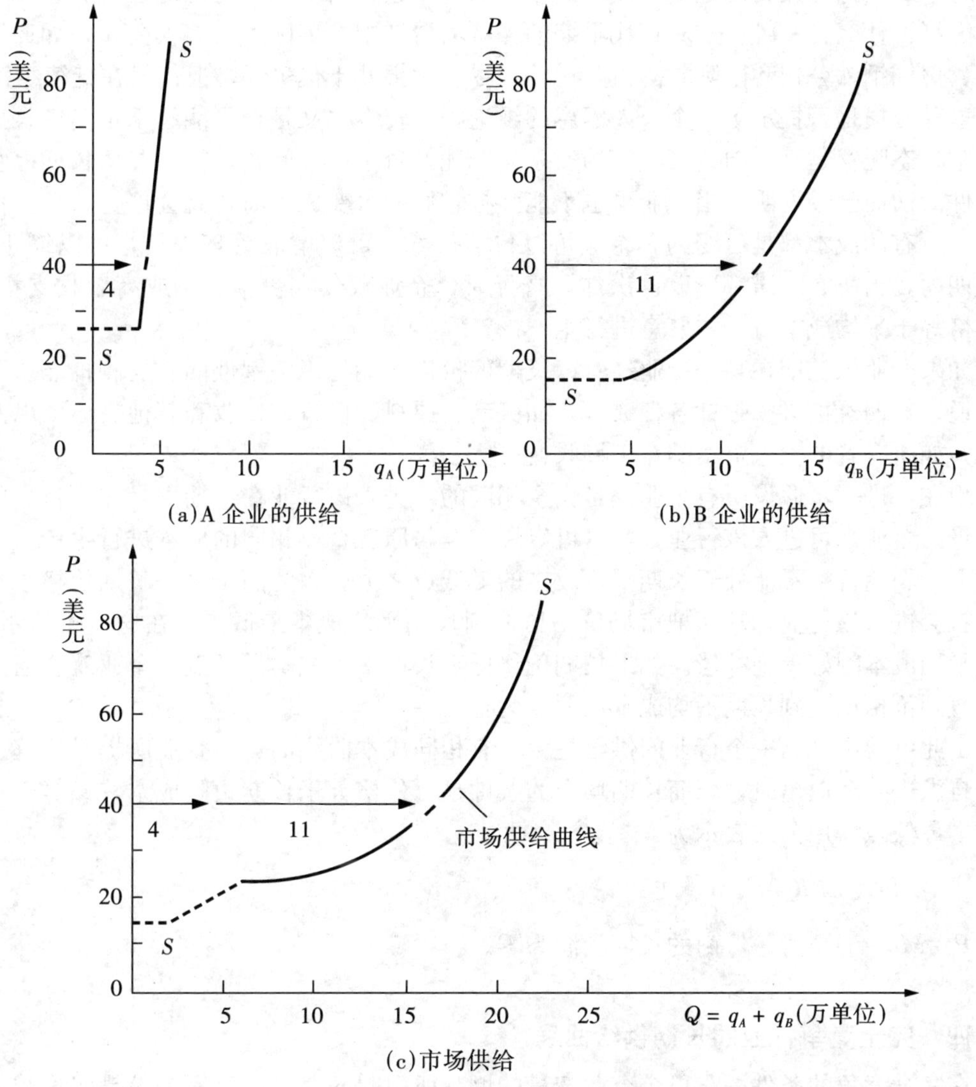

图 8—3 把所有企业的供给曲线加在一起得到市场供给曲线

图 8—3 用两个企业的情况来说明。为了得到行业的供给曲线，把在同一价格水平上所有企业的供给曲线以水平方向加在一起。在 40 美元的价格下，A 企业供应40 000单位，而 B 企业供应110 000单位。因此，如图 8—3（c）所示，行业的供给曲线为两种供应量之和，在 40 美元的价格下，行业的总供给为150 000单位。如果有 200 万个企业，而不是两个企业，仍然可以在现行市场下把 200 万个企业的供应量加在一起而得到行业的供应量。在每一价格水平上，把产量以水平方向加总便得到了行业的供给曲线。

三、完全竞争厂商的长期均衡

关于收支相抵条件的分析表明，即使企业无利可图，但它们仍然可能继续经营一段时间。对于那些拥有较高固定资本成本的企业来说，这种情况尤其有可能发生。这一结论也可以解释为什么在20世纪80年代早期的经济大滑坡中，美国的许多大公司，如通用汽车公司、美国钢铁公司和国际收割机公司等，尽管亏损几十亿美元，但仍然在继续经营。

这种亏损是否提示了一个令人困惑的结论呢？资本主义是否可能趋于走向以长期亏损为正常状态呢？是否走向"资本家的安乐死"呢？对于这一问题，需要分析长期停止营业的条件。前面已经说明，当企业再也不能弥补它们的可变成本时，就会停止营业。但在长期内，所有的成本都是可变的。企业可以付清债券，可以解雇管理人员，可以终止租约。在长期内，当所有承诺都可以再次加以选择时，企业仅仅在价格等于或高于收支相抵点，即价格等于平均成本时，才愿意进行生产。

如果企业想长期在某一行业经营，长期的价格不能处于关键性的收支相抵点之下。这就是说，长期价格必须弥补各种成本，如劳动、原料、设备、税收和其他支出，以及机会成本，如所有者的投入资本的竞争性收益等。

现在，进一步假设所有企业都是完全相同的，进入该行业在长期内是完全自由的，任何数量的企业都可进入该行业，并且可以用完全与原有企业相同的成本进行生产。在这种情况下，长期价格不能处于长期平均成本的最低点之上。因为高于这一长期价格水平，新企业就会进入该行业，从而把市场价格压低到长期平均成本最低点。在这一价格水平上，长期平均成本刚好得到补偿。如果长期价格低于长期平均成本最低点，企业就会退出该行业，直到价格恢复到长期平均成本最低点为止。

由此可得出，当一个行业的供给是由具有相同成本曲线的竞争企业所提供，且这些企业可自由进入和退出时，厂商长期均衡的条件是：价格等于长期边际成本，又等于长期平均成本最低点。用公式表示为：

$$MR=LMC=LAC$$

$P=MR=AR$ 时，厂商的长期利润为零。

四、完全竞争行业的长期供给曲线

在完全竞争的条件下，单个企业产量的增减所引起的对生产要素需求量的增减，不会对生产要素价格产生影响。但是，整个行业产量的变化就有可能引起生产要素价格的变化。根据行业产量变化对生产要素价格变化的不同影响，完全竞争行业的长期供给曲线可分为三种类型：水平的、向右上方倾斜的和垂直的。分别是成本不变行业、成本递增行业和经济租金领域。

（一）成本不变行业的长期供给曲线

考察一种制造性商品，如铅笔。它的产量可以简单地通过重复添增厂房、机器和劳动而得以扩大。每天生产100 000支铅笔和每天生产1 000支铅笔的过程是完全一样的，只不过规模扩大了100倍。此外，假设铅笔行业与其他行业以同样的比例使用土地、劳动和其他投入品。

在这种情况下，图8—4中的长期供给曲线 SS 是在不变的单位产品成本水平上的一条水平线。需求从 DD 上升到 $D'D'$ 时，会产生新的交点 E'，提高产量 Q，但价格 P 保持相同的水平。

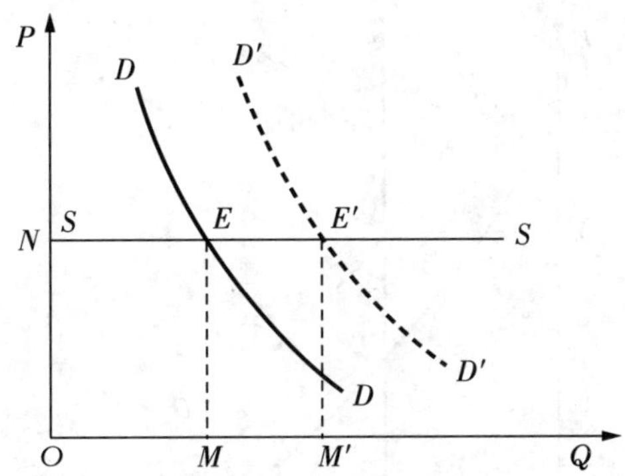

图 8—4 成本不变行业的长期供给曲线

（二）成本递增行业的长期供给曲线

设想某一行业，如种植酿酒葡萄业，需要特殊的土壤和气候条件。这种土地在数量上是有限的。酒的年产量可以通过在每单位土地上投入更多的劳动和肥料而得到一定程度的增加。但是，正如我们在第七章中所讨论过的，如果把可变生产要素，如劳动和肥料增加到一种固定数量的要素（如土地）上，收益递减规律就会发生作用。其结果将使生产酒的边际成本随着酒产量的上升而提高。图 8—5 说明了不断上升的供给曲线。该图表明，甚至在长期有同样的企业自由进入或退出的情况下，较高的需求也会提高这种要素的价格，从而引起行业长期供给曲线向右上方倾斜。

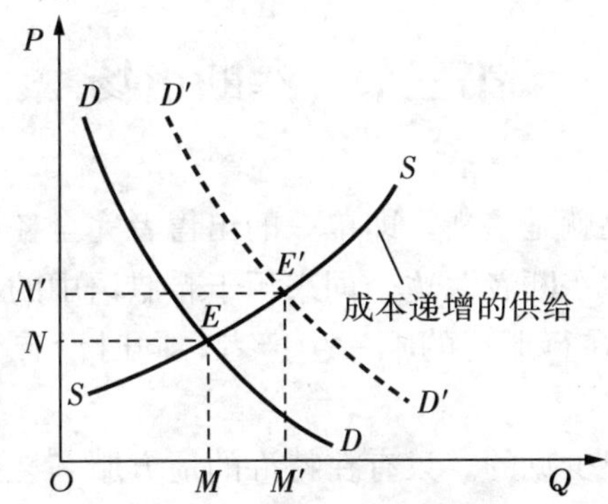

图 8—5 成本递增行业的长期供给曲线

（三）经济租金领域的长期供给曲线

无论价格如何，某些商品或生产要素的数量是固定不变的，正如达·芬奇只画了一张《蒙娜·丽莎》的画像一样。提高体育明星或高层企业管理人员的薪水，不可能改变他们的工作时间。这些都可以看做是数量不变的。

在类似的事例中，供给曲线都是垂直的。在图 8—6 中，较高的价格并不能引起产量的增加。无论价格如何，土地的数量是不变的。这里，由需求增加引起的要素价格的提高部分为纯经济地租。

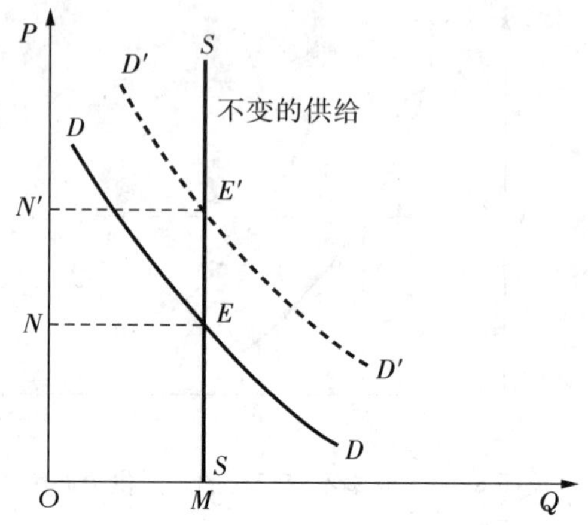

图 8—6　经济租金领域的长期供给曲线

固定要素的需求增加，仅仅会影响到价格提高，供给量没有变化。同时，价格上升的幅度正好等于需求向上移动的幅度。

在向固定数量的商品征收一种赋税时，其影响是降低供给者所得到的收益，降低的幅度正好等于赋税的数量。赋税完全由供给者（如地主）支付或转嫁给供给者。供给者用他的经济租金来支付赋税。消费者购买的商品和劳务仍然和过去一样多，并没有支付更高的价格。

第三节　垄断市场

不完全竞争的极端情况就是垄断，即单一的出售者完全控制着某一行业（这个单一的出售者被称为“垄断者”。“垄断者”这个词来源于希腊语中的“单个”和“卖者”这两个词）。单一的出售者是它所在行业里的唯一生产者，同时没有任何一个生产者能够生产出相近的替代品。

完全的垄断在今天是很少见的。只有在特许的地方服务性行业（主要有地方电话、煤气、自来水和电力）才真正存在其服务没有相近的替代品的单一出售者。但是，即使是这些孤立的垄断者，也必须考虑到来自其他行业的竞争，如蜂窝式电话代替电缆电话，其他燃料代替电力或煤气。在长期内，没有一个垄断者能确保不受到竞争者的冲击。

一、垄断厂商的需求曲线和收益曲线

（一）垄断厂商的需求曲线

由于垄断行业中只有一个厂商，所以垄断厂商所面临的需求曲线就是市场需求曲线，它是一条向右下方倾斜的曲线。图 8—7（a）中的曲线 D 就是垄断厂商所面临的需求曲线。假定商品市场的销售量等于市场的需求量，垄断厂商所面临的向右下方倾斜的需求曲线表示垄断厂商可以通过改变销售量来控制市场价格，即以销售量的减少来抬高市场价格，以销售量的增加来压低市场价格。也就是说，垄断厂商的销售量和市场价格呈反方向变动。

（二）垄断厂商的平均收益和总收益曲线

厂商所面临的需求状况直接影响厂商的收益（见表 8—2）。

在表 8—2 中，商品的市场价格 P 随着垄断厂商的商品销售量的不断增加而下降。与此相对应，垄断厂商的平均收益 AR（平均收益 AR 等于商品的价格 P）也是不断下降的；垄断厂商的总收益 TR 是先增后减；垄断厂商的边际收益 MR 亦呈不断下降的趋势。总收益 TR 和边际收益 MR 之间的关系是：在 MR 为正值时，TR 是上升的；在 MR 为负值时，TR 是下降的。此外，在每一个销售量上，边际收益都小于平均收益，即 $MR<AR$。这是因为，根据前面所提到的边际产量和平均产量之间的关系，只要平均产量下降，边际产量就总是小于平均产量。所以，在商品价格即平均收益 AR 不断下降的同时，必有 $MR<AR$。

表 8—2　垄断厂商的收益

数量 Q	价格 $P=AR=TR/Q$	总收益 $TR=P\cdot Q$	边际收益 MR
0	200	0	200
			180
1	180	180	170
			160
2	160	320	130
			100
3	140	420	80
			60
4	120	480	40
			20
5	100	500	0
			−20
6	80	480	−40
			−60
7	60	420	−80
			−100
8	40	320	−120
			−140
9	20	180	−160
			−180
10	0	0	

根据表 8—2，可得到各项收益曲线（见图 8—7）。

在图 8—7（a）中，厂商平均收益曲线 AR 与需求曲线 D 重叠。它们是同一条向右下方倾斜的曲线。表示在每一销售量上，厂商的平均收益都等于商品的价格。

在图 8—7（b）中，厂商总收益曲线呈弓形。最初随着产量的增加而上升，这时总收益 TR 处于需求曲线富有弹性的上部区域，出售较多的产量所需要降低的价格较小。当 TR 处于需求曲线中点时，TR 曲线达到最高点。反映在表 8—2 中，则是 $Q=5$，$P=100$ 美元，$TR=500$ 美元。当 TR 处于需求曲线缺乏弹性的下部区域时，由于需求缺乏弹性，价格下降 1%引起销售量的增加不到 1%，因此总收益曲线随产量增加而下降。

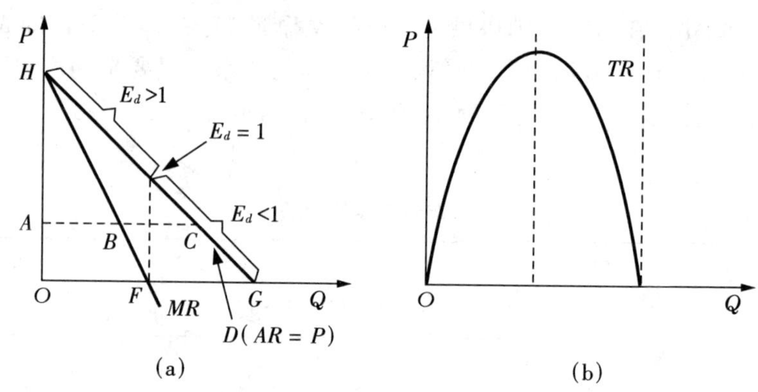

图 8—7　垄断厂商的需求曲线和收益曲线

（三）垄断厂商的边际收益曲线

在表 8—2 中，边际收益小于价格和平均收益，因此在图 8—7（a）中，边际收益曲线向右下方倾斜，且位于需求曲线和平均收益曲线的左下方。这表明，在每一销售量上厂商的 $MR<AR$，或 $MR<P$。当需求富有弹性时，MR 为正数；需求缺乏弹性时，MR 为负数。在需求曲线为直线的条件下，MR 曲线的斜率总是曲线 D 斜率的 2 倍，这表示 MR 下降的速度快于 P，是 P 的 2 倍。

二、垄断厂商的短期均衡

在短期内，垄断厂商无法改变固定投入量，它只能在既定生产规模下通过对产量和价格的同时调整来贯彻 $MR=MC$ 的规律。

在表 8—3 第五栏，总利润 TP 最大值为 230 美元。与此相对应的产量是 4 个单位，单位价格为 120 美元，总收益减总成本，即利润最大。这时，$MR=MC$。

若 $MR>MC$，企业会增加产量，从而总利润增加；若 $MR<MC$，企业则减少产量。显然，最佳利润点发生在边际收益等于边际成本这一点上。因此，垄断厂商的短期均衡的条件是：

$$MR=MC$$

表 8—3　　垄断厂商的短期均衡

产量 Q	价格 P（美元）	总收益 TR	总成本 TC	总利润 TP	边际收益 MR	边际成本 MC	MR 与 MC 的比较
0	200	0	145	−145	200	—	
					180	30	MR>MC ↑
1	180	180	175	5	170	27	
					160	25	
2	160	320	200	120	130	22	
					100	20	
3	140	420	220	200	80	25	↓
					60	30	MR=MC ↑
4	120	480	250	230	40	40	
					20	50	
5	100	500	300	200	0	60	
					−20	70	↓
6	80	480	370	110	−40	80	MR<MC
7	60	420	460	−40	−60	90	
					−80	100	
8	40	320	570	−250	−100	110	

垄断厂商的短期均衡也可用图形加以说明（见图 8—8）。

在图 8—8（a）中，利润最大化点发生在 $MR=MC$ 的产量上，即两条曲线交点 E 处，此时产量为 4 个单位。从点 E 向上作垂直线，与 DD 曲线相交于点 G，与 AC 交于点 F，此时 G 点的价格为 120 美元。点 G 的平均收益高于点 F 的平均成本，保证了点 E 所对应的产量可获得利润。利润的实际数量由图中阴影部分表示。

在图 8—8（b）中，总收益曲线呈弓形。总成本曲线永远是上升的。两条曲线之间的垂直距离便是总利润。当产量为 4 个单位时，利润最大为 230。这时总收益曲线和总成本曲线具有相同的斜率，即 $MR=MC$。如果它们的曲线以一种不平行的方式向外延伸，该企业通过扩大产量可获得更多利润。

如果认为垄断厂商在短期内总能获得利润，这便错了。垄断厂商在$MR=SMC$ 的短期均衡点上，可以获得最大的利润，也可能是亏损的（尽管亏损额是最小的）。造成垄断厂商短期亏损的原因，可能是既定生产规模的成本过高（表现为相应的成本曲线的位置过高），也可能是垄断厂商所面临的市场需求过小（表现为相应的需求曲线的位置过低）。垄断厂商短期均衡时的亏损情况如图 8—9 所示。

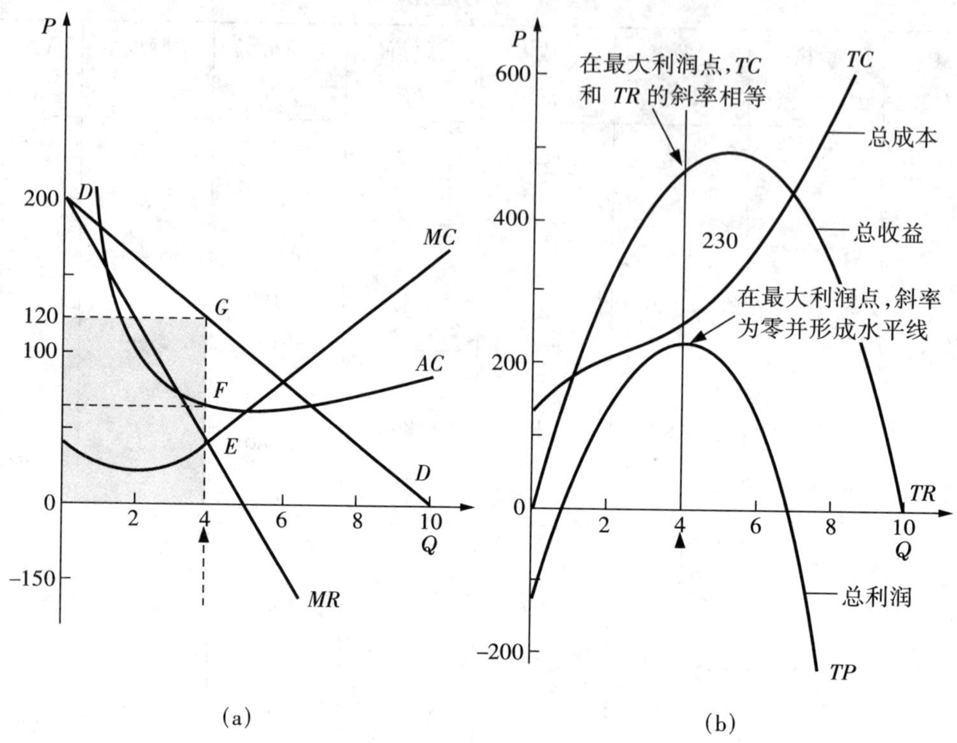

图 8—8　垄断厂商短期均衡

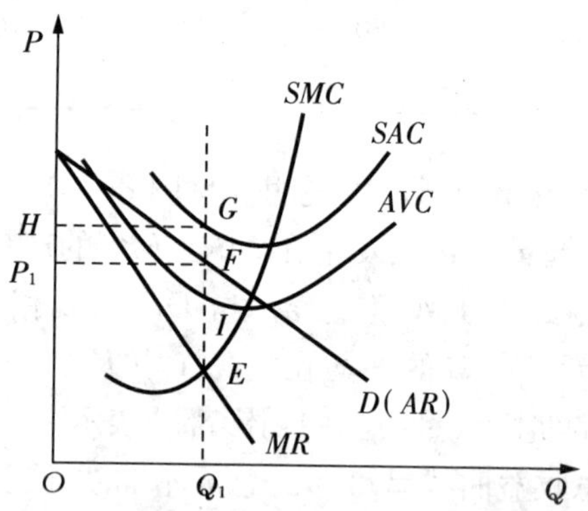

图 8—9　垄断厂商短期均衡（亏损）

在图 8—9 中，垄断厂商遵循 $MR=SMC$ 的原则，将产量和价格分别调整到 Q_1 和 P_1 的水平。在短期均衡点 E，垄断厂商是亏损的，单位产品的平均亏损额为 GF，总亏损额相等于图中矩形 HP_1FG 的面积。与完全竞争厂商相同，在亏损的情况下，若 $AR>AVC$，垄断厂商就继续生产；若 $AR<AVC$，垄断厂商就停止生产；若 $AR=AVC$，垄断厂商则认为生产和不生产都一样。在图 8—9 中，平均收益 FQ_1 大于平均可变成本 IQ_1，所以垄断厂商是继续生产的。

在垄断市场上，只有垄断厂商一家，别无分店。因此，垄断厂商的供给就是垄断市场的供给。但在垄断市场上，并不存在具有规律性的供给曲线。

垄断厂商是通过同时调整产量和价格来贯彻 $MR=MC$ 的利润最大化规律的，并且 P 总是大于 MR。随着向右下方倾斜的需求曲线的位置移动，厂商的价格和产量之间不再必然存在如同完全竞争市场的那种一一对应的关系，有可能出现一个价格水平对应几个不同的产量水平，或一个产量水平对应几个不同的价格水平的情形。

三、垄断厂商的长期均衡

垄断厂商在长期内可以调整全部生产要素的投入量即生产规模，从而实现最大的利润。垄断行业排除了其他厂商加入的可能性。因此，与完全竞争厂商不同，如果垄断厂商在短期内获得利润，其利润在长期内不会因为新厂商的加入而消失，垄断厂商在长期内是可以保持利润的。

垄断厂商在长期内对生产的调整一般有三种可能的结果。(1) 垄断厂商在短期内是亏损的，但在长期中又不存在一个可以使它获得利润（或至少使亏损为零）的生产规模，于是该厂商退出生产。(2) 垄断厂商在短期内是亏损的，在长期内通过对最优生产规模的选择摆脱了亏损的状况，甚至获得利润。(3) 垄断厂商在短期内利用既定的生产规模获得了利润，在长期中通过对生产规模的调整，使自己获得更大的利润。至于第一种情况，不需要再分析。对第二种情况和第三种情况的分析是相似的，下面利用图 8—10 着重分析第三种情况。

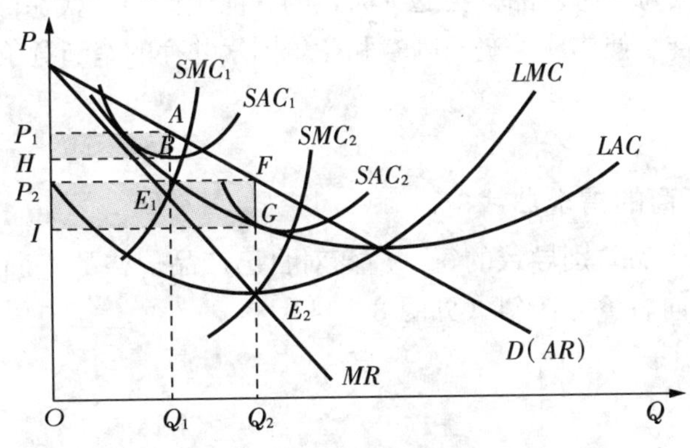

图 8—10 垄断厂商的长期均衡

图中的 D 曲线和 MR 曲线分别表示垄断厂商所面临的市场需求曲线和边际收益曲线，LAC 曲线和 LMC 曲线分别为垄断厂商的长期平均成本曲线和长期边际成本曲线。

假定开始时垄断厂商是在由 SAC_1 曲线和 SMC_1 曲线所代表的生产规模上进行生产。在短期内，垄断厂商只能按照 $MR=SMC$ 的原则，在现有的生产规模上将产量和价格分别调整到 Q_1 和 P_1。在短期均衡点 E_1 上，垄断厂商获得的利润为图中较小的阴影部分的矩形面积 HP_1AB。

在长期中，垄断厂商通过对生产规模的调整，进一步增大利润。按照 $MR=LMC$ 的长期均衡原则，垄断厂商的长期均衡点为 E_2 点，长期均衡产量和均衡价格分别为 Q_2 和 P_2，垄断厂商所选择的相应的最优生产规模由 SAC_2 曲线和 SMC_2 曲线所代表。此时，垄断厂商获得了更大的利润，其利润量相当于图中较大的阴影部分的矩形面积 IP_2FG。

由此可见，垄断厂商之所以能在长期内获得更大的利润，其原因在于长期内企业的生产规模是可变的和市场对新加入厂商是完全关闭的。

如图 8—10 所示，在垄断厂商的 $MR=LMC$ 长期均衡产量上，代表最优生产规模的 SAC_2 曲线和 LAC 曲线相切于点 G，相应地 SMC_2 曲线、LMC 曲线和 MR 曲线相交于点 E_2。所以，垄断厂商的长期均衡的条件是：

$$MR=LMC=SMC$$

第四节　垄断竞争市场

当许多企业出售相似但不完全相同的产品时，就会发生垄断竞争。垄断竞争中的产品是有差别的。这与完全竞争的产品不同。正是由于垄断竞争市场上的每种产品之间存在着差别，或者说每种带有自身特点的产品都是唯一的，因此每个厂商对自己产品的价格都具有一定的垄断力量，从而使市场具有垄断的因素。一般说来，产品差别越大，厂商的垄断程度就越高。垄断竞争与完全竞争也有相似之处：有许多买者和卖者、自由进入或退出某一行业、每一企业都将其他企业产品的价格作为既定的。由于存在这些相似之处，有差别产品之间又是很相似的替代品，使每一种产品都会遇到大量的其他相似的替代品的竞争。因此，市场中又具有竞争因素。这样，便构成了垄断因素和竞争因素并存的垄断竞争市场。

一、垄断竞争厂商的需求曲线

垄断竞争厂商的产品差别导致的每一厂商对自己产品价格的垄断力量，使每一销售者所面临的需求曲线都向右下方倾斜（见图 8—11）。

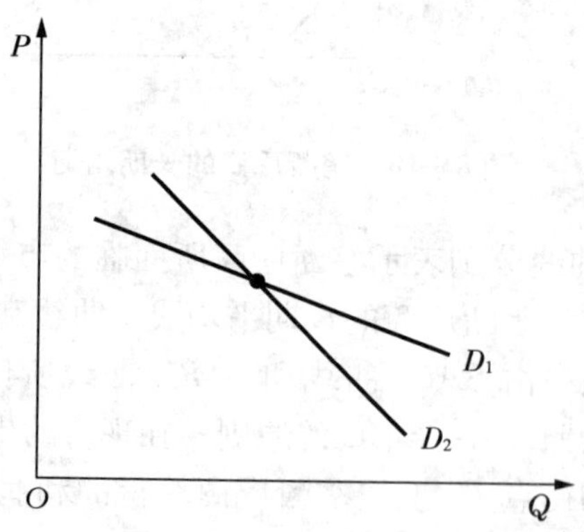

图 8—11　垄断竞争厂商的需求曲线

在图 8—11 中，垄断竞争厂商面对向右下方倾斜的需求曲线，如 D_1 或 D_2。该曲线表示，所有其他销售者的价格不变时，该厂商价格变化对需求的影响。影响大小由需求弹性表示。如果需求曲线是 D_1，一个小的价格变动就会造成需求较大地增加或减少；如果需求曲线是 D_2，价格变动对需求的影响较 D_1 要小。

在实践中，厂商的需求曲线是哪一种呢？大概接近 D_1 而不是 D_2。据估算，不同品牌的冻橘子汁的需求弹性为 5.7，咖啡精为 5.5，一般咖啡为 4.4，黄油为 3.0。在垄断竞争条件下，销售者常常以很接近的价格出售商品，他们不敢以过高于其他销售者的价格来检测顾客的购买行为。从他们的行为上看，好像认为需求曲线具有高度弹性。

二、垄断竞争厂商的短期和长期均衡

（一）垄断竞争厂商的短期均衡

垄断竞争厂商是如何决定产量和价格的呢？按照利润最大化规律，最有利的生产率是在边际收益曲线与边际成本曲线的相交点上。垄断竞争厂商的产品价格则取决于需求曲线的位置。

如果需求形势好，即需求曲线位于短期平均成本之上，则生产者可得到正值利润，即 *ABGC* 的面积（见图 8—12）。

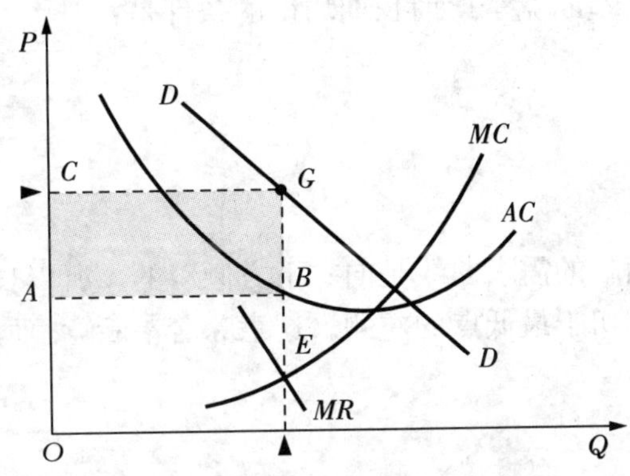

图 8—12　垄断竞争厂商的短期均衡

从图 8—12 中可知，垄断竞争厂商的短期均衡条件是：

$$MR=MC$$

垄断竞争厂商取得了短期均衡，并不意味着一定能够获得利润。如果需求曲线在均衡产量处与 *AC* 曲线相切，或需求曲线完全低于 *AC* 曲线，这时垄断竞争厂商的利润为零，或只能蒙受最小亏损。

（二）垄断竞争厂商的长期均衡

垄断竞争厂商可能在短期内获得相当可观的利润。但这不能长久下去，因为正值利润会吸引新的生产者进入该行业。

假设所有企业都有完全相同的成本，即相同的成本曲线。随着新企业的加入，新的有差别的相似替代品会瓜分该行业市场。垄断竞争者的产品需求曲线会向左方移动。最终随着企业不断进入，利润下降为零（见图 8—13）。

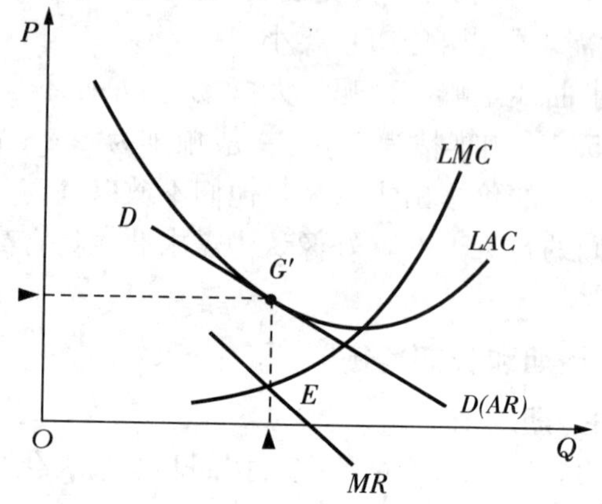

图 8—13　垄断竞争厂商的长期均衡

图 8—13 说明了典型的垄断竞争厂商的长期均衡。需求曲线随进入者增加向左方移动，直到与该企业的 LAC 曲线在均衡产量处相切。G' 点是长期均衡点，这时，没有人企图进入或被迫退出该行业。垄断竞争厂商长期均衡的条件是：

$$MR=LMC$$

$$AR=LAC$$

式中，$AR=P>MR$。

由于垄断竞争厂商面临的需求曲线是向右下方倾斜的，所以长期均衡时的需求曲线只能与长期平均成本曲线相切于最低点的左侧。这意味着垄断竞争所提供的产量小于完全竞争的产量。

第五节　寡头垄断市场

一、什么是寡头

寡头又称寡头垄断，是指某种商品的绝大部分由少数几家大企业生产和销售。在寡头垄断市场上，每家厂商的产量在该行业的总产量中都占有相当大的份额，以至于其中任何一家厂商的产量或价格的变动，都会对市场的价格和供给量产生重大影响。寡头垄断是介于完全垄断和垄断竞争之间的一种市场结构。

寡头又可分为纯粹寡头和差别寡头。生产完全相同产品的几家厂商称为纯粹寡头，而生产有差别产品的几家厂商称为差别寡头。前者如生产石油、钢铁的寡头，后者如生产汽车的寡头。这两种类型的寡头都不是完全垄断者，但每家厂商都可以对价格产生十分重要的影响。

寡头垄断一般具有三个特点：一是在寡头垄断市场上，每个厂商的收益和利润不仅取决于自己的产量，而且要受到其他厂商产量的影响。因此，每个厂商总是首先推测其他厂商的产量，然后再根据最大利润原则来决定自己的产量。二是与完全竞争不同，在寡头垄断条件下，价格不是由市场供求所决定，而是由少数寡头通过有形或无形的勾结，如价格领导、形式不定的协议或默契等方式决定。这种价格被称为管理价格或操纵价格。寡头价格一般低于完全垄断价格。三是寡头价格一经确立，不易改变。如果生产条件没有发生较大变化，寡头厂商一般不会随着需求的变动而调整价格，而只是调整产量来应付需求的变化。在经济衰退或商品滞销时，寡头厂商通常会采取减少产量的办法；而在经济好转时，则通过扩大产量来增加收益。

二、勾结的寡头

为了争取最大利润，有时寡头勾结在一起共同行动，有时寡头也会采取独立的行动。这里先分析勾结的寡头。

影响市场结构的一种重要因素就是企业之间的合作程度。当企业采取完全合作的方式行动时，它们就相互勾结起来。勾结这一术语表示这样一种情况：两个或更多的企业共同确定它们的价格或产量，在它们之间瓜分市场，或者共同制定其他生产决策。

当企业认识到它们的利润取决于它们的共同行动时，它们就试图相互勾结起来。为了避免灾难性的竞争，企业可能相互勾结以提高它们的价格。在美国资本主义的早期阶段，寡头往往合并或形成一个托拉斯或卡特尔。卡特尔是生产相似产品的独立企业联合起来以提高价格和限制产量的一种组织，借助于午餐或宴会的形式相聚。1910 年前后美国钢铁公司的加里（Galy）先生经常组织这种聚会，从事公开的勾结。

今天，在美国等大多数市场经济国家，公司相互勾结起来共同确定价格或瓜分市场是非法的。但如果在某一行业里只有少数几家大企业，它们就可能进行暗中勾结。这种情况发生在企业在没有明确协商的条件下，抑制竞争，把价格确定在较高水平，或者瓜分市场。企业进行暗中勾结，防止把价格作为竞争工具来运用，并且趋向于作出彼此相当接近但大大高于竞争水平的报价。

例如，一个行业中有四家企业，它们具有完全相同的成本曲线，每一家企业都出售完全相同的产品，如石油行业。每一家企业（把它们称为 A、B、C、D）现在都拥有 1/4 的市场份额。

在图 8—14 中，A 的需求曲线 D，是通过假设所有其他企业都会跟随 A 企业的价格上升或下降来描绘的。这样，企业的需求曲线与行业的需求曲线具有完全相同的弹性。只要所有其他企业都索取相同的价格，A 企业就会得到 1/4 的市场份额。在这种情况下，企业可能相互勾结，以寻求勾结的寡头的均衡，从而使它们的共同利润达到最大。这种情况常被称为联合利润最大化。

对于勾结的寡头来说，最大利润的均衡就是图 8—14 中所示的点 E，即企业的 MC 曲线与 MR 曲线的相交点。这里，需求曲线为 D。它考虑到了其他企业也会索取与 A 企业相同的价格。勾结的寡头的最优价格显示在曲线 D 的点 A，它在点 E 的正上方。

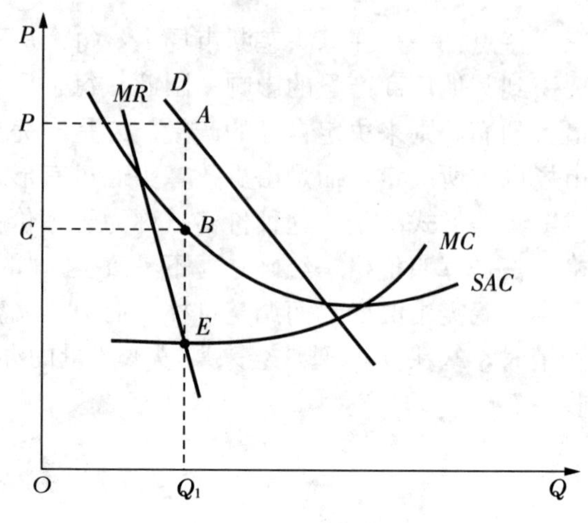

图 8—14　勾结的寡头的均衡

当寡头可相互勾结使它们的共同利润达到最大时，考虑到它们之间的相互依赖性，其价格和产量类似于单个垄断者的价格和产量。

三、折形需求曲线

折形需求曲线考察的是斯威齐模型。该模型由美国经济学家斯威齐（M. Sweezy）于 1939 年提出。这一模型分析的是独立行动的寡头之间竞争的情形，用于说明价格刚性的现象。

图 8—15 中，如果企业 A 提高它的价格，其他企业并不跟着加价。这意味着，现行价格水平已很高，它们反对任何加价。如果企业 A 单方面降价，从 D_1 可见其在销售上大有好处，而其他企业损失很大。所以，其他企业不会善罢甘休，也会采取降价步骤。于是，企业 A 的需求曲线不再沿着 D_1 继续向右运动，而是顺着 D_2 向右下方运动。这是因为受到其他企业一并降价的影响。

这时，企业 A 的实际需求曲线是一条折线，先是沿着 D_1 向右，尔后沿着 D_2 向右下，即 D_1ED_2 曲线。该曲线在现行价格水平上有一个拐点。需求曲线上的拐点意味着边际收益曲线上也会出现一个断裂。其间断部分用垂直虚线表示。

断裂的边际收益曲线，可以解释寡头市场上的价格刚性现象。只要边际成本曲线的位置变动不超出边际收益曲线的垂直间断的范围，寡头厂商的均衡价格和均衡数量都不会发生变化。

有的西方经济学家认为，虽然折形需求曲线模型为寡头市场较为普遍的价格刚性现象提供了一种解释，但是该模型并没有说明具有刚性的价格本身，如图 8—15 中的价格水平 P_1 是如何形成的。这是该模型的一个缺陷。

四、寡头垄断的竞争

寡头垄断者在价格和产量上达成协议或形成默契以后，削价和变动产量都会被指责为

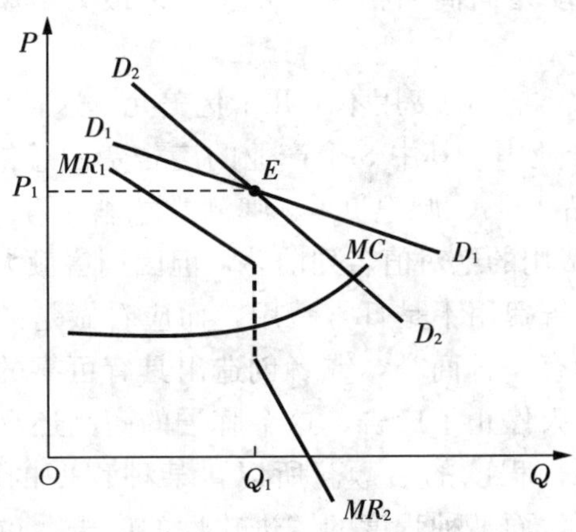

图 8—15 寡头厂商折形需求曲线

“不道德的行为”。因此，寡头垄断者的竞争更多地表现在产品本身和广告宣传上。

(一) 产品的竞争

产品的竞争，有时只是微小的或者甚至是象征性的产品变化，也有真正的重大的变化。一个显著的实例就是汽车生产中的“马力比赛”。20 世纪 50—60 年代，汽车注重车长、车宽、车重指标的提高，发动机马力也在不断增加，每公里耗油指标在下降，汽车不断出现新的特点，如增加了自动变速器、电力闸、电力控制驾驶盘等。这些变更的费用全部反映在价格的提高上，而且购车者得担负更高的汽油消费、修理费、汽车保险等费用。据估计，1959 年全年，生产和使用 59 型的汽车，其费用超过 49 型汽车，总数为 50 亿美元，平均每辆汽车为1 000美元。① 从 1950 年到 1960 年末，费用累积为 300 亿美元左右。

由于竞争的结果，消费者得到的是产品的改进和费用的增加。二者相比值得吗？人们可以认为一定值得，因为消费者愿意付这个高价。但消费者有更多的选择余地吗？他们唯一能选择的是购买由欧洲进口的经济型汽车。这为美国的汽车制造商敲响了警钟，使它们走起回头路来，生产自己的紧凑型汽车。结果，与其说是国内的竞争，不如说是国外的竞争，把车体不断加大和价格不断提高的趋势限制住了。

美国的紧凑型汽车，同国外汽车比还是显大，购买和使用都费钱。自 1974 年原油和汽油价格大涨之后，购买者不得不认真考虑使用费用。外国汽车以油耗低继续增加在美国市场上的销量，美国汽车制造商相应地又展开了“再小巧”、“再再小巧”的竞争，并以减轻汽车重量、改变引擎设计来改进每公里耗油指标。

(二) 产品广告宣传上的竞争

这里的广告不是消息广告，不是通报某商品在什么地方和按什么价格可以买到。这里的广告的目的是，让产品与美妇人、美男子及荣华富贵的生活联系在一起，使人下意识地

① 这个估计考虑到因生产方法改进，49 型汽车在 1959 年生产要便宜些。59 型汽车更贵是考虑到了修理费、保险费以及其他费用等因素。关于生产方法的说明，可参见 F. 费希尔、Z. 格里利切斯和 C. 凯森所著《1949 年以来汽车型式改变的费用》一文，载《政治经济杂志》，1962 (10)。

有一种神奇印象，从而自动走向商品柜台。商业电视最为典型，广播和杂志也是重要的媒介。

在美国，每年花费在广告上的费用不下几十亿美元。这种广告主要集中在少数几种产品上。据研究，在 41 个产业中，其中 8 个产业的广告费占总销售额的比重分别是：化妆品 15%、食品 10%、药品 10%、肥皂 9%、啤酒类饮料 7%、果汁饮料 6%、香烟 5%、酒类 5%。汽车工业广告费用的绝对值名列前茅，但因销售额大，所占比率低。

从公司的观点看，广告费用不是日常费用，而应看做是一种投资。年复一年的广告可建立某种市场地位，享有一种商誉，或者创造出具有可靠的偏好的商标。其影响强烈到这种程度：如果公司明天停止了广告，这个牌子的商品还继续有好销路。但积累起来的商誉，会随着时间有某种程度的衰颓。所以，某种程度的"防御性的广告"是必要的，以便维持其市场份额。而某种程度的"进攻性的广告"也是必要的，以便增加市场份额。

如果公司有准确的情报，如关于消费者对商标偏好的程度、随时间商誉的衰颓程度、需求曲线对广告增加的反应性等，它就能计算出广告有多大利润。① 但是，这仍然是标准的寡头垄断的问题。公司如果不知道其他公司作何反应，是无法计算出利润的。如果公司提高广告预算，其他公司的预算不变抑或跟着增加，其结果是很不相同的。

实际上，广告预算常常是由大拇指规律②确定的。最一般的原则是看过去和预期销售收益的百分率。另一原则是看预先确定的利润赚头。广告投资，亦如实物投资，部分决定于能有多少资金可投入。另外一个准则是看竞争者如何，如果竞争者安排销售收益的 5%做广告，则你也可以这样做。

这种广告有什么效果呢？常言道，广告创造需求。广告试图变动需求，这样说会更准确些。雪佛莱的汽车广告的目的是提高对雪佛莱牌汽车的需求，降低对福特牌和普利茅斯牌汽车的需求。有可能由于汽车广告对公众的强烈影响，而提高对汽车总的需求。但需求从何而来呢？因为消费者收入依旧，它可能全是来自对其他产品消费的减少。应该强调的是，与其说是影响需求的增加，不如说是影响需求的变动。广告创造需求，只有在消费者总的收入提高或储蓄部分减少，公众更渴望购买商品的情况下才有可能。是不是真有其事，还很难说。

一个寡头垄断者做竞争性广告，试图向右移动它的需求曲线。它可能成功，也可能不成功，因为它的对手方也在做这个努力。如果一个公司的广告部想出一个特别有创意的广告，可能会暂时获得好的销路。但是，随着时间的推移，广告的竞争会使它们互相抵消，结果使每家公司的需求曲线一如既往。不过，每家公司的费用因广告费而更加高了。

看来，竞争性广告很可能高到失去理性的地步。在这种情况下，寡头垄断者认识到最好是协商一致，以减少广告预算，节省开支。但是，在价格上合作的竞争者，在销售上未

---

① J. 兰宾：《测量广告的利润性：一个经验的研究》，载《工业经济杂志》，1969 (4)。这是一篇利用现实公司资料的精心之作。

② 大拇指规律是指通过比较进行决策的方法。

必合作。大多数经理们相信，广告是大好事，如对此怀疑，简直是企业社团中严重的误会。广告也有某种“军备竞赛”的味道。每个公司密切注视其他公司。如果福特公司多拨出一些资金做广告，克里斯莱公司和通用汽车公司就感到也非如此做不可。在各州竞争者和大企业经理之间，还存在互相较量的现象。犹如全面裁军人们当然赞成，但并不意味着将会实现。

广告对增加新加入者的进入障碍是有用的。(1) 每一销售单位的市场渗入费用，多于已经建立了市场地位的保护费用。这会提高新加入者的单位费用。(2) 广告中规模经济很重要。彻底打入市场，必须越过一个最低的“门槛”。此外，大广告客户能够得到大量折扣。因此，对于一个新加入者，在生产规模低于现有生产者时，是又一不利之处。一个新加入者，在开始时很可能被迫多考虑销售费用的经济，而不像原有生产者只考虑生产费用的经济。(3) 以上问题又引起了增加初始资本的问题。新加入者必须如同对工厂和设备投资一样，增加对广告的投资。这种广告的风险也是异常巨大的，因为无形资产在企业失败时是不可出售的。

进入障碍越高，原有生产者就能把价格提得更高些，所得利润也就越多些。这可能是集团广告开支水平显著高于一般生产者水平的根据。

广告费由谁支付呢？这也是人们关心的问题。我们知道，销售费用是构成公司总费用的一部分。像其他费用一样，它归根到底要由消费者支付，除非你不购买该公司的任何产品。

第六节　不同市场类型的经济效率比较

经济效率是指利用经济资源的有效性。高的经济效率表示对资源的充分利用或能以最有效的生产方式进行生产。低的经济效率表示对资源的利用不充分或没有以最有效的方式进行生产。不同市场类型的经济效率是不一样的。

西方经济学家通过对不同市场条件下的厂商长期均衡的分析得出结论：完全竞争市场的经济效率最高，垄断竞争市场经济效率较高，寡头市场经济效率较低，垄断市场的经济效率最低。市场竞争的程度越高，则经济效率越高；市场垄断的程度越高，则经济效率越低。

在完全竞争市场上，厂商的需求曲线是一条水平线，且厂商的长期利润为零。在完全竞争厂商长期均衡时，水平的需求曲线相切于 *LAC* 曲线的最低点，表明了产品的均衡价格最低和产品的均衡产量最高，且生产的平均成本最低。

在垄断竞争市场上，厂商的长期利润为零。在垄断竞争长期均衡时，向右下方倾斜的、相对比较平坦的需求曲线相切于 *LAC* 曲线最低点的左侧，表明了产品均衡价格比较低和产品的均衡数量比较高，且生产的平均成本较低，企业存在着多余的生产能力。

在垄断市场上，厂商在长期内可获得利润。在垄断厂商达到长期均衡时，向右下方倾斜的、相对比较陡峭的需求曲线与 *LAC* 曲线相交，表明了产品的均衡价格最高和产品的均衡数量最低，且生产的平均成本最高。若垄断厂商放弃一些利润，价格可下降一些，产量便可增加一些。

在寡头市场上，厂商的需求曲线不太确定。一般认为，寡头市场是与垄断市场比较接近的市场组织。在长期均衡时，寡头厂商的产品的均衡价格比较高，产品的均衡数量比较低。

除此之外，西方经济学家认为，一个行业在长期均衡时是否实现了价格等于长期边际成本即 $P=LMC$，也是判断该行业是否实现了有效的资源配置的一个条件。商品的市场价格通常被看成是商品的边际社会价值，商品的长期边际成本通常被看成是商品的边际社会成本。当 $P=LMC$ 时，商品的边际社会价值等于该商品的边际社会成本，它表示资源在该行业得到了最有效的配置。倘若不是这样，当 $P>LMC$ 时，商品的边际社会价值大于商品的边际社会成本，它表示相对于该商品的需求而言，该商品的供给是不足的，应该有更多的资源投入到该商品的生产中来，以使这种商品的供给增加，价格下降，最后使该商品的边际社会价值等于该商品的边际社会成本。这样，社会的境况就会变得好一些。

在完全竞争市场上，在厂商的长期均衡点上有 $P=LMC$，它表明资源在该行业得到了有效的配置。在不完全竞争市场上，在不同类型的厂商的长期均衡点上都有 $P>LMC$，它表示资源在行业生产中的配置是不足的。尤其在垄断市场上，独家厂商所维持的低产高价，往往使得资源配置不足的现象更为突出。

以上是西方经济学家在不同市场组织的经济效率比较问题上的基本观点。此外，西方经济学家对这一问题的研究还涉及以下四个方面。

（1）关于垄断市场与技术进步的关系。有的西方经济学家认为，垄断厂商会阻碍技术进步。因为垄断厂商只要依靠自己的垄断力量就可以长期获得利润，所以垄断厂商往往缺乏技术创新的动力，甚至为了防止潜在竞争对手的新技术和新产品对其垄断地位造成威胁，还有可能通过各种方式去阻碍技术进步。但也有不少西方经济学家认为，垄断是有利于技术进步的。因为，一方面垄断厂商利用高额利润所形成的雄厚经济实力，有条件进行各种科学研究和重大的技术创新；另一方面，垄断厂商可以利用自己的垄断地位，在长期内保持由于技术进步而带来的更高的利润。这些经济学家还认为，关于垄断有利于技术进步的观点，在一定程度上对寡头厂商也适用。

（2）关于规模经济。西方经济学家认为，对不少行业的生产来说，只有大规模的生产，才能收到规模经济的好处，而这往往只有在寡头市场和垄断市场条件下才能做到。不能设想，无数个如同完全竞争行业或垄断竞争生产集团内的企业，可以将钢铁生产和铁路运输经营在有效率的水平上。

（3）关于产品的差别。西方经济学家认为，在完全竞争市场条件下，所有厂商的产品是完全相同的，它无法满足消费者的各种偏好。在垄断竞争市场条件下，众多厂商之间的产品是有差别的，多样化的产品使消费者有更多的选择自由，可满足不同的需要。但是，产品的一些虚假的非真实性的差别，也会给消费者带来损失。在产品差别这一问题上，产品有差别的寡头行业也存在与垄断竞争生产集团相类似的情况。

（4）关于广告支出。西方经济学家认为，垄断竞争市场和产品差别寡头市场上的大量广告，有的是有用的，因为它为消费者提供了信息。但是，过于庞大的广告支出会造成资源的浪费和抬高销售价格，加上某些广告的内容过于夸张，这些都是于消费者不利的。

【思考题】

1. 为什么下列关于利润最大化的竞争性企业的陈述是错误的，正确的应如何说？

（1）一家竞争性企业将提高产量，直到价格等于平均可变成本的那一点为止。

（2）企业的停止营业点发生在价格低于最低平均成本的时候。

（3）企业的供给曲线仅仅取决于它的边际成本，任何其他成本概念与供给决定无关。

（4）竞争性企业的价格等于边际成本。

2. 一家计算机公司的不变生产成本为100 000美元，每一单位的劳动成本为600美元，原料和燃料成本为400美元。在3 000美元的价格时，消费者不会购买该公司的任何计算机。但价格每下降10美元，该公司的计算机销售量就会增加1 000单位。请计算该计算机公司的边际成本和边际收益，并确定它的垄断价格和产量。

3. 用文字和图形说明与完全竞争相比，为什么垄断竞争导致经济缺乏效率？

4. 为什么寡头垄断一方面试图避免价格战，另一方面却在广告和产品上展开激烈竞争？

5. 你认为哪种市场最有经济效率，理由是什么？

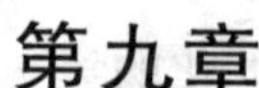

第九章

生产要素定价理论

生产要素定价理论的核心是生产要素的价格决定。19 世纪，西方经济学家习惯于把生产要素分为三类：土地、劳动和资本。这三类生产要素的价格分别称为地主的地租、工人的工资和资本家的利润。19 世纪末，企业家才能作为第四类生产要素从其他生产要素中独立出来，于是利润被看成是企业家才能的收益，而资本所有者的收益被局限为利息。

生产要素的价格是由供求关系决定的。因此，本章从生产要素的需求与供给入手，说明工资、利息、地租、利润的形成以及分配平等化，而这些都涉及个人收入的分配，所以生产要素定价理论也被看成是分配理论。

第一节　要素的需求和供给

一、要素的需求是引致需求

在产品市场上，需求来自消费者。消费者为了直接满足自己的衣、食、住、行等需要而购买产品。因此，对产品的需求是所谓的“直接”需求。与此不同，在生产要素市场上，需求不是来自消费者，而是来自厂商。厂商购买生产要素不是为了自己的直接需要，而是为了生产和出售产品以获得收益。例如，购买一台机器并不能直接提高某个人的效用，而只能增加生产的能力。因此，从这个意义上来说，对生产要素的需求不是直接需求，而是“间接”需求。

如果不存在消费者对产品的需求，则厂商就无法从生产和销售产品中获得收益，从而也不会去购买生产资料和生产产品。例如，如果没有人去购买汽车，就不会有厂商对汽车工人的需求；对医生和护士的需求，则受到对保健服务的消费者需求的影响。由此可见，厂商对生产要素的需求是从消费者对产品的直接需求中派生出来的。从这个意义上说，西方经济学家认为，生产要素的需求是所谓的“派生”需求或“引致”需求。例如，消费者购买面包，这是直接需求；消费者对面包的直接需求引致面包厂商购买生产要素（如面粉和劳动等）去生产面包。面包厂商对面粉和劳动等的需求是派生需求或引致需求。

对生产要素的需求还有个特点，就是所谓“共同性”，即对生产要素的需求是共同的、相互依赖的。这个特点是由于技术方面的原因，即生产要素往往不是单独发生作用的。一个人赤手空拳不能生产任何东西；同样地，光有机器本身也无法创造产品。只有人与机器（以及原材料等）相互结合起来才能达到目的。生产要素需求的这种共同性特点带来一个重要后果，即对某种生产要素的需求，不仅取决于该生产要素的价格，而且也取决于其他生产要素的价格。因此，严格来说，生产要素定价理论应当是关于多种生产要素共同使用的理论。但是，由于同时处理多种要素将使分析过于复杂，为了简单化起见，一般性的西方经济学教材往往集中于分析一种生产要素的情况。

二、完全竞争厂商的要素需求

完全竞争厂商的要素需求量取决于要素的边际收益产品与边际成本的关系。因此，需要明确要素的边际收益产品和边际成本。

（一）边际收益产品

厂商购买生产要素是为了实现利润最大化。因此，它就必须使购买最后一单位生产要素所支出的边际成本与其所带来的边际收益相等。在完全竞争市场上，边际收益等于平均收益，即等于价格。因此，厂商对生产要素的需求就是要实现边际收益、边际成本与价格的相等，即：

$$MR=MC=P$$

在完全竞争市场上，对一家厂商来说价格是不变的。由此可见，厂商对生产要素的需求取决于生产要素的边际收益。

生产要素的边际收益取决于该要素的边际生产力。在其他条件不变的情况下，增加一单位某种生产要素所增加的产量（或者这种产量所带来的收益）就是该生产要素的边际生产力。

在其他条件不变的情况下，生产要素的边际生产力是递减的。因此，生产要素的边际收益产品曲线是一条向右下方倾斜的曲线。这条曲线也是生产要素的需求曲线（见图9—1）。

图 9—1 中横轴表示劳动要素的数量 L，纵轴表示边际物质产品和边际收益产品。由图 9—1 可见，边际收益产品（MRP）曲线向右下方倾斜，并高于边际物质产品（MPP）曲线，因为 $MRP=MR\cdot MPP$。

（二）要素的边际成本

厂商增加使用一单位生产要素所增加的成本称为要素的边际成本。在完全竞争条件下，要素的边际成本等于要素价格。

我们知道，成本是产量的函数。但产量本身又取决于所使用的生产要素的数量，故成本可直接表示为生产要素的函数。若设劳动要素的价格，即工资为 W，则劳动要素的成本可表示为：

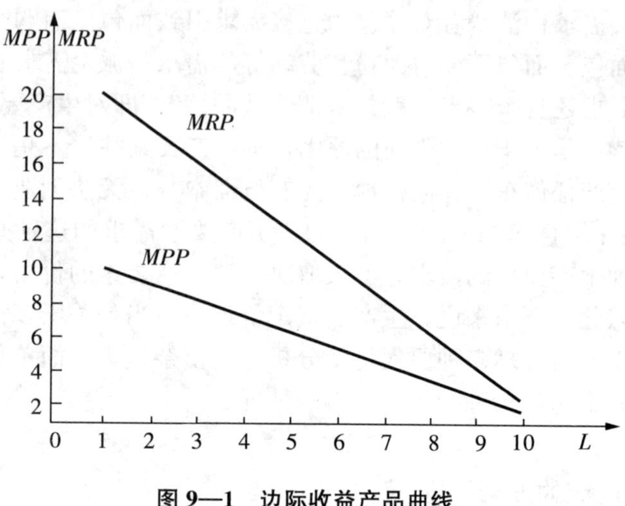

图 9—1 边际收益产品曲线

$$C=W\cdot L$$

劳动要素价格 W 是既定不变的常数。因为在完全竞争条件下，要素买卖双方数量多且要素无差别，任何一家厂商单独增加或减少其要素使用量都不会影响要素价格。由于要素价格是既定的常数，因此要素的边际成本等于劳动要素的价格。换句话说，单个厂商的要素使用量无论多少，要素的边际成本都不会发生变化。

（三）完全竞争厂商的要素需求曲线

在完全竞争条件下，厂商使用要素的原则是要素的边际收益产品即 MRP 等于要素的边际成本。由于要素边际成本等于要素价格 W，因此，厂商使用要素的原则可写为：

$$MRP=W$$

当上述原则或条件被满足时，完全竞争厂商达到了利润最大化，此时使用的要素数量为最优要素数量。

如果 $MRP>W$，则增加使用一单位生产要素所带来的收益就会大于所引起的成本，于是厂商将决定增加要素的使用量以提高利润。随着要素使用量的增加，要素的价格不变，而要素边际物质产品和边际收益产品将下降，最终使 $MRP=W$；反之，如果 $MRP<W$，则减少使用一单位要素所损失的收益就会小于所节省的成本，因而厂商将决定减少要素的使用以提高利润。随着要素使用量的减少，要素的边际物质产品进而边际收益产品将上升，最终也将达到 $MRP=W$。总体来说，无论 MRP 大于或是小于 W，只要二者不相等，厂商就未达到利润最大化，现有要素使用量都不是最优数量，厂商都将改变（增加或减少）要素使用量。只有当 $MRP=W$，即边际收益产品恰好等于要素价格时，厂商的要素使用量才有利于利润达到最大。

厂商使用要素的原则可用图形表示（见图 9—2）。

在图 9—2 中，MRP 曲线与 W_0 曲线即要素价格曲线相交于点 A。点 A 表明，当要素价格为 W_0 时。要素需求量为 MRP 曲线上点 A 所示的 L_0。换句话说，边际收益产品曲线上点 A 也是要素需求曲线上的一点。同样地，如果给定另外一个要素价格，则有另外一条

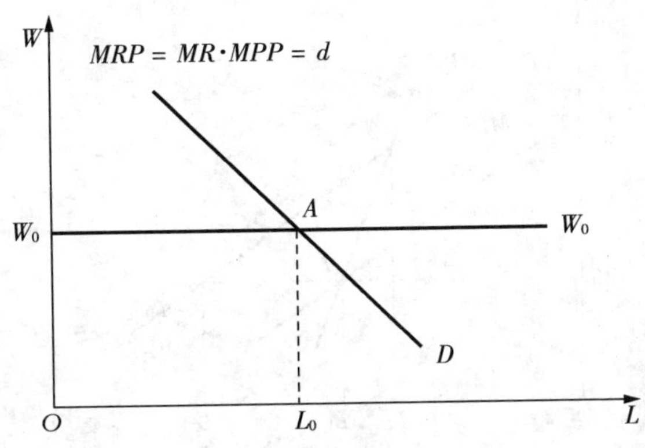

图 9—2　完全竞争厂商的要素需求曲线

水平直线与 MRP 相交于另外一点。根据同样的分析即知，新的交点也是需求曲线上的一点。于是，在使用一种生产要素（不考虑其他厂商调整生产要素）的情况下，完全竞争厂商对要素的需求曲线与要素的边际收益产品曲线恰好重合。并且，随着要素价格变动，厂商对要素的最佳使用量即需求量与其呈反方向变动。因此，完全竞争厂商的需求曲线与其边际收益产品曲线一样向右下方倾斜。

(四) 完全竞争市场的要素需求曲线

单个的完全竞争厂商的要素需求曲线等于其边际收益产品曲线要有一定的条件。其中，一个条件是假定其他厂商均不进行调整，否则厂商的要素需求曲线将“脱离”边际收益产品曲线。当我们从单个厂商转到整个市场时，这个条件显然不再得到满足，因而单个厂商的边际收益产品曲线不再代表其要素需求曲线，它们的简单加总也不能代表整个市场的要素需求曲线。

如果其他厂商也进行调整，那么要素价格的变动不仅引起厂商 m（指原单个厂商），而且也引起所有其他厂商的要素需求量和使用量，进而引起产量的变动。尽管在完全竞争条件下，单个厂商的产量变化不影响价格，但全体厂商的产量都变化时却不是如此。要素价格变化所引起的全体厂商的产量变动将改变产品的供给曲线，从而在产品市场需求量不变时，将改变产品的市场价格。产品价格的改变再反过来使每一个厂商，包括厂商 m 的边际收益产品曲线发生改变。于是，厂商 m 的要素需求曲线也不再等于其边际收益产品曲线。

我们利用图 9—3 来推导多个厂商同时调整情况下厂商 m 的要素需求曲线。

在图 9—3 中，横轴为要素数量，纵轴为要素价格。假设初始要素价格为 W_0，相应地有一个产品价格 P_0，从而有一条边际收益产品曲线 $P_0 \cdot MPP$。根据该曲线可确定 W_0 下的要素需求量 L_0。于是（L_0，W_0）对应的点 H 为所求需求曲线上一点。如果这时没有其他厂商的调整，则整条需求曲线就可以看成是 $P_0 \cdot MPP$。假定要素价格下降到 W_1，则要素需求量就应增加到 L_2。但现在由于其他厂商也进行调整，于是要素价格下降使 L 的边际收益产品曲线向左下方移动，例如移到 $P_1 \cdot MPP$。从而在要素价格 W_1 下，L 的需求量不再是 L_2，而是稍稍更少一些的 L_1，于是又得到要素需求曲线上的点 I（L_1，W_1）。

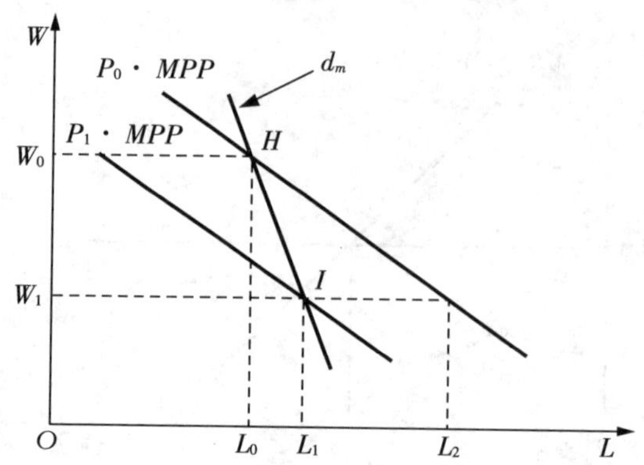

图 9—3　多个厂商调整时厂商 m 的要素需求曲线

重复上述过程，可以得到其他与 H、I 性质相同的点。将这些点连结起来，即得到多个厂商调整情况下厂商 m 对要素 L 的需求曲线 d_m。d_m 表示经过多个厂商相互作用的调整，即经过行业调整之后得到的第 m 个厂商的要素需求曲线，可简称为行业调整曲线。一般来说，d_m 曲线仍然是向右下方倾斜的，但比边际物质产品曲线要陡峭一些。

假定完全竞争要素市场中包含有 n 个厂商（n 是一个很大的数）。其中，每一个厂商经过行业调整后的要素需求曲线分别为 d_1，d_2，…，d_n，整个市场的要素需求曲线 D 可以看成是所有这些单个厂商需求曲线的水平相加。

三、非完全竞争厂商的要素需求

在不完全竞争条件下，单个厂商具有控制市场的力量，所面临的是一条向右下方倾斜的需求曲线。这时，厂商要出售增加的产品，其价格必须低于以前的单位产品价格，因此售出每一追加单位产出所获得的边际收益就会较低。这种情况使得不完全竞争厂商的边际收益产品曲线与完全竞争厂商的边际收益产品曲线不尽相同。

尽管两条曲线都是向右下方倾斜，但两条曲线下降的原因不完全一致。在完全竞争条件下，要素的边际收益产品曲线由于要素的边际物质产品曲线下降而下降，即由于要素的边际生产力递减而下降；而在卖方垄断条件下，边际收益产品曲线除了由于要素的边际物质产品下降之外，还由于产品的边际收益曲线下降而下降，即由于产品的边际收益递减而下降。因此，一般而言，非完全竞争条件下的边际收益产品曲线要比完全竞争条件下的边际收益产品曲线更加陡峭一些。

非完全竞争的厂商为了争取最大利润也要贯彻 $MRP=W$ 的原则。

假定要素价格 W 与要素边际收益产品不一致，即 $MRP>W$ 时，增加要素使用的收益大于要素的成本，于是厂商倾向于扩大要素使用量。随着要素使用量的增加，一方面要素的边际物质产品下降，另一方面产品的边际收益也下降，从而引起要素的边际收益产品下降，最终下降到与要素价格相等。反之，$MRP<W$ 时，厂商会倾向于减少要素使用量。随着要素使用量减少，一方面要素边际物质产品将上升；另一方面产品的边际收益也上升，从而引起要素的边际收益产品上升，最终上升到与要素价格相等（见图 9—4）。

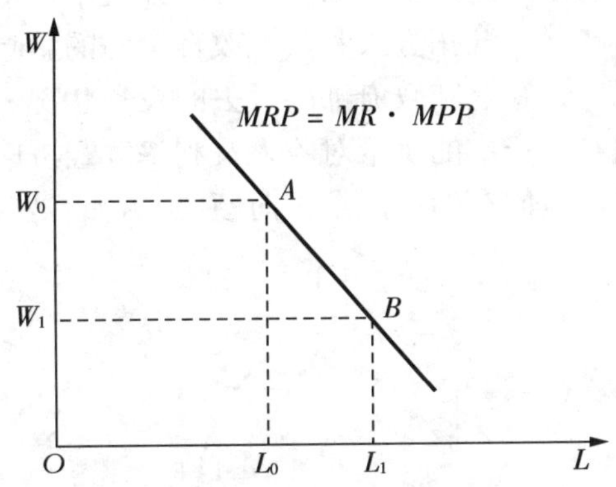

图 9—4 非完全竞争厂商的需求曲线

在图 9—4 中，当要素价格为 W_0 时，根据要素使用原则，要素使用量必须调整到使 $MRP=W_0$，即点 A 所示的 L_0。如果给定要素价格为 W_1，则要素使用量为 MRP 曲线上点 B 所示的 L_1。由此可见，在非完全竞争条件下，厂商的边际收益产品曲线向右下方倾斜并与其要素需求曲线重合。

非完全竞争厂商包括垄断厂商、寡头垄断厂商和垄断竞争厂商三种类型。

在垄断条件下，垄断市场的要素需求曲线就是垄断厂商的要素需求曲线。因为，垄断市场只有垄断厂商一家。在寡头垄断和垄断竞争条件下，其厂商的要素需求曲线即边际收益产品曲线不再等于市场要素需求曲线。二者的市场要素需求曲线，只有在各自行业求得每一厂商调整了的厂商要素需求曲线的基础上加总获得。

四、要素的供给

（一）要素供给原则

要素的所有者为获得最大的效用必须贯彻如下原则：作为要素供给的资源的边际效用要与作为保留自用的资源的边际效用相等。如果要素供给的边际效用小于保留自用的边际效用，则可以将原来用于要素供给的资源转移一单位到保留自用上去，从而增大总的效用。之所以能够如此是因为，减少一单位要素供给所损失的效用要小于增加一单位保留自用资源所增加的效用；反之，如果要素供给的边际效用大于保留自用的边际效用，则可以将原来用于保留自用的资源转移一单位到要素供给上去。根据同样的道理，这样改变的结果亦将使总的效用增大。最后，由于边际效用是递减的，上述调整过程可以最终达到均衡状态，即要素供给的边际效用和保留自用的边际效用相等。

（二）不同要素的供给

在市场经济中，大部分生产要素归个人所有。人们拥有自己的劳动，从这一意义上讲，人们可以控制劳动的使用。劳动作为人力资本只能出租，不可出售。资本和土地一般为家庭和企业所有。

劳动供给是由许多经济和非经济的因素决定的。劳动供给的主要决定因素是劳动的价格即工资率和一些人口因素，如年龄、性别、教育和家庭结构等。

土地和其他自然资源的数量是由地质来决定的，并且不可能发生重大的变化，尽管其质量会受到自然资源保护状况、开拓方式和其他改良措施的影响。

资本的供给依赖于家庭、企业和政府部门过去的投资状况。从短期看，资本像土地一样固定不变；但是从长期看，资本的供给对收入及利率等经济因素非常敏感。

就要素供给曲线来说，它们有的可能是正向倾斜，有的是反向倾斜，甚至可能是垂直的（见图 9—5）。

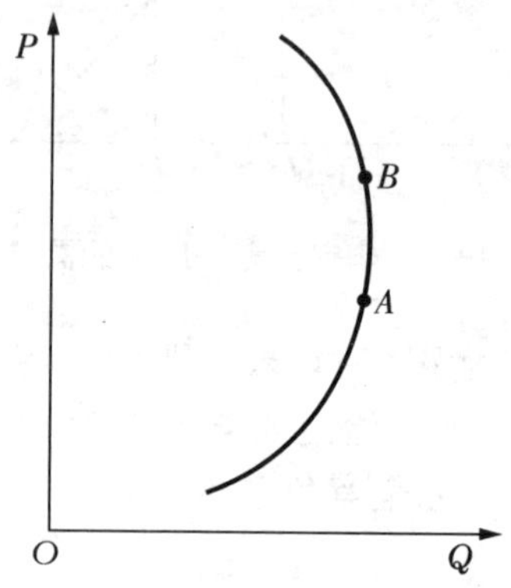

图 9—5　生产要素的供给曲线

生产要素的供给取决于各要素的特点及其所有者的偏好状况。一般说来，各种要素供给与价格呈正相关关系，如图 9—5 中点 A 以下部分。像土地这样的要素供给是固定的，如图从点 A 至点 B 的部分，其供给完全无弹性。在一些特殊情况下，要素供给如图点 B 以上部分所示。当要素价格的提高，使其所有者的收入大大增加时，如劳动的价格提高，其供给曲线可能会向后弯曲。

第二节　劳动和工资

一、劳动与闲暇

假定消费者每天必须睡眠 8 小时。因此，消费者可以自由支配的时间资源每天为固定的 24－8＝16 小时。消费者可能的劳动供给只能来自 16 小时之中，而不能超过它。其最大劳动供给为 16 小时。设劳动供给量为 6 小时，则全部时间资源中的剩余部分为 16－6＝10 小时，可称为闲暇时间。闲暇时间包括除必需的睡眠时间和劳动供给之外的全部活动时间，如用于吃和玩等各种消费活动的时间。在现实生活中，闲暇时间也可用于非市场活动的“劳动”，如干家务活。为简单起见，这里不考虑这种情况。若用 H 表示闲暇，则 $16-H$ 就代表消费者的劳动供给量。因此，劳动供给问题就可以看成是消费者如何决定其固定的时间资源 16 小时中闲暇 H 所占的部分，或者说，是如何决定其全部资源在闲暇和劳动供给两种用途上的分配。

消费者选择一部分时间作为闲暇来享受，选择其余时间作为劳动供给。前者即闲暇直接增加了效用，后者则可以带来收入，通过将收入用于消费再增加消费者的效用。因此，就实质而言，消费者并非是在闲暇和劳动二者之间进行选择，而是在闲暇和劳动收入之间进行选择。或者更一般地说，是在自用时间资源和收入之间进行选择。

二、劳动供给曲线

根据消费者最大效用原则，时间资源在闲暇与劳动之间如何分配呢？如图 9—6 所示。图中横轴 H 表示闲暇，纵轴 Y 表示收入。消费者的初始状态点 E 表示非劳动收入 $\bar{Y}$ 与时间资源总量 16 小时的组合。假定劳动价格即工资为 W_0，则最大可能的收入（劳动收入加非劳动收入）为 $K_0=16W_0+\bar{Y}$。于是消费者在工资 W_0 条件下的预算线为连接初始状态点 E 与纵轴上点 K_0 的直线 EK_0。EK_0 与无差异曲线 U_0 相切，切点为 A。与点 A 对应的最优闲暇量为 H_0，从而劳动供给量为（$16-H_0$）。于是得到劳动供给曲线（见图 9—7）上一点 $a(16-H_0，W_0)$。

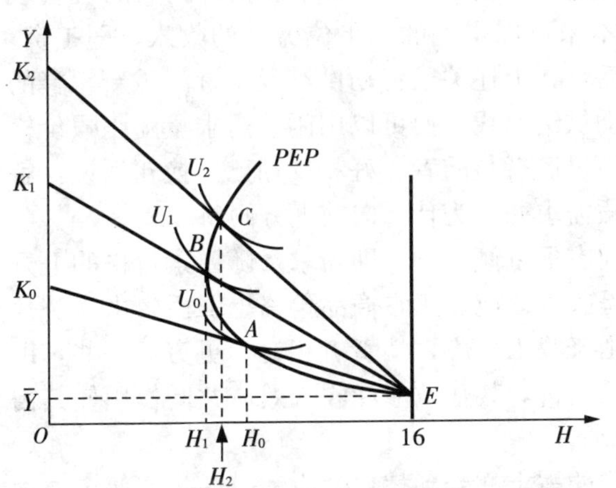

图 9—6　时间资源在闲暇和劳动之间的分配

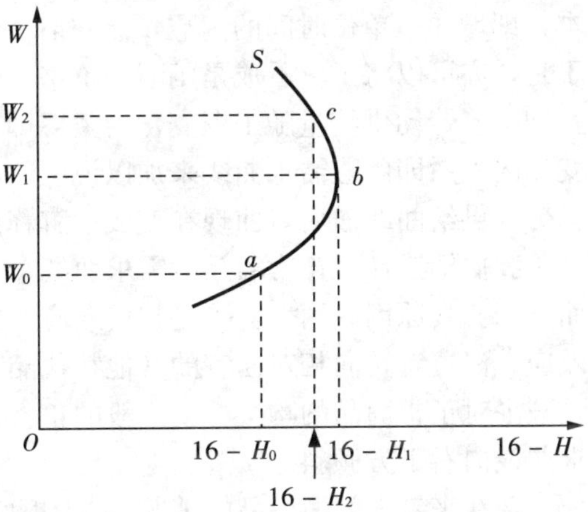

图 9—7　消费者的劳动供给曲线

再回到图 9—6。现在让劳动价格上升到 W_1，再上升到 W_2，则消费者的预算线将绕初始状态点 E 顺时针旋转到 EK_1 和 EK_2，其中 $K_1=16W_1+\bar{Y}$，$K_2=16W_2+\bar{Y}$。预算线 EK_1 和 EK_2 分别与无差异曲线 U_1 和 U_2 相切，切点分别为点 B 和点 C。均衡点 B 和点 C 对应的最优闲暇量分别为 H_1 和 H_2，从而相应的劳动供给量一个为（$16-H_1$），一个为（$16-H_2$）。现又得到劳动供给曲线（见图 9—7）上两点：$b(16-H_1，W_1)$、$c(16-H_2，W_2)$。

重复上述过程，可得到类似于点 A、B 和 C 的其他点。将这些点连接起来，即得到图 9—6 中的价格扩展线 PEP；相应地，在图 9—7 中可得到类似于点 a、b 和 c 的其他点，将所有这些点连接起来，即得到消费者的劳动供给曲线 S。

与一般的供给曲线不同，图 9—7 描绘的劳动供给曲线具有一个鲜明的特点，即它具有一段向后弯曲的部分。当工资较低时，随着工资的上升，消费者为较高的工资所吸引将减少闲暇，增加劳动供给量。在这个阶段，劳动供给曲线向右上方倾斜。但是，工资上涨对劳动供给的吸引力是有限的。当工资涨到 W_1 时，消费者的劳动供给量达到最大。此时如果继续增加工资，劳动供给量非但不会增加，反而会减少。于是劳动供给曲线从工资 W_1 处起开始向后弯曲。

劳动供给曲线的这个特点也可以从图 9—6 中消费者随工资变化对闲暇需求量的变化中看出。由图可知，随着工资的上升，预算线在纵轴上的截距上升，消费者闲暇需求量是先减后增，即从 H_0 减少到 H_1，然后又增加到 H_2。在时间资源总量为既定时，这当然意味着劳动供给量是先增后减，即从 $16-H_0$ 增加到 $16-H_1$，然后又减少到 $16-H_2$。

三、替代效应和收入效应

劳动供给曲线为什么会向后弯曲呢？为了解释这个问题，我们换一个角度来看劳动供给、劳动价格即工资以及它们之间的关系。首先，可以将劳动供给看成是闲暇需求的反面。因为在时间资源总量给定的条件下，劳动供给的增加意味着闲暇需求的减少；反之亦然。二者之间存在反方向变化关系。其次，劳动的价格即工资实际上就是闲暇的机会成本，即增加一单位时间的闲暇，意味着失去本来可以得到的一单位劳动的收入，即工资。于是，亦可以将工资看成是闲暇的价格。最后，在上述关于劳动供给及工资的重新解释的基础上，劳动供给量随工资变化的关系即劳动供给曲线，便可以用闲暇需求量随闲暇价格变化的关系即闲暇需求曲线来加以说明，只不过后者与前者正好相反而已。换句话说，解释劳动供给曲线向后弯曲现在变成了解释闲暇需求曲线为什么向前上方倾斜。

我们知道，对正常商品的需求曲线总是向右下方倾斜的，即需求量随要素价格的上升而下降。其原因有两个：一是替代效应，二是收入效应。正常商品价格上涨后，由于替代效应，消费者转向相对便宜的其他替代品；由于收入效应，消费者相对“更穷”一些，以致减少对正常商品的购买。就一般的正常商品而言，替代效应和收入效应共同作用使其需求曲线向右下方倾斜。

现在来考虑闲暇商品的情况。对闲暇商品的需求亦受到替代效应和收入效应两个方面的影响。先看替代效应。假定闲暇的价格即工资上涨，相对于其他商品而言，闲暇这个商品现在变得更加“昂贵”了（其机会成本上升了）。于是消费者减少对它的“购买”，而转向其他替代商品。因此，由于替代效应，闲暇需求量与闲暇价格呈反方向变化。这一点与其他正常商品一样。再来看收入效应。在这里，闲暇商品完全与众不同。假定其他条件不变，对于一般商品价格上升意味着消费者实际收入下降，但闲暇价格的上升却相反，意味着实际收入的上升。因为消费者此时享有同样的闲暇即提供同样的劳动量可以获得更多的收入。随着收入的增加，消费者将增加对商品的消费，从而亦增加对闲暇商品的消费。结果，由于收入效应，闲暇需求量与闲暇价格的变化方向相同。这样一来，在一般正常商品场合在同一方向起作用的替代效应和收入效应，在闲暇商品场合却起着相反的作用。因此，随着闲暇价格的上升，闲暇需求量究竟是下降还是上升要取决于这两种效应的大小。如果替代效应大于收入效应，则闲暇需求量随其价格上升而下降；反之，如果收入效应大于替代效应，则闲暇需求量随其价格的上升而上升。这就意味着劳动供给曲线向后弯曲。

那么，闲暇价格变化的收入效应会不会超过替代效应呢？对一般商品（不仅是正常品，还包括一部分劣等品）来说，收入效应通常要小于替代效应。消费者消费的商品有很多种，而每一种只占消费者预算的很小部分，而且具有很相近的替代品。因此，单种商品价格变动通常对消费者收入并不造成很大影响，而且非常容易引起消费者的替代行为。例外的情况仅是所谓的吉芬商品。现在讨论的闲暇商品，其情况却有所不同。消费者收入的大部分可能来自劳动供给（当然还有一部分非劳动收入）。假定其他因素不变，闲暇价格即工资的上升会大大增加消费者的收入水平。因此，闲暇价格变化的收入效应较大。如果原来的工资即闲暇价格较低，则此时工资稍稍上涨产生的收入效应不一定能抵消，当然也谈不上超过替代效应。因为此时的劳动供给量亦较小，从而由工资上涨引起的整个劳动收入增量（它等于工资增量与劳动供给量之乘积）并不很大；但如果工资已经处于较高水平（此时劳动供给量也相对较大），则工资上涨引起的整个劳动收入增量就很大，从而可以超过替代效应。于是劳动供给曲线在较高的工资水平上开始向后弯曲。

所有这一切，用一般的语言来说就是：当工资的提高使人们富足到一定程度以后，人们会更加珍视闲暇。因此，当工资达到一定高度而又继续提高时，人们的劳动供给量不但不会增加，反而会减少。

四、工资的决定

将所有单个消费者的劳动供给曲线水平相加，即得到整个市场的劳动供给曲线。尽管许多单个消费者的劳动供给曲线可能会向后弯曲，但劳动的市场供给曲线却不一定也是如此。在较高的工资水平上，现有的工人也许会提供较少的劳动，但高工资也能吸引新的工人进来，因而总的市场劳动供给一般还是随着工资的上升而增加，从而市场劳动供给曲线仍然是向右上方倾斜的。

由于要素的边际生产力递减和产品的边际收益递减，要素的市场需求曲线通常总是向右下方倾斜。劳动的市场需求曲线也不例外。将向右下方倾斜的劳动需求曲线和向右上方倾斜的劳动供给曲线综合起来，即可决定均衡工资水平（见图 9—8）。

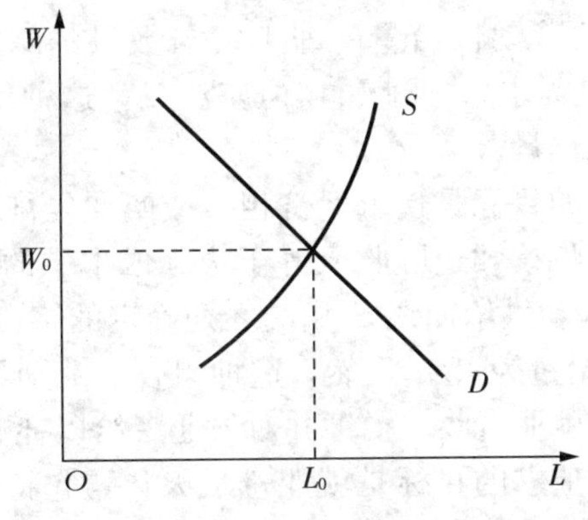

图 9—8　均衡工资的决定

在图 9—8 中，劳动需求曲线 D 和劳动供给曲线 S 的交点是劳动市场的均衡点。该均衡点决定了均衡工资为 W_0，均衡劳动数量为 L_0。因此，均衡工资水平由劳动市场的供求曲线决定，且随着这两条曲线的变化而变化。引起劳动供给曲线变化的原因有如下三个：

(1) 非劳动收入即财富。较大的财富增加了消费者保留时间以自用的能力，从而减少了他的劳动供给。(2) 社会习俗。例如，某些社会中不容许妇女参加工作而只能做家务。改变这个习俗将大大增加劳动供给。(3) 人口。人口的总量及其年龄、性别构成显然对劳动供给有重大影响。

五、工会作用和人力资本

(一) 工会作用

工会组织的存在对劳动价格——工资率的影响与工会追求的目标紧密相关。从经济利益上看，工会的主要目标有三个：(1) 追求工资总额的最大化；(2) 追求经济租金总额最大化；(3) 追求就业人数最大化。这里用图 9—9 加以说明。

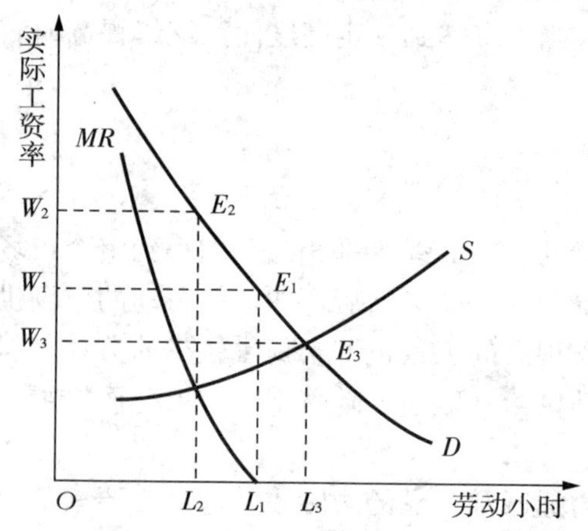

图 9—9 工会的目标与作用

第一种情况，如果工会的目标是追求工资总额（即 $W \cdot L$）的最大化，那么它应选择劳动的边际收入等于零时的劳动供给量，即工资与数量的组合点 E_1，此时的工资率为 W_1，劳动供给量（同时也是需求量）为 L_1。但应注意，这种组合的劳动供大于求，工会必须设法在组织内部分配工作量。

第二种情况，如果工会的目标是追求经济租金或叫"经济利润"（即工资与机会成本的差额）总额的最大化，它将按"边际收入等于边际成本"的利润最大化规则进行决策，选择边际收益曲线 MR 与劳动供给曲线 S 相交之处确定的工资率与数量的组合点 E_2，此时的工资率为 W_2，劳动供给量为 L_2。显然，这种组合的劳动更加供过于求，工会需要采取某种转移收入的措施，对就业者收"税"并对失业者给以补贴。

第三种情况，如果工会追求的目标是就业量最大化，它将选择 E_3 的组合点，此时的工资率为 W_3，劳动供给量为 L_3。这种结果与完全竞争的劳动市场的结果是相同的。在这里 L_3 是劳动的最大供给量，假如工资率低于 W_3，劳动供给量将会减少。

除上述三个目标外，工会还可能追求其他目标。例如，耐用品制造业和建筑业在经济出现周期波动时，产品需求和劳动需求（引致需求）会出现较大波动。为了使会员减小这种就业波动风险，工会常与资方签订合约，以适当降低平时的工资率为代价，以保证经济不景气时的就业与收入。又如，退休金、休假、保险和工作条件等工资以外的附加福利对工人来说也是不可忽视的，而且越来越形成企业劳动投入成本的主要部分。

（二）人力资本

在现实社会中，劳动者在能力上存在着差别。这些差别使劳动者的工资报酬有高低之分。

人力资本是指通过教育和培训而体现在劳动者身上的可赢得收益的技能。这个概念可以解释为什么教育和培训会影响工资，以及人们接受教育和培训或接受多少教育和培训的决定因素是什么。通常所说的资本，如机器、设备和厂房等，它们具有两个特点：（1）它们是投资的结果；（2）它们能在一定时期内产生川流不息的收益。与此类似，个人对自己的投资或者父母对子女的投资是人力资本。通过支付教育费和技能培训费及花费时间，个人在未来就能以更高的工资形式获得报酬。当然，有些时候报酬并不一定以工资形式出现，比如可能是个人从事某种特定职业所得到的快慰等。对企业和雇主来说，不同类型劳动者由于受教育和培训程度不同，他们的边际产品价值也不同，因而付给他们的工资也应不同。下面以受过大学教育的劳动者为例，说明人力资本投资对工资差别的影响。

图 9—10 中，纵轴表示受过大学教育者与没有受过大学教育者的工资差异，横轴表示受过大学教育的劳动者占劳动者的比例。D_0 和 D_1 均为受过大学教育的劳动者的需求曲线。

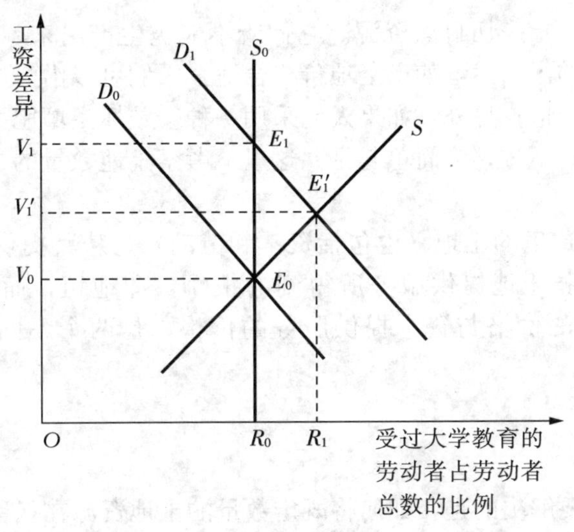

图 9—10　人力资本的工资差异

在短期内，受过大学教育的劳动者占劳动者总数的比例是固定的，因此短期供给曲线 S_0 为一垂直线。该线的位置由过去上过大学的人数决定。虽然受过大学教育的短期劳动供给曲线是垂直的，但在长期内，受过大学教育的劳动者占劳动者总数的比例是可以改变的。一般在长期内，受过大学教育者与没有受过大学教育者的工资差异增大，就可预计有更多的人将接受大学教育。受过大学教育的劳动供给将随着工资差异的增大而增加。这样，受过大学教育的劳动者的长期劳动供给曲线将表现为一条向右上方倾斜的曲线，如图 9—10 中的 S 曲线。

假如开始时，受过大学教育的劳动者的劳动供给曲线为 S_0，需求曲线为 D_0，两线的交点为 E_0，则相应的工资差异为 V_0，相应地受过大学教育的劳动者占劳动者总数的比例为 R_0。这里，E_0 点为短期均衡点。它同时也在长期供给曲线上。

如果，由于经济结构的调整或高科技行业的发展，社会对受过大学教育的劳动需求发生了变化，需求曲线由 D_0 移到 D_1。这样，短期内均衡点就会从 E_0 移动 E_1，受过大学教育的劳动者与没有受过大学教育的劳动者的工资差异在短期内会突然上升，从 V_0 上升到 V_1。这样大的工资差异会吸引人们花费时间和金钱来接受大学教育。几年后，受过大学教育的劳动者占劳动者总数的比例就会上升，这种情况如图中长期供给曲线 S 所示。这时，工资差异从 V_1 降到V_1'，相应地均衡点从 E_1 移到E_1'，受过大学教育的劳动者占劳动者总数的比例为 R_1。

人力资本同其他资本相比有不少特点。例如，人们只能以工资形式将人力资本出租给雇主，而不是如机器设备那样出售；人力资本的折旧方式，依赖于劳动者的健康和寿命长短，而不像固定资产折旧。

第三节　土地和地租

经济学上的土地泛指一切自然资源。它们既不能被生产出来，也不能在数量上减少。因而它们是固定不变的。当然，如果土地价格合适，人们可以沿海岸造陆地、变沙漠为良田，从而“创造”出土地；另外，如果人们采用一种会破坏土壤肥力的方式耕种，则土地也有“毁灭”的可能。不过，为简单起见，这里不考察土地数量的这些变化，而明确假定它是既定不变的。

应该指出的是，这里的土地（也包括资本和劳动）是从其提供服务的角度加以分析的。例如土地价格是指土地提供服务所得到的报酬，即地租，而不是指土地本身的价格。同样，资本本身的价格与资本提供服务的价格，是两个不同的概念，不要将二者混淆。

一、土地的供给

土地所有者首先要解决的是，如何将既定数量的土地资源在保留自用和供给市场这两种用途上进行分配以获得最大的效用。

与供给劳动的情况类似，供给土地本身不直接增加效用。土地所有者供给土地的目的是为了获得土地收入，而土地收入可以用于各种消费目的，从而增加效用。因此，土地所有者实际上是在土地供给所可能带来的收入与自用土地之间进行选择。

土地如果不用来供给市场的话，则可以用来建造花园或高尔夫球场等。土地的这些消费性使用当然能增加土地所有者的效用，就像劳动者在某一场合的闲暇作用一样。不过一般来说，土地的消费性使用只占土地的很微小的一部分，不像时间的消费性使用占去全部时间的一个较大的部分。如果假定不考虑土地消费性使用这个微小部分，即不考虑土地所有者自用土地的效用，则自用土地的边际效用等于零。

换句话说，效用只取决于土地收入而与自用土地数量无关。在这种情况下，为了获得最大效用就必须使土地收入达到最大，而为了使土地收入最大化又要求尽可能多地供给土地（假定土地价格总是为正）。由于土地所有者拥有的土地为既定的，例如为 Q_1，故它将供给 Q_1 数量的土地（无论土地价格 R 是多少）。因此，土地供给曲线将在 Q_1 的位置上垂直（见图 9—11）。

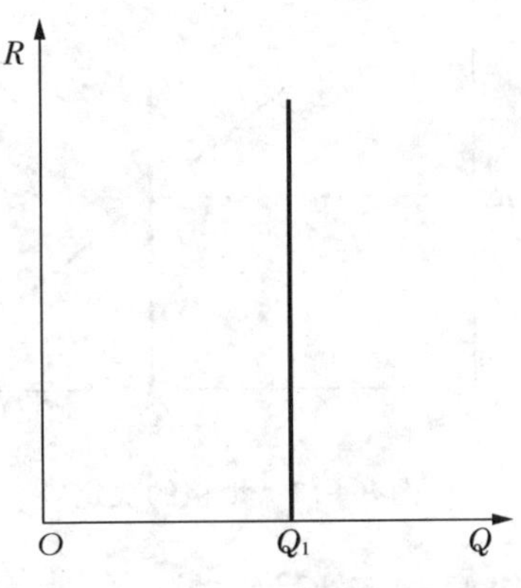

图 9—11　土地的供给曲线

值得注意的是，在上面的讨论中，之所以得出土地供给曲线垂直的结论，并不是因为自然赋予的土地数量是（或假定是）固定不变的，而是因为我们假定了土地只有一种用途即生产性用途，而没有自用用途，没有自用价值。如果土地只有生产性用途，则它对该用途的供给曲线当然是垂直的。事实上，这个结论不仅适用于土地，同样也适用于任何其他要素。

土地数量的固定不变并不能说明土地供给曲线垂直。要使（用于生产的）土地供给曲线垂直，必须假定土地没有自用用途，没有自用价值，或者说，假定土地在生产性使用上的机会成本等于零。这个假定显然并不完全符合实际，因为土地对土地所有者确实有某些消费性用处，尽管这些用处相对于其拥有的全部土地数量来说也许很小。如果将土地的自用价值也考虑进来的话，则土地的供给曲线就可能不再那么垂直，而是略微向右上方倾斜。

当然，还有另一种办法也可以得到土地供给曲线垂直的结论，那就是我们不是像上面那样考虑用于生产目的的土地供给，而是考虑所谓用于一切目的的土地供给，即既包括生产性使用，也包括消费性自用的土地供给。在这种情况下，则土地的供给就等于供给市场和“供给”给土地所有者自身的两部分之和，于是，它是真正固定不变的了。土地价格的变化只能改变这两个部分的相对大小，但显然不能改变其总和。不过这样一来，我们也可以按同样的逻辑认为其他资源的供给曲线也是垂直的。例如，我们可以将闲暇也看成是劳动的一种方式，于是全部劳动供给分为供给市场的和自用的两部分。这样定义的劳动供给显然也是固定的，它不因劳动价格变化而变化。显而易见，这种解释对经济分析并无多大用处。真正有意义的供给曲线总是指为市场目的而提供的供给，不包括自用部分。

二、地租的决定

将所有单个土地所有者的土地供给曲线水平相加，即得到整个市场的土地供给曲线。再将向右下方倾斜的土地的市场需求曲线与土地供给曲线结合起来，即可决定使用土地的均衡价格（见图 9—12）。

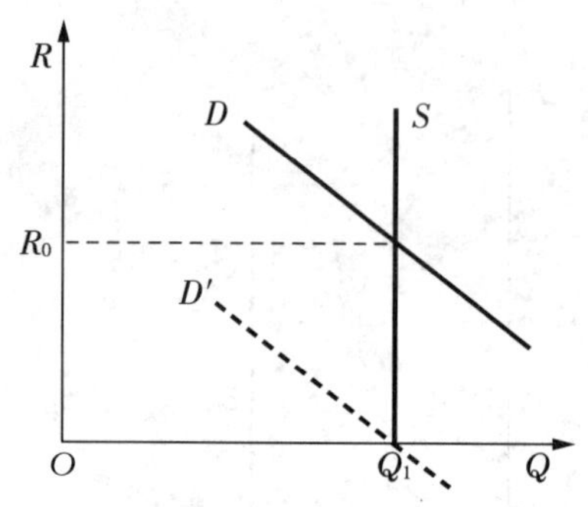

图 9—12　地租的决定

图 9—12 中，土地需求曲线 D 与土地供给曲线 S 的交点是土地市场的均衡点。该均衡点决定了土地服务的均衡价格 R_0。特别是，如果假定土地没有自用价值，则单个土地所有者的土地供给曲线为垂直线，故市场的土地供给曲线亦为垂直线。

土地供给曲线与需求曲线的交点所决定的土地服务价格，人们常常称其为地租。在土地供给曲线垂直且固定不变条件下，地租的多寡完全由土地的需求曲线决定。地租随着需求曲线的上升而上升，随着需求曲线的下降而下降。如果需求曲线下降到 D'，则地租将消失，即等于零。

根据上述地租决定理论，可以给出一个关于地租产生的解释。假设一开始时，土地供给量固定不变为 Q_1，对土地的需求曲线为 D'，从而地租为零；现在由于技术进步使土地的边际生产力提高，或由于人口增加使粮食需求增加、进而使粮食价格上涨，对土地的需求曲线便开始向右侧移动，从而地租开始出现。因此，可以这样来说明地租产生的（技术）原因：地租产生的根本原因在于土地的稀少，供给不能增加；如果给定了不变的土地供给，则地租产生的直接原因就是土地需求曲线的右移。土地需求曲线右移是因为土地的边际生产力提高或土地产品（如粮食）的需求增加进而粮价提高。如果假定技术不变，则地租就由土地产品价格的上升而产生，且随着产品价格的上涨而不断上涨。

三、租金

地租是当土地供给固定不变时的土地服务价格，因而地租只与固定不变的土地有关。但在很多情况下，不仅土地可以看成固定不变的，而且有许多其他资源在某些情况下，也可以看成是固定不变的。例如某些人的天赋才能，就如土地一样，其供给是自然固定的。这些固定不变的资源也有相应的服务价格。这种服务价格显然与土地的地租非常类似。为与特殊的地租相区别，可以把这种供给同样固定不变的一般资源的服务价格叫做“租金”①。换句话说，地租是当所考虑的资源为土地时的租金，而租金则是一般化的地租。

（一）准租金

租金以及特殊的地租均与资源的供给固定不变相联系。这里的固定不变显然对（经济学意义上的）短期和长期都适用。但是，在现实生活中，有些生产要素尽管在长期中可变，但在短期中却是固定的。例如，由于厂商的生产规模在短期内不能变动，其生产要素对厂商来说就是固定供给的。它不能从现有的用途中退出而转到收益较高的其他用途中去，也不能从其他相似的生产要素中得到补充。这些要素的服务价格在某种程度上也类似于租金，通常被称为准租金。所谓准租金就是对供给量暂时固定的生产要素的支付，即固定生产要素的收益。准租金可以用厂商的短期成本曲线来加以分析（见图 9—13）。

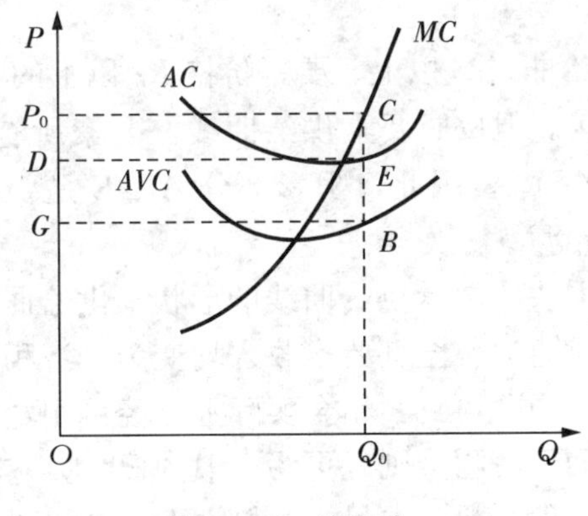

图 9—13　准租金

图 9—13 中，MC、AC、AVC 分别表示厂商的边际成本、平均成本和平均可变成本。假定产品价格为 P_0，则厂商将生产 Q_0。这时的可变总成本为面积 $OGBQ_0$，它代表了厂商对生产 Q_0 所需的可变生产要素量而必须作出的支付。固定要素得到的则是剩余部分 GP_0CB。这就是准租金。

如果从准租金 GP_0CB 中减去不变总成本 $GDEB$，则得到经济利润 DP_0CE。可见，准租金为不变总成本与经济利润之和。当经济利润为零时，准租金便等于不变总成本。当厂商有经济亏损时，准租金也可能小于不变总成本。

（二）经济租金

要素固定供给意味着，要素价格的下降不会减少该要素的供给量。或者更进一步，要素收入的减少不会减少该要素的供给量。据此，也可以将租金看成是这样一种要素收入：其数量的减少不会引起要素供给量的减少。有许多要素的收入尽管从整体上看不同于租金，但其收入的一部分却可能类似于租金，亦即如果从该要素的全部收入中减去这一部分并不会影响要素的供给。我们将这一部分要素收入叫做“经济租金”。

经济租金的几何解释类似于所谓的生产者剩余（见图 9—14）。

---

① 有时，租金一词被用来泛指一般资源的服务价格，而不管该资源的供给如何。

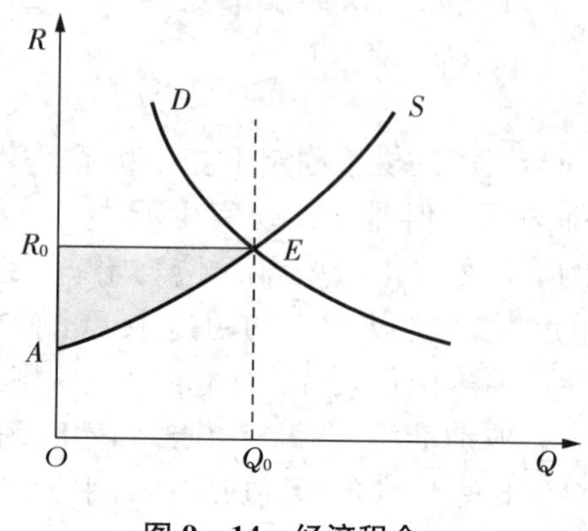

图 9—14　经济租金

图 9—14 中，要素供给曲线 S 以上、要素价格 R_0 以下的阴影区域 AR_0E 为经济租金。要素的全部收入为 OR_0EQ_0。但按照要素供给曲线，要素所有者为提供 Q_0 要素所愿意接受的最低要素收入却是 $OAEQ_0$。因此，阴影部分 AR_0E 是要素的"超额"收益，即使去掉，也不会影响要素的供给量。

经济租金的大小显然取决于要素供给曲线的形状。供给曲线越陡峭，经济租金部分就越大。特别是当供给曲线垂直时，全部要素收入均变为经济租金，它恰好等于租金或地租（回忆租金及地租的定义）。由此可见，租金实际上是经济租金的一种特例，即当要素供给曲线垂直时的经济租金，而经济租金则是更为一般的概念，它不仅适用于供给曲线垂直的情况，也适用于不垂直的一般情况。在另一个极端上，如果供给曲线成为水平的，则经济租金便完全消失。

总之，经济租金是要素收入（或价格）的一部分，该部分并非为获得该要素于当前使用中所必须，它代表着要素收入中超过其在其他场所所可能得到的收入部分。简言之，经济租金等于要素收入与其机会成本之差。

第四节　资本和利息

一、资本和利息的定义

资本是由经济制度本身生产出来并用作投入要素以便生产更多商品和劳务的物品。作为生产服务的源泉，资本本身具有一个市场价格，即所谓资本价值。例如，一台机器、一幢建筑物在市场上可按一定的价格出售；另外，资本也与土地和劳动等其他要素一样，可以在市场上被租借（注意不是出售）出去。因此，为生产服务的资本也有一个价格，即使用资本（或资本服务）的价格，或者说，资本所有权的价格。这个价格通常称为利率，并用 r 来表示。

例如，一台价值1 000元的机器被使用一年得到的收入为 100 元。用这个年收入来除以机器本身的价值即得到该机器每单位价值服务的年收入：100÷1 000＝10%。这就是该机器服务的价格或年利率：$r=10\%$。

由此可见，资本服务的价格或利率等于资本服务的年收入与资本价值之比。用公式表示为：

$$r=\frac{Z}{P}$$

式中，Z 为资本服务的年收入；P 为资本价值。

对于不同的资本来说，它们的价值或者年收入可能并不相同，但年收入与资本价值的比率却有趋向于相等的趋势。例如，假设资本 A 具有较高的利率，则人们将去购买它，从而它的市场价格即资本价值被抬高，于是它的利率将下降。这一过程一直继续下去，直到 A 的利率与其他资本的利率相等时为止。

二、名义利率和实际利率

我们上面所定义的利率是以名义单位衡量的，而不是以树、鱼或酒的实物单位计算的。利息就是以每年每美元投资计量的收益。但美元可能成为扭曲的尺度。随着通货膨胀引起的价格总水平的提高，鱼、树和酒类的价格每年都在变。因此，我们需要找到资本的实际收益率，它能衡量我们今天放弃的货物量所能换取的明天的货物量。

例如，一项投资获得了10%的名义或货币的收益率，今年投入100美元，明年获得110美元。然而在这一年内，价格水平提高了6%，根据你能购买货物的实际数量计算，你的实际收益率不是10%，而是10%－6%＝4%。换句话说，如果你打算在今日借出100个单位的货物，明年只能得到104个单位的货物。

在货币经济中，我们必须按实际利率，而不是货币或名义利率衡量资本利润率。

实际利率是指名义利率减去通货膨胀率。

在高通货膨胀时期，实际利率和名义利率的差异是很引人注目的。1979—1980年，美国的名义利率高达每年12%。但在扣除通货膨胀率之后，实际利率几乎为零。这种差别表明要在投资时记住实际和名义收益率的差别的重要性。

三、利率的决定

（一）短期利率的决定

资本与土地及劳动的一个根本区别是，资本的数量是可以变化的，即它可以被人们的经济活动创造出来。单个资本所有者完全可以在不影响其他人资本拥有量的情况下，来增加自己的资本量。他可通过储蓄，即保留其收入的一部分不用于当前消费。当一个人进行储蓄而非消费时，他就增加了自己的资本拥有量。

虽然资本数量的变化是由于储蓄的结果，但储蓄是一个流量，要通过储蓄来显著地改变资本存量通常需要相当长的时间。如同涓涓细流不断流入一个大水库，需经过一段相当长时间才能显著改变水库的水位。从短期来看，储蓄当然还是在增加资本，但增加的数量与原有的庞大资本存量相比可能微不足道。特别是在一个非常短的时期，例如从一个时点上来考察，则储蓄流量趋向于零，而资本存量为固定不变。因此，这里假定短期中资本存量固定不变。在这一条件下，若资本的自用价值为零，则资本的短期供给曲线便是一条垂直线。

根据短期资本供给和需求曲线，可以说明利率的决定（见图 9—15）。

图 9—15 中，过去的投资已产生了一定的资本存量，以垂直的短期供给曲线 SS 来表示。企业将按向下倾斜的需求曲线 DD 所表示的方式产生对资本品的需求。

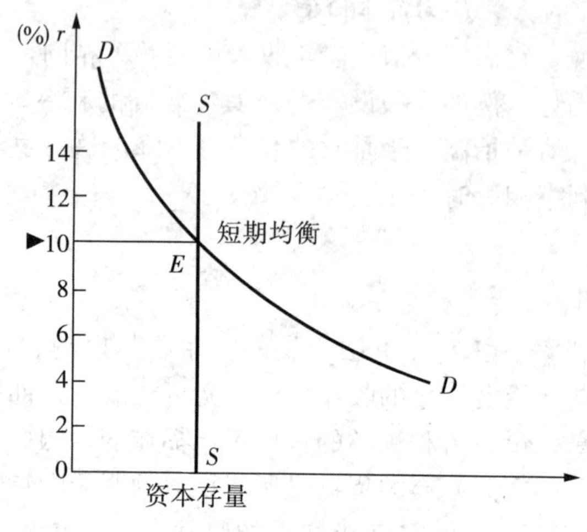

图 9—15　短期利率的决定

在点 E 即供给曲线和需求曲线的相交点，恰好将资本数量分配给需要资本的企业。在这一短期均衡中，企业愿意以每年 10%的利率借款购买资本品。在这点上，资金的贷款者也会满意于其所供给的资本得到正好是 10%的年利率。

（二）长期利率的决定

如果上述利率被认为是高利率，那么人们就会进行更多的储蓄，则储蓄通过投资将不断转化为资本，从而引起长期资本供给曲线和利率水平发生变动（见图 9—16）。

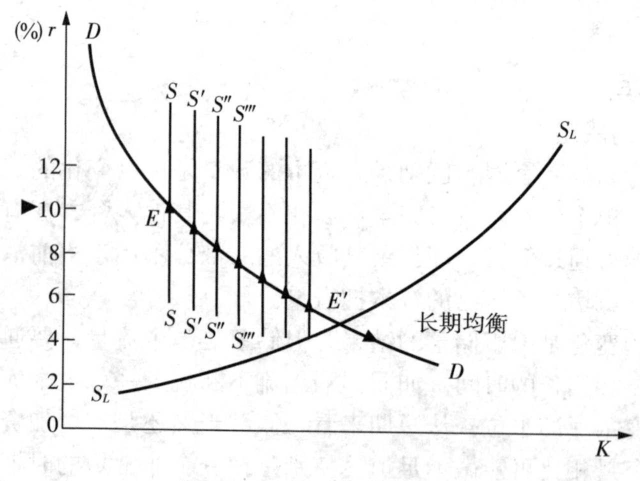

图 9—16　长期利率的决定

图 9—16 中，曲线 S_LS_L 表示资本或资金的长期供给，它向上倾斜说明人们愿意以较高的实际利率供给更多的资金。按 10%的利率，资本的长期供给超过了在点 E 对资本的需求。因而，人们愿意积累更多资本。这意味着在点 E 出现了净资本的形式。所以，由于每年净投资的出现，资本存量总会增加。随着时间推移，经济将慢慢地沿 DD 曲线向右下方移动。如图中箭头所示。

DD 曲线向右下方移动意味着资本存量正在增加，并且短期供给曲线也正在逐年向右推移。在图 9—16 中，实际能见到一排非常细的短期资本供给曲线，如 S、S'、S''、S''' 等，这些曲线表明资本的短期供给是怎样随资本积累而增加的。

同时，由于收益递减，收益率和利率都下降了。由于资本增加，同时其他因素如劳动、土地和技术知识保持不变，增加的资本品存量的收益率降到越来越低的水平上。

图 9—16 中，DD 曲线与 S_LS_L 曲线相交于点 E'，形成了资本市场上的长期均衡。在这一点上，净储蓄停止了，净资本积累为零，且资本存量不再增长。它表示，企业拥有的资本存量增加与人们所愿提供的资本数量增加相适应。由这一点所决定的利率，便是长期资本市场的均衡利率。

第五节　利润

根据利润的性质和来源，西方经济学将利润分为正常利润、超额利润和垄断利润三种。

一、正常利润

正常利润是企业家才能的价格，也是企业家才能这种生产要素所得到的收入。它包括在成本之中，其性质与工资相类似，也是由企业家才能的需求与供给所决定的。

如前所述，对企业家才能的需求是很大的，因为企业家才能是生产好坏的关键。劳动、资本与土地结合在一起生产出更多产品的决定性因素是企业家才能。而企业家才能的供给又是很小的。并不是每个人都具有企业家的天赋，能受到良好的教育。只有那些有胆识、有能力，又受过良好教育的人才具有企业家才能。所以，培养企业家才能所耗费的成本也是高的。企业家才能的需求与供给的特点，决定了企业家才能的收入，即正常利润必然是很高的。可以说，正常利润是一种特殊的工资，其特殊性就在于其数额远远高于一般劳动所得到的工资。

二、超额利润

超额利润是指超过正常利润的那部分利润，又称为纯粹利润或经济利润。这里的超额利润来源于承担风险和创新，是同经济生活中的不确定性相联系的。

（一）承担风险的超额利润

未来具有不确定性，人们对未来的预测可能发生失误，因此风险是普遍存在的。在生产中，由于供求关系难以预料的变动，自然灾害、政治运动，以及其他偶然事件的影响，也存在风险。不过，这里的风险是指不可进行保险的风险。① 例如，公司可能对商业周期高度灵敏。在商业周期中总产出上升或下降时，公司收益会有很大波动，具有风险。投资者厌恶风险，需要对这种不确定性投资予以补偿，以酬报其对风险的承担。

（二）创新的超额利润

不确定性带来超额利润的另一途径是通过创新和企业精神得到的。

在技术无变化的稳定世界里，大量竞争者的自由进入，促使价格降到成本水平上。在这种环境下，持久的利润仅仅就是竞争性工资、租金、地租和承受风险的收益。

然而，我们并不居住在这种梦幻的世界里。实际上，具有新的观念和专利的人们能够推动新产品的出现，或降低以前产品的成本。我们把做这样一些事情的人称为创新者或企业家。我们可以把创新的利润，即超额利润定义为创新者或企业家所得到的暂时的超额收益。创新者意味着什么呢？这种人不可以与经理混为一谈，经理们管理着大大小小的公司，而不拥有其公司资产的较大部分。创新者则不同，他们具有眼光，有创造力，在经营中勇于引入新思想。在历史上有一些伟大的发明家，如贝尔发明了电话，爱迪生发明了电灯，卡尔松发明了静电印刷术。一些发明家从他们的经营活动中积聚了大量的财富。在现代社会中有史蒂文·乔布发明了苹果牌电脑，米切·凯波由于在劳特斯公司发明了扩展表格系统而腰缠万贯。然而，在每一个成功的创新者身后，都有许多人在追求名誉和财富的道路上失败了。尝试者众，而成功者寡。

每一位成功的创新者都创造了一个暂时的垄断领域，短时期内可以赚取创新的利润。这些利润的赚取只是暂时的，而且很快就被对手或模仿者竞争掉。然而，当一种创新利润的来源消失时，另一种新的来源就会诞生。只要技术不断变化，创新的利润就会继续存在。

三、垄断利润

垄断利润也是超额利润的一种。不过，它不是来源于不确定性，而是由垄断造成的。

在非完全竞争的市场中，企业通过提高价格可获得高于正常水平的利润。例如，某种贵重药品专利的唯一拥有者，或某一城市获得出租有线电视的独家特许权者，均可将价格提高到边际成本以上来赚取垄断利润。

第六节　洛伦兹曲线

分配理论除了要素价格决定理论之外，还包括收入分配的不平均程度理论等。为了研究国民收入在国民之间的分配，美国统计学家洛伦兹（Lorenz）提出了著名的洛伦兹曲线。洛伦兹首先将一国总人口所得到的收入由低到高排队，然后考虑收入最低的任一百分比人口所得到的收入百分比，如收入最低的20%人口、40%人口等，所得到的收入比例分

① 可进行保险的风险是一种通过购买保险而得到解决的风险，是企业经营中的正常风险，其保险应视为成本。

别为 3%、7.5%等（见表 9—1）。

表 9—1　　收入分配比例（%）

人口累计百分比	收入累计百分比
0	0
20	3
40	7.5
60	29
80	49
100	100

将表 9—1 的人口累计百分比和收入累计百分比的对应关系描绘在图形上，即得到洛伦兹曲线（见图 9—17）。

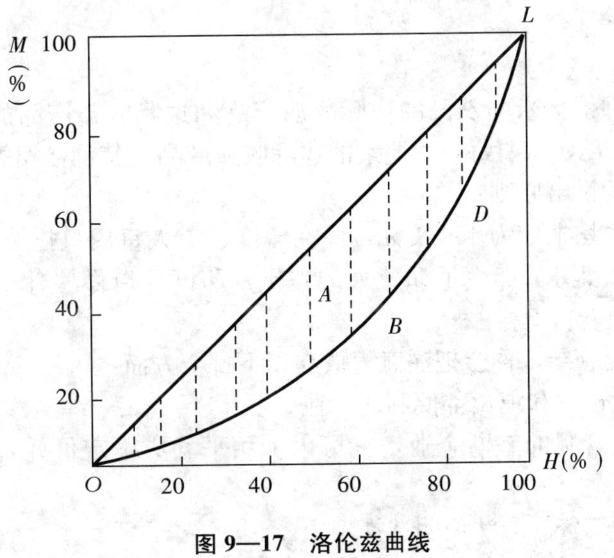

图 9—17　洛伦兹曲线

图 9—17 中，横轴 OH 表示人口（按收入由低到高分组）的累计百分比，纵轴 OM 表示收入的累计百分比，ODL 为该图的洛伦兹曲线。由该曲线（或表 9—1）可知，在这个国家中，收入最低的 20%人口所得到的收入仅占总收入的大约 3%；而收入最低的 80%人口所得到的收入还不到总收入的一半。

显而易见，洛伦兹曲线的弯曲程度具有重要意义。一般来说，它反映了收入分配的不平均程度。弯曲程度越大，收入分配程度越不平均；反之亦然。特别是，如果所有收入都集中在某一个人手中，而其余人口均一无所获时，收入分配达到完全不平均，洛伦兹曲线成为折线 OHL；另一方面，如果任一人口百分比均等于其收入百分比，从而人口累计百分比等于收入累计百分比，则收入分配就是完全平均的，洛伦兹曲线成为通过原点的 45°线 OL。

一般来说，一个国家的收入分配，既不是完全不平均，也不是完全平均，而是介于两者之间；相应的洛伦兹曲线，既不是折线 OHL，也不是 45°线 OL，而是像ODL那样向横轴凸出，尽管凸出的程度有所不同。收入分配越不平均，洛伦兹曲线就越是向横轴凸出，从而它与完全平均线 OL 之间的面积就越是大。因此，可以将洛伦兹曲线与 45°线之间的部分 A 叫做“不平均面积”；当收入分配达到完全不平均时，洛伦兹曲线成为折线 OHL，OHL 与 45°线之间的面积 $A+B$ 就是“完全不平均面积”。不平均面积与完全不平均面积之比，称为基尼系数，它是衡量一个国家贫富差距的标准。若设 G 为基尼系数，则：

$$G=\frac{A}{A+B}$$

当 $A=0$ 时，基尼系数等于 0，这时收入绝对平均。

当 $B=0$ 时，基尼系数等于 1，这时收入绝对不平均。

基尼系数总是大于 0 而小于 1。基尼系数越小，收入分配越平均；基尼系数越大，收入分配越不平均。

【思考题】

1. 试给出一位种植玉米的农民的边际物质产品和边际收益产品的定义。用常识说明为什么利润达到最大化，需要每一种要素的边际收益产品与其价格相等。

2. 什么是要素的供给原则？

3. 在美国，周平均报酬为 450 美元，而在印度，工人每周只挣 20 美元，是什么力量致使两国的劳动供给和需求产生了如此大的差别？印度可以做些什么事情来提高其工资水平？

4. 如果你是工会领导，你会把注意力放在以下哪个方面：

(1) 许多小企业进入和退出都便利的产业。

(2) 一个经营受管制的垄断企业，它可以采用平均成本定价并且产品非常缺乏需求弹性。

请参考工会提高工资的方法说明选择理由。

5. 土地的供给曲线为什么垂直？解释地租、租金、准租金、经济租金及其特征。

6. 说明利润及其来源。

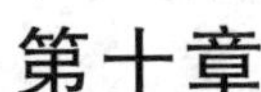

第十章

一般均衡理论

微观经济学不只是局限于单个经济单位、单个经济行为的研究，而且也要研究单个经济单位、单个经济行为之间的关系及其相互影响。前者的研究属于局部均衡分析，后者则是一般均衡分析。本章要说明什么是一般均衡，一般均衡的条件，帕累托最优和完全竞争的市场最有效率；然后介绍投入产出分析方法。

第一节　局部均衡与一般均衡

在前几章中，我们只研究“树木”，不研究“森林”，仅孤立地分析单个的市场。在那里，我们假设每一个市场都是独立的。特别是假设一个市场的价格对其他市场的价格不产生影响，或假设其他价格不变；每一个市场中的价格与数量都是由各自的供给和需求决定的，其供给和需求曲线不受其他市场的影响。在这一假设的基础上，我们详细考察了单个决策单位的行为和单个市场的运行。

但是在现实的经济社会中，任何一个市场上的变化都会影响到其他市场，而且在某些情况下，这种影响是相当大的。首先，各种商品市场之间存在着相互影响。例如，当西红柿市场发生变化时，不可能对其他市场没有任何影响，也不可能不受其他市场相应调整时的反馈性影响。其次，一种商品的市场及其价格与用以生产这种商品的各种生产要素的市场及其价格之间存在着相互影响。再次，用以生产其他商品的生产要素市场，与我们所研究的某一特定商品市场之间也存在某种相互影响。

为说明一种商品市场与其他市场之间的相互影响及一般均衡的概念，我们假设一个使用两种生产要素，生产两种商品，从而有四个市场的经济（见图10—1）。

在图 10—1 中，图 10—1（a）表示西红柿市场，图 10—1（b）表示生产西红柿的劳动市场，图 10—1（c）表示与西红柿相关的黄瓜市场，图 10—1（d）表示生产黄瓜的劳动市场。假定在开始时，这四个市场全部实现了均衡，也即实现了一般均衡。每一市场的均衡

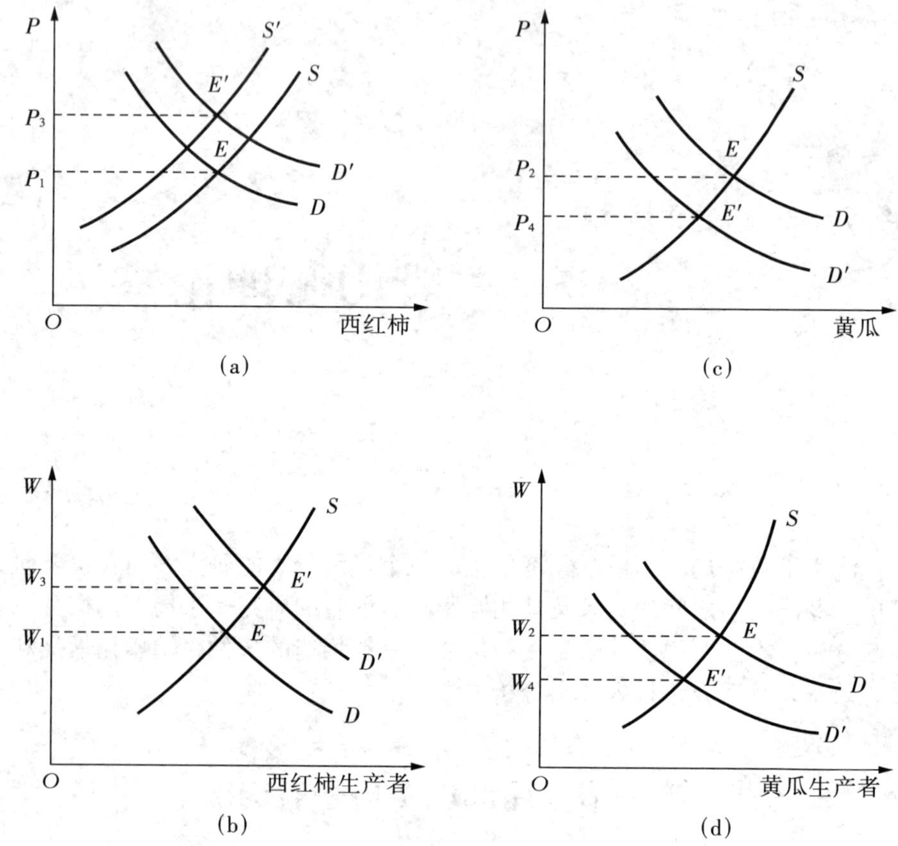

图 10—1　各个市场间的相互影响与一般均衡

点为各自需求曲线 D 与供给曲线 S 的交点 E。西红柿市场的均衡价格为 P_1，生产西红柿的劳动市场均衡价格即工资为 W_1，黄瓜市场的均衡价格为 P_2，生产黄瓜的劳动市场均衡价格即工资为 W_2。如果不存在任何方面的变化，这种一般均衡状态将会持续下去。

假定在某一时点上，科学家发现西红柿可以预防癌症，于是所有的人都决定多吃西红柿。这一发现的结果，首先会使西红柿的需求增加，从而使西红柿的需求曲线由原来的 D 移动至 D'。根据我们前面有关章节的分析，这一变化会引起西红柿价格的上升。在前面有关章节中，分析就此为止。然而，在现实经济中，事情并未结束。由于西红柿的价格提高，生产西红柿的劳动边际收益随之提高，因而会使这类劳动的需求增加，从而使图 10—1（b）中的劳动需求曲线相应地由 D 移动到 D'。这又使生产西红柿的劳动工资提高，工资成本的上升又使西红柿的供给由原来的 S 移动到 S'。在消费者增加对西红柿的需求时，他们可能会相应地减少对黄瓜的需求，使黄瓜的需求曲线由 D 移动到 D'，从而导致黄瓜的价格下降。而这又会使生产黄瓜的劳动需求下降，使其工资水平相应地降低。

我们可以沿此思路，继续推演出黄瓜价格下降对西红柿市场的影响，以及生产黄瓜的劳动工资下降，使其转入西红柿生产，从而使生产西红柿的劳动供给曲线向外移动。但这只会使我们的论述更为烦琐，而无助于理论的说明。因此我们可以忽略这些进一步的影响。

最后，图 10—1 中的全部四个市场将达到一个新的均衡状态，其各自的均衡点为 E'。在这一新的均衡状态下，西红柿的价格上升至 P_3，西红柿生产者的工资上升至 W_3；黄瓜的价格下降至 P_4，黄瓜生产者的工资下降至 W_4。

上述例子说明，在运转良好的完全竞争市场体系中，发生任何一种冲击之后，所有的市场都将作出相应的调整，最终将重新建立起一个新的均衡价格体系，使每个市场上的供给量与需求量相等，即达到一个新的一般均衡状态。

第二节　帕累托最优状态标准

西方经济学家以帕累托最优状态作为判别整个市场资源配置最优化的标准。

帕累托（V. Pareto）是意大利经济学家。他在 19 世纪末到 20 世纪初，提出了帕累托最优状态标准及帕累托改进。他认为，在分配标准既定时，现状的改变如果使每个人的福利都增进了，这种改变就有利；如果使每个人的福利都减少了，这种改变就不利；如果使一些人福利增加进而使另一些人福利减少，对整个社会来说不能认为这种改变有利。换句话说，当整个市场处于任何改变都不可能使一个人的状况变好而其他人状况不变坏的状态时，为帕累托最优状态。

帕累托最优状态标准也称帕累托标准。当整个市场满足帕累托标准时，则被认为有经济效率；反之，缺乏经济效率。

依据帕累托标准，社会应实行所有能使某些人受益，而不会使任何人受损的改革。这种改革被称为帕累托改进。

资源配置要达到帕累托最优状态，需要具备三个条件：交换的最优条件、生产的最优条件和交换与生产的最优条件。

一、交换的最优条件

这里假定整个市场有两种既定数量的产品在两个单个消费者之间进行分配。

假定两种产品分别为 X 和 Y，其既定数量为 $\overline{X}$ 和 $\overline{Y}$。两个消费者分别为 A 和 B。下面用埃奇渥斯盒状图来分析这两种产品在两个消费者之间的分配（见图 10—2）。

盒子的水平长度表示整个经济中第一种产品 X 的数量 $\overline{X}$，盒子的垂直高度表示第二种产品 Y 的数量 $\overline{Y}$。O_A 为第一个消费者 A 的原点，O_B 为第二个消费者 B 的原点。从 O_A 水平向右测量消费者 A 对第一种商品 X 的消费量 X_A，垂直向上测量它对第二种商品 Y 的消费量 Y_A；从 O_B 水平向左测量消费者 B 对第一种商品 X 的消费量 X_B，垂直向下测量它对第二种商品 Y 的消费量 Y_B。并且，$X_A+X_B=\overline{X}$，$Y_A+Y_B=\overline{Y}$。

现在在埃奇渥斯盒状图中任选一点表示两种商品在两个消费者之间的一个初始分配。例如，选择点 a。由于假定效用函数是连续的，故点 a 必然处于消费者 A 的某条无差异曲

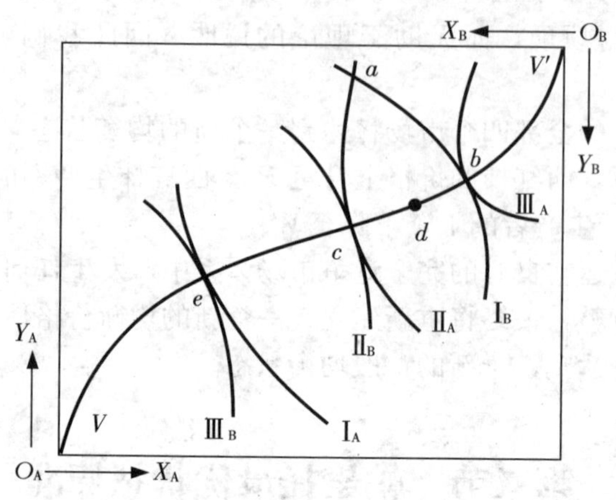

图 10—2 交换的最优条件

线上，同时也处于消费者 B 的某条无差异曲线上，即消费者 A 和 B 分别有一条无差异曲线经过点 a。因此，这两条无差异曲线或者在点 a 相交，或者在点 a 相切。假定两条无差异曲线在点 a 相交（如图 10—2 所示，点 a 是无差异曲线 $Ⅱ_A$ 和 $Ⅰ_B$ 的交点）。容易看出，点 a 不可能是帕累托最优状态。这是因为，通过改变该初始分配状态，例如从点 a 变动到点 b，则消费者 A 的效用水平从无差异曲线 $Ⅱ_A$ 提高到 $Ⅲ_A$，而消费者 B 的效用水平并未变化，仍然停留在无差异曲线 $Ⅰ_B$ 上。因此，在点 a 仍然存在帕累托改进的余地。当然，在点 a 还存在其他形式的帕累托改进。例如，从点 a 变动到点 c，则消费者 A 的效用水平不变，它仍然在无差异曲线 $Ⅱ_A$ 上，但消费者 B 的效用水平却得到了提高，即从无差异曲线 $Ⅰ_B$ 提高到 $Ⅱ_B$。而如果让点 a 变动到点 d，则消费者 A 和 B 的效用水平均会提高。由此得到结论：在交换的埃奇渥斯盒状图中，任意一点，如果它处在消费者 A 和 B 的两条无差异曲线的交点上，它就不是帕累托最优状态，因为在这种情况下，总存在帕累托改进的余地，即总可以改变该状态，使至少有一个人的状况变好而没有人的状况变坏。

如果假定初始的产品分配状态处于两条无差异曲线的切点，如点 c 上，则容易看出此时不存在任何帕累托改进的余地，即它们均为帕累托最优状态。

无差异曲线的切点不只是点 c 一个。点 b 和点 e 以及其他许多未在图 10—2 中画出的点也都是无差异曲线的切点，从而都代表帕累托最优状态。所有无差异曲线的切点的轨迹构成曲线 VV'，叫做交换的契约曲线（或效率曲线），它表示两种产品在两个消费者之间的所有最优分配（即帕累托最优状态）的集合。

从交换的帕累托最优状态可以得到交换的帕累托最优条件。我们知道，交换的帕累托最优状态是无差异曲线的切点，而无差异曲线相切的条件是在该点上两条无差异曲线的斜率相等。本书第五章第三节已经说明：无差异曲线的斜率的绝对值又叫做两种商品的边际替代率（更准确地说，是商品 X 代替商品 Y 的边际替代率）。因此，交换的帕累托最优状态的条件可以用边际替代率的术语来表示：要使两种商品 X 和 Y 在两个消费者 A 和 B 之间的分配达到帕累托最优状态，则对于这两个消费者来说，这两种商品的边际替代率必须相等。

二、生产的最优条件

生产的最优条件研究的是两种既定数量的要素在两个生产者之间的分配情况。假定这两种要素分别为L和K，其既定数量为$\overline{L}$和$\overline{K}$，两个生产者分别为C和D。于是要素L和K在生产者C和D之间的分配状况亦可以用埃奇渥斯盒状图来表示（见图10—3）。

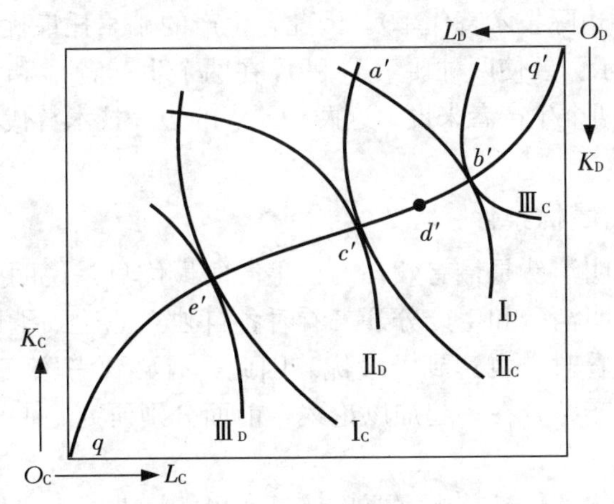

图10—3　生产的最优条件

在图10—3中，盒子的水平长度表示整个经济中第一种要素L的数量$\overline{L}$，盒子的垂直高度表示第二种要素K的数量$\overline{K}$。O_C为第一个生产者C的原点；O_D为第二个生产者D的原点。从O_C水平向右测量生产者C对第一种要素L的生产消费量L_C，垂直向上测量它对第二种要素K的生产消费量K_C；从O_D水平向左测量生产者D对第一种要素L的生产消费量L_D，垂直向下测量它对第二种要素K的生产消费量K_D。并且，$L_C+L_D=\overline{L}$，$K_C+K_D=\overline{K}$。

在埃奇渥斯盒中的全部可能的要素分配状态中，哪一些是最优状态呢？

现在在埃奇渥斯盒中任选一点如点a'。由于假定生产函数是连续的，故点a'必然处于生产者C和D的等产量线的交点或切点上。假定点a'是等产量线的交点（如图10—3所示，点a'是等产量线Ⅱ_C和Ⅰ_D的交点）。容易看出，点a'不可能是帕累托最优状态。这是因为，通过改变该初始分配状态，例如让点a'变动到点b'，则生产者C的产量水平会从等产量线Ⅱ_C提高到Ⅲ_C，而生产者D的产量水平并未变化，仍然停留在等产量线Ⅰ_D。因此，在点a'上仍然存在帕累托改进的余地。此外，让点a'变动到点c'，则生产者C的产量未提高，但生产者D的产量却提高了。如果让点a'变动到点d'，则生产者C和D的产量均会提高。由此得到结论：在生产的埃奇渥斯盒状图中的任意一点，如果它处在生产者C和D的两条等产量线的交点上，它就不是帕累托最优状态。

同时，如果假定初始的要素分配状态处于两条等产量线的切点如点c'上，则容易看出此时不存在任何帕累托改进的余地，即它们均为帕累托最优状态。

等产量线的切点不只是点 c' 一个，点 b' 和点 e' 等也都是等产量线的切点，从而也都是帕累托最优状态。所有等产量线的切点的轨迹构成曲线 qq'。qq' 曲线叫做生产的契约曲线（或效率曲线），它表示两种要素在两个生产者之间的所有最优分配（即帕累托最优）状态的集合。

从生产的帕累托最优状态可以得到生产的帕累托最优条件。生产的帕累托最优状态是等产量线的切点，而等产量线相切的条件是在该点上两条等产量线的斜率相等。本书第六章第四节可以说明，等产量线的斜率的绝对值又叫做两种要素的边际技术替代率（更准确地说，是要素 L 代替要素 K 的边际技术替代率）。因此，生产的帕累托最优状态的条件可以用边际技术替代率的术语来表示：要使两种要素 L 和 K 在两个生产者 C 和 D 之间的分配达到帕累托最优状态，则对于这两个生产者来说，这两种要素的边际技术替代率必须相等。

三、交换与生产的最优条件

交换的最优只是说明消费是最有效率的；生产的最优只是说明生产是最有效率的。两者的简单并列，只是说明消费和生产分开来看时各自独立地达到了最优，但并不能说明当将交换和生产综合起来看时，也达到了最优。因此，有必要考察交换与生产的最优条件。这里，为了将交换与生产结合在一起加以论述，前面分别研究它们时的那些假定同样适合现在的分析。

考察交换与生产最优条件，首先需要确认生产可能性曲线（见图 10—4）。

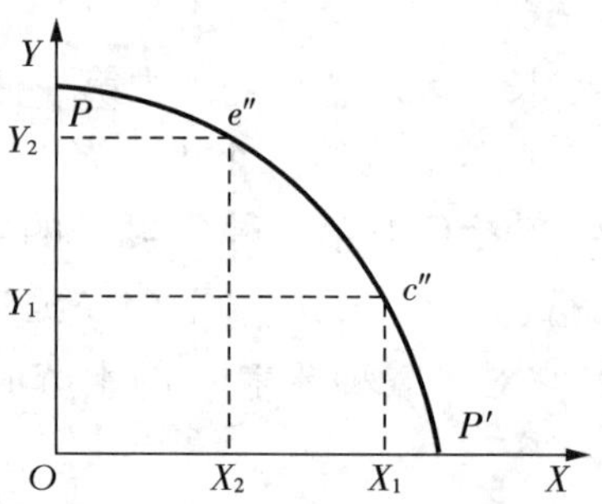

图 10—4　生产可能性曲线

图 10—4 中，横轴表示最优产出量中 X 的数量，纵轴表示最优产出量中 Y 的数量。图 10—4 是根据图 10—3 作出的。例如，对应于图 10—3 中生产契约曲线上的点 c'，最优产出量为（X_1，Y_1），该产出量在图 10—4 中就是图中的点 c''。同样地，对应于生产契约曲线上的点 e'，最优产出量为（X_2，Y_2），该产出量在图 10—4 中就是点 e''。将生产契约曲线上每一点均通过这种方法"变换"到图 10—4 中来，便得到曲线 PP'。曲线 PP' 通常称为生产可能性曲线（或产品转换曲线）。显而易见，生产可能性曲线就是最优产出量集合的几何表示。

在明确了生产可能性曲线后，我们来说明交换与生产的最优条件（见图 10—5）。

在图 10—5 中，生产可能性曲线上点 B 的切线 S 的斜率绝对值是产品 X 在该点上转换为产品 Y 的边际转换率 RPT，交换契约曲线上点 C 是无差异曲线 II_A 和 II_B 的切点。

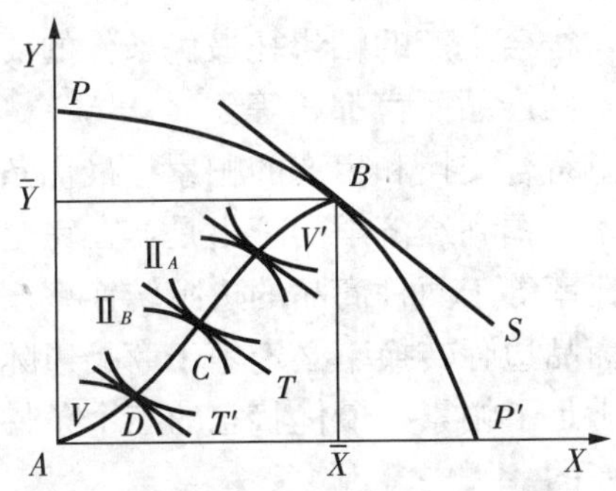

图 10—5　生产和交换的最优条件

$Ⅱ_A$ 和 $Ⅱ_B$ 的共同切线 T 的斜率的绝对值是产品 X 在该点上替代产品 Y 的边际替代率 RCS。切线 S 和 T 可能平行，也可能不平行，即产品的边际转换率与边际替代率可能相等，也可能不等。如果边际转换率与边际替代率不相等，则可以证明这时并未达到生产和交换的帕累托最优状态。例如，假定产品的边际转换率为 2，边际替代率为 1，即边际转换率大于边际替代率。边际转换率等于 2 意味着生产者通过减少 1 单位 X 的生产可以增加 2 单位的 Y。边际替代率等于 1 意味着消费者愿意减少 1 单位 X 的消费来增加 1 单位 Y 的消费。在这种情况下，如果生产者少生产 1 单位 X，从而少给消费者 1 单位 X，却可多生产出 2 单位的 Y。从多增加的 2 单位 Y 中拿出 1 单位给消费者即可维持消费者的满足程度不变，从而多余的 1 单位 Y 就代表了社会福利的净增加。这就说明了如果产品的边际转换率大于边际替代率，则仍然存在帕累托改进的余地，即仍未达到生产和交换的帕累托最优状态。若产品的边际交换率小于边际替代率，其道理亦然。

只有产品的边际替代率等于边际转换率，经济才达到交换与生产的最优状态。例如，在图 10—5 中的交换契约曲线上，点 D 的边际替代率与生产可能性曲线上点 B 的边际转换率相等，因为过点 D 的无差异曲线的切线 T' 与过点 B 的生产可能性曲线的切线 S 恰好平行。因此，点 D 满足生产和交换的帕累托最优条件。

第三节　完全竞争市场最有效率

福利经济学认为，完全竞争市场机制符合帕累托最优条件。

（1）完全竞争市场机制符合交换的帕累托最优条件。由于在完全竞争的条件下，消费者为了获取最大满足必须要遵循两种商品边际替代率等于两种商品的价格比率的原则。并且，两种商品的价格和价格比率对所有消费者都相同。从而满足了交换的帕累托最优条件，即任何两种商品的边际替代率对所有消费者都相等。

（2）完全竞争市场机制符合生产的帕累托最优条件。福利经济学认为，在完全竞争条件下，生产者为了获得最大利润都要遵循两种要素的边际技术替代率等于两种要素的价格比率的原则。并且，由于要素市场是完全竞争的市场，两种要素的价格和价格比率对所有生产者都相同。所以，两种要素的边际技术替代率对使用这两种要素进行生产的任何两种产品也都是相同的。这一点，符合生产的帕累托最优条件的要求，即任何两种要素的边际技术替代率对使用这两种要素的产品而言都相等。

(3) 完全竞争市场机制也符合交换和生产的帕累托最优条件，即任何两种商品的转换率等于它们的商品边际替代率。福利经济学的理由是：在完全竞争条件下，价格等于边际成本，从而两种商品的价格比率等于两种商品的边际转换率。由于商品边际替代率也等于两种商品的价格比率，所以商品边际转换率必定等于商品边际替代率。

由于完全竞争市场机制满足了帕累托最优状态的三个条件，因此西方经济学认为，完全竞争的市场是最有经济效率的。

第四节　投入产出分析

19 世纪的法国人瓦尔拉斯（L. Walras）是第一个建立完全竞争条件下一般均衡模型的经济学家。帕累托是涉足这一研究领域的另一重要人物。在他们的开拓性研究基础上，后来许多经济学家对一般均衡分析作了改进和扩展。但其基本框架被保留了下来。在现代经济学家中，对一般均衡分析贡献最大的是诺贝尔经济学奖获得者，投入产出分析之父列昂惕夫（W. Leontief）。

投入产出分析使一般均衡分析以一种可以被政府和企业用于解决各种重要实际问题的形式出现。投入产出分析的一个重要特征是强调经济中的相互依存关系。一个产业使用另一个产业的产品作为其投入，而这一产业的产品又作为投入要素用于其他产业。基于这种相互依存关系，投入产出分析试图确定为生产既定数量的各种最终产品，每一产业必须生产多少。它被用于预测和估计与最终产品需求相对应的中间产品需求，估计对各产业生产能力的需求。

投入产出分析具有四种基本的模型。目前最有现实意义而被广泛使用的是开启式的静态模型。下面分析的就是这种模型。

列昂惕夫编制的美国经济体系投入产出表中，把美国经济体系划分成 41 个部门，后来又分成 450 个部门。这里为了便于说明，把它们归并为农业和工业两大部门，并假定使用劳动和资本两种要素（见表 10—1）。

表 10—1　　**投入产出平衡表**

产出 / 投入	中间产出		最终产品	总产出
	农业（第一部门）	工业（第二部门）		
农业（第一部门）	$10X_3$	$20X_4$	$70C_1$	$100X_1$
工业（第二部门）	$30X_5$	$10X_6$	$10C_2$	$50X_2$
劳动（L）	$45XL_1$	$5XL_2$		
资本（K）	$15XK_1$	$15XK_2$		
总投入	$100X_1$	$50X_2$		

表 10—1 中，第一行表示该国农业部门一年的总产量为 100 个货币单位。其中，10 个单位卖给本部门，作为生产农产品之用，如种子、饲料等；20 个单位卖给工业部门，作为生产工业品之用，如生产布匹的棉花等；70 个单位为最终产品，可供消费、出口或积累等。

第二行是同年工业部门生产的 50 个货币单位的工业品。其中，30 个单位卖给农业部门用于生产，如农药、汽油、化肥等；10 个单位卖给本部门用于生产，如汽油、钢铁、煤炭等；剩下 10 个单位是最终产品，可用于消费、积累和出口等。

第三行是该国劳动者出售给农业和工业部门用于生产的劳动量，分别为 45 和 5 个货币单位。

第四行是该国企业家由于提供资本而得到的利润，其中包括利息。两部门资本家各得到 15 个货币单位。

表中第一列是一年中农业部门为了生产而向本部门购买了 10 个货币单位的农产品；向工业部门购买了 30 个单位的工业品；支付 45 个单位的工资和 15 个单位的利润。农业部门一年中总投入是 100 个货币单位，与其总产出相等。

第二列是工业部门一年中为了生产向农业部门购买了 20 个货币单位的农产品；向工业部门本身购买了 10 个单位的工业品；支付了 5 个单位工资和 15 个单位的利润。工业部门一年总投入是 50 个货币单位，与工业部门总产出相等。

为了便于把数量间的关系用数学方程来表示，可用表中数字旁的符号代替具体数字。例如，X_4 是第一部门农业产品投入第二部门生产的部分，相当于表中的 20。XL_1 是劳动部门产生的劳务投入第一部门生产的部分，相当于表中的 45。

根据表中符号可以看到，为生产 X_1 而需要的第一部门的产品为 X_3，第二部门的产品为 X_5，劳动部门的产品为 XL_1，资本部门的产品为 XK_1。据此，可计算出每生产一单位产品所需要的产品数量，即技术系数。可用符号 a 表示。例如：

$$a_3=\frac{X_3}{X_1}=\frac{10}{100}=0.1$$

$$a_4=\frac{X_4}{X_2}=\frac{20}{50}=0.4$$

$a_4=0.4$ 表示每生产 1 元的工业品需要 0.4 元的农产品。

根据投入产出技术系数，表 10—1 中产出关系可写为：

$$a_3X_1+a_4X_2+C_1=X_1 \qquad ①$$

$$a_5X_1+a_6X_2+C_2=X_2 \qquad ②$$

将式①、式②加以整理，可得到：

$$(1-a_3)X_1-a_4X_2=C_1 \qquad ③$$

$$-a_5X_1+(1-a_6)X_2=C_2 \qquad ④$$

在式③、式④中，所有的 a 都是已知数（它可根据成本会计的数字或技术资料计算出来）。因此，只要知道 C_1 和 C_2 的数值，便可求得 X_1 和 X_2 的数值。

投入产出分析是在一系列条件下作出的，主要包括以下三方面：（1）技术系数一定。如有变动，必须能加以预测。（2）要素在生产中不能相互替代。（3）规模收益不变。投入产出分析的应用极为广泛。它可用于经济计划、国际贸易、区间贸易等。但由于这一分析必须满足许多相当严格的条件，因此，人们对投入产出分析应用的准确性持有不同看法。

【思考题】

1. 什么是一般均衡？
2. 什么是帕累托最优状态？达到帕累托最优状态需要哪些条件？
3. 为什么说完全竞争的市场最有效率？
4. 西方经济学家认为，根据亚当·斯密“看不见的手”原理，所有关于资本主义与社会主义的争论是无意义的。尽管市场存在分配问题，但可通过税收予以解决。你对上述观点如何看待？

第十一章

外部经济效果

前一章我们说明了完全竞争的市场可以实现资源的最优配置。但是，外部经济效果会使市场失效，影响资源的最优配置。因此，本章将考察外部经济效果与资源配置的关系及其解决办法。

第一节　不同性质的外部经济效果

一、什么是外部经济效果

外部经济效果是指生产或消费给他人带来非自愿的成本或收益。也就是说，成本或收益被强加于他人身上，而这种成本或收益并未由引起成本或接受收益的人加以补偿或得到补偿。换句话讲，外部经济效果是一个经济主体的行为对另一经济主体的福利所产生的影响，而这种影响并没有从货币关系上或市场交易中反映出来。外部经济效果也称外部效果、外部关系、外在性、副作用、溢出效应和毗邻影响。

外部经济效果的形式是多样的。例如两个相邻企业，一个生产眼镜，另一个生产焦炭，生产焦炭的企业处于上风位置，生产眼镜的企业处于下风位置。由于空气的污染程度会影响眼镜精密磨轮的运行，而污染程度决定于焦炭的产量。因此，眼镜的生产水平不仅决定于眼镜生产企业的投入要素多少，还受焦炭生产水平的影响，增加焦炭产量会使高质量的眼镜产量减少。

外部经济效果的著名事例是养蜂人与苹果生产者。蜜蜂需要通过吸取苹果花粉生产蜂蜜，苹果产量增加可以增加蜂蜜的产量，即苹果生产者给养蜂人带来外部经济效果；反之，蜜蜂在采蜜的同时可以为苹果传授花粉，增加苹果的产量，因此养蜂人给苹果生产者也带来了外部经济效果。

二、划分正负外部经济效果的依据

按照外部经济效果的性质，可将其分为正的外部经济效果和负的外部经济效果。前者对受影响者是有益的，后者对受影响者则是有害的。在经济学中也常将正的外部经济效果称为外部经济，将负的外部经济效果称为外部不经济。二者划分的依据在于私人成本与社会成本、私人利益与社会利益的对比关系。

（一）私人成本与社会成本

私人成本是指企业在生产商品时，各种投入的费用。社会成本是指外部成本加上私人成本。例如，工厂排放有毒物质到空气或水中，社会并没有为此向它收费，但这使他人受害。从社会观点看，这种损失应该算作生产费用的一部分。因此，社会成本是私人成本加上对他人没有补偿的损失。

私人成本和社会成本之间的矛盾，在整个社会经济中到处可见。社会既不一定对汽车排气污染收费，也不一定对汽车造成公路拥挤收费；航空公司不必为造成附近住户的不适付费。由于外部经济效果的存在，产生了私人成本和社会成本的差别（见图 11—1）。

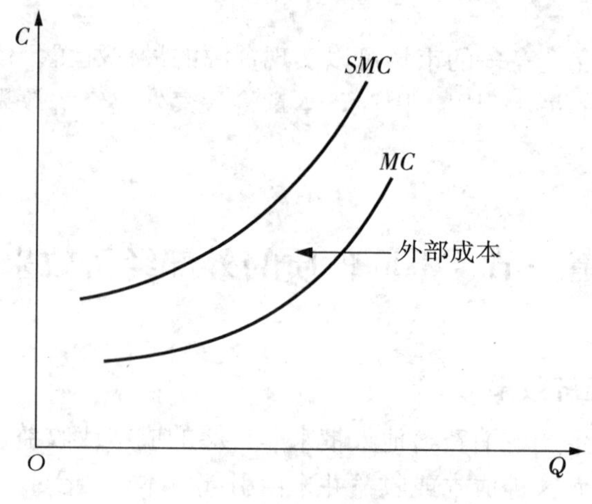

图 11—1　私人成本和社会成本

在图 11—1 中，以私人边际成本和社会边际成本说明了私人成本和社会成本的区别。*SMC* 代表社会边际成本。*MC* 代表私人边际成本。两条曲线间的距离表示由于外部经济效果所引起的外部成本。私人边际成本加外部成本构成社会边际成本。

（二）私人利益与社会利益

私人利益是指某一经济主体通过市场上的经济活动所得到的利益。社会利益是指某经济主体的私人利益加上该经济主体经济活动所产生的外部利益。

例如，当你发明一种更好地清除油外漏污染的方法时，其利益便会外溢给许多人，但那些人并不会给你任何补偿。

我们知道，贝尔电话实验室里的发明家于 1948 年发明了晶体管。这一发明预示着电子时代的到来，快速超级计算机、电子电话转换器、立体声设备、数字手表和无数其他有用产品的生产随之出现。贝尔从这种发明中获得了丰厚的收益，即私人利益。但晶体管革命所产生的外部经济效果给全世界带来的外部收益，贝尔却分文未得。

晶体管并不是一个孤立的例子。人类各个时代的发明和发现，从车轮、火、计算机到超导，都不可避免地带给人们外部利益。这些外溢的好处比发明者自己所得要大得多。

三、负的外部经济效果和正的外部经济效果

私人成本与社会成本、私人利益与社会利益之间存在着差异。这种差异决定了外部经济效果的性质。

（一）负的外部经济效果

企业的私人成本小于社会成本时，就会产生负的外部经济效果。例如，某一企业向河流或空气中排放废物所造成的污染，会使他人蒙受一定的损失，即对他人来说是一种成本，而污染的制造者却不必或很少为自己所造成的环境质量下降支付费用。在这种情况下，私人成本不能反映全部社会成本，私人成本小于该种活动的社会成本，从而引起负的外部经济效果。

负的外部经济效果也会发生在消费者身上。例如，一个人吸烟有害于另一个人的健康，但吸烟者却不必为其他受害者提供任何补偿。在这种情况下，消费者个人为其本人的消费所支付的成本只是这种消费活动的全部社会成本的一部分，从而产生了负的外部经济效果。

（二）正的外部经济效果

当企业的私人利益小于其社会利益时，就会产生正的外部经济效果。当某一行业中的某个企业增加产量时，可使为该行业服务的其他行业企业提高效率，从而使与该企业同行业的其他企业由此受益。如飞机制造企业的急剧扩张可以使生产铝的企业坐收规模效益之利，而铝的生产成本降低，可使其他铝加工企业也从中获益。在这些情况下，私人利益与社会利益之间存在着差别，社会所得大于某一特定企业的所得，从而出现正的外部经济效果。

正的外部经济效果也会产生在消费者身上。例如，某一个消费者出资建造外观很漂亮的房屋，并在住宅周围种植花草，这不仅会使该消费者自己受益，也会使他的邻居受益；家长教育自己的孩子，使其成为有责任感的公民，也会给其邻居和社会带来好处。在这种情况下，消费者的私人利益只是他的消费活动所产生的全部社会利益的一部分，从而引起正的外部经济效果。

第二节　外部经济效果对资源配置的影响

由于存在未在市场中反映出来的外部经济效果，外部经济效果的存在会造成私人成本与社会成本、私人利益与社会利益之间的差别，从而影响到市场配置资源的效率。

在完全竞争市场中，如果一个人的某种活动可以增进社会福利但自己却得不到报酬，他的这种活动必然低于社会最优的水平。企业也是如此，在完全竞争条件下，某种产品的

生产可以产生正的外部效果，但其产量可能少于社会最优的产量。同样，如果一个人的某种行为会增加社会成本，但这种成本却不必由其本人承担，他的这种活动在量上将会超过社会所希望达到的水平。企业也是如此，在完全竞争条件下，某种产品的生产会产生负的外部经济效果，其产量可能超过社会最优的产量。换言之，当存在外部经济效果时，完全竞争的市场不能保证追求个人利益的行为使社会福利趋于最大化。

如在前述眼镜生产者与焦炭生产者的例子中，假定眼镜生产没有外部经济效果，但焦炭的生产却只会对眼镜生产造成负的影响。这种情况下将会降低资源配置的效率。从社会利益看，实现资源最优配置的条件是每个市场上的价格等于社会边际成本。假定眼镜市场是完全竞争的市场，其价格等于这种商品的私人边际成本。事实上，由于眼镜生产没有外部经济效果，因此私人成本与社会成本是一致的。

焦炭生产的情况则较为复杂。为使利润最大化，焦炭生产者将使其产量达到能使价格等于私人边际成本的水平。但是，由于存在焦炭生产对眼镜生产的负效应，焦炭生产的私人边际成本与社会边际成本将存在一定差距。焦炭生产的社会成本等于其私人成本加上由于焦炭生产使眼镜产量下降的损失。

焦炭生产者并未考虑与这种外部经济效果相联系的成本，而是按价格等于私人边际成本（低于社会成本）的标准进行生产。焦炭生产的社会边际成本超过了焦炭的价格。显然，这意味着焦炭的产量过多。在这种情况下，如果减少配置在焦炭生产上的资源，增加包括眼镜行业在内的其他行业的资源，便可以增进社会整体的福利。也就是说，在这种情况下，单纯依靠自由市场及焦炭生产企业对自身利益的追求，不能实现社会资源的最优配置。由于焦炭生产存在外部经济效果，价格体系不再包含为实现资源最优配置所必需的成本信息。因此，外部经济效果对资源配置产生了影响（见图 11—2）。

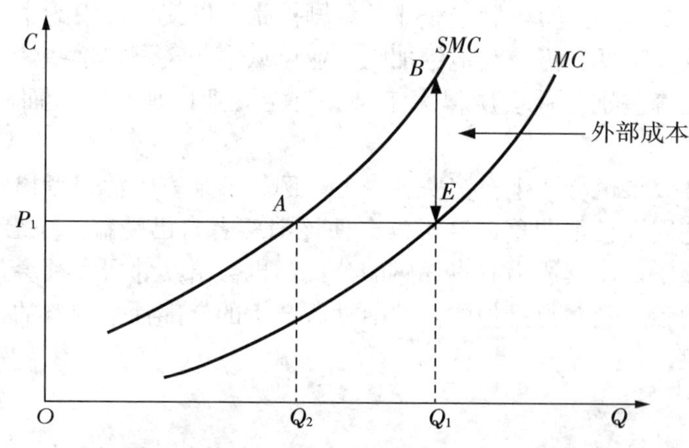

图 11—2　外部经济效果对资源配置的影响

图 11—2 说明，焦炭生产的外部经济效果导致了资源配置对最优配置状态的偏离。假定焦炭生产者面临的是完全竞争市场，是被动的价格接受者，焦炭的需求曲线是位于现行市场价格 P_1 上的水平线。点 Q_1 是最大利润点，在这一点上，价格等于生产焦炭的私人边际成本。但由于存在焦炭生产对眼镜生产的外部效果，社会边际成本为高于 MC 的 SMC。

在 Q_1 上，生产焦炭的社会边际成本超过了对应于这一产量的价格 P_1，资源配置偏离了最优配置状态。要实现资源的最优配置，应使产量减少到 Q_2，即能使社会边际成本与价格相等的水平。随着产量的下降，焦炭的社会成本的减少额（面积 Q_2Q_1BA）大于消费者对焦炭支出的减少额（面积 Q_2Q_1EA）。这表明减少焦炭产量能够使资源配置得到改善。消费者将可以用这些资金去购买低于焦炭社会成本的某些产品。

第三节　交通与资源配置

私人成本和社会成本之间的矛盾特别表现在汽车交通领域。在大市区内及附近交通上表现得尤为明显。

私人汽车的每公里社会费用是否高于公共车辆的每公里费用，这点还不清楚。诚然，根据经济规模理论，它是应该高一些。问题是私人汽车交通的私人边际成本是低的。买汽车的费用是高的，但每公里边际使用费用相对来说是低的。对汽车所有者来说，在道路使用、使其他汽车遭受拥挤、造成噪音和空气污染方面，付费很少或者根本不付费。

这样，当私人汽车所有者把他的私人边际成本和公共汽车或者铁路运输费用比较时，私人汽车似乎便宜。再则，即使费用相等或高些，人们也宁可使用私人汽车。因为这样不受干扰，行动方便和有操纵交通工具的快乐。

汽车曾鼓励人口扩散到城郊地区，工作也转到郊区。但程度并不相同，因此市中心和城郊汽车交通急速增加，这便造成早晚上下班时以及周末和假日交通的拥挤。

公路部门和城市建设部门的反应是建造更多、更宽的公路。它们认为道路必须多到足够高峰时期也能通行无阻为止，而这意味着其他时间的能力多余。修筑这些日益求精的直通公路、高速公路和立体交叉公路，是很昂贵的。城市比乡村更贵。在美国，分级高速公路每一车道英里的现行费用，在乡间约为 30 万美元，而在大市区中心多到 500 万美元。这还不是最沉重的社会费用，还不包括给邻近地区造成的损害，如拆毁很多房屋减少的房屋供给，使公路附近居民受害，造成交通噪音和空气污染等。同时，如果拥挤减轻了，汽车车速加快了，这又鼓励了更多的汽车到市中心。供给的增长，创造了需求，而拥挤问题在交通密度加大时又会重新出现。市政当局卷入一个很明显的没有尽头的循环：筑路—拥挤—筑更多的路—更拥挤。

解决交通问题的一个重要思路是，在市区交通日益增长的情形下，是鼓励大众交通工具，还是侧重私人汽车的发展。这必须在费用比较的基础上，特别是在社会成本与私人成本比较的基础上作出决定。

另外，需要改进交通服务的收费标准。交通服务的收费标准应该依据社会边际成本来制定。

根据交通问题研究专家维克雷（Wikaly）的计算，在美国每辆车一英里的边际费用因各城市建筑费用不同，其幅度为 5 美分～27 美分。通过汽油税及其他税收，对车主的收费每英里只是 1 美分。二者之差的外部成本，一般是通过政府补助的方式来解决的。

交通拥挤费用也应计入社会成本中。例如，摩托车主选择在交通高峰的道路上行车，在路上要使其他车辆慢下来，这对他们是不收费的。如果我们知道道路的运载能力和单位时间交通流量，损失的时间是可以计算出来的。有了这个资料，就可以制定一个征收过路费的制度。

美国经济学家内切尔（Nechil）计算，在高峰时刻，通过纽约皇后城中隧道的应急第三隧道必须付全费，过路费至少应该是5美元，而不是现在收的50美分。在高峰时收费最高，而在空闲时不收。这样能使车流均匀，减少每辆车造成的延误。对旅行者并没有坏处，他花费金钱却省了时间，而地方当局也得到过路费的好处。

关于大众交通系统，我们仍然遇到一天之内不论什么时间价格都一样的问题。公共交通总的来说收费较低，这等于给在最拥挤时出行的乘客发奖金。它不鼓励利用边际费用低时（即交通工具空闲时）的服务，这不是合算的。正确的定价是在高峰时大大提高收费。如果对公共交通是如此做法，也应该对沿上述路线行驶的汽车这样做。这等于说，高峰时汽车行驶收费大大（也许是十倍）高于高峰时公共交通（可能收费平均提高两倍）。这样，会使乘车人回到公共交通工具上去，便于改善公共交通的财政状况，同时减少公路的拥挤。

当然，不变更交通服务收费标准，采取政府补助也是解决交通问题的一个办法。

第四节　污染与资源配置

一、污染最佳控制水平

企业或家庭向空气和水中排放废弃物对其他企业或家庭造成负的外部经济效果。这意味着其他企业或家庭为使环境恢复到可用的水平需要付出一定成本。例如，水的污染会造成下游居民不得不花费更多的资金来净化水；位于下游的企业可能也不得不多花费资金提高水的质量使之适合操作需要；污染可能使鱼死亡，划船和游泳可能被禁止；废物和臭气可能减少娱乐休息区的吸引力；水中含氧量的减少等。污染的程度可以用物理单位测出，如100万升水的各种污染物含量，各种物质污染程度的费用也能够计算出来。总之，污染造成社会成本，减少污染将获得社会利益。

假定水全部被污染，其质量为零，那么水质需要清洁到什么水平为好呢（见图11—3）？

在图11—3中，水平坐标轴表示清洁度的增加，用纯净水百分数表示。垂直坐标轴以美元表示成本和收益。图中，改进清洁度1%的边际收益随清洁度的增加而下降。边际收益曲线如图11—3中的*MB*所示。

减轻污染需要利用经济资源，或者需要改变生产过程，或者需要安装设备减少废物排放，或者需要净化系统进行处理。这些都需要劳动和资本。不论是谁支出成本，这都是社会费用。可以预期，清洁度每增加一个单位发生的单位费用，随着清洁度的日益提高而上涨。我们在第七章中看到，这是一个普遍的法则。水质改善的边际成本曲线如图11—3中的*MC*所示。

水净化程度增加一度，就会提高边际成本和降低边际收益。当边际成本等于边际收益

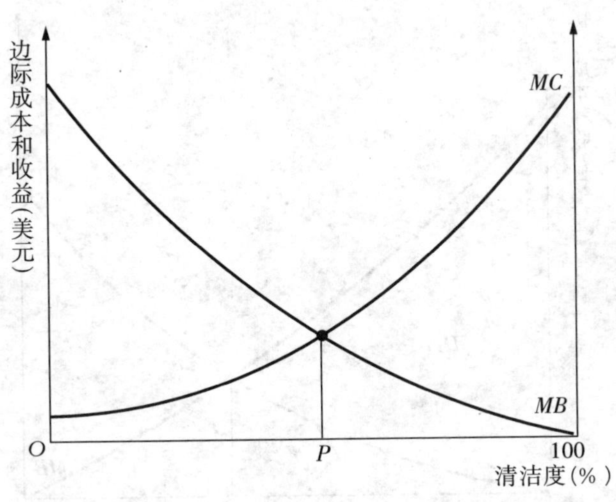

图 11—3　最佳污染控制水平

时，达到了污染控制的最佳水平，即图 11—3 中的点 P。它表示当控制污染的边际成本与其获得的社会边际收益一致时，污染控制达到最佳水平。

这一结论告诉我们：将任何程度的污染都看做绝对的没有好处，而把完全净化看做绝对的好，却不管其成本如何，是没有道理的。我们在其他生产行业中不会忽视成本，这里的成本也不应被忽视。水的清洁度是程度问题，清洁到什么程度合理呢？通常经济学的回答是看边际情形。只要进一步改进水质的边际收益超过改进水质的边际成本，水质的水平就应提高。也就是说，它应该提高到如图 11—3 所示的水平 P，而不是到 100%。

二、损失赔偿

为了照顾污染对受害者的影响，一般法律规定，受害一方可以通过私人赔偿损失申诉处理。污染者必须赔偿他们的受害者，而为使之贯彻，有些国家制定了损失赔偿诉讼法。这等于创建了一种环境财产权，如同其他财产权那样予以保护（见图 11—4）。

图 11—4 给出的是一特定的污染源，MC 曲线表示清洁度连续增加的边际成本。达到这一清洁度的总成本是 MC 以下直到该点的面积。污染者被控诉造成的污染损失，等于 MB 曲线所示的消除污染的好处。因此，水平坐标轴上的任何一点，都不是完全清洁。污染者是有赔偿责任的，在图上表示为在 MB 曲线下该点右边的面积。

如果污染者对环境没有做任何治理工作，其赔偿责任将是 MB 曲线下的整个面积，即 $D+E+F$。从污染者的立场看，这不是最好的办法。对他说来，把污染降低到点 P 最合算。因为直到此点以前，污染控制每增加一单位的成本，少于他应该支付的损失费用；超过点 P 情形则相反，污染控制成本大于损失赔偿费用。所以他愿意治理到点 P 程度，赔付等于他没有清除的污染所造成的损失，即面积 F 的损失赔偿费。他的总成本是 $E+F$。这是他的最低成本，而这也正是在前面我们说过的减轻污染的最佳程度。

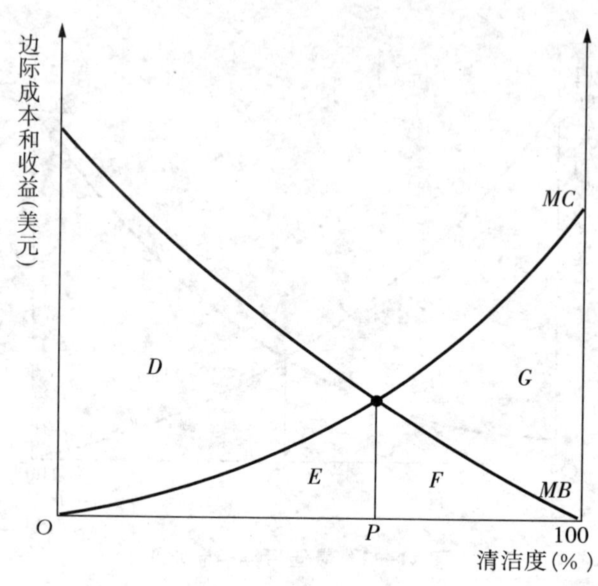

图 11—4　污染损失赔偿图

在直接管制下①，在点 P 上仍然存在污染，其成本为受害者所负担。在赔偿制度下，这个成本先由造成污染的公司所负担。但由于成本增加转嫁到产品价格上，最终是由公司产品的购买者负担成本。

损失赔偿方法的显著优点是，不需要一个大的制定规章的官僚机构。但如果执行机构的担子减轻，法院的担子就要加重。个人可能因胆怯、缺乏知识等而不愿控诉。对于这些困难，可能会形成代表受害者利益的“集体行动”。更大的困难是污染空气和水的来源很多，每一个来源的损害责任很难评价。

三、贿赂和补助

被污染损害的人可能聚合到一起，出资给污染者，即贿赂污染者进行污染控制。这看起来可能很不公道。但是，在一定条件下对受害者有利。请再看图 11—4。受害者支付全部成本把污染降到 P 水平，这全部成本为面积 E。受害者从中得到的收益是 $D+E$。受害者还会有所得，而污染者像过去一样。这里，减轻污染的成本由受害者负担，而污染者不负担任何成本。

另外，如果政府同意支付安装污染控制设备的费用，那么政府就要给企业补助。控制污染的补助来自政府税收。因此，这种补助增加了政府税收负担，并且补助有可能刺激企业增加或夸大它的污染程度，以便取得更多的补助。

四、征税

征税是对每个污染源根据排放废物的容量和毒性收税。通常将其称为浓度费。控制污

① 直接管制是由制定规章制度的机构规定环保标准，必要时可通过法院强制执行标准。

染征税的方法见图 11—5。

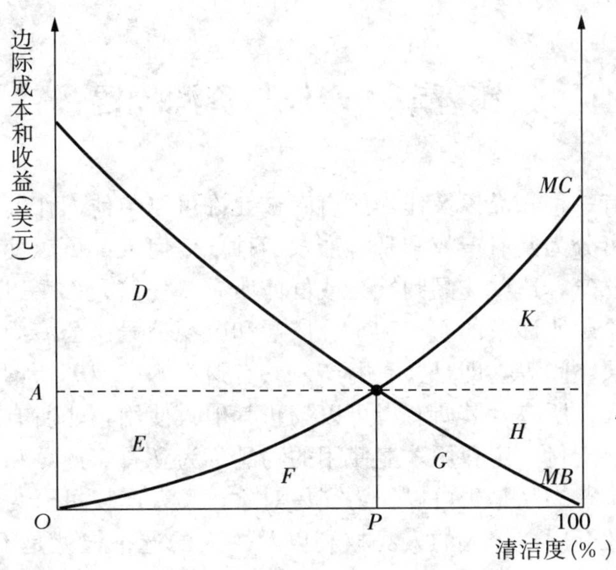

图 11—5　控制污染收浓度费

在图 11—5 中，合乎理想的税额应该定为每单位为 OA，即等于污染减轻到最佳程度 P 时的边际成本。污染者把污染降到 P 是合算的，因为直到此点边际成本仍少于不治理污染所要支付的税金。污染者愿意付出等于 F 面积的清除污染费用而不愿支付 $E+F$ 的税金。

超过点 P 的污染，污染者将支付 $G+H$ 的税。污染者愿意这样做，而不愿支付 $G+H+K$ 的费用去清除污染。如果政府愿意，能够给残存的污染的受害者补偿，政府的支出是 G。还留下有 H 的收益，这可用作其他目的或者减低税率。从私人工厂收集的污染浓度费，有助于解决公共废物处理设施的费用。

公司的整个费用几乎全部都转移到它的产品的购买者身上，共为 $F+G+H$。认为产品购买者应该支付与产品有关的污染费用，这种思想很可能符合大多数的公平观念。

通过征税方式来控制污染的优点很多。

(1) 具有自我督促的作用。征税形成了控制污染的一种经济机制。污染者行动起来控制污染，与其说是害怕受惩罚，倒不如说是出于自身利益。

(2) 征税可不断鼓励新的和花费较少的降低污染的办法的发现。一个产业常常能够通过改变它的生产方法来防止或降低污染物的产生。例如，造纸业将亚硫酸法改为硫酸法，每吨产品的废物减少 90%；钢材酸洗由硫酸改为盐酸，可以使废物减少到几乎等于零；废物有时能回收用作原料，或用于主要产品，或新的副产品；那些不能再利用的，也可在排放之前减低它的毒性。如果对污染一点也不付出，这些可能性就被忽视了。当收费时，这些可能性就被积极地发掘出来了。

(3) 征税这种制度不需要政府机关了解污染控制的一切技术，不需要了解每一种费用如何确定，以及把浓度费定在哪一水平上。例如，在生产者过一段时间作出反应后，税收部门会发现收费标准仍在点 P 左侧，这说明收费太低，把它提高后再看情况如何；或者相反，把收费降低些。

第五节　产权与资源配置

产权是对谁拥有一种物品以及作为所有者被允许可以与他人作什么形式的交易所作出的法律规定。产权可分为共有产权和私有产权两种。任何人都可以使用而无须支付直接费用的物品称为共有财产，这些物品归社会或群体所有，任何人都可以无偿使用。如在关于环境污染问题的讨论中所涉及的空气和水、广播和电视信号、公海中的鱼类资源、公海以及南极的矿产、外层空间等，即是共有财产。共有财产的产权即所谓的共有产权。由特定的人（自然人和法人）所有，其所有者可以禁止其他人使用，非所有者只能在所有者同意的情况下并通常需要支付一定费用才能使用的物品称为私有财产。私有财产的产权即所谓的私有产权。按照某一物品是否可以作为交易对象，私人产权可分为可交换产权与不可交换产权。如在现代社会中，个人的人身权利以及个人的选举权就是不可交换的私人产权。本书所涉及的主要是可交换的私人产权。

产权的法律界定随社会发展也会发生改变。有些物品在历史上曾经是共有的，在现代经济中则主要是私有的，如土地。也有些物品曾经为私人所有，但随着人类社会的发展，越来越多地变为共有财产，如道路、桥梁、灯塔等。按照一般的传统，人们通常主要是从法律和政治角度去解释这些变化。虽然人们也常常对各种产权的界定进行经济分析，用以解释其经济意义，却很少用经济因素解释某种产权界定存在的原因。其实，产权界定方式的选择很大程度上取决于经济因素。具体来说，按照这一观点，当通过私人所有者间的交易使外部经济效果内部化变得较为经济，即由此带来的好处超过行使共有产权的成本时，私有产权才会出现。

产权的性质对资源配置有重要影响，这里以在海洋中捕鱼为例。

在大多数情况下，公海中鱼类是共有财产。任何人只要愿意都可以到公海海域进行捕鱼活动。每一位渔民都会倾向于使捕鱼量达到捕鱼的边际成本与鱼的价格相等的水平。就每一位渔民而言，这种做法可以使短期利润最大化。但从长期来看，当大量的渔民都这样做时，便会出现过度捕捞的趋向，从而导致鱼类资源的日益枯竭，使未来的捕鱼量下降。由于鱼类资源是共有的，个体的渔民将不会考虑致使鱼类资源枯竭的成本。任何一位渔民都不会为保护资源的存量而自动减少自己的捕鱼量。如果鱼类资源归某一家企业或某一位个人所有，情况将完全不同。在这种情况下，所有者将会认识到，今天的活动会影响到以后的捕鱼量，为此将会相应地调整现期产量。上述观点可以用图 11—6 来说明。

在图 11—6 中，假定鱼的价格处于 P_e 的水平上，现期捕鱼的边际成本曲线为 MC。在共有产权的条件下，为使现期利润最大化，每位捕鱼者将使其捕鱼量达到 Q_1 的水平。如果鱼类资源归唯一的企业或某个人所有，这个企业或个人将同时考虑到现期成本和未来成本。由于增加现期捕鱼量会减少未来可以实现的捕鱼量和利润，该企业或个人在决定其现期捕鱼量时，所考虑的边际成本曲线将是 SMC 曲线。这一曲线既反映了现期成本，也反

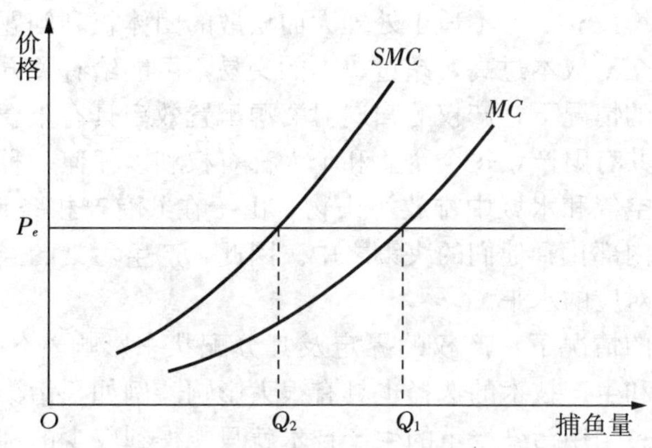

图 11—6　共有产权条件下资源的过度使用

映了减少将来捕鱼量的成本。当考虑到全部成本时，能使利润最大化的捕鱼量为 Q_2。因此，作为唯一的所有者，这个企业或个人将使其捕鱼量达到 Q_2 的水平。

这一例子说明，在共有产权的条件下，资源将被过度使用。在共有产权的情况下，每个渔业企业都不会考虑自己的活动对未来捕鱼量的影响，与这种影响相联系的成本实际上是由未来的捕鱼者分摊的，即每位捕鱼者都使其他人蒙受一定的外部成本。如果鱼类资源的产权归于唯一的所有者，这个所有者将会使这种外部经济效果内部化，将在维护资源不致枯竭的基础上进行捕捞。近些年许多国家提出，在传统的 12 海里领海之外，还应划出 200 海里的"经济带"，这一主张可以说是上述原理的一种实际应用。通过这一措施，可以创造出这些国家对 200 海里邻海的资源包括鱼类资源的产权，从而可以使过度捕捞这种负的外部经济效果内部化。

第六节　交易成本与资源配置

在现实中，单纯靠自愿交易或竞争的市场常常无法解决与环境有关的外部经济效果问题。企业和个人的各种活动常常污染空气；都市中的噪音常常有损于居民的健康；沿街的广告张贴造成了大量的视觉污染。根据前面的分析，人们会很自然地想到，这些外部经济效果的受害者也许可以通过与外部经济效果的生产者进行交易，从而使其内部化来改善资源的配置。但是在现实经济中却很难做到这一点，其主要原因就在于交易成本太高。

交易成本也称交易费用。它通常是指在直接生产过程之外的费用支出，如信息费、谈判费、策划费和实施契约费等。在有商品交换的地方，交易成本为实现商品让渡作了准备，是不可缺少的。但交易成本的支出意味着一定资源的耗费，它不创造财富，只会减少财富。

这里的交易成本是指负的外部经济效果的受害者与制造者之间的交易费用。要将这些外部经济效果的受害者组织起来，形成一个有效的交易实体常常是非常困难的，而且这些外部经济效果给受害者造成的损失很难用货币单位量化。同时，法律体系一般是为处理特定的原告与被告间纠纷设立的，不适于处理大而松散的团体权利问题。所有这些因素都会增加交易成本，致使交易成本过高，超过成本的交易不可能给有关方面带来好处。

在交易成本较高的情况下，产权的归属对资源配置效率具有重要意义。例如在一般情况下，空气和水域是共有财产，每个企业和个人都有权利以任何一种方式使用邻近区域的空气和水域，包括向空气和水域中排放污染物。由于在共有产权条件下，交易成本过高，难以将这种外部成本内部化到他们的决策之中。因此，产生污染的经济活动必然会高于与资源最优配置状态相对应的水平。

在交易成本较高的情况下，产权的界定及其分配状态影响着各种经济活动的成本曲线，从而对生产方法和生产技术的选择也具有很大影响。例如，污染所带来的社会成本全部由污染制造者承担；采用污染严重的生产技术就只能得到较少的利润，使该种技术很难推广等。从动态上看，产权的界定对技术的发展会产生重要影响。例如，反空气污染法的实施可以促进低含硫量的燃料在发电业的普遍采用，促进地热和太阳能电站的发展等。

【思考题】

1. 什么是外部经济效果以及如何判定正负外部经济效果？
2. 负的外部经济效果对资源配置有何影响？
3. 如何确定污染控制的最佳水平？
4. 控制和减少污染的几种方法（包括直接管制）中，哪一种会因实施全国的统一计划而可能引起非效率性？哪种政策最为灵活，能适应各种地方性条件？
5. 利用共有产权的资源是否会产生相互的外部经济效果？如何解决？

第十二章

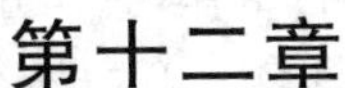

公共产品与公共选择理论

西方经济学把经济领域分为私人领域和公共领域。私人领域生产“私人物品”或“私人产品”，公共领域生产“公共物品”或“公共产品”。公共产品的生产和要素配置不同于私人产品，它不受市场机制支配。许多公共产品是由政府提供的，但政府并不能保证资源的最优配置。公共选择理论就是要建立一套改进公共领域和公共产品生产效率的工具。

第一节 公共产品

一、私人产品和公共产品

私人产品即市场上的普通商品和劳务。它有两个特点。第一是竞争性。如果某人已经消费了某种商品，则其他人就不能再消费这种商品了。第二是排他性。对商品或劳务支付价格的人才能消费，其他人则不能如此做。

公共产品是指在消费和使用上不具有竞争性和排他性特征的商品，如国防、道路、广播、电视、交通、秩序和公正（法律）等。公共产品有两个特点。第一是非竞争性。无论增加多少消费者，都不会减少其他人的消费。新生人口享受国防提供的安全服务，并不能降低原有人口对国防的“消费”水平；海上的灯塔，10 艘船利用与 20 艘船利用都一样，得到的便利也相同。正是由于这个特点，公共产品的消费就不必通过交易，即不用花钱去购买，私人提供公共产品将无利可图，只能由政府提供公共产品。第二是非排他性。非排他性是指任何人都可以无偿享用，或者说不能阻止任何人享用或“消费”这种商品。一般商品，一个人能否享用通常取决于他是否为此支付了费用。支付费用者可以享用，不支付费用者不得享用。而公共产品则是一个例外。例如，在海上建立一座灯塔，很难不让不交费的人利用灯塔，因为在海上要对每一艘利用这座灯塔的船收费在技术上难以办到，即使能办到在经济上也不合算，这是因为收取费用的成本很高。因此，公共产品无法避免“搭便车”。“搭便车”又称“免费搭车”，是指不支付费用而参与消费。不交费而利用灯塔、不纳税而享受国防安全就属于这种情况。

不能混淆纯公共产品和非纯公共产品。许多非排他性商品也是非竞争性的，如国防建设、控制蚊蝇和预防传染病的工作等。还有些商品，或者具有非竞争性而不具有非排他性，或者具有非排他性而不具有非竞争性。例如，可能无法禁止某些渔船出海捕鱼，或者这样做的成本过于高昂，但捕鱼船的增加却会使鱼类资源趋于枯竭从而增加社会成本。在消费和使用上具有竞争性而不具有排他性的商品被称为共有商品。例如，从桥上通过，可能不具有竞争性，满足非竞争性条件，却可以通过收取过桥费实现排他性使用。在消费和使用上具有排他性而不具有竞争性的商品被称为自然垄断商品。从理论上划分，只有同时具有非排他性和非竞争性属性的产品才是公共产品，如国防、蚊蝇控制、社会秩序、航空控制、环境保护、警察的服务等，但在经济生活中，这种纯公共产品并不占多数。绝大多数的公共产品则是不同程度地具有某一方面的属性。例如，道路、电视广播、桥梁、游泳池、公路、捕鱼海域、公共绿地、清洁的空气、政府提供的养老金、失业补助、气象预报、灯塔等则是非纯公共产品，有的需要付费才能享用，有的在消费上具有竞争性。

二、公共产品与政府

政府提供的产品不全是公共产品，政府也提供与私人产品相同的产品，但公共产品通常由政府提供。因此，有的西方经济学教科书把公共产品定义为私人不愿意生产或无法生产而由政府提供的产品或劳务，包括国防、空间技术、公务人员劳务、法官的服务、邮政、气象预报、社会公正、公共教育、卫生保健、社会保障、城市建设等。政府被定义为公共产品的生产者，公共产品有时也被定义为政府所生产的产品。

要使消费者的欲望得到满足，公共产品是必不可少的，但市场本身缺乏提供充足的公共产品的机制。政府提供公共产品也需要各种生产要素，也需要成本支出。政府为提供或生产公共产品而进行筹资的渠道是多种多样的，如：（1）强制税收；（2）发行政府债券；（3）资本市场筹资，组建股份制公司等。

第二节　公共产品与市场失灵

一、非排他性导致的市场失灵

任何购买公共产品的人都不可能因付费购买而独占该商品所带来的全部效用或收益。例如，美国某公司曾生产一种对汽车尾气进行过滤的装置，这种产品对净化城市空气大有益处，却因增加了汽车销售成本而遭到汽车制造商的拒绝，消费者同样拒绝购买这种对每个人都能带来好处的东西。因为清新的空气不能阻止其他人享用，即使没有付费购买和使用该产品的人，也能获得该商品所提供的效用和收益。但是，每一个购买者仅仅考虑了自己购买的成本收益，而不将其他人可能得到的好处作为一种收益加以考虑，尽管他们在增进他人福利时，不必增加自己付出的成本。因此，市场机制既不能促使私人厂商去生产这种产品，也不能让潜在的购买者作出支付或购买决策。只有当购买者能独占收益时，他才愿意负担公共产品生产中投入的成本。

二、非竞争性导致的市场失灵

有些商品是非竞争性的，如桥梁、游泳池、公路、结核菌素疫苗、甲肝疫苗、有线电视等，这些商品的使用和消费必须付费，以便收回生产成本。但是，如果不支付费用就不允许消费或使用，就意味着这些产品的浪费、闲置，使得资源配置效率降低，即市场机制不能促进资源的最优配置。例如，禁止不交费的家庭观看有线电视节目，这种作法会损害效率；不太拥挤的桥禁止未付费者通过，也减少了社会总福利和社会满足感。

第三节　公共选择理论

一、公共产品的供给与需求

西方学者认为，公共产品的需求者或消费者是选民、纳税人，供给者或生产者是政治家、官员。供求双方相互作用完成公共产品的生产和交易。

政府官员的行为动机至少有两个目标：机构扩张和职位的稳固、升迁。为取得尽可能多的选票，政府官员和政治领袖一般倾向于在决策中使用多数原则。这样，生产什么、生产多少公共产品，就要通过投票来表决。

投票是按一定规则进行的，不同的决策规则对选择的结果和个人偏好的满足程度会产生不同的影响。投票经济学中的一致同意规则和多数规则最为重要。

（1）一致同意规则。凡是按一致同意规则通过的方案都是最优的。这一方案的通过不会使任何一个人的福利受到损失，也就不会使社会福利受到损失。一致同意规则可以满足全体投票者的偏好，不存在任何把一些人的偏好强加于另一些人的因素。但是，一致同意规则也有明显的缺点。缺点之一是决策成本太高。一项提案要一致同意，必然要耗费大量时间和人力。另一个缺点是招致威胁恫吓。一些人为了使方案通过，不惜威胁恫吓反对者，迫使他们投赞成票。

（2）多数规则可以分为简单多数规则和比例多数规则。按照简单多数规则，只要赞成票过半数，提案就可以通过。例如，美国国会、州和地方的立法经常采用这种简单多数规则。比例多数规则规定赞成票必须占应投票的一个相当大的比例，比如说必须占三分之二才算有效。美国弹劾和罢免总统、修改宪法等一般采用这一规则。西方经济学认为，多数规则能增进多数派的福利，但会使少数派的福利受到损失。在一定的限制条件下，例如在受益者补偿受损者的条件下，多数规则也可能达到帕累托最优状态。多数规则可以满足多数人偏好，但未必能满足全体成员的偏好，因而存在把一些人的偏好强加于另一些人的因素。西方学者认为，在多数规则下作出的决策是投赞成票的多数人给投反对票的少数人加上的一笔负担。即使所有投票人都能从一项法案的实施中获得利益，并为法案的实施付出代价。但赞成者由于收益超过代价，因而增加净福利；反对者获得的利益小于付出的代价，因而减少净福利。

公共产品的生产不仅取决于个人偏好，也取决于所采用的投票规则。由于公共产品必须集体购买、集体消费，中间投票集团的偏好对公共产品的生产会起决定作用。

如图12—1所示，当两党的候选人对倾向自由和倾向保守的选民采取中间立场时，获得的选票最多。因为不同观点的投票人的分布呈正态分布，如果采取偏向保守或自由的立场，获得的选票就会大大下降。任何政党的候选人要想当选，都必须代表位于中间的多数选民的利益，这样一小部分人的利益就会受损。当少数人对公共产品的决策不满时，除了忍受之外还有两种方法：(1) 离开国境，其成本是迁移成本和机会成本；(2) 从持不同的政见到反叛，这时付出的成本可能无限大。

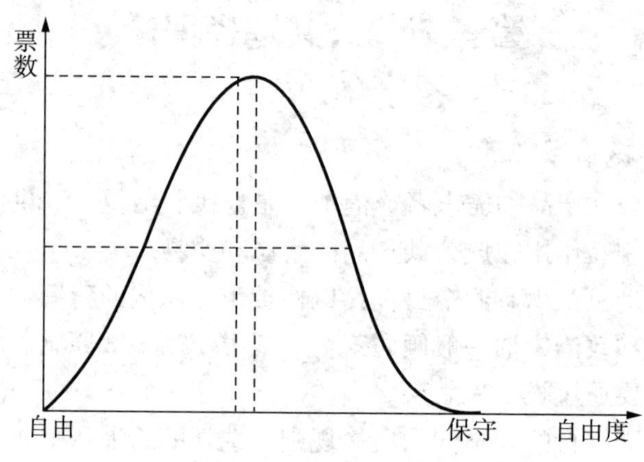

图12—1 两党制与中间集团

二、阿罗不可能定理

阿罗（K. J. Arrow）认为，民主社会进行社会决策时有两种方式：投票方式和市场选择方式。除此之外，还有独裁和惯例两种形式。

在社会所有成员的偏好为已知时，有没有可能通过一定程序从个人偏好次序达到社会偏好次序？有没有可能通过一定程序准确地表达社会全体成员的个人偏好或者达到合理的社会决策。阿罗认为，企图在任何情况下从个人偏好次序达到合乎理性的社会偏好次序，是不可能的。这就是阿罗不可能定理。

阿罗在论证不可能定理时用了“投票矛盾”。假设有一个团体，只有三个投票者，他们要从武装解决、政治解决、经济制裁三种社会行动方式中选择一种。设投票者为甲、乙、丙，三种方式为A、B、C，投票者的选择偏好次序分别是甲（A、B、C）、乙（B、C、A）、丙（C、A、B）。按照多数票原则，如果投票结果是对A的偏好甚于B，对B的偏好甚于C，那么对A的偏好就应当甚于C。可实际情况却如表12—1所示。

表 12—1　阿罗不可能定理的证明——“投票矛盾”

偏好情况	投票者	
	赞成者	反对者
对A的偏好甚于B	1，3	2
对B的偏好甚于C	1，2	3
对C的偏好甚于A	2，3	1

投票结果并不因“对A的偏好甚于B”和“对B的偏好甚于C”都获得多数票而得出“对A的偏好甚于C”。相反“对C的偏好甚于A”也获得多数票。这种社会选择同可传递性显然是矛盾的。因此，阿罗等西方学者认为，用投票的方式不可能把个人的偏好集中起来，形成合乎理性的社会偏好。

第四节　政府官员制度和效率

一、政府官员制度低效率的原因

政府官员制度是指选举产生的政府官员、被任命的官员及经考试录用的官员管理政治事务的制度。有些西方学者认为，官员制度不仅存在于政府部门，也存在于大公司。但是，由于在行为目标、竞争或垄断程度等方面存在重大区别，因而效率大不相同，大公司的官员制度效率普遍高于政府官员制度。

公共选择理论认为，政府官员制度效率低下的原因有以下三个方面。(1) 垄断性。政府各部门提供公共产品，没有竞争者，无法判断其成本的高低和产出的多寡。(2) 规模最大化目标。政府官员不能把利润占为己有，不会追求利润最大化，但规模最大化可以增大其预算支出提升的机会，增大其掌握的权力和地位，办公条件也能得以改善。(3) 浪费最大化。官员会努力增加自己的薪金、改善工作条件、减轻工作负担，提高其劳务成本。

二、政府官员制度中竞争机制的导入

解决政府官员制度无效率问题，公共选择理论认为，可以采取以下三种措施：(1) 公共部门权力的分散化。一个国家可以有两个以上的电信部门，一个城市应有几个给水排水公司。公共权力集中带来垄断和规模不经济，而公共部门权力的分散有利于降低垄断程度，增加竞争成分，提高效率。(2) 私人公司参与。例如，美国的高速公路由政府投资，但由私人建筑公司修筑。处理城市垃圾、消防、清扫街道、医疗、教育、体格检查等公共劳务的生产都可以私人公司参与的方式提高效率。(3) 地方政府之间的竞争。如果资源及要素，尤其是劳动力可以自由流动，则会促使地方政府间的竞争、防止职权被滥用并提高效率。因为，某地税收太高或者垄断程度高，投资环境差，政府提供的公共服务差、价格高，居民会迁出从而会减少当地政府的税收。

【思考题】

1. 从纯公共产品、非纯公共产品（自然垄断产品和共有资源性产品）到私人产品，请列出一个尽可能详细的产品序列。

2. 请举例说出几种地方政府所能提供的“地方公共产品”。

3. 根据您自己的经验和判断，比较“安全”、“公正”、“公共保健”、“发明”、“公园”、“水坝”这些公共产品的生产和消费特征。

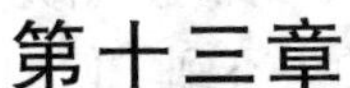

第十三章 市场失灵与微观经济对策

在前面的章节中，论述了市场机制调节产品的数量，调节生产要素的供求和决定收入分配，调节资金的供求，特别是市场机制能够使资源达到有效配制。但是，市场机制不是万能的，由于经济生活中存在非对称信息、垄断、外部经济效应和公共物品等因素，使市场机制在许多场合不能有效配置资源，出现市场失灵，即市场不能提供符合社会效率的商品和劳务。本章将就市场失灵及其政府的微观经济对策，展开论述。

第一节 非对称信息及其对策

本章之前，假定供求双方所掌握的信息是对称的。在供求双方都接受的价格下，供给者出售了愿意出售数量的商品，需求者购买了愿意购买数量的商品。买卖双方的意愿在价格机制的作用下，通过市场的自由交易得以实现。不过。在现实的经济中，买卖双方所掌握的信息往往是不对称的。这种情况将导致市场无效率。

在买卖双方信息不对称的情况下，当买卖双方中的一方对于交易可能出现的风险比另一方知道得更多时，差的商品总是将好的商品驱逐出市场，从而产生逆向选择。美国经济学家阿克洛夫对此进行过理论分析。

假定，某个旧车市场有 200 个卖者，共有 200 辆旧车出售。市场上正好有 200 个车辆购买者，每个购买者买一辆旧车。200 辆旧车中有 100 辆质量较好，有 100 辆质量较差。购买者对质量较好的车愿意出 10 万元购买，对质量较差的车愿意出 5 万元购买。出售者对质量较好的车愿意接受的最低价格是 8 万元，对质量较差的车愿意接受的最低价格为 4 万元。在买卖双方信息不对称的情况下，卖者知道自己车的质量，而买者不知情。买者只知道在待出售的 200 辆旧车中，有一半是较好的，另一半是较差的。因此，每一位旧车购买者买到好车与差车的概率为 50%。这时，每一位买者对所购旧车愿意支付的价格平均为 7.5 万元。在这种情况下，只有那些拥有较差质量旧车的人愿意按照 7.5 万元出售旧车，而具有较好质量旧车的出售者愿意接受的最低价格是 8 万元。因此，不会有一辆质量较好的旧车成交。如果旧车的购买者知道，在 7.5 万元的价格水平上只有质量较差的旧车可供购买，那么，他所愿意支付的价格就不再是 7.5 万元，而是 5 万元。所以，旧车市场最终只能是 100 辆质量较差的车在 5 万元～4 万元之间成交，导致次品充斥市场。可见，因非对称信息造成了一部分质量较好的旧车卖不出去，想买的买不到，使旧车市场均衡无效率。

在非对称信息条件下，针对市场出现的无效率，政府可以进行干预。在旧车市场上，政府可以加强对车质量标准的要求；制定市场法规；要求出售者向购买者提供真实可靠的信息。

非对称信息还会引发道德风险，破坏市场正常运作。所谓道德风险是指，在协议达成后，协议的一方通过改变自己的行为损害对方利益。在非对称信息条件下，达成协议的另一方无法准确地核实对方是否按照协议办事，从而使市场失去效率。

非对称信息问题存在于许多领域，我们要根据不同问题采取不同的解决办法。有些需要通过政府干预来解决，有些可通过制度安排和措施来消除。

第二节　反垄断的对策

垄断限制了自由合理的竞争，使市场无效率。这种情况需要政府通过制定反垄断法、价格管制和公有制等方式，加以干预。

一、反托拉斯法

西方许多国家不同程度地制定了反垄断法或反托拉斯法，其中最为突出的是美国。19 世纪末 20 世纪初，美国出现了第一次大兼并，形成了一大批经济实力雄厚的大企业。这些大企业被叫做托拉斯。1890—1950 年，美国国会通过一系列法案和修正案来反对垄断。

例如，《谢尔曼法》(1890) 规定：任何以托拉斯或其他形式进行的兼并或共谋，任何限制州际或国际的贸易或商业活动的合同，均属非法；任何人垄断或企图垄断，或同其他个人或多人联合或共谋垄断州际或国际的一部分商业和贸易的，均应认为犯罪。违法者要接受罚款或判刑。《克莱顿法》(1914) 修正和加强了《谢尔曼法》，禁止不公平竞争，宣布导致竞争削弱或造成垄断的不正当做法为非法行为。这些不正当的做法包括价格歧视、排他性或限制性契约、公司相互持有股票和董事会成员相互兼任。《联邦贸易委员会法》(1914) 规定：建立联邦贸易委员会作为独立的管理机构，授权监督不公平竞争以及商业欺骗行为，包括禁止伪假广告和假冒商标等。《罗宾逊-帕特曼法》(1936) 宣布：卖主为消除竞争而实行的各种形式的不公平的价格歧视行为为非法行为，以保护独立的零售商和批发商。《惠特-李法》(1938) 修正和补充了《联邦贸易委员会法》，宣布损害消费者利益的不公平交易为非法行为，以保护消费者。《塞勒-凯弗维尔法》(1950) 补充了《克莱顿法》，宣布任何公司购买竞争者的股票或资产从而实质上减少竞争或企图造成垄断的做法为非法行为。

这些法规颁布的意义在于反对垄断，保护合理正当的竞争。正如美国最高法院曾经指出的那样，反托拉斯法是"最全面的经济自由宪章，其目的在于维护作为贸易规则的自由和不受干预的竞争"。

假定，可口可乐公司和百事可乐公司之间进行了合并。这项交易在付诸实施之前肯定会受到联邦政府的严格审查。司法部的律师和经济学家一定会确认，这两家大型软料公司之间的合并会使美国软饮料市场的竞争性大大削弱，导致整个国家的经济福利减少。司法部将会对这样的合并提起诉讼，经法院判决同意，这两家公司将不能合并。微软公司在1994年购买图文公司未能成功，就是政府实施反垄断法的结果。

应该指出的是，有时公司合并并没有减弱竞争，而是通过有效率的联合使生产降低了成本。这样的合并会增加社会利益。例如，一些银行合并，实施联合经营，减少了行政人员，增进了社会福利。因此，政府在实施反垄断法的过程时，必须确定哪些合并是善意的，哪些不是。也就是说，政府应该衡量并比较"合并效应"带来的收益与竞争减少产生的社会成本。

美国反托拉斯法的执行机构是联邦贸易委员会和司法部反托拉斯局。前者主要反对不正当的贸易行为，后者主要反对垄断活动。对违法者可以由法院提出警告、罚款、赔偿损失、改组公司直至判刑。①

二、政府管制价格

政府解决垄断问题的另一种办法是，对垄断行为实行价格管制。市场经济的有效运作是建立在诸多的厂商经营规模较小的基础上的，不存在大厂商所拥有的技术方面的原因。然而，在某些行业中，有着如此之大的技术上的规模经济，以致只有一家厂商是合理有效的。例如，电力公司、自来水公司就是具有这种结构的自然垄断厂商。从理论上说，自然垄断是指一个经济规模非常大的厂商，在它的平均成本处于下降阶段时，能以低于其他厂商（两个或更多厂商）的成本向整个行业的市场提供一种物品或劳务。

如果在一个行业中出现了自然垄断厂商，它就会以自身的利益安排产量和价格，将规模经济的好处全部攫为己有（见图13—1）。

图13—1中，一个未加管制的自然垄断厂商只会提供边际成本与边际收益相等之点的产量Q_1，其价格规定在P_1的高度。这时，规模收益带来的利润为$ABCP_1$，全部为垄断厂商所有。如果同样的产量，价格定在有效率的P_3位置，产量为Q_3，那么，厂商就会蒙受损失，因为价格不足于补偿平均成本。折中的方案是将价格确定在P_2上，产量为Q_2正好可以补偿包括正常利润在内的成本。不过，这时的垄断厂商所得到的经济利润将等于零。长此以往，厂商就会退出该行业。

解决问题的办法是，价格定价无论是在P_2还是在P_3的位置，均需政府对垄断厂商给予补贴，保证其继续经营下去。然而，这就需要政府通过税收筹集费用。现实中，最普遍的管制方法是政府允许垄断者以"公平收益率"的方式规定价格。

此外，公有制也是解决自然垄断问题的一种对策。对于自然垄断行业，不是由私人来经营，而是由国家自己来经营。这种解决方法在欧洲国家是常见的。

---

① 参见高鸿业、吴易风：《现代西方经济学》，下册，248-249页，北京，经济科学出版社，1990。

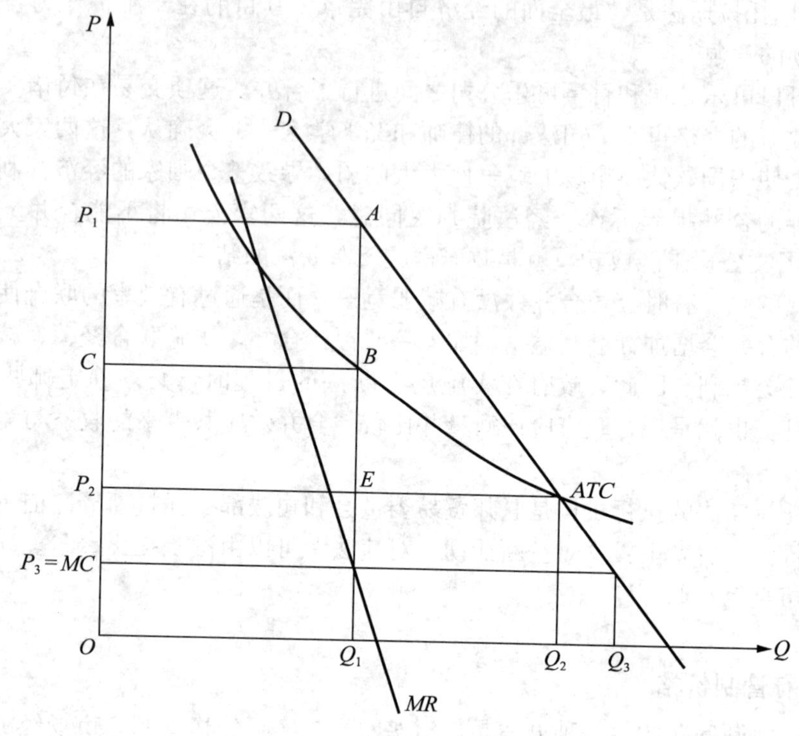

图 13—1 自然垄断的三种情况

第三节 解决经济外部性问题的对策

外部性在现实生活中普遍存在，是市场失灵的一个重要问题，直接关系到政府的微观经济决策。当经济活动存在外部性时，虽然个人或企业的行为所产生的效应会涉及其他个人或企业。但他们之间的这种互惠关系或冲突关系并没有通过市场得到体现。例如，当汽车排放的废气影响人们呼吸新鲜空气时，汽车司机并没有给予人们经济赔偿。由于生产或消费的有益或有害的影响在市场价格中得不到反映，资源的配置就不可能达到最优。因此，外部性问题的解决需要政府的干预。

一、产权界定

在解决外部性问题中，可以直接运用法律手段规定财产权，以避免负外部性给他人带来的损害。关于通过规定产权来解决外部性问题，不能不提到科斯定理。所谓科斯定理是指，在没有交易成本或交易成本很低时，通过对产权作出明确规定和实施条件，使外部性不会影响到资源的有效配置。

根据科斯定理，许多情况产生的外部影响之所以导致资源配置不当，主要是由于产权不明确。如果财产权是完全确定的并得到充分保障，则很多外部影响不可能发生。例如，一家企业向附近空地倾倒垃圾，由于是公共区域而非私人土地，所以，对此私人不会在意。如果垃圾是倒在私人土地上，情况会截然不同。土地的所有者肯定会出来干预，制止企业倾倒垃圾，并要求企业对已经给土地所有者造成的损失进行赔偿。如果继续倾倒垃圾，损害了土地所有者的利益，企业将面临被起诉和罚款的后果。这种情况说明，只有政府出面才能解决问题。

科斯认为，政府可以用较低的成本或零成本，通过产权界定的办法，保障市场机制有效率，从而使资源配置合理有效，市场仍然可以达到最优状态。

科斯定理将政府的作用只限定在明确产权上。只要产权明确，交易成本为零，外部性问题仍然可以通过市场机制得到解决。

例如，政府在法律上明确了帝克有权养一条狗，而狗的叫声影响了邻居尤妮的生活。在这种情况下，通过双方协商，尤妮可向帝克支付一定费用来换取帝克放弃养狗。尤妮得到了安宁，帝克得到了补偿，双方的状况由此变好，社会经济福利得到了提升。

二、环境管制

政府可以通过规定或禁止某些行为来解决外部性问题。例如，将有害物质倒入供水区里是一种犯罪行为。在这种情况下，社会成本远远大于排污者的收益。因此，政府制定了禁止这类行为的命令和控制政策。

在大多数环境污染中，尽管政府宣布了环境保护的目标，但要完全禁止有污染的活动是不现实的。例如，各种交通运输工具，甚至马车都会带来一些污染副产品。然而，要让政府禁止所有运输方式肯定是不明智的。因此，社会不是要完全消除污染，而是要评价成本与收益，以便决定允许哪种污染以及污染的程度。

在美国，环境保护的政府机构是环境保护署。它的任务是提出和实施管制，以利于环境保护。环境保护署可以规定企业可排放污染的最高水平，也可以要求企业采用某项减排技术。总之，环境管制可以采取多种形式。

三、税收

政府可以通过对那些有负外部性的活动征税的方式，使外部性内在化，以解决外部性对市场经济的冲击。

对于解决污染问题，人们更偏爱使用税收政策，而非环境管制。这是因为：

第一，税收在减少污染方面更有效率。环境管制只是规定了污染水平，而税收则会激励污染者减少排污。在环境管制下，一旦企业达到了规定的排污目标，就会失去进一步减少排污的动力。税收则激励企业去开发使空气更清洁的技术来减少排污，以减少缴税。

第二，政府可以将税收确定在适当水平，从而达到想要的污染程度。税收越高，减少的污染越多。当然，如果税收太高，企业将停业，污染为零。

税收水平应等于边际损害成本，即企业连续生产每一单位产出给社会造成损害的价值。假定对一个企业的征税额恰好等于边际损害成本，那么，企业就会在其决策时将税收即边际损害成本考虑进去。如果消费者支付的价格能够抵补生产它所需资源的成本和补偿各方的价值，市场便会达到优化配置。税收不仅增加了政府收入，而且提高了社会福利。

四、污染许可证的交易

交易污染许可证是解决外部性问题的又一方法。假定，环境管理署规定每个企业每年排污量减少 300 吨，在企业减污成本不同的条件下，就会出现这样的情景。减污成本高的企业向减污成本低的企业购买减污指标。例如，前者向后者支付 500 美元购买 100 吨污染许可证明。当然，支付的价格应当低于该企业的治污成本。

允许这种交易是一项好的政策。这种交易使两个企业的状况变好，并且没有造成任何外部影响。因为污染总量还是相同的。因此，污染许可证的交易有利于提高社会福利。允许交易污染许可证有诸多的优点。

第一，污染许可证的交易有利于资源配置。那些可以最容易地减少污染的企业愿意出卖它们的许可证，而那些减污成本高的企业愿意购买它们的许可证。只要存在污染权的市场，无论最初的资源配置如何，最终的配置都将是有效率的。

第二，污染许可证的价格更易确定。假定，环境保护署要求倒入河流的废弃物不能超过 600 吨。但它无法确定征收多少税才能达到这一目标。这时，它可简单地拍卖 600 吨许可证。拍卖价格就相当于税收规模。

第四节　公共物品

私人物品具有消费的竞争性和所有权的排他性。私人物品的这两个性质能够保证经济主体在支付价格后获得物品。所以，在市场经济中私人物品的生产和交换可以通过市场来实现。公共产品的性质与私人物品相反。因此，公共产品不可能由市场来提供。

一、政府提供公共产品

纯粹的公共产品通常具有非竞争性和非排他性。公共产品的性质决定了人们对其可以进行共同消费，但付费却出现了问题。1740 年，英国经济学家休谟提出“公共悲剧”问题。他指出，在一个共同体内，人们虽然参与了公共产品的消费，但不愿意支付公共产品的成本，都希望自己免费搭车。如果社会上每个人都免费搭车，其结果是因为成本不能收回，没有人愿意生产公共产品，以致全社会的成员都不再能获得好处。

由于公共产品存在搭便车的现象，“看不见的手”不能起作用，从而出现市场失灵现象，社会资源达不到优化配置。显然，只依靠个人投资，公共产品的供给肯定是不足的。这一问题的解决必须依靠政府。

二、借助供求关系确定产量

利用供求关系确定公共产品的产量，也就是通过供求曲线均衡点的方法来确定产量。

与私人产品不同的是，对公共产品的需求不是各个消费者需求量的水平加总，因为一定时期一定数量的公共产品可以由所有社会成员共同消费。对于公共产品来说，每个消费者的消费量是相同的，并且不能叠加，而只能垂直相加。所以，我们能够确定出各个消费者为这个消费量愿意并能够支付的价格。他们支付的价格总和为全社会为这个数量的公共产品支付的价格（见图 13—2）。

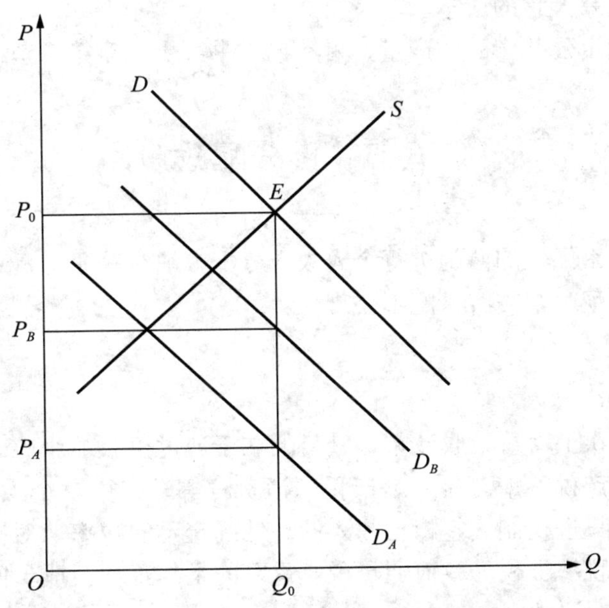

图 13—2　公共产品的价格和产量

图 13—2 中，假定只有两个消费者 A 和 B。D_A、D_B 为消费者 A、B 对某公共产品的需求曲线，则全社会对该公共产品的需求曲线为垂直方向的 D_A、D_B 两条曲线的加总。从供给曲线来看，只要社会愿意支付的价格等于生产它的边际成本，该物品就会被生产出来，从而我们得到了该公共产品的供给曲线。需求曲线 D 与供给曲线 S 的交点 E 决定了均衡产量 Q_0 和均衡价格 P_0。均衡产量就是该公共产品的最优产量。在这个产量水平上，社会的边际收益等于社会的边际成本。

运用这种方法确定公共产品的产量，存在两个问题。其一，政府提供公共产品的资金，来源于税收或公债。税收是针对全体公民征收的，而公共产品的享用具有特定的对象。其二，这里的需求曲线实际上就是该公共产品的社会边际收益曲线。在现实社会中，每个消费者要对公共产品的效益做到正确估价是很困难的，有的高些，有的低些。所以，公共产品的社会边际收益曲线是很难得到的。这就会为公共产品的最优产量决策带来困难。

三、成本—收益法确定产量

所谓成本—收益法就是，先估计一个项目所需花费的成本以及它可能带来的收益，然后将二者加以比较，根据比较结果确定项目是否可行。我们也可以将公共产品的提供看成一个项目，运用成本—收益法来确定公共产品的数量及生产规模。

首先，对公共投资项目所有的预期收益的现值进行评估。其次，计算出该项目所需要的成本的现值。通过对二者进行比较，决定项目取舍。如果，计算出的收益大于成本，则该项目可行；反之，该项目不可行。收益大于成本越多，项目投资的意义越大。

应该指出的是，这种方法的运用不仅要考虑私人成本，也要考虑社会成本；不仅要考虑私人收益，还要考虑社会收益。同时，也要注意到该项目的收益者有可能夸大它的预期收益，而受害者可能夸大它的成本。

关于投票方式确定公共产品的产量，可参见本书第十二章第一节。

第五节　再分配政策

市场经济是按效率优先的原则进行个人收入分配，缺少公平分配的机制。因此，需要政府通过有关收入分配政策缓解分配不公现象。

一、税收政策

这里是从微观层次上看待税收政策，其目的在于通过税收缩小收入差距。有关的税收有：个人所得税、遗产税、赠与税、财产税、消费税等。其中，个人所得税是主要手段。个人所得税实行的是累进税制。它根据收入的高低确定不同税率，对高收入者按高税率征税，对低收入者按低税率征税。政府通过税收重要的是纠正社会成员间的收入分配不平等现象，实现收入分配公平化。

在美国税制中，其中心环节是个人所得税，其税率是累进的。这意味着高收入者要缴纳收入的较高百分比。虽然税收有许多免除、扣除等，即允许纳税人减少他们的课税负担，但所得税的百分比是随收入上升而上升的。1986 年，国会通过了《税收改革法案》。改革的目的是简化税收并使人们容易应允纳税和避免逃税。法案大大减少了税收等级的数量和降低了全面累进的税率。它还以提高纳税起征点的方式大大减少了最底层人的税收负担。

二、社会福利政策

如果说税收政策是通过对高收入者征税来实现收入分配公平化的，那么，社会福利政策则是通过给予无收入或低收入者补助来实现收入分配公平化。社会福利政策有多种形式。

第一，各种形式的社会保障。它包括退休金制度、贫困家庭补助制度、失业救济金制度、残疾人保险制度。

在美国，最大的收入再分配计划是社会保障。社会保障制度由三个计划组成。向退休工人及其遗属、家属支付现金补助的老年人和遗属保险计划；向丧失能力的工人及其家属支付现金补助的残疾人保险计划；向老年人及其遗属、残疾人以及铁路退休工人提供医疗补助的健康保险计划。

老年人和遗属保险计划。老年人和遗属保险计划是社会保障制度中最大的一项。这个制度要求参加者和他们的雇主按工资的一定比例缴纳税金，并有最高额限制。个体经营者的工薪税需由自己全部负担。参加这个制度 10 年，就可获得领取津贴的权利。津贴在退休后每月领取，即使人去世，还可由遗属领取。津贴水平以缴纳的平均薪金为计算基准。津贴有最高与最低限额。一般来说，低薪者从这个制度中领取到的要多于他们在工作期间的缴纳，而高薪者通常领取到的要少于他们的支付。

贫困家庭的补贴。仅次于老年人和遗属保险计划的是政府对贫困家庭的补贴。其中，最大的一项补贴是未成年儿童家庭补助。补助金额由各州制定，差别很大。补助的领取条件是，家庭收入必须很低，没有资产。

失业补助。政府的失业补助来源于雇主纳税建立起来的基金。缴纳的数量，部分地依据企业频繁雇佣与辞退工人的状况来定。雇佣相对稳定的企业可按较低的税率支付。税收与补助水平在联邦政府指导下，由各州决定。失业补助金有时间上的规定，大多数要求在 20 个星期。政府要求，失业者可平均领取他正常工资 36%的补助。领取失业补助金的人必须在最近为缴纳过失业补助税的雇主工作一定时间，并且证明愿意和有能力寻找和接受合适的工作。

食品券。食品券计划由联邦政府提供资金并管理。它给予低收入者及其家庭购买食品的权利。人们可凭食品券或票证购买降价食品。

健康保险计划。健康保险计划包括医疗照顾和医疗补助。医疗保险也称医疗照顾，由社会保障总署管理。这是为上年纪的和一些丧失劳动能力的人设立的健康保险计划。大部分 65 岁以上的美国公民无论收入多少都可获得医院的总保险。他们还可通过个人投保，参加医疗照顾下的附加医疗保险。医疗保险只支付部分医疗费用，而不是全部。医疗补助为低收入者提供健康和住院补助。它由各州管理，但大部分费用由联邦政府负担。

第二，各种保护劳动者的立法。它包括最低工资法、最高工时法、环境保护法、食品和医药卫生法。这些有利于增进劳动者收入，改善工作和生活条件，从而有利于收入分配公平化。

第三，改善住房条件。改善住房条件有多种方式。例如，以低房租向低收入者出租国家兴建的经济适用型住宅；限制私人高价出租房屋；资助无房者建房和买房；实行住房补助，等等。

美国联邦政府和州政府有许多住房计划。这些计划是为了改善低收入者的住房状况。最大的住房计划是公共住房计划。它由联邦政府提供经费，由地方公共住房机构管理。政府规定，公共住房的租户所缴纳的租金不多于他们收入的 25%。在被称作“第八节”的计划中，政府还向租户提供住房补助，并要求房主保证房租略高于市场租金。

此外，政府还可以通过向贫困者提供就业机会、增加教育事业投入等方式，实现收入分配公平化。

第六节　保护消费者政策

消费者与生产者和经营者相比，处于弱势地位。消费者的经济实力微弱，一般缺乏商品专业知识，选择的多样化也使其在购买商品和服务时难以做到经济合理。这些弱点与生产经营者的组织性、专业性和经济性形成鲜明对比。为了保护弱者权益不受侵害，政府制定了有关消费者的政策。

第一，确保商品质量。政府有关机构颁布商品和服务的最低标准并予以检验，确保消费者享受到合乎标准的产品。

第二，正确的消费宣传。例如，商品广告和说明书必须真实可信；烟和烈酒等不利于健康的商品不得进行广告宣传，从而限制烟、烈酒和某些刺激性药物的销售和消费。

第三，禁止和限制不正确的消费。例如，禁止出售毒品和不利于儿童身心健康的玩具。

第四，对劳务人员的素质规定标准。例如，政府对医生、律师、教师等作出规定并进行考核，以保障消费者得到符合标准的服务。

第五，消费外在化干预政策。个人消费并不完全是个人行为，对社会也是有影响的。因此，有时也需政府予以干预。例如，通过资源保护法禁止或限制对某些珍稀动物的消费；提高水价限制水资源的浪费，等等。

消费者也可通过消费者协会、行业协会等组织，对诸如产品和服务质量、价格等方面提出申诉，以维护自身权益。

【思考题】

1. 对汽油征收的税为什么比较高？从汽油税是一种旨在纠正与开车相关的拥挤、车祸和污染三种负外部性的角度，谈谈你对高汽油税的看法。

在美国，司机购买汽油的费用，几乎有一半可归为汽油税。在许多欧洲国家，税收更重，汽油价格是美国的 3～4 倍。

2. 考虑下列外部经济效果，试着提出解决办法。

（1）钢铁厂把氧化硫排放到伯明翰的空气中。

（2）喝醉酒的驾驶员把车开进人群或丛林。

（3）在飞机上或看足球比赛时吸烟。

（4）人们将啤酒罐或口香糖包装扔在大街上。

3. 查理喜欢看本地公共电视台的电视节目，但在电视台筹集运营费时，他从不给一点钱支持电视台。

（1）经济学家将查理的做法称为什么现象？

（2）政府应如何解决像查理这样的人引起的问题？

（3）你认为私人市场有解决这个问题的办法吗？

（4）如何将有线电视台改变为公共电视台？

4. 多年来，AT&T 公司一直是个受管制的垄断者，它提供地方和长途电话服务。与政府在法律上长期争执之后，AT&T 公司同意与其他公司在长途电话市场上开展竞争。它还同意将地方电话服务分给 8 家小公司，并且这些小公司仍然受到严格的管制。

（1）解释为什么长途电话服务原本是一种自然垄断。

（2）过去 20 多年，许多公司发射了通讯卫星。它的日益增长如何改变了长途电话服务的成本结构?

（3）为什么在长途电话服务中竞争是有效率的?

（4）为什么在地方电话服务中受管制的垄断是有效率的?

第三篇

宏观经济学

第十四章

国民生产总值、总需求和总供给

宏观经济学把整个国民经济运行当做一个整体加以考察，它研究的都是经济总量，如国民生产总值、就业总量、价格水平、总消费、总储蓄、总投资、总需求、总供给。就其理论体系而言，它主要围绕国民生产总值、就业、价格水平三个宏观经济变量展开讨论。

第一节 宏观经济变量

一、国民生产总值

（一）国民产出与国民生产总值

国民产出是指一国在一定时期内生产的所有商品和劳务的总和。国民产出又称总产出，它反映一国的生产水平。

衡量国民产出的经济变量有多个，如国民生产总值（GNP）、国民生产净值（NNP）、国民收入（NI），其中GNP最常用。经济学中常常用GNP来表示一国总产出或一国财富量，并且把GNP与国民收入混用。

（二）潜在和现实国民生产总值

国民生产总值是指一个国家在一定时期内生产的所有商品和劳务的市场价值总额。现实国民生产总值是指实际发生的国民生产总值，潜在国民生产总值是指当资源得到充分利用时一国经济能够生产的总产值。潜在国民牛产总值反映了长期内劳动、资本、土地等生产资源的最大生产潜力。

当一国资源得到充分利用时，这时经济在此产出水平上也达到了充分就业。所以，潜在国民生产总值又叫充分就业国民生产总值。现实国民生产总值可能大于、小于、等于潜在国民生产总值。

（三）国民生产总值的三种核算方法

（1）支出法。支出法是根据购买最终产品的支出来计算国民生产总值的方法。一国总支出包括：消费支出、投资支出、政府的购买支出和净出口。总支出是指在一定时期内一国经济在购买最终产品上的支出总额。一定时期内生产的最终产品或被当期售出或未被售出，未被售出的最终产品总额作为存货计入投资支出，所以总支出等于国民生产总值。

综上所述，通过购买商品和劳务的支出核算 GNP 的方法的内容见表14—1。

表 14—1　　支出法核算国民生产总值

国民生产总值（GNP）
消费支出（C）
耐用品
非耐用品
劳务
投资支出（I）
固定资本投资
居民住宅投资
企业存货投资
政府支出（G）
中央政府
地方政府
净出口（NX）
出口与进口之差

（2）收入法。收入法是根据再生产过程中产生的收入流量来计量国民生产总值的方法。一国收入包括：工资、租金、利息、利润，以及间接税、资本折旧等。

（3）增值法。增值法是根据生产过程各个阶段上产品的增值或贡献计算国民生产总值的方法。在一国经济中，许多行业专门生产中间产品。不同生产阶段上企业间中间产品的销售，往往会产生重复计算问题，即企业产品市场价值的总和远远大于国民生产总值。为了避免重复计算，经济学提出了增值概念。一个企业产品的增值是该企业销售收入与其中间产品价值之间的差额。所有企业在一定时期内增值的总和等于国民生产总值。

国民生产总值的不同计算方法是从国民经济运行的不同角度加以观察和计量的结果。从生产角度，它是国民经济各部门总产出减去中间消耗的增加值之和（总增值或总产出）；从分配或收入角度看，它是这些部门中劳动者收入、税金、利润、净利息、固定资产折旧、非公司企业收入等项价值之和（总收入）；从使用或支出角度看，它是最终使用于消费、投资、增加库存、净出口、政府购买的商品和服务的总和（总支出）。但是，不管采用哪种方法，经过误差调整后所计算出来的国民生产总值都应是相等的。

（四）国民生产总值恒等关系

支出法、收入法、增值法所具有的一致性，可以说明国民经济中的一个基本平衡关系，即实现了的总收入恒等于实现了的总支出，即：

总支出≡总收入

式中，≡代表恒等关系；总支出由消费支出（C）、总投资支出（I）、政府购买商品和劳务的支出（C）、净出口（$X-M$）四部分组成；总收入是由消费（C）、余下的储蓄（S）以及税收（T）三部分组成。用公式表示为：

$$C+I+G+(X-M)\equiv C+S+T$$

在上述等式中，左边总支出即总需求，右边总收入即总供给。实际的或实现的总需求与总供给都可以代表国民生产总值，就是说：

$$Y\equiv AD\equiv C+I+G+(X-M)$$

$$Y\equiv AS\equiv C+S+T$$

$$Y\equiv AD\equiv AS$$

或 $$C+I+G+(X-M)\equiv Y\equiv C+S+T$$

如果不考虑政府参与市场，也不讨论进出口，采用一种简化的模型进行分析，国民经济就仅涉及企业和居民两部分。因此，国民生产总值恒等式可简化为：

$$C+I\equiv Y\equiv C+S$$

这个恒等式表明，在产品流量方面，一定时期内生产的全部最终产品，除了用于消费之外，剩余部分都用于投资；在收入流量方面，国民生产总值中除了用于消费的部分，就是储蓄。在恒等式两边消去消费 C，可得到：

$$I\equiv S$$

这就是投资与储蓄恒等式。在任何时期内，实际发生的投资和储蓄必然相等，这种恒等关系不仅是由于国民收入核算的复式记账法，而且在概念上也是成立的。

如果关心的是未来的或未实现的或预期的投资和储蓄，那么二者就不一定恒等了。计划的或者预拟的总需求可以大于、小于或等于总供给。简化成投资和储蓄以后，可表示为：

如果 $S>I$，GNP 下降；

如果 $S<I$，GNP 上升；

如果 $S=I$，GNP 保持不变。

（五）个人可支配收入

个人可支配收入是指一个国家一年内个人可以支配的全部收入，它是对国民生产总值做系列扣除之后，加上政府对个人的转移性支付而得到的。通过个人可支配收入，可以了解其他反映国民经济运行的总量（见表 14—2）。

表 14—2 中所列的国民生产总值与可支配收入的关系，可以简括为：从国民生产总值中减去实际上不付给家庭的部分，再减去家庭交纳的个人所得税，加上家庭得到的转移支付。它也可以表述为：从国民生产总值中减去折旧和一切税收（直接税和间接税），再减

去企业的未分配利润，加上家庭得到的转移支付。还可以表述为：从国民生产总值中，减去企业总储蓄（包括折旧和企业未分配利润），再减去政府的净税收（等于总税收扣去转移支付）。

表 14—2　　收入核算中的四个基本总量

1. 国民生产总值
减：资本折旧
2. 国民生产净值
减：间接税
企业未分配利润
企业所得税和社会保险税
加：对个人的转移支付
3. 个人收入
减：支付的个人所得税
4. 可支配收入

二、就业与失业

(1) 劳动力。就业者与失业者之总和为劳动力。劳动力不包括未成年人、在校学生、退休和丧失劳动能力的成年人。

(2) 失业。没有工作但仍在积极寻找工作的成年人称为失业者。失业率是指劳动力中失业者所占的百分比。就业是指在业并参加全日工作。

(3) 奥肯定律。奥肯定律是美国经济学家阿瑟·奥肯（A. Okun）对国民生产总值变化与失业率变化关系的描述。根据奥肯定律，相对于潜在国民生产总值，现实国民生产总值每增加 2%，将引起失业率降低 1%。这一关系表明，增加就业和增加国民产出实际是一回事。要解决失业问题，只要增加国民产出就行了。

三、价格水平与通货膨胀

(1) 价格水平。价格水平是指在经济中各种商品价格的加权平均数。衡量价格水平的价格指数主要有：消费者价格指数、生产者价格指数和国民生产总值价格指数。

(2) 通货膨胀。通货膨胀即物价上涨，它是指某种价格指数从一个时期到另一个时期增长的百分比。

第二节　总需求与总供给

前面简要讨论了宏观经济的三个基本变量：国民生产总值、就业和价格水平。现在通过总供给与总需求来说明这三个宏观经济变量是如何决定的。

一、总需求及总需求曲线

(一) 总需求

总需求是指给定价格、收入和其他经济变量，消费者、企业、政府和外国部门的需求的总额。因此，总需求反映的是经济中不同经济实体的总支出，包括消费者购买食品，政府购买坦克，企业购买汽车等。影响总需求的因素有价格水平，居民的收入，对未来的预期，以及税收、政府支出、货币供给等政策变量。

总需求按照需求主体划分，可分解为居民的需求、企业（单位）的需求、政府的需求、国外部门的需求等。总需求可以被看做是这些方面的需求总和。

总需求按照需求对象划分，可分解为对投资品的需求和对消费品的需求，或者对最终产品的需求和对中间产品的需求。因此，总需求又可以被看做是对这些商品的需求总和。

(二) 总需求曲线

总需求曲线表示对各种产品的需求总量和对应的价格水平之间的关系。总需求曲线是一条斜率为负值、向右下方倾斜的曲线。总需求曲线的这种形状表明，在其他因素不变的条件下，价格水平越高，总需求就越小；反之，价格水平越低，总需求就越大（见图 14—1)。

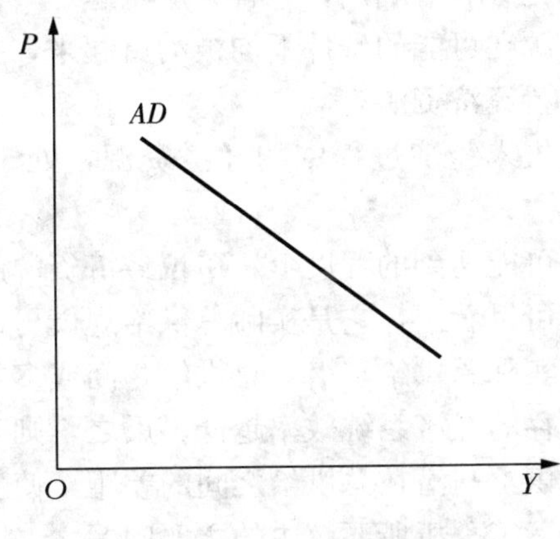

图 14—1　总需求曲线

二、总供给及总供给曲线

(一) 总供给

总供给是指给定现行价格、生产能力和成本，所有企业想要生产并出售的产品总量。一些有影响的教科书通常使用总产出的概念，并且认为总产出代表总供给。实际上，总产出中包含了无法统计到的自给性产品。当不考虑自给性产品时，总产出才等于总供给，才可以说总产出恒等于总收入。①

---

① K. E. 凯斯（K. E. Keyes）和 R. C. 费尔（R. C. Fill）合著的《经济学原理》一书中指明：我们用的是“总产出（总收入)”，而没有用“供给总量”，但应记住，这二者是相同的。萨缪尔森在其《经济学》第 12 版以前的各版本中，均使用“总产出”这一概念，而在第 12 版中改用了“总供给”这一概念分析同一问题，并认为“宏观经济学中所有重大问题，现在都用这些新的工具加以分析”。

企业一般打算在潜在产出（potential output）水平上进行生产。但是，如果价格低、需求不足，企业可能在低于潜在产出的水平上进行生产；而在价格高、需求旺盛的条件下，企业可能偶尔在高于潜在产出的水平上进行生产。

按照这个定义，总供给与潜在产出水平有密切联系。影响总供给的因素有生产资源（主要是劳动力和资本）的数量以及生产资源的利用效率，即社会的技术水平。劳动力的增加、资本的积累和技术进步将推动潜在产出水平的提高。

（二）实际总供给与潜在总供给

在宏观经济运行分析中通常使用的总供给概念，就是实际总供给，它是国民经济各部门已经生产和进口的，并已经向市场提供的商品总量。

在宏观经济运行分析中，与实际总供给相对而言的是另一个总供给概念，是潜在总供给。换句话说，只有在分析与潜在总供给的关系时，我们才在通常所说的总供给概念前冠以“实际”二字，否则总供给就指实际总供给。

与实际总供给相对而言的是潜在总供给，是指在现有的经济资源得到充分有效利用（不能仅仅理解为充分就业）的情况下，国民经济各部门可能向社会提供的商品总量。

在这里，经济资源得到充分有效利用，包含三层意思。

（1）现有的全部经济资源在可能的条件下均被动员起来，投入经济过程之中，不存在能够被运用而未被运用的闲置经济资源。

（2）被动员起来，并已投入经济过程中的经济资源，处于合理的配置和最佳的组合状态。

（3）在现有的技术水平可能达到的程度上，单位经济资源的利用效率达到最大限度。

从潜在总供给的定义中可以看出，它是实际总供给规模可能达到的极限。在通常情况下，由于各种因素的影响，实际总供给与潜在总供给之间或多或少总会存在一定差距。二者之间的差距越大，表明现存的经济系统效率越低；反之，则表明现有的经济系统效率越高。因此，如何缩小实际总供给与潜在总供给之间的差距，使实际总供给最大限度地趋近于潜在总供给，是宏观经济运行分析所要解决的主要问题之一。

分析潜在总供给的意义在于，它表明了国民经济可能的产出能力，它为实际总供给状况的判断提供了一个客观的参照系，同时也为实际总供给的短期扩张提供了范围限定。

（三）总供给曲线

总供给曲线表示所有企业想要生产的产出总量和对应的价格水平之间的关系。总供给曲线的形状是西方宏观经济学中较有争议的一个问题。多数学者认为，长期总供给曲线是垂直的，短期总供给曲线向右上方倾斜。

长期总供给曲线是一条垂直线，不论价格水平如何，产出水平即供给水平总是等于潜在国民产出。长期总供给曲线之所以是垂直的，是因为在长期内，所有投入品和产出品的价格都不是固定不变的，而是灵活变动的。投入品的价格（如工资率等）随产出品价格的上升而上升，成本增长率等于价格增长率。这种价格的变动对企业没有影响。所以，总供给不受价格水平变动的影响，它决定于技术、生产资源的供给和生产资源的正常利用率，因此长期总供给曲线就是在潜在国民产出水平上的一条垂直线（见图 14—2）。

从图 14—2 中所给出的总供给曲线可以看出，它大体上可分为三种情况。

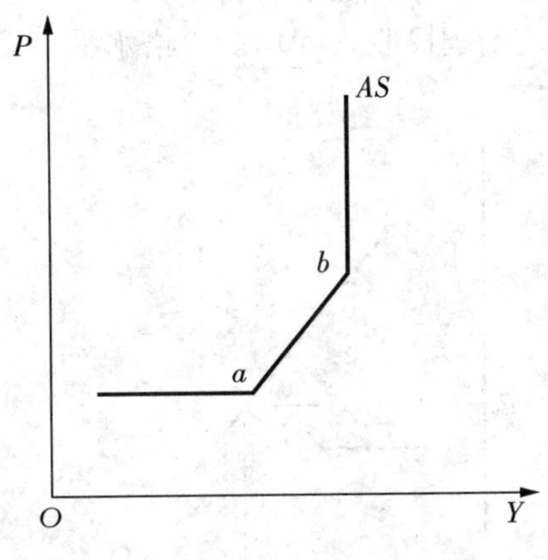

图 14—2 总供给曲线

（1）总供给曲线在点 a 以左时，大体上是一条水平线。它的经济含义是：这时社会上还存在着一部分闲置资源，因此即使物价总水平保持相对稳定，总供给数量也会随总需求的增加而增加，即可以在不提高价格水平的情况下，增加总供给。这一模型，是由凯恩斯提出来的，所以呈水平状的总供给曲线又称为“凯恩斯总供给曲线”。

（2）总供给曲线在 ab 之间，呈向右上方延伸之势。它的经济含义是：这时社会上已不存在便宜的闲置资源；总供给的增加，主要依靠社会平均的单位资源利用效率的提高。但这时，总需求的增加如果没有相应的物价总水平的提高，供给者是不愿继续增加总供给的数量的。在这种情况下，物价总水平的变动与总供给规模的变动之间，呈明显的正相关关系。这种情况在短期中存在，所以向右上方倾斜的总供给曲线被称为“短期总供给曲线”。

（3）总供给曲线在点 b 以上时，基本上是一条垂直线。它的经济含义是：这时的总供给已经趋近于潜在的总供给，继续动员社会闲置资源和提高社会平均的单位资源利用效率的余地已经极小。因此，无论这时社会的总需求如何增加，物价总水平怎样上涨，都难以使总供给的规模继续扩大。资源充分利用，经济中实现了充分就业，总供给无法增加，这种情况在长期中存在，故垂直的总供给曲线被称为“长期总供给曲线”。

第三节　总供求均衡与国民生产总值的决定

一国经济中的实际国民生产总值、就业水平和价格水平是由总需求与总供给的相互关系或相互作用决定的。下面介绍总供求模型及其对国民生产总值、就业、价格水平的影响。

一、总供求模型

把总需求曲线与总供给曲线描绘在同一坐标系中可以看到，总需求曲线与总供给曲线在点 E（均衡点）相交，总供求均衡所决定的国民生产总值或国民收入为 Y_0，从而也决定了相对应的总就业量，此时的价格水平为 P_0。由总供给和总需求相互作用（均衡）决定的国民收入和价格水平称为均衡国民收入和均衡价格水平（见图 14—3）。

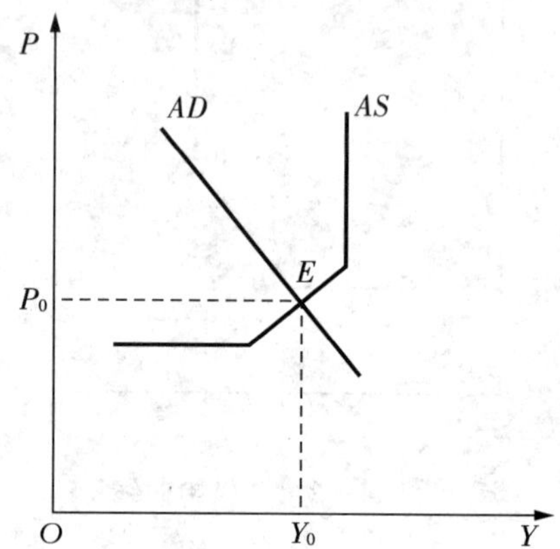

图 14—3 总供求均衡与国民收入决定

在均衡点的上方，总供给大于总需求，过多的供给会迫使价格水平下降；在均衡点以下，总供给小于总需求，过多的需求迫使价格水平上升。所以，只有总供求均衡时，国民收入和价格水平才相对不变或稳定。一定时期内，实际国民收入始终是总供给与总需求相等时的均衡的国民收入，即：

$$总供给=总需求=Y$$

二、总需求和总供给变动对国民收入与价格水平的影响

（一）总需求变动对国民收入与价格水平的影响

经济中的均衡状态取决于总需求与总供给之间的关系，无论总需求曲线移动还是总供给曲线移动都会改变均衡点，以致改变经济中的实际国民产出和价格水平。

图 14—4 说明了总需求曲线移动在未实现充分就业前，价格与国民收入变动的情况，即总需求变动只引起国民收入的增减，而不会引起价格变化。

图 14—5 说明了总需求曲线移动在资源利用接近充分就业状况时，价格水平与国民收入变动的情况，即总需求变动引起国民收入和价格水平同方向变动。

图 14—6 说明了总需求曲线变动在资源充分利用、达到充分就业状况以后，价格水平与国民收入变动的情况，这时总需求增减引起价格水平上升或下降，但国民收入水平不变。这是因为，资源运用达到极限后不可能再增加。凯恩斯认为，达到充分就业后总需求再增加，此时总需求为过度需求，过度需求只引起通货膨胀，而总供给不变。

（二）充分就业时的总需求、国民收入

充分就业时的总需求（AD_f）是指全社会资源达到充分利用、没有失业时的总需求，又叫潜在总需求。充分就业时的国民收入是指充分就业时的总需求曲线与潜在总供给曲线（长期总供给曲线）相交时决定的国民收入水平（Y_f）（见图14—7）。

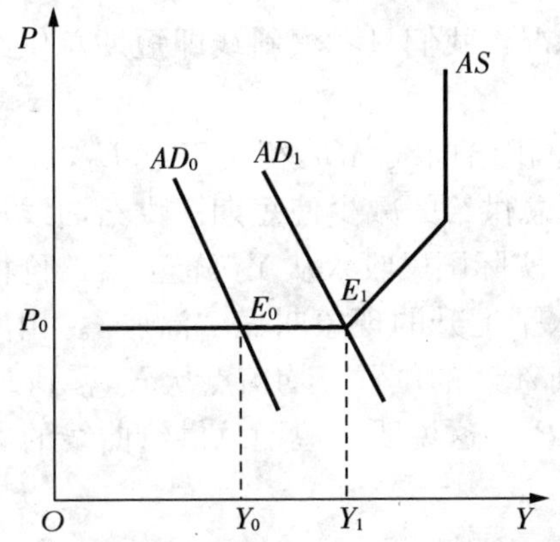

图 14—4　总需求曲线移动与凯恩斯总供给曲线

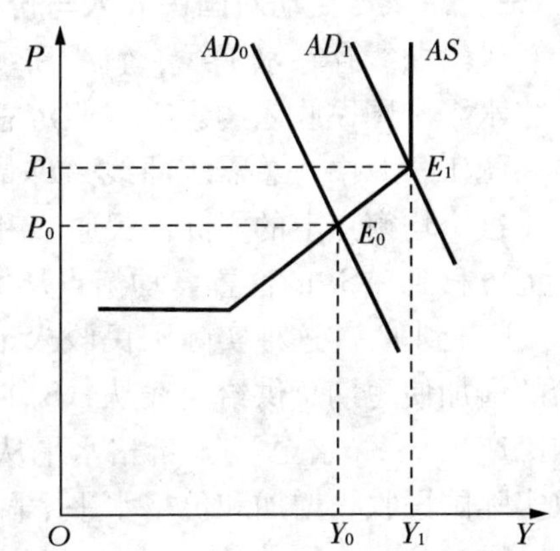

图 14—5　总需求曲线移动与短期总供给曲线

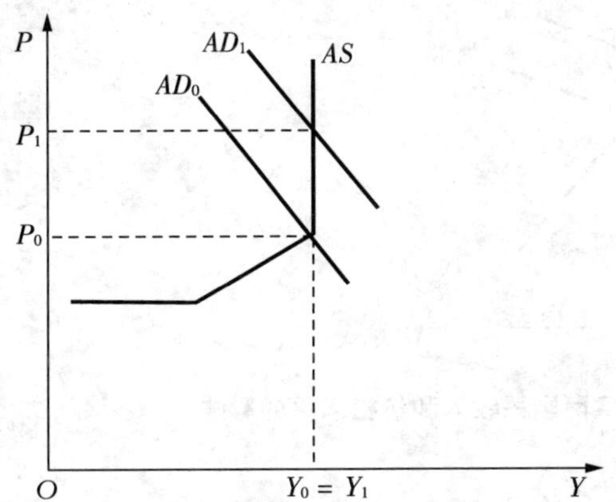

图 14—6　总需求曲线移动与长期总供给曲线

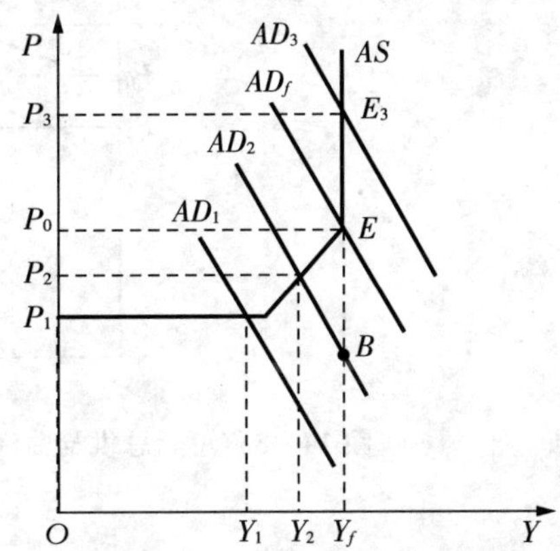

图 14—7　充分就业时的总需求和国民收入

在图 14—7 中，当实际总需求曲线为 AD_1 时，国民收入和价格水平处在较低水平（Y_1，P_1）；当实际总需求曲线为 AD_2 时，价格水平和国民收入同时增加为（Y_2，P_2）；当实际总需求曲线为 AD_3 时，与 AD_f 相比，价格上升了（P_3），但国民收入没增加，仍为 Y_f。只有当实际总需求曲线等于充分就业或潜在的总需求曲线（点 E 的曲线）时，才实现了资源的充分利用，是既无通货膨胀又无失业的国民收入均衡：

当 $AD=AD_f$，$Y=Y_f$ 时，充分就业；

当 $AD=AD_1$，$Y=Y_1$ 时，存在失业；

当 $AD=AD_2$，$Y=Y_2$ 时，价格水平、国民收入和就业逐渐上升；

当 $AD-AD_3$，$Y=Y_f$ 时，通货膨胀。

充分就业的国民收入与均衡国民收入水平之差，即Y_f-Y_1或Y_f-Y_2是国民生产总值缺口，此时存在失业。国民生产总值缺口的存在是由于实际总需求曲线低于充分就业时的总需求曲线，即 $AD_2<AD_f$。AD_f 与 AD_2 之间的 BE 可称为通货紧缩缺口（紧缩缺口），在这之上 AD_f 与 AD_3 之间的 EE_3 可称为通货膨胀缺口（膨胀缺口）。

（三）总供给变动对国民收入与价格水平的影响

总供给曲线存在水平线、斜线和垂直线三种状况，我们只考察斜线即短期总供给曲线对价格水平和国民收入的影响（假定总需求不变）。

在图 14—8 中，总需求曲线 AD 最初与短期总供给曲线 AS_0 相交于点 E_0，Y_0 和 P_0 分别是这个均衡点上的实际国民收入和价格水平。总供给的减少使短期总供给曲线从 AS_0 向左上方移到 AS_1 的位置，均衡点从 E_0 移到 E_1，实际国民收入从 Y_0 降至 Y_1，价格水平从 P_0 上升到 P_1。这种实际国民收入下降而价格水平上升的现象叫做“滞胀”。相反，总供给的增加使短期总供给曲线从 AS_0 向右下方移到 AS_2 的位置，均衡点从 E_0 移到 E_2，实际国民产出从 Y_0 增至 Y_2，价格水平从 P_0 下降到 P_2。这说明，短期总供给曲线的右移会导致实际国民收入增加和价格水平下降。

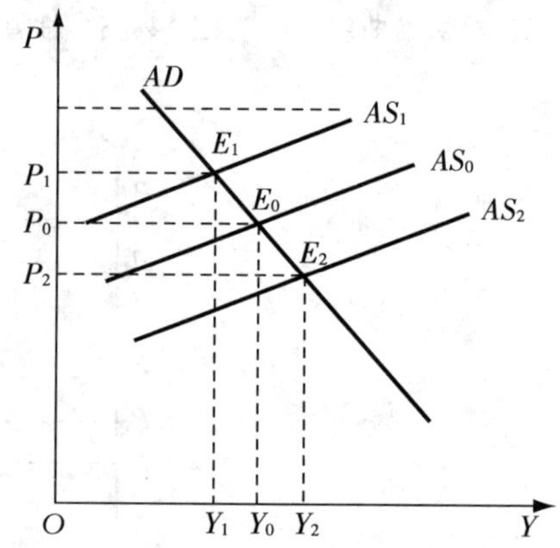

图 14—8　短期总供给曲线的移动对实际国民收入和价格水平的影响

三、总供求模型的运用

总供求模型是分析宏观经济问题的有用的工具。

（一）“滞胀”的原因

总供给曲线向上移动是西方国家经济发生滞胀的重要原因。20 世纪 70 年代中期，美国经济的第一次滞胀，主要就是由于遭到强烈的供给冲击。当时谷物严重歉收，加之对苏联出口大量小麦，使粮食供给不足，粮价猛升。与此同时，石油输出国组织大幅度提高石油价格，不仅使能源价格上升，而且使石油制品价格上升，从而使许多产品成本增加。因此，总供给曲线向上移动，造成严重滞胀，国民收入下降（生产停滞）和物价上涨（通货膨胀）两种病症同时并发。

（二）治理通货膨胀的对策及效果

当出现通货膨胀时，如果采取压抑总需求（抑制投资需求和消费需求）的方法可以使物价下降，国民收入也会随之下降。如图 14—9 所示，需求曲线由 AD_0 移动到 AD_1，价格由 P_0 降至 P_1。采用这一政策时，虽然价格降下来了，但国民收入也从 Y_0 减少到 Y_1，使得国民经济走向衰退。

如果采取刺激总供给的政策，效果就会大不一样。如图 14—10 所示，刺激总供给(财政收支政策、产业政策)，总供给曲线从 AS_0 下移至 AS_1，价格降下来了（$P_0 \to P_1$），国民收入增加了（$Y_0 \to Y_1$）。"滞胀"得以克服。这就是 20 世纪 80 年代以来流行的供给经济学的主旨所在。供给经济学者建议采用减税等措施来增加供给，以达到增加产出和降低物价的目的。这种理论引起了西方经济学界的争论。

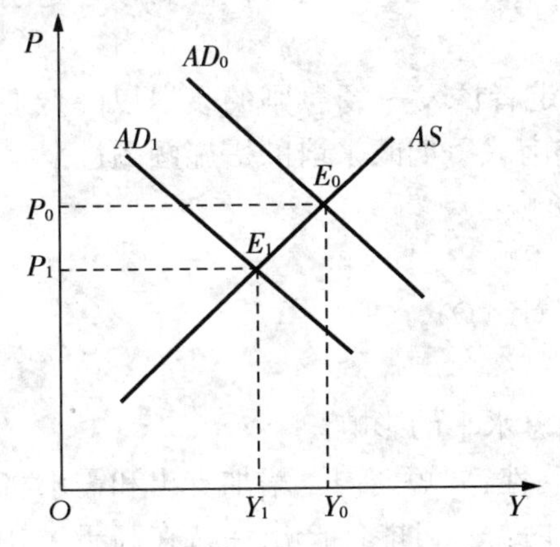

图 14—9　抑制总需求政策效果

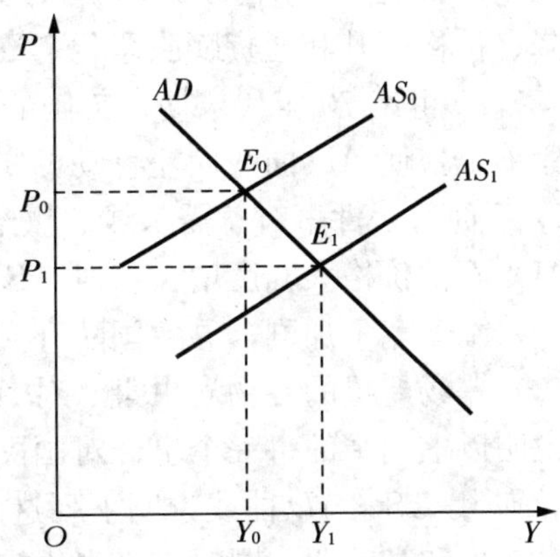

图 14—10　刺激总供给政策效果

(三) 生产能力的提高

充分就业时的总供给曲线或潜在总供给曲线（AS 曲线的垂直部分）是一定时期内总供给或国民收入增长的极限。但从更长的时期看，社会生产能力是可以因为组织创新、结构调整、技术发明、科技运用以及新材料、新能源的使用等而发生变化的。

在图 14—11 中，假设原来的充分就业时的国民收入为 Y_{f1}，价格水平为 P_0。如果由于生产能力的上升，总供给曲线发生了位移，即从 AS_{f1} 移动到 AS_{f2}，这样充分就业时的国民收入增加到 Y_{f2}，价格水平下降到 P_1。所以，从动态考察，一国经济竞争力和国力的增加、社会生产能力的提高，实际上就是潜在总供给的增加和充分就业时的总供给曲线的右移。

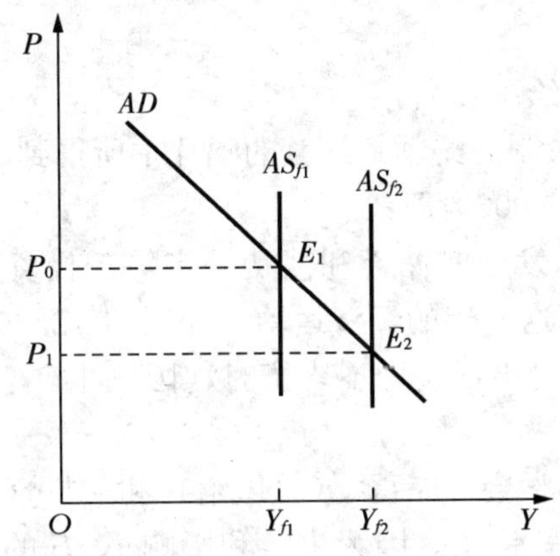

图 14—11　生产能力提高与潜在国民收入

【思考题】

1. 根据以下事件作 $AS—AD$ 曲线图。

(1) 在 20 世纪 60 年代，美国的财政赤字和银根放松导致 AD 曲线迅速向外移动，结果是价格飞涨和通货膨胀。

(2) 20 世纪 70 年代早期，一系列不利的供给冲击导致 AS 曲线向左移动，这引起产量下降、价格上升和通货膨胀恶化。

(3) 20 世纪 70 年代末期，美国的经济政策制定者诱发一场急剧的衰退以降低通货膨胀，紧缩银根使 AD 曲线向左移动，实际上是把越南战争期间采取的措施颠倒过来。

2. 下面每一件事对总需求或总供给会有什么影响？

(1) 石油价格大幅度增长（对 AS）。

(2) 军备竞争加剧，导致国防开支大量增加（对 AD）。

(3) 一场严重的谷物病虫害（对 AS）。

说明以上列举的每一个事件对国民收入和价格总水平的影响。

3. 使用 $AS—AD$ 曲线说明下列这段论述的正确性："短期内，增加支出和需求将导致高国民产出和高就业，同时带来高价格。但在长期内，不可能使产出保持在高于潜在产出的水平，或使失业低于自然失业率。"

4. 假设你是一位宏观政策决策者。经济活动水平在 $P=100$，$Q=3\,000=$潜在 GNP 时达到均衡。你对通货膨胀绝"不迁就"，你要使价格稳定在 $P=100$ 而不管国民产出怎么样。你掌握着可以使 AD 曲线移动的工具，但你不能影响 AS 曲线。给定这些工具和目标，你将对下述事例作出怎样的对策？

(1) 投资支出突然增加。

(2) 石油价格大幅度上涨。

(3) 达成削减防务开支的军备控制协议。

(4) 出现潜在产出水平的生产率下降。

5. 为什么下列各项目不被计入 GNP 中？

(1) 饭店厨师在自己家里或朋友家里烹制的膳食。

(2) 购买一辆旧车。

(3) 购买一幅伦勃朗的绘画真品。

(4) 从放一张 1978 年录制的鲍勃·达兰的唱片中所得到的满足和享受。

(5) 在二级市场上购买1 000股股票。

6. 在任何时期内，实际发生的储蓄和消费一定等于投资和消费。但是，假设我们在 1989 年 1 月 1 日这一天考虑这一年的经济运动，计划的、预拟的储蓄和消费就不一定等于计划的、预拟的投资和消费。出现这种不均衡时，国民生产总值的变化情况会怎样（$S<I$，$S>I$，$S=I$）？

7. 如果你认为教会鹦鹉学会"储蓄"（总供给）和"投资"（总需求），就能使它成为一个博学的经济学者，那你就错了。因为决定和影响 I、S 的因素很多。试举出一些影响 I、S 的因素。

8. 尽可能全面地解读图 14—12 的经济意义。

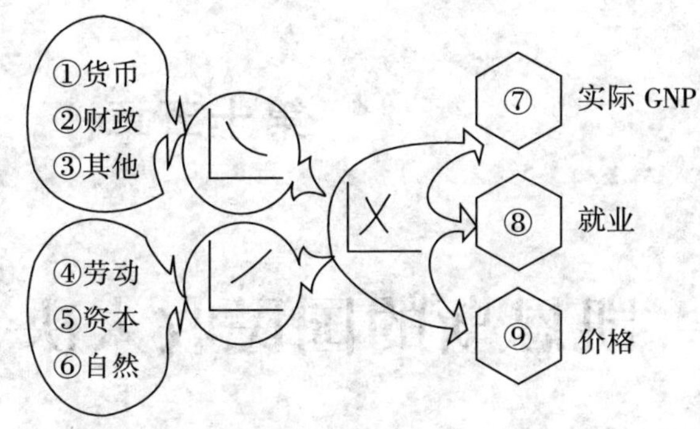

图 14—12　GNP 的决定及其影响

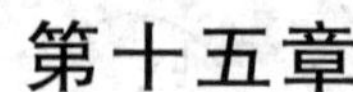

第十五章

凯恩斯的国民收入决定理论

前面分析了总需求与总供给以及由二者相互作用决定的均衡国民收入。但是凯恩斯认为，在短期（如一年），决定国民收入的基本力量是总需求，导致失业、萧条的根本原因是总需求不足。所以，国民收入决定理论把重点放在对总需求的分析上，分析总需求的构成、变动及对国民收入的影响。

第一节 总需求的构成

一、一则古老的寓言

20 世纪 30 年代初的经济大萧条使3 000多万人失业，很多工厂停产，金融秩序一片混乱，整个经济倒退到第一次世界大战以前的水平。经济大危机中，产品积压、工人失业、生活困难，绝大多数人感到前途悲观。有的工人说：我唯一感到安慰的是，再也没有什么可失去的了，情况再也不会比这更糟了。

持续的经济衰退和普遍的失业，使传统的经济学遇到了严峻挑战。一直关注美国罗斯福新政的英国经济学家凯恩斯从一则古老的寓言中得到了启示。这则寓言是这样说的：

从前有一群蜜蜂过着挥霍、奢华的生活，整个蜂群兴旺发达、百业昌盛。后来，它们改变了原有的生活习惯，崇尚节俭朴素，结果社会凋敝、经济衰落，终于被敌手打败而逃散。

凯恩斯从这则寓言中悟出了需求的重要性，建立了以需求为中心的国民收入决定理论，并在此基础上引发了经济学上著名的“凯恩斯革命”。这场革命的结果就是建立了现代宏观经济学。

凯恩斯在进行需求分析时，有三点重要的假设。

第一，总供给曲线处于水平区域。假定各种资源没有得到充分利用，总供给曲线处于水平线区域，总需求的增加可以引起均衡国民收入上升，即总供给可以适应总需求的增加而增加，也就是不考虑总供给对国民收入决定的影响。

第二，潜在国民收入，即充分就业时的国民收入水平不变。

第三，价格水平既定。

二、总需求的四个部分

我们知道，总需求表示在一定的收入水平、价格水平等条件下，消费者、企业、政府和外国部门想要购买的本国生产的商品和劳务的总量。所以，它由消费需求、投资需求、政府部门需求和净出口四部分构成。总需求也是一定时期内整个经济中的计划总支出。计划支出与实际支出有时并不一致。例如，某时期某企业计划不增加存货投资，但由于对其产品的需求意外下降，销量减少，存货增加，实际存货投资大于计划。

消费是指居民对商品与劳务的需求或支出，包括耐用消费品支出、非耐用消费品支出、住房租金，以及对其他劳务的支出。根据西方经济学家对长期消费统计资料的分析，在总需求中消费的需求是相当稳定的。

投资是指厂商对投资品的需求或支出，包括企业固定投资（用于厂房、设备等固定资产的投资）、存货投资（用于原材料、半成品及未销售的成品的投资）以及居民住房投资。投资在经济中波动相当大。

政府支出是指政府对各种产品与劳务的需求，或者说是政府购买产品与劳务的支出。随着国家对经济生活干预的加强，总需求中政府支出的比例也一直在提高。

出口在分析国民收入的决定时是指净出口，即出口与进口之差。

本章着重研究消费和投资（总需求的两个主要组成部分），详细分析决定消费和投资的因素。在此基础上研究总需求在国民收入决定中的作用，研究只包括消费和投资的国民收入决定的最简化模型，即凯恩斯的乘数模型。

三、决定总需求的消费

在论述消费函数理论时，通常假设消费者的所有可支配收入用于消费和储蓄。消费是居民在购买商品和劳务上的支出；储蓄是没有用于消费的那部分收入。

在简单的国民收入决定理论中，我们假定总需求中的其他部分不变，仅仅考虑总需求中消费的变动对总需求的影响。这样，就先要了解消费函数，以及相关的储蓄函数。

（一）消费函数与储蓄函数

消费函数表示消费与收入之间的依存关系。在其他条件不变的情况下，消费随收入的变动而同方向变动，即收入增加，消费增加；收入减少，消费减少。如果以 C 代表消费，Y 代表收入，则消费函数就是：

$$C=f(Y)$$

消费与收入之间的关系，可以用平均消费倾向和边际消费倾向来说明。平均消费倾向是指消费在收入中所占的比例。如果以 APC 代表平均消费倾向，则有：

$$APC=\frac{C}{Y}$$

边际消费倾向是指增加的消费在增加的收入中所占的比例。如果以 MPC 代表边际消费倾向，ΔC 代表增加的消费，ΔY 代表增加的收入，则有：

$$MPC=\frac{\Delta C}{\Delta Y}$$

储蓄函数代表储蓄与收入之间的依存关系。在其他条件不变的情况下，储蓄随收入的变动而同方向变动，即收入增加，储蓄增加；收入减少，储蓄减少。如果以 S 代表储蓄，则储蓄函数就是：

$$S=f(Y)$$

储蓄与收入之间的关系，可以用平均储蓄倾向和边际储蓄倾向来说明。平均储蓄倾向是指储蓄在收入中所占的比例。如果以 APS 代表平均储蓄倾向，则有：

$$APS=\frac{S}{Y}$$

边际储蓄倾向是指增加的储蓄在增加的收入中所占的比例。如果以 MPS 代表边际储蓄倾向，以 ΔS 代表增加的储蓄，则有：

$$MPS=\frac{\Delta S}{\Delta Y}$$

全部的收入分为消费与储蓄，所以：

$$APC+APS=1$$

同样，全部增加的收入分为增加的消费与增加的储蓄，所以：

$$MPC+MPS=1$$

（二）消费与收入的关系

在任何时期内决定消费的主要因素是什么呢？人们的直观印象是商品的价格和居民的收入水平。然而，西方宏观经济学把收入作为决定消费的最主要因素，并不考虑价格变动的影响。学者认为，在一定的收入水平下，消费者在一种商品上支出的增加必然伴随着在其他种商品上支出的减少，消费支出总额不受商品之间相对价格变动的影响。当商品的价格普遍上涨或下降时，如果居民的名义收入随价格水平同比例变动，则实际收入不变，居民的实际收入就其总额来说是独立于价格水平的。因此，西方宏观经济学中对消费的研究集中在消费和可支配收入的关系上。

任何两个家庭的消费支出的内容都不可能完全一样，即使其收入相同。然而大量的统计数据表明，居民家庭的消费构成具有一定的规律性。平均来说，低收入水平的家庭必须将其大部分收入用在购买食品、住房等生活必需品上。随着收入的增加，人们将吃得多一些和好一些。但在食品上增加的支出是有限度的。对于高收入水平的家庭，用于购买高级衣着、娱乐、汽车等奢侈品的开支在其消费中占有较大比例。

在西方经济学中，描述消费这种构成变化的著名定律是恩格尔定律。这个定律告诉我们，一个国家中，家庭的平均收入越少，平均用在购买食物上的费用在消费中占的比例越大；随着收入的上升，用于食物的开支所占的比例逐步下降。

当然，家庭收入并不都用在消费上，未用于消费的部分则是储蓄，它可以增加未来时期的消费。处在不同收入水平上的家庭，消费水平不同，储蓄水平也不同。一般来说，无论在绝对数量上还是在相对数量上，高收入家庭的储蓄要多于低收入家庭的储蓄。对于收入很低的家庭，如果本期的消费大于收入，就必须靠借债或动用过去的储蓄来弥补差额，这时储蓄为负值。

家庭的储蓄是由它的消费和收入之间的关系决定的。消费在收入中占的比例增大，储蓄在收入中占的比例就缩小。关于消费与收入之间的确切关系，在西方经济学中众说不一。下面介绍三种有影响的消费与收入关系的理论。

1. 凯恩斯的绝对收入理论

绝对收入理论的基本观点是家庭消费在收入中所占比例取决于其收入的绝对水平。最初论述这一理论的是凯恩斯，他在《就业、利息和货币通论》一书中提出一条所谓适用于社会消费的基本心理法则。他认为，当人们的收入增加时，其消费不会以同一绝对量增加，因而储蓄的绝对量将增大。也就是说，如果其他情况保持不变，随着家庭收入的提高，平均消费倾向趋于下降，而平均储蓄倾向趋于上升。

在其他理论提出之前，这种理论曾被西方经济学家普遍接受并被作为分析影响国民收入决定与波动的消费函数的基本前提。因为它似乎较好地解释了人们在日常生活中观察到的现象：低收入的家庭可能把其收入的绝大部分用于消费；高收入家庭的消费可能仅占其收入的较小比例；家庭的收入水平越高，平均来看其消费所占的比例则可能越小。

2. 弗里德曼的持久收入理论

美国经济学家弗里德曼提出的持久收入理论，把研究的重点放在一个家庭着眼于未来若干年内的持久收入上，而不是它的现期收入上。弗里德曼认为，家庭的消费主要取决于它的持久收入，而不是它的现期收入，多数家庭希望在长期内保持消费水平的相对稳定。

持久收入理论把任何时期内家庭的收入分成持久收入和暂时收入，把家庭的消费分成持久消费和暂时消费。持久收入是指长期的平均预期收入。弗里德曼认为，持久收入表现为一个长时期内的平均收入，它包含家庭对未来收入的预期。因此，弗里德曼在构造他的理论时，用本年收入和过去几年收入的平均数表示持久收入，并指出这种平均收入有助于家庭预测其未来的收入。暂时收入是指暂时性的、偶然的收入。它可能是正值，如意外获得的奖金；也可能是负值，如偶然失窃造成的损失。任何时期内，家庭的收入等于持久收入加上暂时收入。

持久消费是指家庭在长期计划中确定的正常消费。暂时消费是指不在计划中的暂时性消费，它可能是正值，也可能是负值，取决于家庭在正常消费基础上增加了消费还是减少了消费。任何时期内，家庭的消费等于持久消费加上暂时消费。

持久收入理论假设：

(1) 持久收入和暂时收入之间不存在相关关系，暂时收入是使家庭的收入围绕持久收入随机波动的一个变量。

(2) 暂时收入和暂时消费之间不存在固定关系。也就是说，暂时性收入增加不会导致消费的立即增加，暂时收入的边际消费倾向等于零。

（3）持久收入和持久消费之间存在着固定的比例关系，这种比例关系并不随收入的变动而变动。因此，处在不同收入水平上的家庭其消费在收入中所占的比例是相同的。

持久收入理论强调的正是持久收入和持久消费之间的这种固定比例关系，并借此来说明经济中的总收入与消费或储蓄之间的比例关系。

3. 杜森贝利的相对收入理论

相对收入理论是由美国经济学家杜森贝利（J. Duesenberry）提出来的。这种理论的基本观点体现在两个相对收入假设中。

第一个假设认为，一个家庭在决定其消费时主要参考的是其他具有同等收入水平的家庭的消费，即家庭的消费在收入中所占的比例取决于它在收入分配中的相对地位。如果一个家庭收入的增加与在同一收入水平上其他家庭收入的增加保持相同速率，这个家庭与其他家庭之间在收入方面的相对地位没有改变，因而在它的收入中消费和储蓄所占的比例将保持不变。如果一个家庭的收入增长慢于其他家庭的收入增长，这个家庭对于其他家庭的收入地位下降了，可是它仍将维持其他家庭的平均消费标准，因而消费在其收入中占的比例将上升。相反，如果一个家庭的收入增长快于其他家庭的收入增长，这个家庭相对于其他家庭的收入地位上升了，它仿效其他家庭的消费行为将使消费在其收入中所占比例下降。这种模仿或攀比别人的消费行为，杜森贝利认为是“示范作用”的结果。由于在家庭消费中存在示范作用，所以当收入提高时，平均消费倾向并不一定下降。

第二个假设认为，家庭在本期的消费不仅受本期收入的绝对水平和相对地位的影响，还受它在以前时期已经达到的消费水平的影响。杜森贝利认为，对于一个家庭来说，降低它曾达到的消费水平要比缩小储蓄在收入中所占的比例更为困难。因此，当收入发生变动时，家庭宁可改变储蓄来维持消费的稳定。

相对收入理论从短期消费行为和长期消费行为两个方面考察消费在家庭收入中所占比例的变化。从短期看，消费在收入中所占比例与收入呈反方向变化，即收入减少时，平均消费倾向上升；收入增加时，平均消费倾向下降。这种短期消费行为可用短期消费曲线描述。从长期看，消费在收入中所占的比例保持不变。这种长期消费行为可用长期消费曲线描述。这种理论用现期收入与过去高峰收入（previous peak income）的相对关系来说明消费倾向的变化。如果实际收入按固定增长率沿着长期趋势线增长，消费和收入则沿着长期消费曲线移动。在这种情况下，上一年的收入即是过去的高峰收入。如果现期收入低于过去高峰收入，消费和收入则沿着短期消费曲线移动。家庭的这种短期消费行为和长期消费行为的结合，产生了所谓的“棘轮作用”，即经济中消费的变动要比收入的变动稳定得多。

四、决定总需求的投资

在国民收入核算中，投资被分为三类：生产性固定资产投资（包括厂房的建筑和机器设备的购置与安装）、住宅投资和存货投资。在美国历年的投资总额中，平均来说，厂房和设备上的固定资产投资约占70%，住宅投资约占25%，存货投资略高于5%。不同类型的投资对投资波动具有不同的影响。

投资需求取决于投资收益、利率、预期。凯恩斯用资本边际效率来说明投资需求的决定。

资本边际效率是指使资本资产在未来各年预期收益的现值之和等于资本资产购买价格的贴现率。

设置 R_1，R_2，R_3，…，R_n 为年预期投资净收益流量；R_0 为本年资本资产的购买价格，由于 R_0 表示费用支出，它可以看成是本年的负收入流量（$-R_0$）；i 为将来收益流量折成现值的贴现率。

这样，未来 n 年收入流量的现值之和为：

$$\frac{R_1}{(1+i)}+\frac{R_2}{(1+i)^2}+\frac{R_3}{(1+i)^3}+\cdots+\frac{R_n}{(1+i)^n}$$

投资项目的净现值为：

$$\text{净现值}=-R_0+\frac{R_1}{(1+i)}+\frac{R_2}{(1+i)^2}+\frac{R_3}{(1+i)^3}+\cdots+\frac{R_n}{(1+i)^n}$$

如果净现值等于 0，则投资项目既不赢利也不亏本，那么由公式得：

$$R_0=\frac{R_1}{(1+i)}+\frac{R_2}{(1+i)^2}+\frac{R_3}{(1+i)^3}+\cdots+\frac{R_n}{(1+i)^n}$$

解出的 i 值就是资本边际效率。因此，资本边际效率实际上是使资本资产的购买价格等于它的预期收入流量现值时的预期收益率。当资本边际效率高于利率时，投资才有利可图，所以投资取决于资本边际效率与利率之差。

投资与利率的关系是：利率提高会导致投资需求减少，反之，利率降低使投资需求增加。利率决定投资成本，利率上升使得投资成本提高。投资与利率之间存在着负相关关系。当企业投资使用的是自有资金时，投资也受利率影响，因为企业要考虑不同用途的机会成本，如果投资的收益率低于利率，企业会选择其他途径为资金找出路，如购买政府债券、基金等。

根据投资需求与利率的关系，我们可画出一条投资需求曲线（见图 15—1）。在图 15—1 中，当利率发生变动时，投资需求沿着这条曲线移动。当利率（r）以外的因素（企业所得税、对未来经济的预期、投资收益、通货膨胀等）发生变化时，将引起投资需求曲线向上或向下移动。

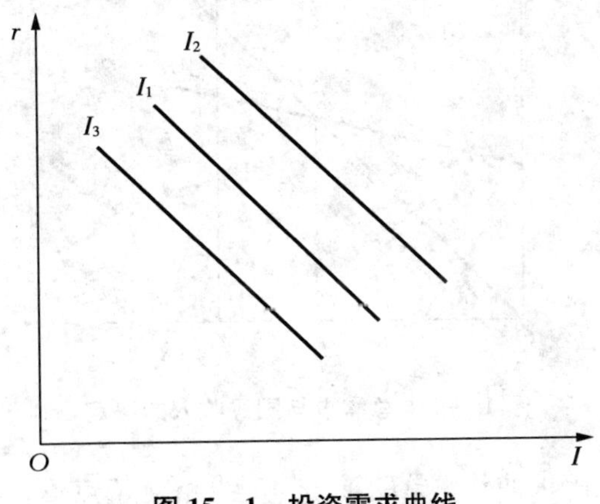

图 15—1　投资需求曲线

第二节　总需求与国民收入的决定

总需求由消费支出和投资支出构成（暂不考虑政府和进出口）。现在假定总供给不变，即在图 15—2 中，45°线上的任何一点表示总需求（总支出）与总供给（或总产出、总收入水平）相等。因为 45°线上的任一点到横轴和到纵轴的距离是相等的。

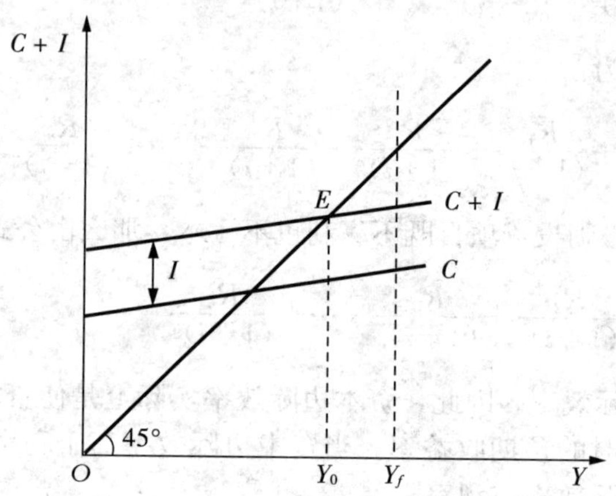

图 15—2　消费和投资如何决定国民收入

图 15—2 中，曲线 C 是实际的消费曲线，它表示在不同的收入水平上居民想要或计划用于消费的支出。由于在各个收入水平上，投资支出保持不变，总支出曲线 $C+I$ 平行于消费曲线 C，它等于消费曲线 C 和投资曲线 I 垂直相加之和。所以，图 15—2 与图 15—3 是完全等同的。

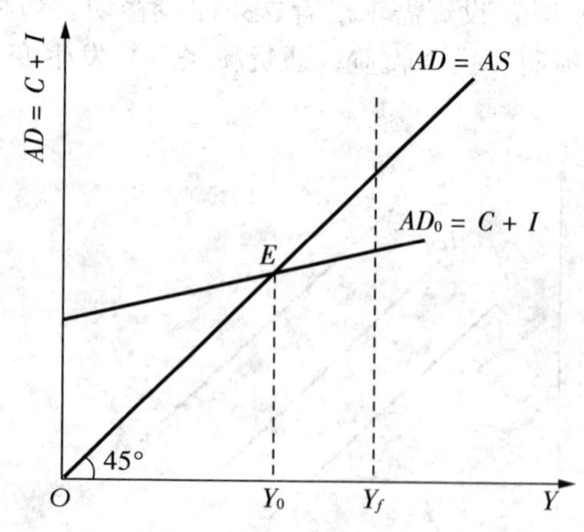

图 15—3　总需求与国民收入的决定

图 15—3 中，实际总需求曲线（AD_0）与 45°线相交于点 E，在点 E 右侧，居民计划

的消费和厂商计划的投资小于总供给，这会促使企业缩小生产规模，企业存货下降，总供给下降，直至均衡点；在点 E 左侧，居民计划的消费和厂商计划的投资大于总供给，此时，居民计划的消费和厂商计划的投资大于总供给，这使企业扩大生产规模，供给趋于上升，直到等于均衡水平。在点 E，居民计划消费加上企业投资恰好等于总供给，即总供给等于总需求，均衡状态的国民收入是 Y_0。所以，总需求小于或大于总供给，都会促成总供给的调整。当总需求等于总供给时，国民收入（总产出）既不增加，也不下降，处于均衡状态，由此决定了均衡的国民收入 Y_0，即国民收入是均衡时的国民收入（总需求曲线 AD_0 与 45°线的交点 E 决定的国民收入）。

第三节　总需求与国民收入的变动

既然国民收入是均衡的国民收入，那么总需求变动、均衡点移动，由此决定的均衡国民收入也会发生变化。导致总需求发生变化的原因是投资、消费、政府支出、净出口的变化。如果只考虑消费和投资，那么影响消费和投资的收入、边际消费倾向、利率、预期、资本边际效率等因素的变动，都会引起总需求的变动。

总需求的变动有两种情况：(1) 总需求曲线的斜率发生变化；(2) 总需求曲线平行上移或下移。

边际消费倾向直接影响消费支出，进而影响总需求曲线的斜率。

当边际消费倾向增大时，总支出曲线的斜率增大，从而使总支出曲线向上转移。如图 15—4 所示，总支出曲线从 C_0+I_0 向上转移到 C_1+I_1。新的总支出曲线 C_1+I_1 与 45°线的交点 E_1 表示新的均衡点，国民产出的均衡水平从 Y_0 增加到 Y_1。

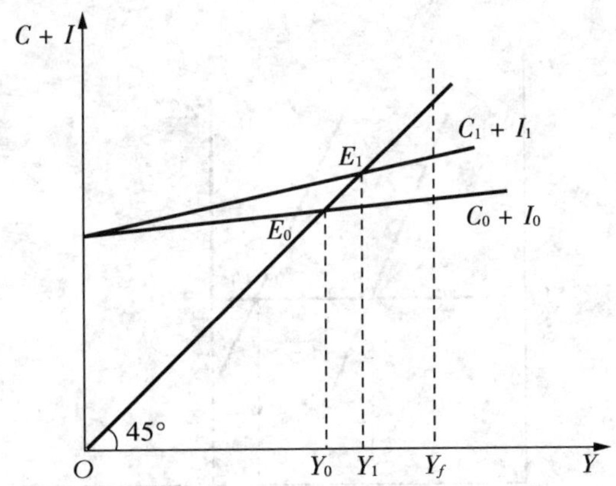

图 15—4　边际消费倾向的变化对国民收入的影响

而当边际消费倾向减少时，总支出曲线向下转移，总需求减少，国民收入的均衡水平降低。

总需求曲线的平行移动是由于消费曲线和投资曲线的平行移动。消费曲线的平行移动是由于人们的平均消费倾向的变动，投资曲线的平行移动是由于私人投资的增减。在图15—5中，总需求曲线向上方移动，即从AD_0移动到AD_1，表示总需求增加；总需求曲线向下方移动，即从AD_0移动到AD_2，表示总需求减少。当总需求为AD_0时，决定了国民收入为Y_0。当总需求为AD_1时，决定了国民收入为Y_1。$Y_1>Y_0$，这就说明由于总需求水平由AD_0增加到AD_1，而使均衡的国民收入水平由Y_0增加到Y_1。当总需求为AD_2时，决定了国民收入为Y_2。$Y_2<Y_0$，这就说明由于总需求水平由AD_0减少到AD_2，而使均衡的国民收入水平由Y_0减少到Y_2（见图15—5）。

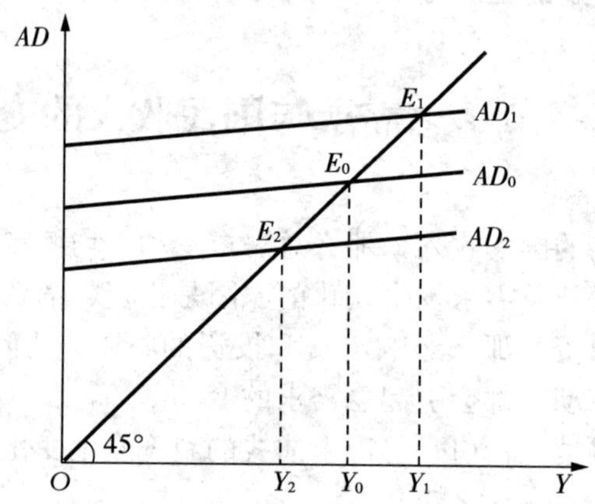

图15—5　消费与投资的平行移动对国民收入的影响

总需求的变动对国民收入的影响也可用总供求模型来直观地表示。如图15—6所示，在凯恩斯总供给曲线区域内，总需求的变动只引起国民收入的增减，而不会引起价格水平的波动。

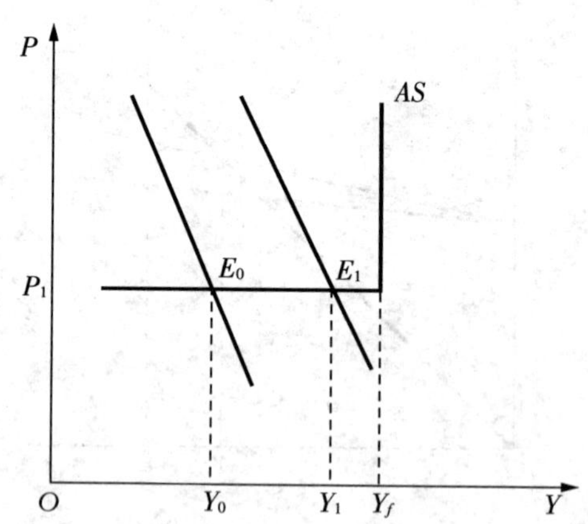

图15—6　总供求模型来说明总需求的变动

第四节　国民收入的注入与漏出

以上分析表明，投资和消费的增减引起总需求变化，进而影响国民收入的增减变化，也就是说，投资和消费可以看成是国民收入的注入（请参阅本书第一章中的浴缸理论）。同理，政府支出、净出口也都是对国民收入的注入，会引起国民收入同方向的变动。

国民收入从收入法角度看，是由全体居民的收入组成，所有的利润、利息、地租等形成的总收入或总供给最终会用于消费或储蓄。总收入或国民收入既定时，消费与储蓄呈反方向变动。当国民收入为 Y_0，总供给为 $C+S$，即为消费与储蓄之和时，有：

$$C+S\equiv Y_0\equiv C+I$$

当国民收入 Y_0 不变时，C 与 S 之间此消彼长，即消费增加，储蓄减少；消费减少，则储蓄增加。当储蓄增加时，消费减少，则总需求下降，进而国民收入下降；反之，储蓄减少时，消费增加，总需求上升，进而国民收入增加。所以，储蓄的变动会引起国民收入的反方向变动。因而，储蓄是国民收入的漏出。我们用图 15—7 来说明，因为 $C+I=C+S$ 可以简化为 $I=S$，假定 I 不变，则储蓄变动对国民收入变动的影响，很明显地表现出反方向变动。

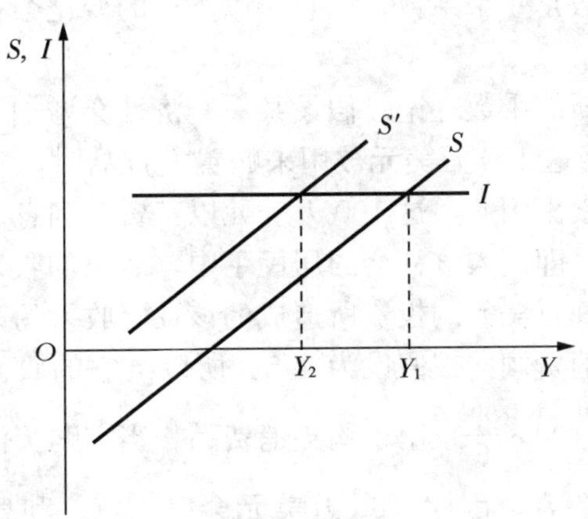

图 15—7　储蓄的变动与国民收入的决定

根据消费是一种注入，储蓄是一种漏出的思路，凯恩斯得出一个与传统道德观相矛盾的推论。按照传统的道德观，增加储蓄是善的，减少储蓄是恶的。但按上述储蓄变动引起国民收入反方向变动的理论，增加储蓄虽会增加个人积蓄，对个人来说可能是好事，却会减少国民收入，使经济衰退，是恶的；而减少储蓄会增加国民收入，使经济繁荣，是善的。这种矛盾被称为“节约的悖论”。“蜜蜂的寓言”讲的就是这个道理。

应该指出的是，增加储蓄会使国民收入减少，减少储蓄会使国民收入增加的结论仅仅适用于各种资源没有得到充分利用，未实现充分就业状况，总供给曲线呈水平状，从而总供给可以无限增加的情况。如果各种资源得到了充分利用，这时要考虑到总供给的限制，这一结论就不适用了。

第五节　乘数原理

一、定义及例证

虽然上述分析说明了总支出的变动会引起国民收入的变动及其变动的方向，但是没有说明这些变动的数量关系。当投资增加 100 万元时，国民收入增加多少呢？回答这个问题需要借助于乘数概念。

乘数是指自发总需求的增加所引起的国民收入增加的倍数，或者说是国民收入增加量与引起这种增加量的自发总需求增加量之间的比率。

在西方宏观经济学中，乘数定义为支出的自发变化所引起的国民收入变化的倍数。由于通常用国民生产总值衡量国民收入，乘数可以用公式表示为：

$$\text{乘数}=\frac{\text{国民生产总值的变化}}{\text{支出的变化}}=K$$

乘数的值大于 1，也就是说，因支出的自发变化而引起的国民生产总值的变化要几倍于支出的变化。因此乘数是一个系数，用它乘以支出的变化会得到支出的变化所导致的国民生产总值的变化。

现在举例说明凯恩斯的乘数理论。假设某一经济社会增加 100 万美元的投资，并假设边际消费倾向为 4/5，当这 100 万美元被用来购置投资品时，它实际上是被用来购置制造投资品所需要的生产要素。因此，这 100 万美元以工资、利息、利润和租金的形式流入生产要素的所有者的手中，即流入该社会的居民手中，居民的收入增加了 100 万美元。这笔增加的收入代表增加 100 万美元的投资所造成的该社会收入的第一次增加。

由于该社会的边际消费倾向被假设为 4/5，所以当它的收入增加了 100 万美元时，它会把其中的 80 万美元（$100\times\frac{4}{5}$）用于购买消费品。当它购买消费品时，它实际上是购买制造这些消费品的生产要素。因此，80 万美元会以工资、利息、利润和租金的形式流入生产要素所有者的手中。从而，该社会居民的收入增加了 80 万美元。这笔增加了的收入代表该社会收入的第二次增加。

同样地，由于该社会的边际的消费倾向被假设为 4/5，所以当它的收入增加了 80 万美元时，它会把其中的 64 万美元（$100\times\frac{4}{5}\times\frac{4}{5}$）用于消费。这笔消费代表该社会的收入的第三次增加。

根据同样的方法，可以得到第四次增加的数值为 51.2 万美元（$100\times\frac{4}{5}\times\frac{4}{5}\times\frac{4}{5}$）。依此类推，如表 15—1 所示。

表 15—1　　**乘数作用的过程**

第一次	100	ΔI
第二次	$\frac{4}{5}\times100=80$	$b\Delta I$
第三次	$\left(\frac{4}{5}\right)^2\times100=64$	$b^2\Delta I$
第四次	$\left(\frac{4}{5}\right)^3\times100=51.2$	$b^3\Delta I$
⋮	⋮	⋮
	$100+\left(\frac{4}{5}\right)\times100+\left(\frac{4}{5}\right)^2\times100+\left(\frac{4}{5}\right)^2\times100+\cdots$	$\Delta I+b\Delta I+b^2\Delta I+b^3\Delta I+\cdots$

根据表 15—1 中的第二栏，国民收入增加的总量为：

$$\begin{aligned}\Delta Y&=100+\frac{4}{5}\times100+\left(\frac{4}{5}\right)^2\times100+\left(\frac{4}{5}\right)^3\times100+\cdots\\&=100\left[1+\frac{4}{5}+\left(\frac{4}{5}\right)^2+\left(\frac{4}{5}\right)^3+\cdots\right]\\&=100\left[\frac{1}{1-\frac{4}{5}}\right]\\&=100\times5=500\end{aligned}$$

表 15—1 中的第三栏，ΔI 代表投资增量，b 代表边际消费倾向，则：

$$\begin{aligned}\Delta Y&=\Delta I+b\cdot\Delta I+b^2\cdot\Delta I+b^3\cdot\Delta I+\cdots\\&=\Delta I\ (1+b+b^2+b^3+\cdots)\\&=\Delta I\left(\frac{1}{1-b}\right)\end{aligned}$$

$$乘数=\frac{\Delta Y}{\Delta I}=\frac{1}{1-b}=K$$

在这个例子中，乘数$=\frac{500}{100}=\frac{1}{1-\frac{4}{5}}=5$。它表示每增加 1 元投资而导致收入增加 5 倍。

二、乘数公式

如果以 ΔY 代表增加的收入量，以 ΔI 代表增加的投资量，以 K 代表乘数，则有：

$$K=\frac{\Delta Y}{\Delta I}$$

在上例中，ΔI 为 100 万元，ΔY 为 500 万元，所以：

$$K=\frac{500}{100}=5$$

如果 ΔC 代表消费的增加量，则：

$$\Delta Y=\Delta I+\Delta C$$

$$\Delta I=\Delta Y-\Delta C$$

由此，可以得出：

$$K=\frac{\Delta Y}{\Delta I}=\frac{\Delta Y}{\Delta Y-\Delta C}=\frac{\frac{\Delta Y}{\Delta Y}}{\frac{\Delta Y}{\Delta Y}-\frac{\Delta C}{\Delta Y}}=\frac{1}{1-\frac{\Delta C}{\Delta Y}}=\frac{1}{1-b}$$

又因为，$1-\frac{\Delta C}{\Delta Y}=\frac{\Delta S}{\Delta Y}$，所以：

$$K=\frac{1}{1-\frac{\Delta C}{\Delta Y}}=\frac{1}{\frac{\Delta S}{\Delta Y}}=\frac{\Delta Y}{\Delta S}$$

$\frac{\Delta C}{\Delta Y}$是边际消费倾向，所以乘数是 1 减边际消费倾向的差的倒数，或者说是边际储蓄倾向的倒数。乘数与边际消费倾向成正比，与边际储蓄倾向成反比。

在西方宏观经济学中，乘数分为投资乘数、政府购买乘数、政府转移支付乘数、税收乘数。不同乘数反映了政策手段效果的差异，乘数的作用主要表现在解释国民收入的波动和用于制定宏观经济政策方面。例如，在萧条时期，政府可能采取扩张性宏观经济政策，如增加政府支出或通过增加货币供给和降低利率来提高投资水平，从而达到刺激总需求，提高国民收入水平，减少失业的目的。但是，支出应该增加多少才能使经济恰好达到充分就业水平呢？如果支出增加太少，对国民收入水平的提高影响不大，不足以解决经济中存在的失业问题。如果支出增加太多，对经济刺激过大，国民收入水平会超过充分就业水平，这时虽然失业问题解决了，却又会产生通货膨胀问题。因此，运用适当而有效的宏观经济政策，需要对支出变化和由它引起的国民收入变化之间的乘数关系作出准确地估计，从而确定为使经济达到充分就业水平需要增加（或减少）的支出总额。

第六节　不同的理论和相异的政策

一、古典国民收入决定理论

在古典理论中，研究的重点并不是宏观经济问题，而是微观经济的最优资源配置问题，一国经济被假定可以自发地达到充分就业水平。因此，宏观经济理论在古典理论中没有得到系统阐述。在现代西方宏观经济学中，用来与凯恩斯理论进行对比的所谓古典宏观经济理论，是从古典经济学家的论著中提取出来的。

古典宏观经济理论强调在竞争市场中价格调节的作用，并认为通过提高或降低要素市场或产品市场的价格可以消除供不应求或供过于求的现象，达到供求平衡。在西方经济思想史的大部分时期，这种古典经济理论占有支配地位。该理论有三大要点：(1) 它的前提是萨伊定律。(2) 在完全竞争条件下，有一个供给量就会产生一个相应的需求量，没有供给以及由供给转化而来的收入就没有支出和需求。因此，经济社会的生产活动能够创造出足够的需求来吸收所供给的商品和劳务。(3) 任何商品和劳务产量的增加，都会使收入和支出按照同等的数量增加。生产要素所有者都愿意将自己拥有的要素（土地、劳动、资本、企业家才能）出售给厂商使用，厂商也都愿意购买并使用一切尚未得到利用的要素，直到所有的劳动、土地和其他资源都达到充分就业为止。因此，经济社会存在着走向充分就业均衡的必然趋势。假如说存在商品过剩的话，那也只是局部的；若存在失业，那也只是摩擦性失业和自愿失业。

二、凯恩斯国民收入决定理论

凯恩斯在其 1936 年出版的《就业、利息和货币通论》一书中提出了一种以全新观点系统地阐述宏观经济运行的理论，由此产生了所谓的"凯恩斯革命"。

凯恩斯理论认为，在短期内，价格和工资并不像古典理论所说的那样是灵活易变的，实际上现代经济中的价格和工资往往是呆滞的、没有弹性的、刚性的，或者说是具有黏性的。产生黏性价格和工资的原因有多种。首先，工人根据长期合同工作，合同一般要持续三年。在合同生效期间，工人的货币工资就是合同中规定的工资。所以，这种合同使得工资率在短期内不易变动。其次，许多产品的价格是由政府控制的。例如，在 20 世纪 70 年代中期，美国的电话服务、天然气、石油、电、铁路、航空和海运的价格是固定的。价格调整，通常要拖延几个月甚至一年。最后，由大公司规定价格也在很大程度上增加了价格黏性。例如，通用汽车公司必须召集大型会议才能决定较重要的价格变动。

在凯恩斯理论中，价格和工资黏性是理解宏观经济运行的关键。我们可以用图 15—8 进行说明，图中 Y 表示实际国民收入，P 表示价格水平。

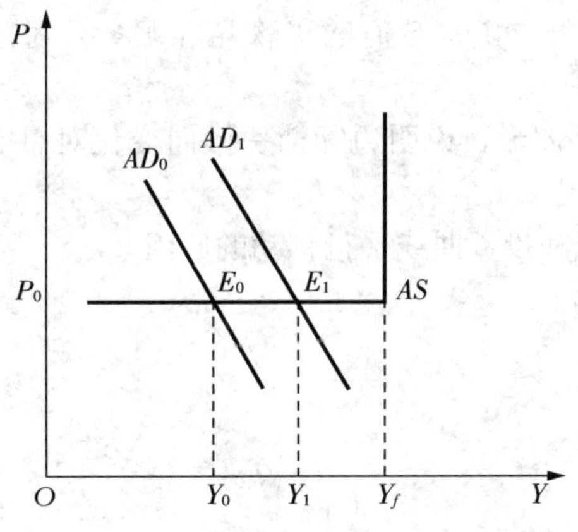

图 15—8　凯恩斯国民收入决定理论

图 15—8 表示的是用于描述萧条时期国民收入决定的凯恩斯经济模型。为什么总供给曲线 AS 是一条水平直线？因为假设在短期内价格和工资固定不变，而且在低于充分就业水平上存在着未利用的生产资源。

在凯恩斯理论中，短期内的国民产出水平是由总需求决定的。如图 15—8 所示，总需求曲线 AD_0 与总供给曲线 AS 相交于点 E_0，决定了国民收入 Y_0 和相应的就业量。总需求增加（$AD_0 \rightarrow AD_1$），国民收入也增加（$Y_0 \rightarrow Y_1$），但价格水平不变（P_0）。由于充分就业的国民收入水平是 Y_f，所以有效总需求的不足导致非自愿失业。关于这个问题，下一章将详细讨论。

三、不同的政策主张

古典理论认为，既然市场调节能使总供求达到均衡、市场的自发作用能实现充分就业，那么政府干预对国民收入水平和就业水平就不会产生影响，干预的结果只会引起价格波动。政府的财政政策会产生“挤出效应”，政府支出取代或挤掉了私人投资，总供求的均衡实际上不是由干预造成的，而是“看不见的手”作用的结果。

凯恩斯理论则强调政府干预的作用。在凯恩斯理论中，虽然市场供求力量的自发性调节可以使经济趋向均衡，但是这种均衡不一定是充分就业的均衡，经济中的失业或通货膨胀将长期持续下去。因此，凯恩斯主义者相信，政府可以采取适当的经济政策，对经济实行有效的宏观控制，把国民经济推向充分就业水平。

【思考题】

1. 凯恩斯认为，短期内价格和工资是呆滞的、有黏性的，因此总供给曲线（AS）是一条水平线，所以短期内的国民收入就由总需求决定。请作图说明。

2. 消费者能够储蓄多少并不取决于他们愿意储蓄多少。如果他们突然决定多储蓄些，而投资曲线未变，则他们增加储蓄的愿望一定会破灭，这叫“节约悖论”。请说明当 $S<I$ 时，情况会怎样？

3. 当经济水平低于潜在国民生产总值水平时，政府考虑是降低税收还是增加支出。由于乘数作用的影响，政府支出（政府购买物品和服务）对国民收入增加的作用会更大些。你能说明为什么吗？

4. 画出 45°线的 $C+I$ 图形，说明边际消费倾向变化对总需求曲线或总支出曲线的影响（提示：曲线斜率的变化）。

5. 说明导致消费曲线和投资曲线平行移动的原因。

第十六章

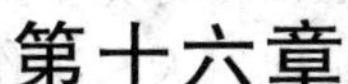

失业理论

既无失业又无通货膨胀是宏观经济的理想境界和追求目标。本章和下章将对失业与通货膨胀理论及政策作系统介绍。失业理论与通货膨胀理论是运用国民收入决定理论，分析失业、通货膨胀的原因、相互关系及政策。

第一节 失业与充分就业

一、失业

失业者是指在一定年龄规定范围内（如16周岁～65周岁），有工作能力，愿意工作并积极寻找工作而未能按当时通行的实际工资水平找到工作的人。当存在失业者时，我们说存在失业。在失业者中，有的是第一次加入劳动力队伍的新失业者；有的是为寻找新工作，离开旧职但没找到新工作，已登记注册的失业者；也有的是被辞退而无法返回岗位的失业者。

根据失业者的定义，有几个方面需要注意：（1）年龄规定范围以外的无工作者不是失业者；（2）丧失工作能力者不计入失业者；（3）在校学习者不叫失业者；（4）由于某种原因不愿工作或不积极去寻找工作的人不统计在失业者中；（5）有些未领取失业救济的未登记注册的无工作者，没有被计入统计数字。

经济学意义上的失业与统计学意义上的失业是不同的。

一方面，统计数字可能低于实际的失业水平。有些人并非不愿意工作，但由于在规定时间内没有“积极寻找”工作，而被看做是“自愿失业者”，没有计入失业人数。例如，有些人可能在相当长一段时间里一直在寻找工作，却一直找不到工作，从而失去了信心。这些人只是不愿把时间和精力白白花费在毫无结果的寻找工作过程中，并不是不愿意工作。然而，这部分人却被视为“自愿失业者”而未计入失业人数。据美国劳工统计局估计，1983 年初美国有将近 200 万这种“失去了信心”的工人。还有许多被迫只在部分时间工作的人，这些人实际上处于半失业状态。例如，一般工作日为 8 小时，而有些企业的工人却因产品需求不足，每天只工作 6 小时，这部分工人实际上是 25%的失业者，但在统计失业人数时，却是把这部分工人作为完全的就业者看待的。据美国劳工统计局估计，1983 年初美国有 200 万工人非自愿地每天只工作部分时间。如果按这些工人平均每天工作四分之三个工作日计算，则相当于 50 万工人处于完全失业状态。

另一方面，还存在一些使统计数字高于实际失业水平的因素。有些人声称自己在积极寻找工作，实际上却并没有积极寻找。例如，失业救济金在缓解失业给失业者及其家庭带来的痛苦的同时，可能刺激一些人故意造成失业或故意延长失业时间，靠领取失业救济金过悠闲的生活。这部分人可以说是自愿失业者，然而在统计过程中却由于无法分辨其是否真在积极寻找工作，而计入了失业人数。还有一些人本来有工作可做，却自认为工作不合意而放弃了就业的机会。这种做法有时是合理的，如一个工程师不愿当清扫工；但有时却是不合理的，如有些人文化和专业知识水平较低，却一心想当大学教师。然而，由于无法区分每个人的要求是否合理，而常常将这部分人计入了失业人数。失业的几何解释如图 16—1、图 16—2 所示。

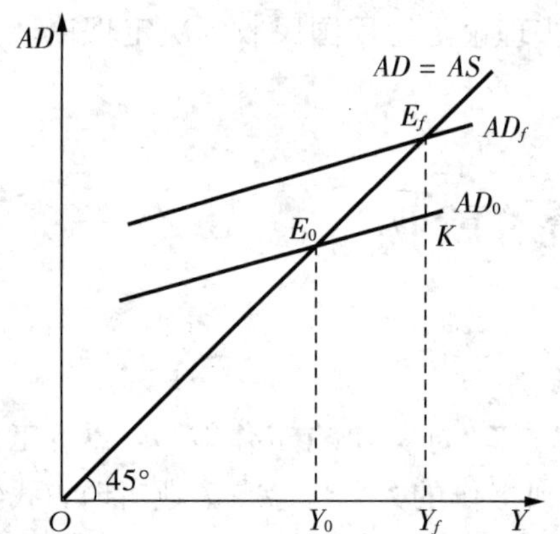

图 16—1 周期性失业或需求不足的失业（一）

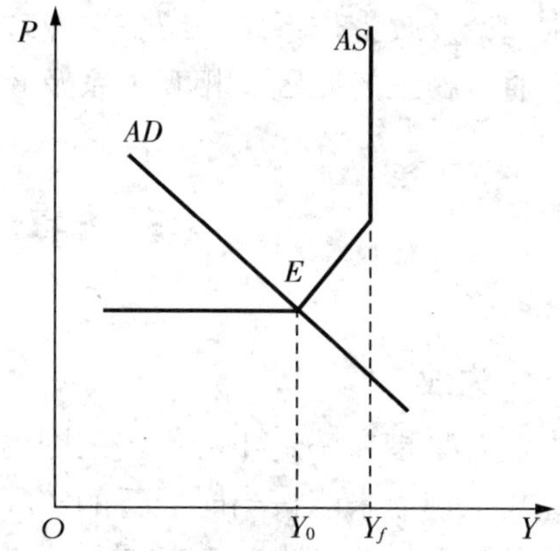

图 16—2 周期性失业或需求不足的失业（二）

二、充分就业

充分就业是指在现有工作条件和工资水平下，所有愿意工作的人都参加了工作的就业量。在几何意义上，充分就业是这样一种状况：总需求与总供给相等时的均衡国民收入正好是潜在国民收入水平，与总需求相适应的对劳动力的需求能全部吸纳所有愿意工作并正在寻找工作的劳动者。如图 16—3、图 16—4 所示。

如果均衡的国民收入水平低于潜在的或充分就业时的国民收入水平，此时就存在失业，即需求不足引起的失业，也就是周期性失业。

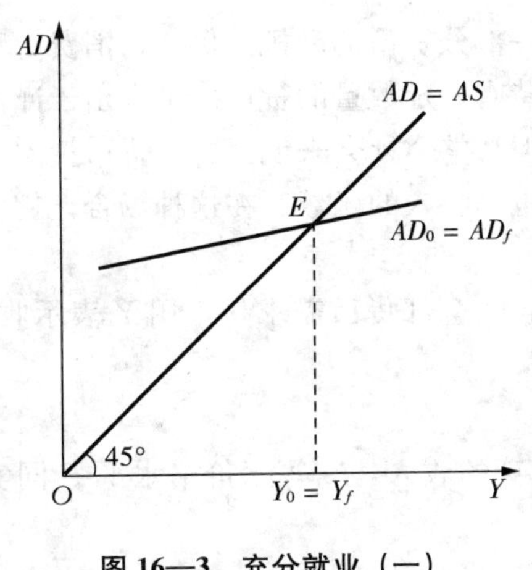

图 16—3　充分就业（一）

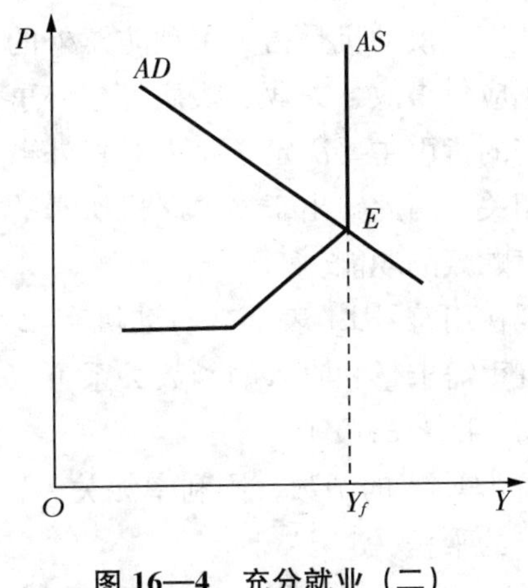

图 16—4　充分就业（二）

三、需求不足是失业的原因

凯恩斯认为失业的原因是需求不足，即有效需求不足，总需求与总供给均衡时决定的均衡国民收入小于充分就业时的均衡国民收入。而造成需求不足的原因则是三大心理规律：边际消费倾向递减规律导致消费不足；资本边际效率递减规律造成投资需求不足；流动偏好规律使利率的下降有一个最低限度，无法拉开利润率与利率的差距以便刺激投资。其结果是总需求不足，出现紧缩缺口（图 16—1 中的 E_fK）。

边际消费倾向递减规律是指随着收入的增加，消费也增加，但在增加的收入量中，用于消费的部分所占比例越来越少。用凯恩斯的话来说："无论从先验的人性看，或从经验中之具体事实看，有一个基本心理法则，我们可以确信不疑。一般而论，当所得增加时，人们将增加其消费，但其消费之增加，不若其所得增加之甚。"①

资本边际效率递减规律是指一定资本增量预期的收益与其供给价格（重置成本）之间的比率呈递减趋势。由于竞争的缘故，资本品增加，产品增加，价格下降，厂商预期的收益下降；同时，竞争会使该资本品的需求增加，导致供给价格或重置成本上升。因此，预期收益的减少和重置成本的增加使得资本边际效率下降。

投资是为了获得最大纯利润，而投资及利润取决于投资预期的利润率（即资本边际效率）与为了投资而贷款时所支付的利率的差距。如果预期的利润率与利率二者之差越大，则纯利润越大，投资越多；反之，如果二者之差越小，则纯利润越小，投资越少。资本边际效率下降使得利润率与利率的差距缩小，引起投资不足。

流动性偏好是指人们喜欢以货币形式保持一部分财富的愿望或动机。按照凯恩斯的观点，人们需要货币是出于三种动机：交易动机、谨慎动机和投机动机。

（1）交易动机主要取决于收入。收入越高，交易数量越大，为应付日常支出所需要的货币数量就越多。因此，出于交易动机所需的货币量是收入的函数。在这种场合，货币执

① ［英］凯恩斯：《就业、利息和货币通论》，101 页。

行交易媒介的职能。

（2）谨慎动机是指为了预防意外的支出而持有一部分货币的动机。例如，消费者和企业为了应付事故、失业、疾病等意外事件都要事先持有一定数量的货币。个人出于谨慎动机所需的货币主要决定于个人对意外事件的看法，但从整个社会来说，这个货币量同收入密切相关。因此，出于谨慎动机所需的货币量大致也是收入的函数。在这种场合，货币执行价值贮藏的职能。

现在用符号 L_1 表示交易动机和谨慎动机所引起的全部货币需求量，用 Y 表示收入，这种货币需求量和收入的函数关系可以表示为：

$$L_1=L_1(Y)$$

L_1 是收入的函数，同利率无关。Y 是以货币计算的收入，它等于价格水平 P 同实际收入 y 的乘积。

（3）投机动机是指人们为了抓住有利的获利机会，例如债券等有价证券的机会而持有一部分货币的动机。债券等有价证券的价格一般都随利率的变化而变化，利率提高，有价证券的市场价格下降；利率降低，有价证券的市场价格上升。投机者会利用利率水平和有价证券价格的变化进行投机。

用 L_2 表示投机动机引起的货币需求量，用 r 表示利率，则 L_2 与 r 的关系用函数公式表示为：

$$L_2=L_2(r)$$

利率与货币需求量 L_2 呈反方向变动。当利率极低时，如 2%，投机动机所引起的货币需求量是无限的，人们会把有价证券抛出，换回货币。因为当利率极低时，意味着证券持有者相信证券价格涨到极限了，接下来证券价格一定会下跌。如果保留证券，利率上升时会蒙受资本损失。因此，人们这时义无反顾地保留货币而放弃证券，人们不再购买证券，而是卖出证券，持有货币。这种情况叫做“凯恩斯陷阱”或“流动性陷阱”。

把 L_1 与 L_2 加在一起，便得到全部货币需求量，即：

$$L=L_1+L_2=L_1(Y)+L_2(r)$$

上述公式表明，L_1 取决于收入(Y)，与利率(r)无关；而 L_2 的大小则与利率(r)保持反向变化。根据公式 $L_1=L_1(Y)$ 及 $L=L_1(Y)+L_2(r)$ 作图 16—5，它表明由交易动机和谨慎动机引起的货币需求与利率(r)无关，因而是一条垂直线。投机需求引起的货币需求则与利率呈反方向变动，最后为水平线（凯恩斯陷阱），如图 16—6 所示。最后我们可以作出货币总需求曲线（见图 16—7）。

利率的高低取决于货币的供求，流动性偏好代表了货币的需求，货币数量代表了货币的供给。货币数量的多少由中央银行的政策决定，货币数量的增加在一定程度上可以降低利率。但是，由于流动性偏好的作用，利率的降低总有一个最低限度，低于这一点人们就不肯储蓄而宁可把货币保留在手中。可以用图 16—8 来说明这一问题。

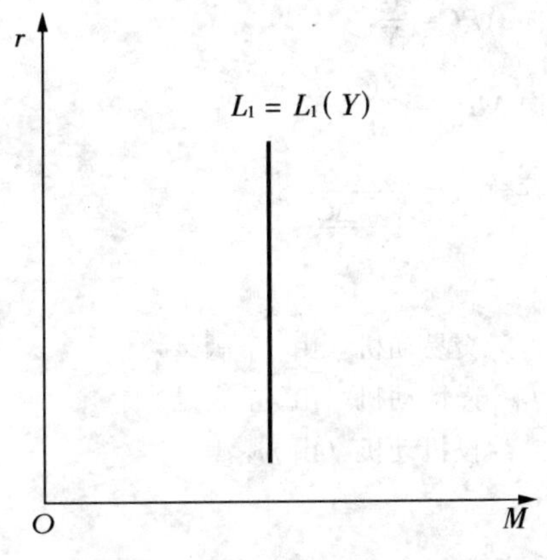

图 16—5　交易和谨慎货币需求

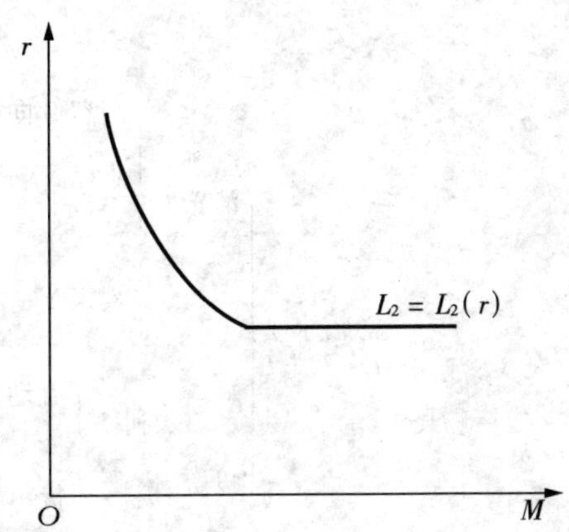

图 16—6　投机货币需求

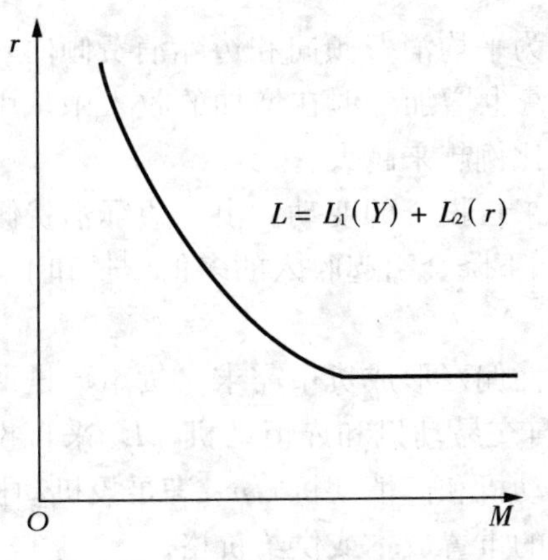

图 16—7　货币总需求

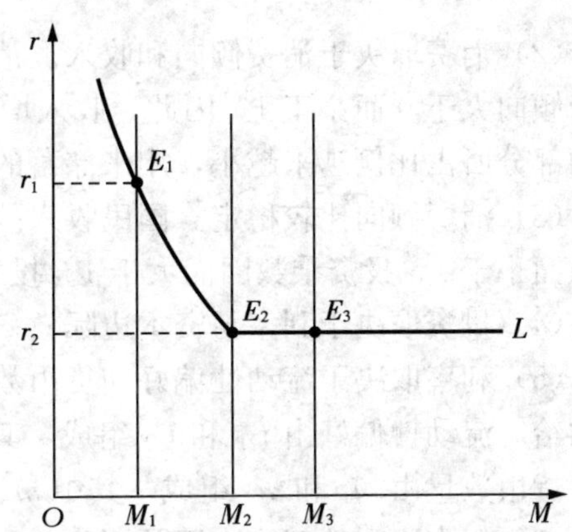

图 16—8　货币供求与利率的决定

在图 16—8 中，横轴 OM 代表货币数量，纵轴 Or 代表利率，L 为流动偏好线（即货币需求曲线），M_1、M_2、M_3 为三条不同的货币供给曲线，货币供给量是由国家通过货币政策（法定准备金率和再贴现率）来调节的，因而是一个外生变量，其大小与利率高低无关，因而货币供给曲线是一条垂直线。当货币数量为 M_1 时，M_1 与 L 相交于点 E_1，决定了利率为 r_1；当货币数量增加为 M_2 时，M_2 与 L 相交于点 E_2，决定了利率为 r_2。这时，由于货币数量从 M_1 增加到了 M_2，利率由 r_1 下降至 r_2，表明货币数量的增加可以使利率下降。但货币供给量增至 M_3 时，M_3 与 L 相交于点 E_3，此时利率仍为 r_2，这说明利率下降有一个最低限，无论货币供应量如何增加，都不能使利率继续下降，即前面讲的凯恩斯陷阱。

总需求不足的理论如图 16—9 所示。

图 16—9 是凯恩斯的宏观经济理论的提要，它包括以下各点：

(1) 国民收入取决于消费和投资。

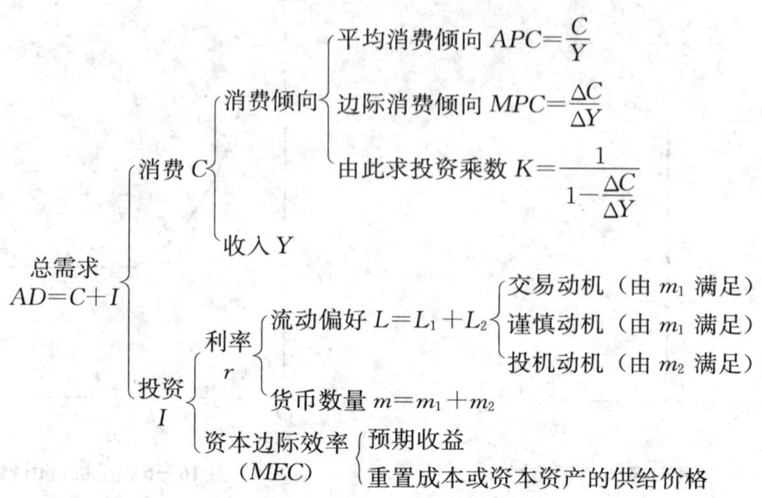

图 16—9　凯恩斯的宏观经济理论

(2) 消费取决于消费倾向和收入。消费倾向分为平均消费倾向和边际消费倾向。边际消费倾向大于 0 而小于 1。因此，收入增加时，消费也增加。但在增加的收入中，用来消费的部分所占比例越来越小，用来储蓄的部分所占比例越来越大。

(3) 消费倾向比较稳定。国民收入的波动主要来自投资的变动。由于边际消费倾向大于 0 而小于 1，投资乘数因而大于 1。投资的增长和下降会引起收入的多倍增长和下降。

(4) 投资取决于利率与资本边际效率。

(5) 利率取决于流动性偏好和货币数量，流动性偏好形成货币需求，货币数量形成货币供给。流动性偏好由 L_1 和 L_2 组成，其中 L_1 来自交易动机和谨慎动机，L_2 来自投机动机。货币数量由 m_1 和 m_2 组成，其中 m_1 满足交易动机和谨慎动机，m_2 满足投机动机。

(6) 资本边际效率取决于预期收益和资本资产的重置成本或供给价格。

第二节　充分就业状态下的自然失业和失业的对策

一、充分就业状态下的自然失业

（一）摩擦性失业

摩擦性失业是指劳动者在正常流动过程中所产生的失业。例如，老工人退休、年轻人进入劳动力市场的新老交替过程；人们出于某种原因放弃原来的工作或被解雇，以及转移到新的地区寻找新工作的过程。无论是年轻人开始进入或妇女重新进入劳动力市场，还是原来有工作的人变换工作，都需要花费一定的时间，在任何情况下，总会存在一定的摩擦性失业。即使在劳动力供给与对劳动力的需求在职业、技能、地区分布等结构上完全相符，不存在需求不足的紧缩缺口的条件下，仍会存在摩擦性失业。

摩擦性失业量的大小取决于劳动力流动性的大小和寻找工作所需要的时间。劳动力流动性越大、越频繁，寻找工作所需要的时间越长，则摩擦性失业量越大。劳动力流动性的大小在很大程度上是由制度性因素、社会文化因素和劳动力的构成决定的。寻找工作的过程是付出时间、精力甚至货币及机会成本的过程。

(二)结构性失业

由于经济结构的迅速变化，使劳动力的供给结构不适应劳动力需求结构的变动，从而产生结构性失业。这种情况下，往往失业与空缺并存，劳动者很难找到与自己的技能、职业、居住地区相符合的工作。例如，在有些现代西方国家，随着经济和科学技术的发展、世界贸易格局的变化，汽车工业开始走向衰落，对汽车工人的需求减少，从而引起了汽车工人的失业。与此同时，某些新兴工业所需要的具有特殊技能的劳动力却供不应求，产生了许多职位空缺。同样，在某些走向衰落的工业区存在大量失业者的同时，某些新兴工业区却可能出现劳动力供不应求、许多职位空缺的情况。

(三)临时性和季节性失业

临时性失业和季节性失业是指因行业特点引起的失业。例如码头装卸，遇到坏天气或者舱盖打不开，将使装卸工作不得不停顿下来，装卸业也常常雇用临时工。季节性对农业、旅游、餐馆的影响明显。如海滨胜地的家庭妇女在假日里去餐馆当帮手；农忙时，到城里做工的民工会返回农村。他们的工作是季节性的。

西方经济学认为，自然失业、自愿失业是不可避免的，因而即使存在自然失业、自愿失业，也可以说实现了充分就业，充分就业并不意味着百分之百的就业。

二、失业的对策

针对不同原因引起的失业，采取不同的对策。对于需求不足引起的周期性失业，一般采取财政政策和货币政策调节总需求，即“逆经济风向调节”。当经济萧条、失业出现时，增加财政支出并减少税收，扩大货币供应量，增加对商品和劳务的需求、增加投资需求。对于摩擦性失业和结构性失业，则采取人力政策，即提供职业训练、提供就业信息、反对就业歧视等。

【思考题】

1. 失业的影响是多方面的，就经济影响来讲，包括资源闲置浪费、人们收入减少等。总之，它比垄断、关税、限额导致的损失更甚。你能说出失业的非经济影响吗?

2. 研究表明，失业会破坏身体健康和精神健康，导致较多的心脏病、酗酒和自杀。哈维·希伦纳(H. Shelina)博士估计，持续 6 年以上的失业上升 1 个百分点会导致37 000人过早死亡。失业导致的紧张感仅列配偶死亡和入狱之后，而居亲密朋友死亡、孩子离家出走之前。以上结论，你认为可信度有多高?

3. 下列每一种劳动力的类别是什么?

(1) 第一次寻找工作的年轻人。

(2) 被解雇、丧失了希望但继续寻找工作的汽车工人。

(3) 一个搬家到新城市正阅读招聘广告的青年人。

(4) 一个有职位却因病不能工作的教师。

（5）一个正在找工作但未找到的退休人员。

4. 想一想你周围的失业者，是属于摩擦性失业、结构性失业、临时和季节性失业还是周期性失业？

5. 一个青年人失业引起的经济损失和紧迫感是多于还是少于一个一家之主失业所引起的经济损失和紧迫感？

6. 讨论下述政策对自然失业率的影响。

（1）最低工资标准提高 50%。

（2）废除青少年最低工资。

（3）政府实施扩大就业方案。

（4）对失业救济金征税。

（5）对失业者的丰厚的培训方案。

（6）对报纸广告的繁重税收。

第十七章

通货膨胀

通货膨胀问题是现代经济学的重大课题。通货膨胀是指物价水平普遍而持续地上升。按照价格总水平上涨幅度的不同，可分为“爬行的或温和的通货膨胀”、“加速的或奔腾的通货膨胀”。当通货膨胀极高时（如达到三位数），则称为“恶性通货膨胀”。本章将对通货膨胀起因、影响，通货膨胀与失业的关系作简要介绍。

第一节　通货膨胀的类型

根据通货膨胀的形成原因，通货膨胀分成需求拉动型通货膨胀、成本推动型通货膨胀、需求拉动与成本推动混合型通货膨胀、结构型通货膨胀。

一、需求拉动型通货膨胀

（一）凯恩斯主义者关于通货膨胀的解释

当资源被充分利用或达到充分就业时，总需求继续上升，这时过度需求必然会导致通货膨胀（见图 17—1）。

在图 17—1 中，总需求 AD 已经超过了充分就业（或潜在国民收入水平）时的总需求 AD_f，这时由于过度需求，国民收入并没有增加，仍为 Y_f，但价格水平却由 P_0 上升为 P_1。

在图 17—2 中，由于国民收入已经达到充分就业水平，总需求的增加无法再提高均衡的国民收入水平，形成膨胀性缺口 KE_f，结果出现通货膨胀。图 17—1 与图 17—2 表达了同一个意思：通货膨胀与失业不会同时存在，通货膨胀是在资源充分利用或充分就业之后产生的。

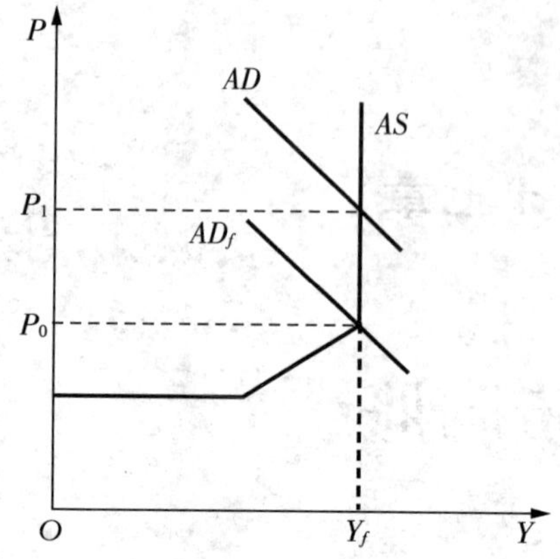

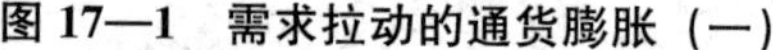

图 17—1 需求拉动的通货膨胀（一）

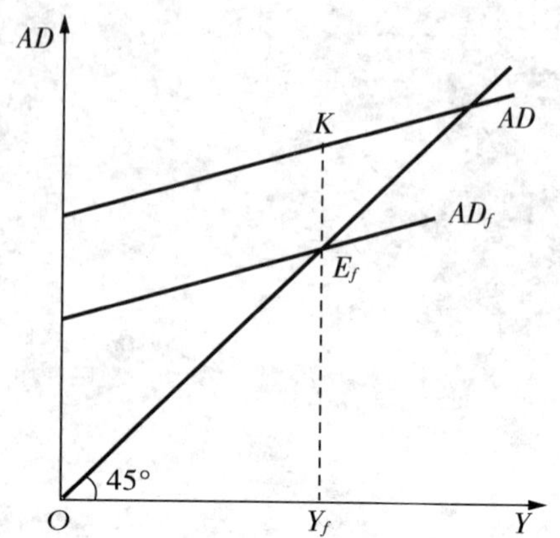

图 17—2 需求拉动的通货膨胀（二）

现在考察短期总供给曲线与总需求曲线的变动。短期中，总供给曲线与价格水平同方向变动，资源接近充分利用，这时产量增加会使生产要素的价格上升，从而带动成本增加，价格水平上升。这是由于总需求增加后，总供给的增加不能迅速满足总需求的增加，产生暂时的供给短缺，于是出现通货膨胀。显然，此时失业与通货膨胀是并存的。

在图 17—3 中，由于货币供应量增加、政府支出增加等原因，总需求曲线由 AD_0 增加到 AD_1，价格水平由 P_0 升到 P_1，而均衡国民收入也由 Y_0 增加到 Y_1，但并未达到充分就业水平。

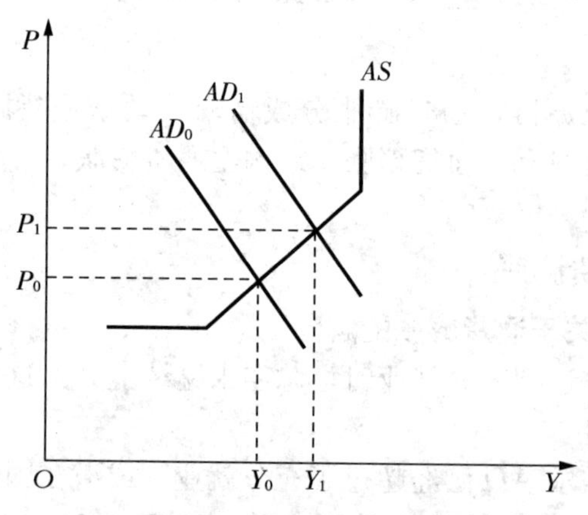

图 17—3 需求拉动的通货膨胀

（二）货币主义者的解释

货币主义者认为，货币供应量增加、社会名义总需求量的增长，并不能自发带动就业量的增长，即国民收入、就业量、总供给量不会因此而有实际的变化。该理论以费雪（Fisher）方程式为基础，说明货币超量发行的后果。费雪方程式为：

$$MV \equiv PT \text{ 或 } P = \frac{MV}{T}$$

式中，M 为货币供应量；V 为货币流通速度；MV 为名义总需求；P 为价格水平；T 为产品总量或产出量，PT 为名义总供给量。根据 MV 与 PT 的恒等关系，如果货币供应量增加，名义总需求上升，由于它并不能自动导致就业量和产出量的相应增加。因此，当 MV 增加时，现有产出量 T 不能增加，结果 P（价格水平）就必定与货币供应量 M 成比例地增加。

二、成本推动型通货膨胀

成本包括工资、利润和用于购买原材料、能源的支出等项费用。成本的各个组成部分都可能提高，从而引起总成本的提高。有些西方经济学家认为，成本的上升主要是由工资的增加引起的。在现代经济中，在不完全竞争的劳动市场上，由于强大的工会组织的存在，工人们可以施加压力，迫使企业提高工资，而具有一定垄断性的企业又会相应地提高产品价格，从而引起通货膨胀。这种由工资的提高引起的通货膨胀被称做“工资推进的通货膨胀”。还有一些西方经济学家指出，垄断企业和寡头企业为了追求更大的利润，可以操纵价格，把产品价格定得很高，由此引起的通货膨胀则称做利润推进的通货膨胀。此外，进口原材料价格的上升（如 20 世纪 70 年代石油危机对西方石油输入国的冲击）及由资源枯竭、环境保护政策造成的原材料、能源等生产成本的提高也会引起成本推动的通货膨胀（见图 17—4）。

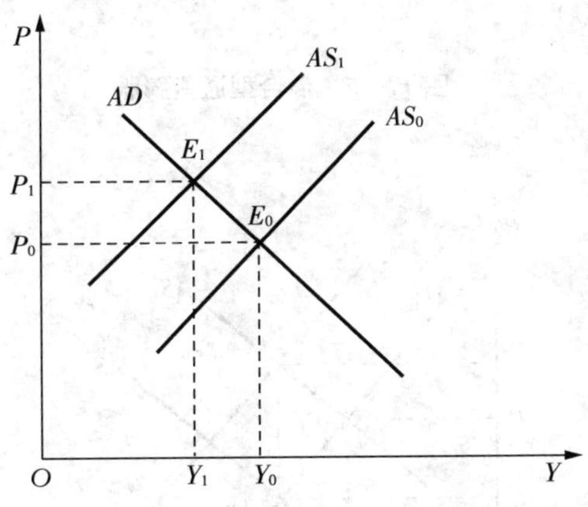

图 17—4　成本推动的通货膨胀

图 17—4 中，原来的总供给曲线 AS_0 与总需求曲线 AD 决定了国民收入为 Y_0，价格水平为 P_0。成本增加，总供给曲线向左上方移动到 AS_1，这时总需求曲线没变，决定了国民收入为 Y_1，价格水平为 P_1。价格水平由 P_0 上升到 P_1 是由于成本的增加所引起的，这就是成本推动的通货膨胀。

三、需求拉动和成本推动混合型通货膨胀

供求混合相互作用引起通货膨胀。如果通货膨胀是由需求拉动开始的，即过度需求导致物价上涨，物价上涨使工资水平上升，工资成本上升又引起成本推动的通货膨胀。如图 17—5（a）所示，由于需求曲线由 AD_0 增加到 AD_1，虽然国民收入增加到 Y_1，但物价水平上升到 P_1；如图 17—5（b）所示，物价上涨导致成本增加，使供给曲线由 AS_0 移动到 AS_1，推动物价进一步由 P_1 上升到 P_2。

如果通货膨胀是由成本推动开始的，即成本增加引起物价水平上升（$AS_0 \to AS_1$，$P_0 \to P_1$），如图 17—6 所示。物价上涨，产量下降（$Y_0 \to Y_1$）。此时，由于国民收入下降，经济衰退，可能结束通货膨胀。只有当成本推动通货膨胀的同时，总需求曲线由 AD_1 上升为 AD_2，才会使国民收入恢复到 Y_0，而此时价格水平就由 P_1 进一步上升到 P_2。

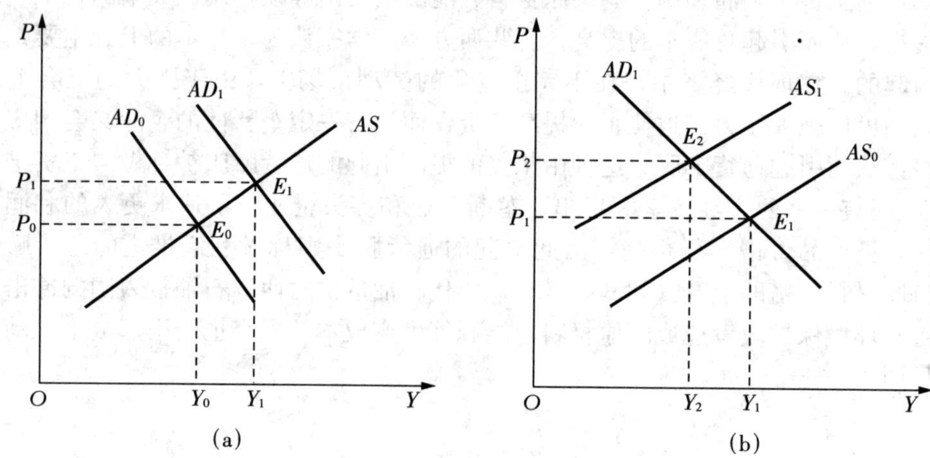

图 17—5　混合型通货膨胀

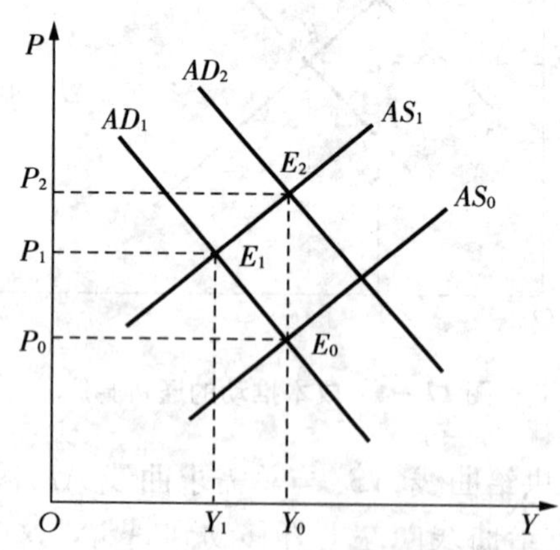

图 17—6　混合型通货膨胀

四、结构型通货膨胀

结构型通货膨胀是指收入结构与经济结构的不适应和错位引起的通货膨胀。

(1) 高成长性部门和行业因种种限制，不能获得资源和人力，资源价格和工资水平上升；而夕阳产业和衰退行业尽管资源和人力过剩，收入不仅不会下降，因攀比效应反而上升，工资成本推动物价上涨。

(2) 劳动生产率高的部门高速增长，带动工资上升，各部门向高增长部门看齐，使工资增长率超过劳动生产率，从而引起通货膨胀。

(3) 劳动力市场的技术结构、地区结构、性别结构的互不适应，工资刚性（工资水平能上不能下）使失业与空缺并存，最终导致通货膨胀。

(4) 大国示范效应，小国向大国、强国看齐，非开放部门工资水平向开放部门看齐，工资水平和通货膨胀的国际传递导致通货膨胀。

第二节　通货膨胀的影响

如果通货膨胀是不能预期的、非均衡的，那么它会产生一系列后果。

一、造成实际收入和实际财富的再分配

如果名义工资率的增长幅度慢于通货膨胀增长幅度，公众和企业因货币贬值所获得的货币收入购买力将下降，即实际收入减少；假如通货膨胀是由于政府借款造成中央银行向社会过量发行货币、增加货币供给，则政府可以因此而增加一笔额外的收入，即通货膨胀税。

概括地讲，通货膨胀不利于大多数工薪阶层、退休者、失业和贫困者、接受政府救济者和债权人；通货膨胀有利于高收入阶层、企业主、厂商和债务人。在通货膨胀过程中，那些货币收入能够随物价上涨而及时向上调整，调整幅度大于或等于物价上涨幅度的社会阶层和集团，其实际收入不会受到影响甚至上升；反之，那些其货币收入不能随物价上涨及时调整，或虽有所调整但上调幅度小于物价上涨幅度的社会阶层和集团，其实际收入将随物价上涨而有所下降。

二、资源的重新配置

在通货膨胀过程中，那些价格上涨超过成本上升的行业将得到扩张；而价格上涨慢于成本上升的行业将收缩。当价格上涨反映生产率的提高时，价格变动和资源配置将趋于合理；反之，当通货膨胀使价格信号扭曲、无法正常反映社会供求状况，使价格失去调节经济的作用时，通货膨胀会破坏正常的经济秩序，使价格失去核算功能，降低经济运行效率。

三、国民收入和就业水平的变化

需求拉动引起的通货膨胀在一定条件下，能促使厂商扩大生产规模、增雇工人，导致

国民收入上升；通货膨胀使得银行的实际利率下降，这又会刺激消费和投资需求，促进资源的充分利用和总供给的增加。

供给下降引起的通货膨胀则只会引起国民收入水平和就业量的下降。

大致说来，温和的通货膨胀对经济的影响较小，不会给社会带来危害；而奔腾的通货膨胀对经济影响较大，给社会造成的危害也大，即弊大于利。

第三节　失业与通货膨胀的交替及菲利普斯曲线

一、菲利普斯曲线及运用

按照凯恩斯主义的理论，失业与通货膨胀是不会并存的：充分就业前，总需求增加只会引起国民收入增加而价格水平不会上升；达到充分就业时，总需求增加只会引起通货膨胀而国民收入不会继续增加。菲利普斯曲线则说明了失业与通货膨胀之间的交替关系。

在图 17—7 中，横轴 u 表失业率，纵轴 $\Delta P/P$ 代表通货膨胀率，A、B、C 各点表示不同的通货膨胀率与失业率的组合。由于曲线向右下方倾斜，斜率为负，当失业率高时，通货膨胀率就低；反之，当失业率低时，通货膨胀率就高。图中阴影部分表示社会可接受的临界点。

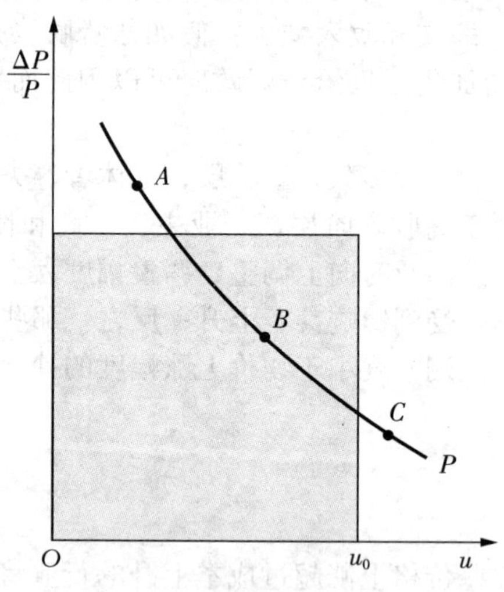

图 17—7　菲利普斯曲线

基于以上菲利普斯曲线表明的失业率与通货膨胀率的交替关系，政府可以根据具体情况及政治、经济目标，采取不同的调控措施，有意识地进行“相机抉择”。如图 17—8 所示，菲利普斯曲线并不始终是稳定的，曲线的移动表明经济情况的变化。当临界点（失业率与通货膨胀率的组合）位于阴影区时，菲利普斯曲线为 P_1，处于安全区域，政府不用干预；当菲利普斯曲线上移后（P_2），通货膨胀率与失业率的组合远离临界点或安全区域，政府必须进行需求管理和调控；当菲利普斯曲线继续移动至 P_3 时，政府就要加大调控力度。曲线的移动意味着社会将不得不忍受越来越高的失业率和通货膨胀率。

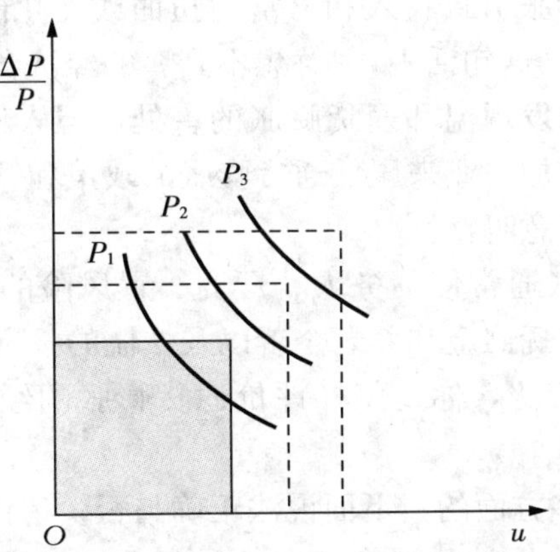

图 17—8　菲利普斯曲线的恶化

菲利普斯曲线移动或恶化是由通货膨胀预期造成的。

二、长期菲利普斯曲线

虽然短期内失业率与通货膨胀率之间存在交替关系，政府的调控在短期内有效，但长期内工人会根据实际发生的情况不断调整自己的预期，并且预期的通货膨胀会不断接近于实际的通货膨胀。这样，工会及工人将要求增加名义工资，使实际工资不变，造成通货膨胀率只上升不下降，从而否定了短期菲利普斯曲线失业率与通货膨胀率的交替关系。长期内，菲利普斯曲线是一条垂直线。在图 17—9 中，*LP* 代表长期菲利普斯曲线，它表明无论通货膨胀率怎样变动，失业率总是固定在自然失业率的水平上（长期内经济能实现充分就业，失业率是自然失业率），采用扩张性财政政策和货币政策并不能降低失业率，只会引起进一步的通货膨胀。

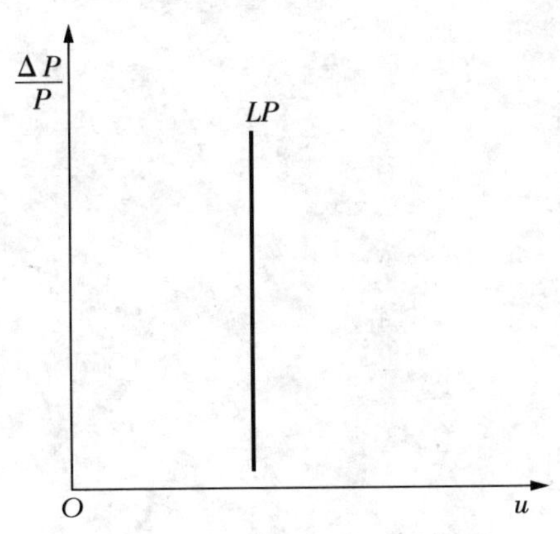

图 17—9　长期菲利普斯曲线

【思考题】

1. “意想不到的通货膨胀引致收入和财富的扭曲或变化的效果，令多数人产生不快，和受到抢劫的情况差不多”。这句话中，“意想不到”的经济含义是什么？

2. “虽然经济学家并未发现温和通货膨胀的害处，但人们仍然对价格上涨反应强烈。因而，靠减慢经济增长和增加失业来压低通货膨胀的政策和领导人仍受到选民们的欢迎”。以上两句话是何意思，你同意吗？

3. 未预见到的通货膨胀通常使债务人、厂商、冒风险的投机者得到好处，它损害债权人、固定收入阶层、领取抚恤金和养老金者以及怯懦的投资者。为什么？

4. 与失业的经济代价相比，你是怎样评价通货膨胀的经济代价的？政府和个人可能采取哪些措施来抵消其影响？

5. 通货膨胀的影响是多方面的，下面说法正确与否，请作出判断。

(1)“通货膨胀不过是大石油公司偷窃小老百姓。”

(2)“通货膨胀是偷窃。政府用不着改变税收法就能够增加税收。”

(3)“通货膨胀通过提高生活费用来降低我们的生活水平。”

(4)“通货膨胀的主要代价是当政府试图减轻通货膨胀时，随之而来的是失业。”

第十八章

经济周期与经济增长

经济的稳定增长是各国追求的目标，但现实却是失业与通货膨胀的不断出现，甚至失业与通货膨胀并存，增长乏力。本章研究经济周期的成因、作用过程及经济增长问题。

第一节　经济周期及其成因

一、经济周期

国民收入及经济活动水平有规律地经历扩张和收缩的周期性波动，叫经济周期。

在经济的扩张期，就业增加，产量上升，投资增加，信用扩张，价格水平上升，公众预期乐观，生产要素和资源越来越被充分利用。当繁荣达到顶点时，就业和产量水平也达到极限。繁荣开始让位于萧条。

在经济的收缩期，股票价格下跌，存货增加，信用关系中断，一些企业倒闭，国民收入、就业水平、生产下降，价格和利润跌落，工人失业，公众预期悲观，就业和产量跌至谷底。随着时间的推移，经济进入恢复期。开始新一轮的循环。

扩张和收缩是经济周期的两个大的阶段。如果更细一些，则可以把经济周期分为四个阶段：繁荣、衰退、萧条、复苏。其中，繁荣与萧条是两个主要阶段，衰退与复苏是两个过渡性阶段。

关于经济周期的长度，美国经济学家阿尔文·汉森（A. Hansen）对第二次世界大战前的经济周期的长度进行了分析：主要经济周期的平均长度大致为 8 年。例如 1795—1937 年，共有 17 次周期，其平均长度为 8.35 年。

经济周期的存在，意味着即使是在经济繁荣期间，人们也注定要为失业和生活水平的下降担惊受怕。有的人腰缠万贯，但当经济萧条到来时，可能变得一无所有。

二、经济周期的成因

自19世纪中期以来，经济学家们提出的导致经济周期的理论非常多，比较有代表性的有以下四种。

（1）货币周期理论。当银行体系利率降低、信用扩大、贷款增加时，生产扩张，供给增加，收入和需求进一步上升，物价上涨，经济活动水平上升，经济进入繁荣阶段。由此引发通货膨胀，银行体系被迫收缩银根，停止信用扩张，贷款减少，订货下降，供过于求，经济进入萧条阶段。萧条时期，资金逐渐向银行集中，银行采取措施扩大信用，促进经济复苏。货币周期理论认为，货币量的扩张和收缩对经济周期有普遍的影响，这一理论的代表人物是拉尔夫（Larf）、霍特里（H. Hotelling）、弗里德曼。

（2）投资过度理论。投资的增加（原因很多，如货币量增加引起投资增加、发明和创新引起投资增加）引起经济繁荣，经济繁荣导致对生产资料等投资品需求的增加。资本品的生产过度发展导致生产资本部门的发展超过了生产消费品部门的发展，形成结构失衡，从资本品过多到资本品过剩，使经济由繁荣转入萧条。

（3）创新周期理论。采用新技术、新材料、新能源、新市场组合和企业管理方法，开发了一种新的产品或新的产品功能，这一切会给创新者带来巨大盈利，使其他企业竞相仿效，形成创新浪潮。创新浪潮使银行信用扩张，投资膨胀，引发经济繁荣。随着创新的普及，盈利机会消失，银行信用收缩，投资下降，直至经济衰退。创新周期理论的发明者熊彼特（J. A. Schumpeter），因其理论的独特性至今仍受关注。

（4）心理周期理论。庇古和凯恩斯认为，人们对经济前景乐观和悲观预期的交替引起了经济周期中繁荣与萧条的交替。人们对前途持乐观态度时，投资和生产增加，经济走向繁荣；人们对前途持悲观态度时，投资和生产下降，经济走向衰退。

除了以上理论对经济周期成因作出不同解释外，还有诸如太阳黑子周期理论、政治周期理论，也有的经济学家用星相、战争、政治事件、金矿的发现、人口和移民的增长、新疆域和新资源的发现等来诠释经济周期。诺贝尔经济学奖获得者、美国经济学家萨缪尔森用“乘数—加速数相互作用原理”来说明经济周期，并因此成为现代经济周期理论的代表之作。

第二节　经济增长模型

现代经济增长理论是在凯恩斯主义出现之后形成的。

第二次世界大战以后，西方经济增长理论的发展可以概略地分为三个时期，每个时期都有其突出的主题。第一个时期是20世纪60年代以前，这一时期主要是建立各种经济增长模型。第二个时期从60年代初开始，研究的重心是对经济增长因素的分析。第三个时期从70年代开始，在这一时期，许多经济学家对经济增长本身提出了疑问，从而展开了关于经济增长的各种争论。

一、哈罗德-多马经济增长模型

英国经济学家哈罗德（R. F. Harrod）以凯恩斯经济理论为基础，于 1939 年发表了《论动态理论》一文，试图将凯恩斯经济理论长期化、动态化，以讨论长期经济增长问题。此后，他又于 1948 年出版了《动态经济学导论》一书，提出了他的经济增长模型。20 世纪 40 年代中期，美国经济学家多马（E. Domar）进行了类似的研究，提出了另一个经济增长模型。由于他们两人所提出的经济增长模型含义相同，因而一般将他们的模型合称为哈罗德-多马经济增长模型。

（一）基本假设

（1）假定全社会所生产的产品只有一种。这种产品既可能用于个人消费，也可以作为投资所需的生产资料，继续投入生产。

（2）假定只有两种生产要素，劳动是除资本以外唯一的另一种生产要素，并且两种生产要素之间不能相互替代，两种要素只有一种可行的配合比例。

（3）假定规模收益不变。即不管生产规模大小，单位产品生产所需成本不变，如果劳动和资本同时增加一倍，产出也相应地增加一倍。

（4）假定技术不变，即不存在技术进步也不存在资本折旧。

（5）由于规模收益不变、技术不变，并且劳动和资本两种生产要素的配合比例不变，因此在任何时候，生产单位产出所需要的劳动力数量和资本数量是不变的。

（6）假定边际储蓄倾向不变。因而，边际储蓄倾向等于平均储蓄倾向或储蓄占国民产出的比率，平均储蓄倾向或储蓄占国民产出的比率是不变的。

（二）基本公式

1. 哈罗德模型的基本公式

哈罗德从凯恩斯的储蓄—投资分析出发，将有关的经济因素抽象为三个变量。

（1）储蓄率（s），即储蓄量占国民收入的比重。以 S 表示储蓄量，以 Y 表示国民收入，则：

$$s=\frac{S}{Y}$$

（2）资本系数或资本产出率（k），即资本与国民收入之比，以 K 表示资本存量，则：

$$k=\frac{K}{Y}$$

根据假定，资本系数是不变的，因此：

$$\frac{K}{Y}=\frac{\Delta K}{\Delta Y}$$

式中，ΔK 为资本增量，即净投资 I。所以有：

$$k=\frac{K}{Y}=\frac{I}{\Delta Y}$$

（3）有保证的国民收入增长率（g_w），即在 s 与 k 既定的条件下，能够使投资等于储蓄（$I=S$）的经济增长率。

由上述三个变量的定义，可得出三个变量之间的关系，即：

$$g_{\omega}=\frac{\Delta Y}{Y}=\frac{\Delta Y}{Y}\cdot\frac{I}{I}=\frac{I}{Y}\cdot\frac{\Delta Y}{I}$$

由于要保证经济实现均衡，必须使投资等于储蓄，即 $I=S$，因此：

$$\frac{I}{Y}=\frac{S}{Y}=s$$

又由于 $\frac{\Delta Y}{I}=\frac{1}{k}$

故 $g_{\omega}=\frac{s}{k}$

这就是哈罗德模型的基本公式。

2. 多马模型的基本公式

多马在建立他的经济增长模型时，引入了投资效率或资本生产率概念，并用 σ 表示。$\sigma=\frac{\Delta Y}{I}$，即单位投资所能增加的产出。据此，投资 I 所能引起的生产能力或供给增量为：

$$\Delta Y=\sigma I$$

同时，按照乘数原理，投资所能引起的需求增量为：

$$\Delta Y=\Delta I\cdot\frac{1}{s}$$

式中，ΔI 为投资增量；s 为储蓄率（按照前面的假定，储蓄率等于边际储蓄倾向）。

为使经济在增长过程中保持均衡，必须使供给增量与需求增量相等，即：

$$\sigma I=\Delta I\cdot\frac{1}{s}$$

移项得 $\frac{\Delta I}{I}=\sigma s$

这就是多马模型的基本公式。

由于投资效率 σ 实际上就是哈罗德模型中资本系数 k 的倒数，即：

$$\sigma=\frac{1}{k}$$

因此 $\frac{\Delta I}{I}=\sigma s=\frac{s}{k}=g_{\omega}$

即多马模型中的投资增长率$\frac{\Delta I}{I}$等于哈罗德模型中有保证的经济增长率 g_{ω}。可见，两个模型可以互相推导，含义是相同的。

（三）有保证的增长率与实际增长率

在资本系数不变、储蓄率不变的假定条件下，按照哈罗德-多马经济增长模型，要实现经济稳定均衡增长，即在经济增长过程中保证总供给等于总需求，或按照凯恩斯的储蓄—投资分析，保证投资等于储蓄，就必须使实际增长率等于有保证的增长率。只要使实际增长率等于有保证的增长率，就能够实现经济稳定均衡的增长。哈罗德-多马经济增长模型的经济含义就在于此。

例如，假设储蓄率 $s=20\%$，资本系数 $k=4$，并且在增长过程中，储蓄率和资本系数保持不变，则有保证的增长率为：

$$g_{\omega}=\frac{s}{k}=5\%$$

若实际增长率 $g=g_{\omega}=5\%$，则储蓄就能够全部转化为投资。投资一方面作用于需求，使总需求等于总供给；另一方面作用于供给，使生产能力增加，使下期国民收入增加。进而使国民收入进一步增长。

当投资量与储蓄量不相等，投资率不等于储蓄率时，实际增长率就与有保证的增长率不一致了。

当实际投资率大于储蓄率时（$i>s$），则实际增长率大于有保证的增长率，如 $s=20\%$，$i=24\%$，实际资本系数 $k=4$，则：

$$\text{实际增长率}=\frac{0.24}{4}=6\%$$

$$\text{有保证的增长率}=\frac{0.2}{4}=5\%$$

如果实际投资率小于储蓄率，即 $i<s$ 时，那么实际增长率小于有保证的增长率。如 $s=20\%$，$i=16\%$，$k=4$，则：

$$\text{实际增长率}=\frac{0.16}{4}=4\%$$

$$\text{有保证的增长率}=\frac{0.2}{4}=5\%$$

实际增长率大于有保证的经济增长率，意味着实际投资大于储蓄，总需求大于总供给，过度投资在加速系数的作用下，会放大经济增长，导致经济高速扩张；反之，会导致经济紧缩。

二、经济增长因素分析

在估计各种因素对经济增长的贡献时，西方学者通常考虑技术、资本、劳动三大因素，即经济增长是技术、劳动、资本的函数，用公式表示为：

$$g=a\left(\frac{\Delta K}{K}\right)+b\left(\frac{\Delta L}{L}\right)+TC$$

式中，g 代表经济增长率；$\frac{\Delta K}{K}$，$\frac{\Delta L}{L}$分别代表资本、劳动的增长率；TC 为技术进步速度；a、b 分别代表资本和劳动的收入占国民收入的比重。根据统计资料，$a=\frac{1}{4}$，$b=\frac{3}{4}$，则：

$$g=\frac{1}{4}\left(\frac{\Delta K}{K}\right)+\frac{3}{4}\left(\frac{\Delta L}{L}\right)+TC$$

由此可以得出资本增长和劳动增长对经济增长的贡献：

资本增长 1%，可使国民收入增长$\frac{1}{4}\times1\%=0.25\%$；劳动增长 1%，可以使国民收入增长$\frac{3}{4}\times1\%=0.75\%$。

技术进步对经济增长的贡献是无法直接计算的。但可以将它作为“剩余”来估算，即从经济增长率中减去资本和劳动增长的贡献，剩余部分就是技术进步对经济增长的贡献。

$$TC=g-\frac{1}{4}\left(\frac{\Delta K}{K}\right)-\frac{3}{4}\left(\frac{\Delta L}{L}\right)$$

假设经济增长率为 3.2%，资本增长率为 3%，劳动投入的增长率为 1%，则：

$$\begin{aligned}TC&=3.2\%-\frac{1}{4}\times3\%-\frac{3}{4}\times1\%\\&=3.2\%-0.75\%-0.75\%=1.7\%\end{aligned}$$

即在 3.2%的经济增长率中，资本增长的贡献是 0.75 个百分点，劳动投入增长的贡献是 0.75 个百分点，而技术进步的贡献是 1.7 个百分点。据此还可计算三个因素的贡献占全部经济增长率的百分比。即在全部经济增长中，资本增长的贡献约占 23.44%，劳动增长的贡献约占 23.44%，技术进步的贡献约占 53.12%。

第三节　经济增长是非论

一、零增长理论的提出及其基本观点

零增长理论是指 20 世纪 60 年代末出现的反经济增长理论。该理论的基本观点是，假定世界上的自然的、经济的和社会的关系没有重大变化，那么由于世界粮食的短缺、资源的耗竭和污染的严重，世界人口和工业生产能力将会发生非常突然和无法控制的崩溃。为了避免这种灾难性前途，必须停止人口增长和工业投资增长，以达到零增长的全球性均衡。所以，经济增长是有极限的，即使可以增长，增长也是不可取的。

零增长理论最初是由一些科学家、经济学家、新闻界、文化界、教育界和实业家在意大利罗马讨论人类处境时提出的，这就是“罗马俱乐部”的由来。罗马俱乐部委托麦多斯（Mdows）把讨论的情况整理成书，这就是麦多斯在 1972 年出版的《增长的极限》，它与福雷斯特尔（Farrester）在 1971 年出版的《世界动态学》一起，成为零增长理论的代表作。

麦多斯和福雷斯特尔的基本观点是：人口和经济增长必然会加大对非再生资源和食物的需求，并增加污染；由于资源和能够提供食物的供给及环境吸收污染的容量是有限的，因此经济增长必然在某一时间内达到极限。如果经济增长不受阻碍地继续增长下去，那么到2100年之前，因为环境污染、粮食短缺、人口过多、资源耗尽，食物和医药缺乏将引起死亡率上升，最后人口增长停止，人类社会面临崩溃的危险，所以麦多斯-福雷斯特尔模型又被称为世界末日模型。该模型认为，为了避免由于经济增长达到极限而导致人类社会的崩溃，应停止追求经济增长，尽力减少资源的消耗和污染。

二、增长价值怀疑理论

如果增长是可能的，或者说经济增长不会导致人类社会毁灭，那么经济增长是值得的吗？

美国经济学家米香（Mishan）对经济增长的价值提出了怀疑。(1) 持续的经济增长使人们失去闲暇、新鲜的空气、秀丽的景色和安静的环境、平衡的生态，使生存质量下降；(2) 人类幸福不仅仅局限于物质享受，对幸福的理解取决于个人在社会上的相对地位，虽然增长能增加个人的绝对收入，但不一定能提高他在社会上的相对地位。经济增长带来的结构变动、心理紧张使人类得到的幸福、福利大打折扣。米香认为，应停止经济增长，恢复过去那种田园式的生活。

三、对零增长理论的反驳

弗里德曼认为，麦多斯等人不过是“带着计算机的马尔萨斯”。既然古典经济学家马尔萨斯的悲观预测未能应验，现代的悲观预测将来也不会灵验。影响未来的因素是复杂的、无法预测的，而福雷斯特尔和麦多斯等人的分析却是简单的，是建立在一系列假定基础上的。

一些经济学家指出，即使零增长，也并不能减少污染和资源消耗。经济增长中出现的各种问题只有通过技术进步、经济发展来解决。如果经济增长和技术进步停止，人类只能自取灭亡。

还有的学者指出，如果真正实现零增长，将会使低收入者没有改变贫困状况的机会，将使发展中国家永远处于落后挨打的地位，将使政府管制无限扩大。零增长既然要使一切保持现状，它将使社会成为一个僵化的社会，现代西方社会中的不平等将恒久保持下去甚至进一步扩大。零增长战略的贯彻，要求采取严格的行政管制，政府要监督企业的投资率、生产规模、产量、雇佣人数、工作时数等，政府要建立庞大的官僚机构、承负庞大的财政支出，企业会想方设法逃避检查，这一切将给社会带来灾难。在世界范围内，发展中国家不会实施零增长政策，那会让它们永远落后；发达国家也不愿使自己的经济增长率慢下来，因为其他国家会一如既往地污染大气、海洋、湖泊和森林，自己仍然会遭受损害。

大多数西方经济学家相信，技术进步的作用是无可估量的，完全可以突破资源的限制，使经济增长持续下去。办法总比困难多，而解决经济增长消极后果的办法就在经济增长中。

【思考题】

1. 经济周期是大多数经济部门和不同国家都共同存在的一种经济运行的起伏。在周期中，我们看到 GNP、失业、价格和利润的变动——尽管变动不像行星运行那样有规律。请说出在萧条和繁荣阶段 GNP、失业、价格和利润的不同变动情况。

2. 奥肯定律说明：GNP 相对于潜在 GNP 每下降 2%，失业率就上升 1%。因此，如果 GNP 从其潜在水平的 100%开始下降到潜在水平的 98%，失业率就从 6%上升到 7%。假定失业率是 8%，GNP 是4 000美元，潜在 GNP 的大致估计值是多少？假定潜在 GNP 每年增长 3%，在两年内潜在 GNP 将是多少？GNP 必须增长多快才能在两年内达到潜在 GNP？

3. 有保证的增长率分析要解决的是这样一个问题：社会生产出来的用于投资的新的资本品能够和公众愿意的总储蓄相一致吗？以上说法对吗？

4. 如果企业确信国民收入（Y）将由1 000亿元上升至1 200亿元，资本与国民产出之比（k）为 3，那么企业计划的投资（I）将是多少？如果企业预期 Y 不上升，那么企业计划的 I 将是多少？（提示：$k=\frac{K}{Y}=\frac{\Delta K}{\Delta Y}=\frac{I}{\Delta Y}$）

5. 如果人们愿意储蓄的 Y 的部分为 12%，即 $s=12\%$，投资—产出比率为 4，即 $k=4$，那么有保证的增长率是多少？如果 $k=5$，储蓄率为 10%，则有保证的增长率为多少？

6. “在过去的 150 年里，马尔萨斯及其追随者受到这样一些批评：忽视技术进步的可能，忽略了节育对降低人口增长的重要意义”。对马尔萨斯，你知道多少？请加以评论。

7. “虽然发达国家的历史遵循着不同的轨迹，但大多数贫穷国家却落在马尔萨斯陷阱中。”请判断这段话中的正确成分。

8. 评论下面一段话：新马尔萨斯主义者的世界末日模型不过是“PIPO”模型（输入悲观主义，则输出悲观主义），这些模型忽略了价格作为稀缺信号的作用，否定了技术变革战胜资源稀缺的可能，它未考虑普遍富裕条件下人口必然会下降。用一句经济学家的话来说，是“计算机在喊狼来了”。

第十九章

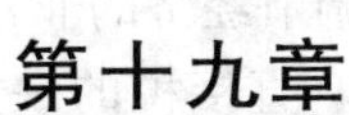

宏观经济政策

宏观经济政策是指要利用一些政策调控手段促使经济达到充分就业、物价稳定、经济持续稳定增长和国际收支平衡目标。

第一节　财政政策

一、财政收入

财政政策包括财政收入政策和财政支出政策。

政府财政收入主要是个人所得税、公司所得税和其他税收。个人和公司所得税是以收益、利润和报酬等形式的所得作为课税对象，向取得所得的纳税人和公司征收的税收。个人所得税的课税范围包括工人和雇员的工资、薪金、退休金；经营取得的商业利润；利息收入、股息收入、租金收入和特许使用费收入等各种收入。公司所得税的课税对象是本国公司来源于国内外的收入和外国公司来源于本国境内的收入。尽管各国的税收制度不尽相同，但所得税多采用累进税制。

销售税是指对生产、批发和零售商品进行的课税。其主要特征是税负转嫁，即间接税。销售税由营业税和消费税组成，营业税的课税对象是全部商品和劳务，消费税只对消费品课税。

财产税是指对承担纳税义务者的财产的课税。其征税范围包括土地、房屋、资本、遗产和馈赠等。

社会保险税是指对大多数职业的雇主和被雇者征收的占薪金或工资额一定百分比的税收，其用途包括失业救济、养老、伤害补助等。社会保险税或工薪税在美国由联邦保险税、铁路公司退职税、联邦失业税和个体业主税四种税组成，其中联邦失业税的税率为 3.2%。

(一) 直接税和间接税

所得税、财产税、工薪税都属于直接税，而销售税则属于间接税。直接税是直接就个人纳税者征收的税收，由个人负担、规避不了。直接税的优点是稳定性强、征收成本低、收入较高、公平。直接税是调节经济的非常有效的手段，它的累进性可以消除收入和财富的严重不均，促进社会协调。直接税的缺点是对劳动的抑制。较高的直接税率会引起移民、阻碍个人加班或担负额外工作，甚至强化逃税倾向、降低生产率、降低投资等现象的发生。间接税不是就个人直接征收，而是就个人的活动征收的税收。间接税可以通过不参加经济活动来规避，也可以通过各种途径转嫁给他人，即间接税存在一个赋税归宿问题。间接税除了前面提到的销售税，实际上还包括购买税、烟草税、汽油和燃油税、印花税、关税、货物税等。间接税可分为从量税和从价税。从量税是按实物单位征收一定金额的税收（如汽油税、烟草税、葡萄酒税等），从价税是按商品批发或零售的价格征税。西方各国目前最常见的税种是增值税。增值税是在每一经济活动水平上，即价值增添的每一阶段征收的一种税收，涉及的商品和劳务范围非常广泛。例如，建筑商或开发商用的混凝土预制构件，其增值至少发生在三个阶段：(1) 从砾石井坑里取出自然产品；(2) 原料制成半成品；(3) 预制构件被安装到房屋建筑物上。在每一阶段征收一定比例的增值税。假设1 000万元的砾石制成3 000万元的预制构件，预制构件又构成房屋建筑价值8 000万元。增值税税率为10%，则三方的应税金额分别是：砾石井老板100万元，预制构件生产商200万元，房屋开发商500万元。消费者或最终购买者（如某物业公司或企业集团）应缴纳的总税额是800万元。下面看一下增值税作为一种间接税是怎样逐步转嫁到最终购买者身上的：第一步，砾石井老板从井里取出的自然产品，价值1 000万元，要缴纳10%的增值税，他便以1 100万元卖给预制构件生产商；第二步，预制构件生产商把原料制成产品，价值3 000万元，增值2 000万元，应缴增值税200万元，预制构件生产商以(2 000＋200)＋(1 000＋100)＝3 300万元价格把产品卖给房地产商；第三步，房地产商生产的建筑物价值8 000万元，增值额8 000－3 000＝5 000万元，应缴增值税500万元，房地产商以(5 000＋500)＋(2 000＋200)＋(1 000＋100)＝8 800万元的价格把房屋卖出。这样，赋税最后由消费者承担（800万元），中间商只承担商品价值增值部分的税负。

间接税的主要优点有以下五个方面。(1) 其效应扩及整个社会，而且常常在纳税人不知不觉的情况下征收，因为摆在他面前的是他所需要的那种商品或劳务的价格。(2) 没有间接税，政府要筹措所需要的税款将是困难的，因为直接税的征集具有抑制效应，打击人们的生产和劳动积极性。而间接税把赋税分摊给广大公众，刺激着一种社会责任感。(3) 有些接近自由取用的物品（水、沙石、泥土、土地、木材、原始森林、旅游资源、空气等），具有高度的需求价格弹性，由于价格极其低廉，导致人们在使用上几近浪费，浪费量很大却只产生很小的边际效用。间接税可以改变这一情况，提高价格的同时也促使公众关注这些税款的使用。(4) 间接税对事业心、进取心没有明显的影响。如果课税对象是消费者需要的产品和劳务，他会努力工作、争取回报以便购买到他需要的东西。只要赋税水平合理，间接税的刺激作用可以提高生产和劳动效率，并有利于整个国家。(5) 间接税可作为政府的政策工具。例如，可以用关税保护新兴工业，使之免受国外竞争的影响；撤销或实施赋税可促进社会标准的提高，如英国废除19世纪的窗户税，使房屋设计得以改进，室内采光度提高；征收赌博税可以限制赌博；烟草税可以减少肺癌；国际收支均衡可以通过鼓励出口（出口退税）和限制进口（进口关税）得以实现等。

间接税的缺点有以下两个方面。(1) 间接税的累退性，即对穷人来说，负担较大。例如，对吸尘器、洗衣机、电冰箱、汽车、空调等家庭耐用品征收20%的购买税，就是累退性税收。由于没有一个家庭绝对需要这类物品，穷人和富人的税额一样，为购买物品而支付的货币额对穷人的效用大于对富人的效用，穷人的负担就相对较重。正由于此，通常对基本必需品（肉、蛋、奶、面包、土豆、蔬菜等）的生产销售根本不征税，以减轻累退赋税的有害影响。与此不同，对于烟草、酒精饮料、茶叶、化妆品等奢侈品征收的间接税常常很重，因为它常常是富人的“必需品”、穷人的奢侈品，较重的间接税实际上是对富人征税。另外，这类物品的需求价格弹性弱，这一特性使其特别适合作为赋税目标，对其征税或提高税率，可以很容易增加财政收入，因为这些物品没有替代品，消费者无法以减少购买来躲税。(2) 间接税可能导致通货膨胀。为了抵消税收对收入的影响，人们会要求增加工资，一旦获准，人们收入上升，财政当局又被迫再次增加赋税。工资的再次提升，又引起赋税进一步攀升。这种循环导致通货膨胀的发生：原材料价格上涨、政府增加间接税、各公司竞相抬价，通货膨胀越来越严重。

(二) 间接税的归宿

间接税的归宿取决于商品或劳务的需求价格弹性。需求弹性大的商品或劳务，税负转嫁给生产者；需求弹性小的商品，税负转嫁给消费者。

在图 19—1 中，政府对制造商课税，供给曲线向左移动，原来供给曲线与新供给曲线的纵坐标之差就是税额（$E'F$ 或 P_1X），即间接税中的从量税。供给减少后，商品价格大幅度上升，由 P_0 上升到现在的 P_1，单位产品价格中，企业家实际获得 X，而征税前是 P_0。产业只少量收缩，大部分税款由消费者缴纳。

图 19—1 中，制造商缴纳的税额 P_1X 中，消费者分担的部分为 P_1P_0。

在图 19—2 中，政府对制造商课税后，供给曲线向左移动，原供给曲线与新供给曲线的纵坐标之差（$E'F$ 或 P_1Y）就是税额。同理，税收使供给下降，即由 Q_0 减少为 Q_1，价格上升，由 P_0 上升到 P_1，单位产品价格中，企业家实际得到的收益为 Y，而征税前是 P_0。在 P_1Y 的纳税额中，制造商分担 P_0Y，而消费者只分担较小部分（P_0P_1）。

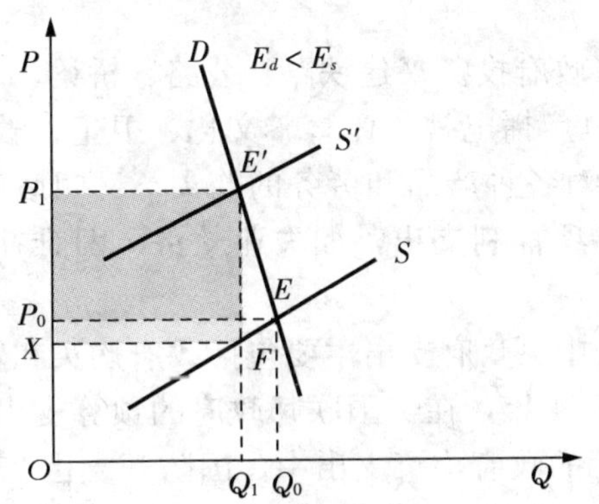

图 19—1　间接税主要转嫁给消费者

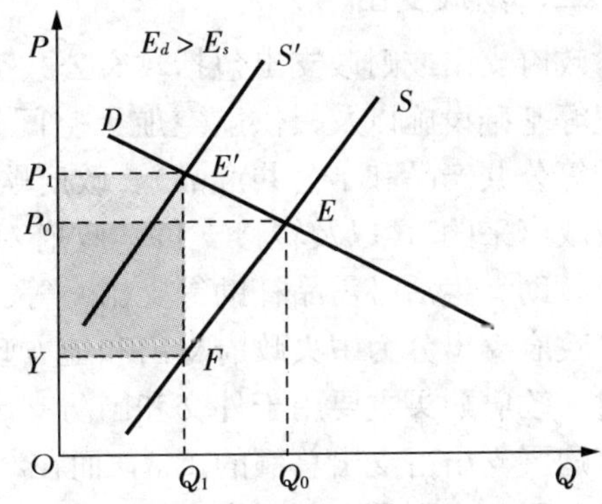

图 19—2　间接税主要转嫁给生产者

（三）课税准则

英国古典经济学家亚当·斯密提出了政府应遵循的四项课税准则：（1）平等准则，即税额应与纳税人的收入成比例；（2）确定准则，即不因收税人的好恶而变动；（3）方便准则，即课税安排、税率税种选择应方便征收；（4）经济准则，即征税收入应大于征收耗费。

就平等而言，人头税最不公平，比例税次之，累进税是大多数国家采用的直接税征收方式。关于税收制度的确定准则，因为不确定的税收制度会导致不稳定、混乱、任意偏袒和歧视。中世纪欧洲的包税制使地方官员腐败成风，而统治者不追究收税人从“承包”中赚取了多少钱，因而收税人可以任意扩大课征金额和征税范围。课税方便是指使纳税尽可能变得简单、减少逃税损失。英国历史上的所得税是 6 个月一次征收，使公民一次付出几周甚至更多的工资，许多人不缴或拖欠。后来所得税预扣制解决了这一困难。关于课税经济准则，毫无疑问，税收应产生收益，课征费用高于课征金额显然是浪费人力、物力和财力。在税收史中，19 世纪的几十个没有经济价值的税目被放弃了，各国财政税绝大多数来自五种税：所得税、印花税、酒税、烟草税和茶叶税，之所以如此，是因为这五种税较符合经济原则。

现代财政税收除了遵循亚当·斯密的四准则外，还增加了其他准则：课税公正无偏准则。累进税通常被视为“纵向平等”的，它对收入相同以及处境相同的公民征收同等税额，对较高收入者征收较高的税，这有助于消除社会贫富不均（纵向平等）；对于收入和义务相同的公民，直接税使之缴纳相同的税额（横向平等）。但是，间接税却不能使收入相同的人缴纳同样的税额，烟草、酒税对绝大多数妇女而言毫无影响，美容化妆品税也收不到男士的货币。只要纳税人没有相同等级的偏好，间接税就不可能实现“横向平等”。

现代财政税收的另外两项准则是“对努力劳动者和企业没有抑制作用准则”和“遵守税法的低代价准则”。累进税过高，抑制人们努力工作，降低工作责任感，甚至人们会离开这个国家；高税负有时会导致人才外流和资金外逃。守法纳税代价低，人们会依法纳税，否则人们会根据纳税税率和起征点找到临界点，使自己的纳税不超过一定数额。

二、财政支出

政府支出或财政支出包括政府公共工程支出（政府投资兴建铁路、公路、桥梁、水利工程等基础设施以及提供航空航天空间技术、邮电广播电视、体育、文化、卫生、教育、医疗等公共产品和半公共产品）、政府购买（政府对各种产品和劳务的购买，又叫政府订货或政府采购），以及转移支付（政府对居民的各项福利支出，如失业救济、困难补助、特殊救助、生活必需品补助等支出）等。

政府支出分为中央政府支出和地方政府支出。中央政府支出主要包括政府购买和转移支付。政府购买主要用于外交和国防支出项目。1984 年，在美国联邦政府的预算支出中，政府购买支出占支出总额的 1/3，而在2 960亿美元的政府购买支出中，国防开支占 75%。可见，国防支出是中央政府直接影响总需求的一个重要途径。

转移支付是指把资金转移给政府以外的个人。资金来源主要是个人所得税、社会保险税。转移支付以家庭津贴的形式支付出去，包括退休、伤残、医疗、失业等社会保险金支出。

中央政府支出除了政府购买和转移支付外，还有给地方政府的拨款（科研、医疗、体育、卫生及公共工程建设等）和债务利息（联邦政府公债到期利息支付）。

地方政府支出包括政府购买（商品和劳务）、转移支付、净利息支付、补贴减企业利润。在地方政府支出中，政府购买占的比重最大。1984 年美国地方政府购买支出占其总支出的 89%，而转移支付只占 11%，净利息支付、补贴减企业利润没有。在地方政府购买支出中，最大项目是教育经费支出，占政府购买支出总额的 40%。所以，同国防开支是中央政府支出中的主要购买支出项目一样，教育经费支出是地方政府支出中的主要购买支出项目。

三、财政收入与财政支出的变化

无论是政府支出的变化还是政府收入的变化，都会影响到总需求，进而对经济增长和国民收入水平产生影响。

在运用财政政策来调节经济时，要先了解宏观经济的状况是处于萧条状态还是膨胀状态。当出现失业、萧条、需求不足时，应采用扩张性财政政策；反之，出现通货膨胀、需求过度时，应采用紧缩性财政政策。具体来说，在经济萧条时期，总需求小于总供给，经济中存在失业，政府就要通过扩张性财政政策来刺激总需求，以实现充分就业。扩张性财政政策包括增加政府支出与减税。政府公共工程支出与政府购买的增加有利于刺激私人投资，转移支付的增加可以增加个人消费，它们都会刺激总需求。减少个人所得税（主要是降低税率）可以使个人可支配收入增加，从而消费增加；减少公司所得税可以使公司收入增加，从而投资增加，它们也会刺激总需求。在经济繁荣时期，总需求大于总供给，经济中存在通货膨胀，政府则要通过紧缩性财政政策来抑制总需求，以实现物价稳定。紧缩性财政政策包括减少政府支出与增税。政府公共工程支出与政府购买的减少有利于抑制投资，转移支付的减少可以减少个人消费，它们都压抑了总需求。增加个人所得税（主要是提高税率）可以使个人可支配收入减少，从而消费减少；增加公司所得税可以使公司收入减少，从而投资减少，它们也会抑制总需求。

20 世纪 50 年代，美国等西方国家就采取了这种“逆经济风向行事”的财政政策，其目的在于实现既无失业又无通货膨胀的经济稳定。20 世纪 60 年代以后，为了实现充分就业与经济增长，财政政策则以扩张性财政政策为基调，强调通过增加政府支出与减税来刺激经济。特别是在 1962 年，美国曾进行了全面的减税。个人所得税减少 20%，最高税率从 91%降至 65%，公司所得税税率从 52%降到 47%，还采取了加速折旧、投资减税优惠等变相的减税政策。这些措施对经济起到了有力的刺激作用，造成 60 年代美国经济的繁荣。20 世纪 70 年代之后，财政政策的运用中又强调了微观化，即对不同的部门与地区实行不同的征税方法、制定不同的税率、个别地调整征税范围，以及调整政府对不同部门与地区的拨款、支出政策，以求得经济的平衡发展。20 世纪 80 年代里根政府上台之后，制定了以供给学派理论为依据的经济政策，其中最主要的一项也是减税。但应该指出的是，供给学派的减税不同于凯恩斯主义的减税。凯恩斯主义的减税是为了刺激消费与投资，从而刺激总需求；而供给学派的减税是为了刺激储蓄与个人工作积极性，以刺激总供给。20世纪90年代克林顿总统执政后，又采用了增加税收的政策，以便利用国家力量刺激经济。

四、政府财政政策实施中的困难

政府在实施财政收入政策时，会遇到以下困难：(1) 减税容易，但增税会遭到选民的反对。(2) 萧条时期减税，达不到刺激需求的目的，人们会把少纳税的钱用于储蓄而不是消费或投资。(3) 财政收入政策的滞后性，从方案设计、立法机关通过到税务机关执行，有一个较长过程，到其发生作用时，情形已经改变。

政府在实施财政支出政策时，会遇到以下困难：(1) 减少政府购买（如减少军事订货、公共工程项目订货），会遭到大企业的反对。(2) 政府削减转移支付会遭到选民的反对。(3) 政府增加转移支付也会导致人们储蓄增加而消费、投资不变。(4) 政府兴办公共工程或基础设施而增加支出时，也会遭到大公司（私营公司）的指责和反对，这被认为是"与民争利"，干了不该由政府干的事情。(5) 政府支出对经济的影响也有一个时滞或作用过程，从决定建设公共工程，到开工兴建，并使之在经济中起到调节总需求的作用，需要一个过程，短期内不能见效，而一旦过程完成时，情况已经发生了变化。

五、赤字财政政策

按照凯恩斯主义经济学家的主张，为了克服萧条、消灭失业，政府必须减少税收、增加支出（双管齐下），或者只减少税收，或者只增加支出，其结果是出现财政赤字。

凯恩斯认为，财政政策应该为实现充分就业服务，因此必须放弃财政收支平衡的旧信条，实行赤字财政政策。20世纪60年代，美国的凯恩斯主义经济学家强调要把财政政策从害怕赤字的框框下解放出来，以充分就业为目标来制定财政预算，而不管是否有赤字。这样，赤字财政就成为财政政策的一项重要内容。

凯恩斯主义经济学家认为，赤字财政政策不仅是必要的，而且也是可能的。主要有三个原因：(1) 债务人是国家，债权人是公众。国家与公众的根本利益是一致的。政府的财政赤字是国家欠公众的债务，也就是自己欠自己的债务。(2) 政府的政权是稳定的，这就保证了债务的偿还是有保证的，不会引起信用危机。(3) 债务用于发展经济，使政府有能力偿还债务，弥补赤字。这就是一般所说的"公债哲学"。

政府实行赤字财政政策是通过发行公债来进行的。公债并不直接卖给公众或厂商，因为这样可能会减少公众与厂商的消费和投资，使赤字财政政策起不到应有的刺激经济的作用。公债由政府财政部门发行，卖给中央银行，中央银行向财政部门支付货币，财政部门就可以用这些货币来进行各项支出，刺激经济。中央银行购买的政府公债，可以作为发行货币的准备金，也可以在金融市场上卖出。

六、财政政策的挤出效应

挤出效应是指政府支出增加所引起的私人消费和投资降低的作用。具体讲，政府财政支出增加，引起利率上升，而利率上升会引起私人投资与消费减少。可用图 19—3 来说明财政政策的挤出效应。

图 19—3 是 $IS—LM$ 模型，当 IS 曲线为 IS_0 时，IS_0 与 LM 相交于点 E_0，决定了国民收入为 Y_0，利率为 i_0。政府支出增加，即自发总需求增加，IS 曲线从 IS_0 向右上方平行移动为 IS_1，IS_1 与 LM 相交于点 E_1，国民收入为 Y_1，利率为 i_1。在政府支出增加，从而国民收入增加的过程中，由于货币供给量没变（也就是 LM 曲线没有变动），而货币需求随国民收入的增加而增加，所以引起利率上升。这种利率上升就减少了私人的投资与消费，即一部分政府支出的增加，实际上只是对私人支出的替代，并没有起到增加国民收入的作用。这就是财政政策的挤出效应。从图 19—3 中还可以看出，如果利率仍为 i_0 不变，那么国民收入应该增加为 Y_2，Y_2-Y_1 就是由于挤出效应所减少的国民收入增加量。

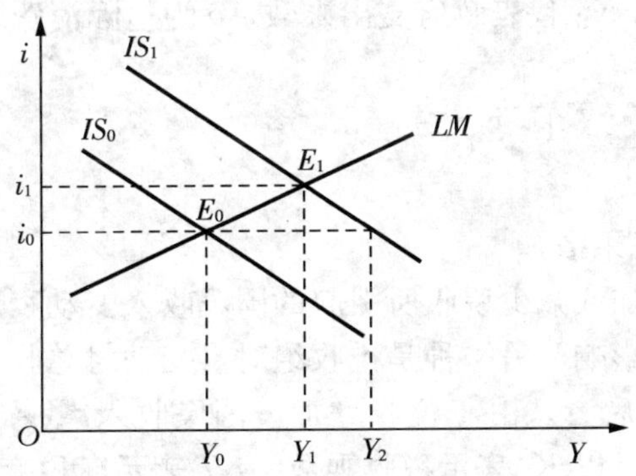

图 19—3　财政政策的挤出效应

财政政策挤出效应的大小取决于多种因素。在实现了充分就业的情况下，挤出效应最大，即挤出效应为 1，也就是政府支出的增加等于私人支出的减少，扩张性财政政策对经济没有任何刺激作用。在没有实现充分就业的情况下，挤出效应一般大于 0 而小于 1，其大小主要取决于政府支出增加所引起的利率上升的大小。利率上升得高，则挤出效应大，反之，利率上升得低，则挤出效应小。

主张国家干预的凯恩斯主义者认为，财政支出的挤出效应必须具体问题具体分析。(1) 在经济萧条时，有效需求不足，私人宁愿把货币保留在手中而不愿支出，或者商业银行的贷款根本贷不出去，这才需要政府支出去填补支出不足，这时不存在挤出效应的问题。只有在充分就业时，才存在挤出效应。(2) 影响私人投资的因素除了利率外还有预期收益率。如果财政支出增加能提高预期收益率，那么私人投资不仅不会被挤出，反而会增加。经济萧条时，私人投资者对利润前景缺乏信心，裹足不前，增加公共支出既能增加政府对私人的订货，又能增加消费者的收入，从而扩大市场需求。这样，私人投资者对市场前景也就增强了信心，投资需求将上升。(3) 财政支出上升，对利率的影响有两种情况。当货币供应量能随支出的增加而增加时，则利率不会上升，私人投资也不会减少；当货币供应量不变或少量增加时，则会出现利率上升的情况，但是如果利率上升相对于预期收益率的上升微不足道时（即私人投资因利率和预期收益率的同步变化而不受影响），挤出效应就不会发生。

七、财政政策乘数

财政支出和税收对国民收入的影响程度可用财政政策乘数来描述。就是说，财政收支对国民收入的影响具有乘数作用。或者说，由于经济中的连锁反应，因政府支出 G 和税收 T 引起的国民收入变动的幅度往往几倍于政府支出 G 和税收 T 变动的幅度。这种政府财政政策变动而引起的国民收入变动的倍数即被称为财政政策乘数（政府支出乘数、税收乘数、平衡预算乘数）。

（一）政府支出乘数

政府支出乘数是指政府支出所引起的国民收入增加倍数。在这里，可以把政府支出看成政府投资，即 $G=I$。以 K_G 代表政府支出乘数，b 为边际消费倾向，有：

$$K_G=\frac{\Delta Y}{\Delta G}=\frac{1}{1-\frac{\Delta C}{\Delta Y}}=\frac{1}{1-b}$$

（二）税收乘数（赋税乘数）

税收乘数是指政府增加或减少税收所引起的国民收入变动程度。税收乘数有两种：一种是税率变动对总收入的影响，另一种是税收绝对量变动对总收入的影响，即定量税对总收入的影响。这里只说明后者。由于税收增加，国民收入减少，税收减少，国民收入增加，所以税收乘数是负值。以 K_t 表示税收乘数，ΔT 表示赋税变动额，则有：

$$K_t=\frac{\Delta Y}{\Delta T}$$

又因为消费支出 C 可以看成投资，投资乘数 $K=\frac{\Delta Y}{\Delta I}=\frac{\Delta Y}{\Delta C}=\frac{1}{1-b}$，可得到：

$$\Delta Y=\frac{\Delta C}{1-b}$$

根据消费增量与税收增量的关系，征税变动后的消费变动额之绝对值应为征税变动额乘以边际消费倾向，即：

$$\Delta C=-b\cdot\Delta T$$

$$\Delta T=-\frac{\Delta C}{b}$$

这样 $K_t=\frac{\Delta Y}{\Delta T}=\frac{\Delta C}{1-b}\cdot\frac{-b}{\Delta C}=-\frac{b}{1-b}$

（三）平衡预算乘数

平衡预算乘数是指政府支出和税收的等量变动而引起的国民收入变动的倍数，一般表示为政府支出乘数和税收乘数之和。由于等量的政府支出和税收的变动不影响财政预算的平衡关系，这种乘数可以说明在不改变政府的预算盈余或赤字的情况下，变动政府支出和税收对国民收入的影响。

因为政府支出乘数 $K_G=\frac{1}{1-b}$，税收乘数 $K_t=-\frac{b}{1-b}$，所以有：

平衡预算乘数 $K_b=\frac{1}{1-b}+\left(-\frac{b}{1-b}\right)=\frac{1-b}{1-b}=1$

如果政府支出增加 400 亿元，同时税收也增加 400 亿元，均衡国民收入将增加 400 亿元，即如果政府支出和税收均按同等数额增加，由此引起的国民收入的增量等于政府支出（自发支出）的增量。平衡预算乘数说明，当经济萧条时，政府可以通过适当地增税来弥补等量的政府增支，这样既可以提高国民产出和就业水平，又可以避免财政赤字。经济萧条时，政府支出扩大多少，税收相应减少多少，要考虑政府支出乘数、税收乘数和平衡预算乘数。当经济膨胀，需要抑制通货膨胀时，政府支出减少和税收增加的程度也应根据 K_G、K_t、K_b 而定。

第二节　货币政策

一、货币供应量

货币政策又称金融政策。凯恩斯的宏观货币政策是指通过中央银行增加或减少货币供应量来影响利率，通过利率的升降来间接影响投资和消费，实现宏观政策目标。因此，货币政策的实施是通过货币供应量的变化来实现的。货币供应量有狭义与广义之分。狭义货币包括硬币、纸币、银行活期存款。其中银行活期存款比纸币和硬币更重要，因为大部分交易是用支票偿付的。广义货币是在狭义货币的基础上再加上定期存款。

（一）货币供应量的倍数增长

西方国家的银行体系由中央银行与商业银行构成，从而产生了银行体系创造货币的机制。

在货币政策调节经济的过程中，商业银行体系创造货币的机制是十分重要的。这一机制与法定准备金制度相关。

商业银行资金的主要来源是存款，为了应付存款客户随时取款的需要，确保银行的信誉与整个银行体系的稳定，银行不能把全部存款放出，必须保留一部分准备金。法定准备金率是中央银行以法律形式规定的商业银行在所吸收存款中必须保持的准备金的比例。商业银行在吸收存款后，必须按法定准备金率保留准备金，其余的部分才可以作为贷款放出。例如，如果法定准备金率为 20%，那么商业银行在吸收了 100 万元存款后，就要留 20 万元准备金，其余 80 万元方可作为贷款放出。

正如前面介绍的，在西方，商业银行的活期存款就是货币，它可以以支票形式在市场上流通。所以，活期存款的增加就是货币供给量的增加。

因为活期存款就是货币，所以客户在得到商业银行的贷款以后，一般并不取出现金，而是把所得到的贷款作为活期存款存入同自己有业务往来的商业银行，以便随时以支票形式使用。所以，银行贷款的增加又意味着活期存款的增加，货币供给量的增加。这样，商业银行的存款与贷款活动就会创造货币，在中央银行货币发行量并未增加的情况下，使流通中的货币量增加。而商业银行所创造货币的多少，取决于法定准备金率。我们可用一个实例来说明这一点。

假设法定准备金率为 20%，最初某商业银行（A）所吸收的存款为 100 万元，该商业银行可放款 80 万元，得到 80 万元贷款的客户把这笔贷款存入另一商业银行（B），该商业银行又可放款 64 万元，得到这 64 万元贷款的客户把这笔贷款存入另一商业银行（C），该商业银行又可放款 51.2 万元等，这样继续下去，整个商业银行体系可以增加 500 万元存款，即 100 万元的存款创造出了 500 万元的货币。

如果以 R 代表最初存款，D 代表存款总额即创造出的货币，r 代表法定准备率（$0<r<1$），则商业银行体系所能创造出的货币量为：

$$D=\frac{R}{r}$$

由这一公式可以看出，商业银行体系所能创造出来的货币量与法定准备金率成反比，与最初存款成正比。

（二）货币乘数

商业银行创造货币的机制说明了如果中央银行发行了 1 元钞票，但实际的货币增加量并不是 1 元，因为在这 1 元钞票被存入商业银行的情况下，还会创造出新的货币量。货币乘数就是中央银行发行的货币量所引起的实际货币供给量增加的倍数。中央银行发行的货币称为货币基础或高能货币，这种货币具有创造出更多货币量的能力，用 H 来代表。货币供给量，即增加 1 单位高能货币所增加的货币量，用 M 来代表，则货币乘数 K_m 的公式为：

$$K_m=\frac{M}{H}$$

假如中央银行发行了 1 单位高能货币 H，社会货币供给量 M 增加了 3 单位，则货币乘数 K_m 为 3。同理，根据已知的中央银行发行的高能货币量与货币乘数也可以计算出货币供给量会增加多少。

二、凯恩斯主义的货币政策

当货币供应量发生变化时，利率也会发生相应的变化，这样就可以通过利率变动影响需求，进而调节经济。但是，通过货币供应量调节利率，要以债券是货币的唯一替代物的假定为条件：如果货币供给量增加，人们就要以货币购买债券，债券的价格就会上升；反之，如果货币供给量减少，人们就要抛出债券以换取货币，债券的价格就会下降。其公式为：

$$债券价格=\frac{债券收益}{利率}$$

根据上述公式，债券价格与债券收益成正比，与利率的高低成反比。因此，货币量增加，债券价格上升，利率就会下降；反之，货币量减少，债券价格下降，利率就会上升。如果没有人们以债券和货币形式保持财富的假定，比如人们货币多了，倾向于购买房屋、珠宝、藏品、股票、保险、耐用品等，那么货币政策的效力将大打折扣。

凯恩斯主义的货币政策工具主要包括：公开市场业务、贴现政策和准备金率政策。

(1) 公开市场业务就是中央银行在金融市场上买进或卖出有价证券。其中主要有国库券、其他联邦政府债券、联邦机构债券和银行承兑汇票。买进或卖出有价证券是为了调节货币供给量。买进有价证券实际上就是发行货币，从而增加货币供给量；卖出有价证券实际上就是回笼货币，从而减少货币供给量。公开市场业务是一种灵活而有效地调节货币量，进而影响利率的工具。因此，它是最重要的货币政策工具。

(2) 贴现是商业银行从中央银行贷款的方式。当商业银行资金不足时，可以用客户借款时提供的票据到中央银行要求再贴现，或者以政府债券或中央银行同意接受的其他“合格的证券”作为担保来贷款。再贴现与抵押贷款都称为贴现，目前以后一种方式为主。贴现的期限一般较短，为一天到两周。商业银行向中央银行进行这种贴现时所付的利率就称为贴现率。贴现政策包括变动贴现率与贴现条件，其中最主要的是变动贴现率。中央银行降低贴现率或放松贴现条件，使商业银行得到更多的资金，这样就可以增加它对客户的放款，放款的增加又可以通过银行创造货币的机制增加流通中的货币供给量，降低利率。相反，中央银行提高贴现率或严格贴现条件，使商业银行资金短缺，这样其就不得不减少对客户的放款或收回贷款，贷款的减少也可以通过银行创造货币的机制减少流通中的货币供给量，提高利率。此外，贴现率作为官方利率，它的变动也会影响到一般利率水平，使一般利率与之同方向变动。

(3) 准备金率是商业银行吸收的存款中用作准备金的比率，准备金包括库存现金和在中央银行的存款。中央银行变动准备金率则可以通过对准备金的影响来调节货币供给量。假定商业银行的准备金率正好达到了法定要求，这时中央银行降低准备金率就会使商业银行产生超额准备金，这部分超额准备金可以作为贷款放出，从而又通过银行创造货币的机制增加货币供给量，降低利率。相反，中央银行提高准备金率就会使商业银行原有的准备金低于法定要求，于是商业银行不得不收回贷款，从而又通过银行创造货币的机制减少货币供给量，提高利率。

除此之外，货币政策工具还有道义劝告（中央银行对商业银行的业务指导）、垫头规定、利率上限、控制分期付款与抵押贷款条件等。

货币政策工具的运用主要通过中央银行进行，针对不同经济状况，中央银行分别采取紧缩性或扩张性的货币政策。

在经济繁荣时期，总需求大于总供给，为了抑制总需求，就要运用紧缩性货币政策。其中包括在公开市场上卖出有价证券，提高贴现率并严格贴现条件，提高准备金率等。这些政策可以减少货币供给量，提高利率，抑制总需求。

在经济萧条时期，总需求小于总供给，为了刺激总需求，就要运用扩张性货币政策。其中包括在公开市场上买进有价证券，降低贴现率并放松贴现条件，降低准备金率等。这些政策可以增加货币供给量，降低利率，刺激总需求。

凯恩斯主义者承认，货币政策在实施中也会遇到困难。例如，经济萧条时期，商业银行要考虑放款风险，尽管贷款需求因利率变化出现回升，但商业银行仍会惜贷；经济萧条时期，因为企业预期利润率较低，尽管利率较低，企业也不愿意向银行贷款。在通货膨胀期间，尽管中央银行采取措施来提高利率，但企业感到这时借款有利可图，仍继续借款，置较高的利率于不顾。

三、货币主义的政策主张

货币主义的代表人物是米尔顿·弗里德曼，他们反对凯恩斯主义的干预政策，主张把市场从政府干预中解脱出来。弗里德曼提出自然失业率的概念，认为适当的失业是可以忍受的，是市场经济的正常现象，政府没必要想尽办法来减少失业。政府干预只会导致极其有害的通货膨胀，政府在失业与通货膨胀左右为难的政策选择中，破坏了市场功能，因而他主张货币供应量的变化应遵循"单一规则"。货币主义的政策主张对1979年以来的英国撒切尔政府和美国里根政府的经济政策有很大影响。

货币主义的货币政策在传递机制上与凯恩斯主义的货币政策不同。货币主义的基础理论是现代货币数量论，即认为影响国民收入与价格水平的不是利率而是货币量。货币量直接影响国民收入与价格水平这一机制的前提是：人们的财富具有多种形式，如货币、债券、股票、住宅、珠宝、耐用消费品等。这样，人们在保存财富时就不仅是在货币与债券中作出选择，而是在这各种财富的形式中进行选择。在这一假设之下，货币供给量的变动主要并不是影响利率，而是影响各种形式资产的相对价格。在货币供给量增加后，各种资产的价格上升，从而直接刺激生产，在短期内使国民收入增加，长期内则只会使整个价格水平上升。

货币主义者反对把利率作为货币政策的目标。因为货币供给量的增加只会在短期内降低利率，而其主要影响还是提高利率。这主要在于，货币供给量的增加使总需求增加，总需求增加一方面增加了货币需求量，另一方面提高了物价水平，实际货币供应量减少了，结果利率提高了。另外，货币供应量增加，会提高人们的通货膨胀预期，从而也提高了名义利率。

第三节　经济中的自动稳定因素

一、财政制度中的自动稳定器

某些财政政策由于其本身的特点，具有自动调节经济、使经济趋于稳定的机制，这些政策被称为内在稳定器，或者自动稳定器。具有内在稳定器作用的财政政策，主要有个人所得税、公司所得税，以及各种转移支付。个人所得税与公司所得税有其固定的起征点和税率。当经济萧条时，由于收入减少，税收也会自动减少，从而抑制了消费与投资的减少，有助于减轻萧条的程度。当经济繁荣时，由于收入增加，税收也会自动增加，从而就抑制了消费与投资的增加，有助于减轻由于需求过大而引起的通货膨胀。失业补助与其他福利支出等这类转移支付，有其固定的发放标准。当经济萧条时，由于失业人数和需要其他补助的人数增加，这类转移支付会自动增加，从而抑制了消费与投资的减少，有助于减轻经济萧条的程度。当经济繁荣时，由于失业人数和需要其他补助的人数减少，这类转移支付会自动减少，从而抑制了消费与投资的增加，有助于减轻由于需求过大而引起的通货膨胀。

这种内在稳定器自动地调节经济，无需政府作出任何决策，但是这种内在稳定器调节经济的作用是十分有限的。它只能减轻萧条或通货膨胀的程度，并不能改变萧条或通货膨胀的总趋势；只能对财政政策起到自动配合的作用，并不能代替财政政策。因此，尽管某些财政政策具有内在稳定器的作用，但仍需要政府有意识地运用财政政策来调节经济。

二、农产品价格维持制度

农产品价格维持制度是指政府为调动农场主积极性就某些农产品采取的支持价格政策，或允许农场主以农产品作为抵押，从有关的信用部门取得贷款。实行这一制度，在经济萧条时农场主能从政府那里得到补贴，以弥补农产品价格下降造成的损失；在通货膨胀时期，农产品价格上升，政府可以抛出手中的农产品，从而抑制农产品价格的攀升。

三、调节通货膨胀的自动因素

（一）凯恩斯效应（利率效应）

根据凯恩斯的灵活偏好规律，对货币的需求由日常交易需求、预防需求、投机需求三部分组成。假定货币供应量不变，当出现通货膨胀时，必将增加货币的日常需求而减少货币的投机需求。因为投机需求与利率存在反向变化关系，即投机用的货币减少，利率将上升，投资需求因此下降，总需求下降，这就抑制了通货膨胀。相反，当物价下降而货币供应量不变时，日常交易用的货币减少了，投机用的货币增加了，利率就会随之下降，利率下降，投资增加，总需求扩大，会阻止物价下跌。

（二）庇古效应（实际货币余额效应）

按照庇古的观点，通货膨胀发生后，实际货币（人们手中名义货币的实际购买力）余额少了，货币持有人财富减少，于是人们将减少消费，消费需求减少，总需求下降，从而通货膨胀得到抑制。反之，物价下降，实际货币上升，人们将增加消费，需求扩大，这会阻止物价继续下跌。

（三）累进所得税效应

通货膨胀时，人们收入（名义货币收入）增加，较多的人进入较高的纳税等级或达到纳税起征点，纳税的人多了，投资和消费需求受到抑制，这会遏制通货膨胀的加剧；反之，物价下跌后，人们收入下降，有些人将远离纳税起征点或降到税率较低的等级，纳税下降，收入增加，消费和投资增加，总需求上升，阻碍物价进一步下降。

第四节　财政政策与货币政策的配合——相机抉择

一、相机抉择

相机抉择是指政府在进行需求管理时，可以根据市场情况和各项调节措施的特点，机动地决定和选择哪一种或哪几种措施。

财政政策措施与货币政策措施的特点是不同的。财政政策措施较直接，而货币政策措施较间接（通过利率起作用），在猛烈程度、时延、影响范围、实施阻力等方面各项措施都不一样。(1) 猛烈程度。例如，政府支出的增加与法定准备金率的调整作用都比较猛烈；税收政策与公开市场业务的作用都比较缓慢。(2) 时延程度。例如，货币政策可以由中央银行决定，发生作用要快一些；财政政策从提案到议会讨论、通过，要经过一段相当长的时间。(3) 影响范围。例如，政府支出政策的影响面就大一些，公开市场业务的影响面则小一些。(4) 政策阻力。例如，增税与减少政府支出遇到的的阻力较大，而货币政策一般说来遇到的阻力较小。因此，在需要进行调节时，究竟应采取哪一项政策，或者如何对不同的政策手段进行搭配使用，并没有一个固定不变的程式，政府应根据不同的情况，灵活地决定。

这种政策配合的要点在于要根据不同的经济形势采取不同的政策，例如，在经济发生严重的衰退时，就不能运用作用缓慢的政策，而要运用作用较猛烈的政策，如紧急增加政府支出或举办公共工程；相反，当经济刚开始出现衰退的苗头时，不能采用作用猛烈的政策，而要采用一些作用迟缓的政策，例如有计划地在金融市场上收购债券以便缓慢地增加货币供给量，降低利率。

相机抉择的实质是灵活地运用各种政策，所包括的范围相当广泛。例如，在什么情况下不必采用政策措施，可以依靠经济机制自发地调节；什么情况下必须采用政策措施等。这些都属于运用政策的技巧。

二、菲利普斯曲线及临界点

菲利普斯曲线表示通货膨胀率（以 $\Delta P/P$ 表示）与失业率（以 u 表示）此消彼长，即失业率高，通货膨胀率就低；反之，失业率较低，通货膨胀率就较高。

在进行政策选择时，菲利普斯曲线提供了一个理论依据。也就是说，政府可以根据政策目标（失业率与通货膨胀率的不同组合）来决定采取不同的财政政策和货币政策。

在利用菲利普斯曲线来确定政策时，政策目标的选择也不是没有限制的，一个国家或政府不能任意选择通货膨胀率与失业率的组合，如图 19—4 所示，政府不能选择点 a 或点 c。因为在点 a，虽然失业率较低，但其通货膨胀率社会不能接受，这时应采取紧缩性财政政策和货币政策；在点 c，虽然通货膨胀率较低，但其失业率社会不能接受，于是需要采取扩张性财政政策与货币政策，降低失业率。

临界点是指对于失业率和通货膨胀率的“社会可以接受程度”，即图 19—4 中的阴影

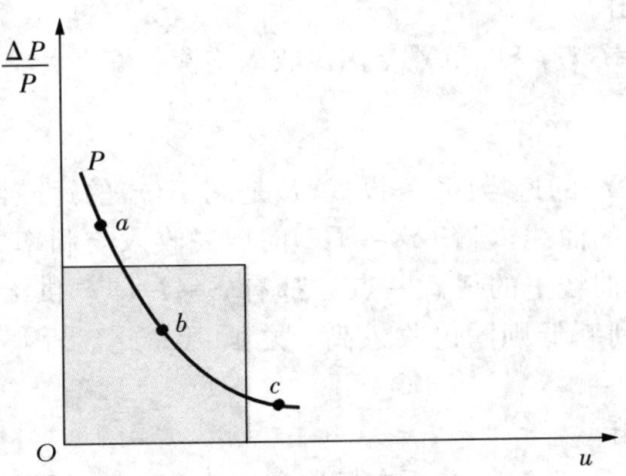

图 19—4　菲利普斯曲线及临界点

部分。如果失业率和通货膨胀率在阴影区域，表明此时是社会可以接受的，政府没有必要进行调节和干预，只有当失业率与通货膨胀率超出阴影区域，政府才有必要采取政策措施加以调节。

临界点在不同的国家和地区是不同的。20 世纪 60 年代以后，菲利普斯曲线不断向右上方移动，这使得临界点也得到提高。如图 19—5 所示，当菲利普斯曲线由 L 变为 M 后，M 不通过有阴影的部分，即不在临界点区域内，这时无论采取什么样的财政和货币政策措施，都不能把通货膨胀率和失业率降低到临界点之内（阴影区域）。因此，旧的临界点就被新的临界点代替。

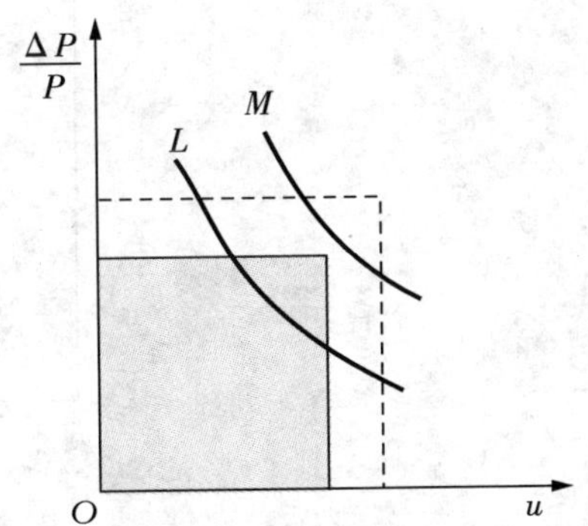

图 19—5　菲利普斯曲线的恶化与临界点的移动

三、*IS—LM* 分析

IS—LM 模型是说明产品市场和货币市场同时均衡时国民收入与利率决定的模型。在 *IS—LM* 模型中，可以显示储蓄（S）、投资（I）、货币需求（L）与货币供给（M）如何影响国民收入和利率（Y 和 i），利用 *IS—LM* 模型还可以分析财政政策和货币政策。所以，*IS—LM* 模型是宏观经济分析的核心。

（一）IS 曲线的导出

根据 $C=C(Y)$，$I=I(i)$，$S=S(Y)$，国民收入均衡条件 $S=I$，可以得出：

$$S(Y)=I(i)$$

即储蓄(S)是国民收入(Y)的递增函数，投资(I)是利率(r)的递减函数。IS 曲线是描述商品（产品）市场达到均衡的曲线，当 $S(Y)=I(i)$时国民收入与利率之间存在着反方向变动关系（见图 19—6）。IS 曲线上的任意一点处都有 $S=I$，即总供给与总需求相等，这表明利率高则国民收入低，利率低则国民收入高。之所以如此，是因为利率与投资呈反方向变动。

（二）LM 曲线的导出

根据 $L_1=L_1(Y)$，$L_2=L_2(i)$，货币市场均衡条件 $M=L$，可以得出：

$$M=L_1(Y)+L_2(i)$$

也就是说，当货币供给(M)不变时，由于 L_1（对货币的交易需求和预防需求）与国民收入同方向变动（递增函数），L_2（对货币的投机需求）与利率(i)呈反方向变动（递减函数）。L_1 上升（因国民收入 Y 上升），M 既定，为了使 $M=L$ 成立，货币的投机需求 L_2 必须减少。L_2 的减少是利率上升的结果，L_1 的增加是国民收入增加的结果。因此，当货币市场实现均衡时，国民收入与利率之间必然是同方向变动的关系，即 $M=L_1(Y)+L_2(i)$，i 上升，L_2 下降，L_1 上升，Y 上升，也就是当 M 不变且 $M=L$ 时，i 上升，Y 上升。如图 19—7 所示，LM 曲线表示曲线上的任意一点都有 $M=L=L_1(Y)+L_2(i)$。

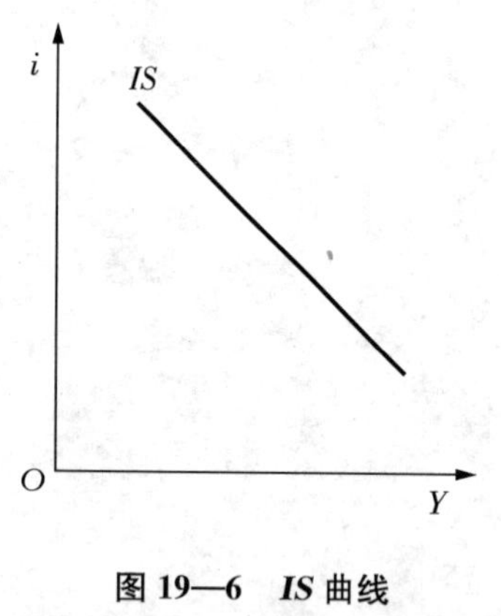

图 19—6　IS 曲线

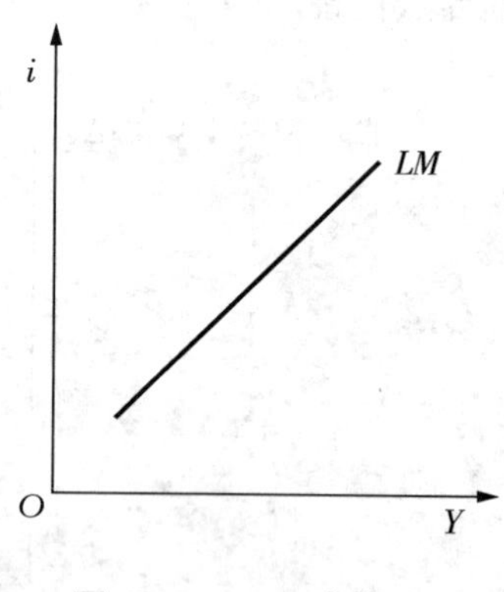

图 19—7　LM 曲线

（三）IS—LM 模型及运用

把 IS 曲线与 LM 曲线放在一个坐标系中就可以得出两个市场（商品市场和货币市场）均衡时，国民收入和利率的决定。如图 19—8 所示，两条曲线相交于点 E，点 E 是两个市场同时均衡时的点，此时 $I=S=L=M$，这决定了均衡的利率水平为 i_E，均衡的国民收入为 Y_E。而在点 E 以外，则不能实现两个市场的均衡。

总需求（自发总需求 I）的变动引起利率和国民收入的同方向移动，如图 19—9 所示；货币量的变动引起 LM 曲线的移动，从而引起利率反方向移动，引起国民收入同方向移动，如图 19—10 所示。

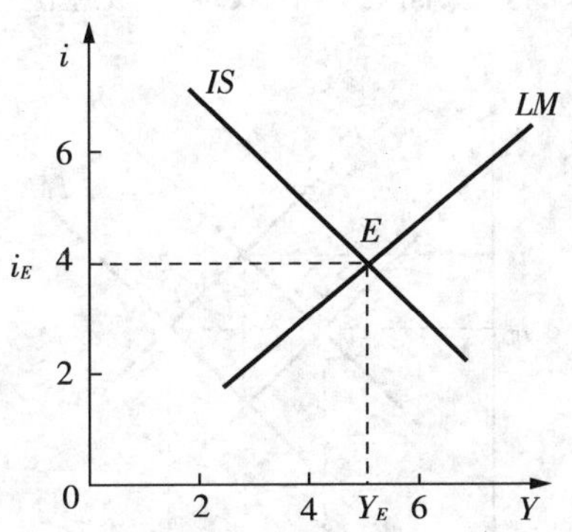

图 19—8　两个市场的均衡

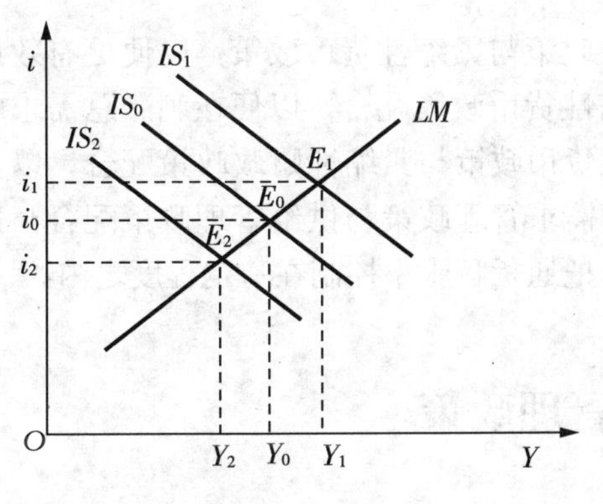

图 19—9　*IS* 曲线的移动

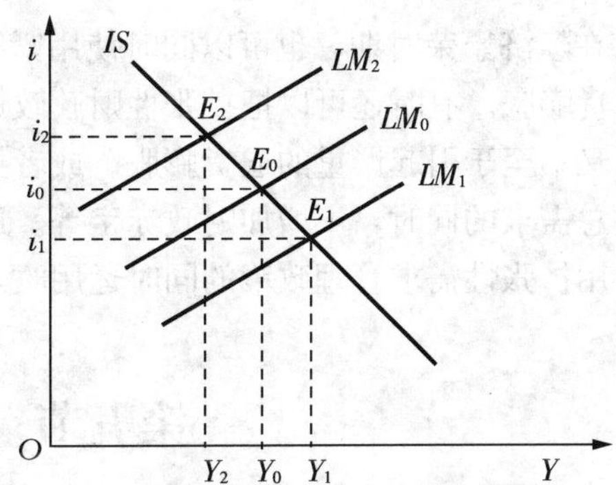

图 19—10　*LM* 曲线的移动

实际的均衡国民收入是由 *LM* 曲线和 *IS* 曲线共同（交点）决定的，所以实际收入的变化比单独考察 *IS* 曲线或 *LM* 曲线移动所引起的收入变化要小。这是因为当 *IS* 曲线单独移动时，需求增加，收入会增加，对货币的需求增加，而货币供给不变，利率会上升，抑制了投资，需求的增加使收入上升的同时又抵消了一部分收入上升（挤出效应），所以收入增加的幅度要小于单独考察 *IS* 曲线中收入增加的幅度；当 *IS* 曲线不变时，*LM* 曲线右移，货币增加，利率下降，投资和收入增加，利率下降，又使货币的需求上升，从而抵消一部分货币供给的增加，也抵消了一部分收入的增加。所以，在两个市场模型中，任何一个市场的变动都会引起另一个市场发生变化，并使收入的变化相对地减弱。

（四）财政政策与货币政策的配合

在图 19—11 中，IS_0 与 LM_0 相交于点 E_0，决定了国民收入为 Y_0，利率为 i_0。实行扩张性财政政策，*IS* 曲线从 IS_0 移动到 IS_1。IS_1 与 LM_0 相交于点 E_1，决定了国民收入为 Y_1，利率为 i_1。这说明实行扩张性财政政策使国民收入增加，利率上升，而利率的上升产生挤出效应，不利于国民收入的进一步增加。这时，再配合以扩张性货币政策，即增加货币量使 *LM* 曲线从 LM_0 移动到 LM_1。LM_1 与 IS_1 相交于点 E_2，决定了国民收入为 Y_2，利率为 i_0。这说明，将扩张性货币政策与扩张性财政政策配合时，可以不使利率上升，而又使国民收入有较大幅度的增加，从而可以有效地刺激经济。

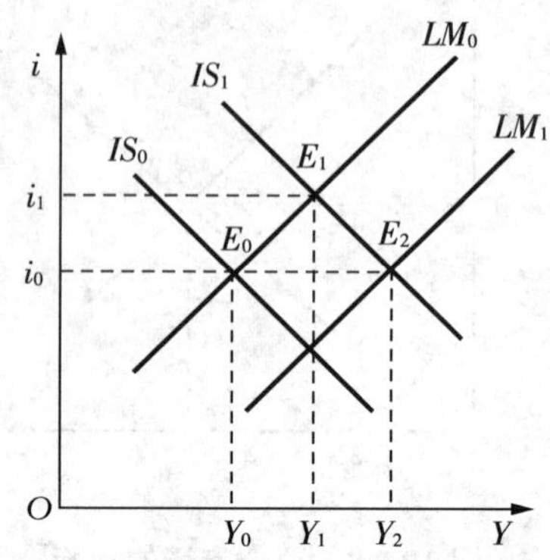

图 19—11　财政政策与货币政策的配合

在经济繁荣时期，也可以同时使用紧缩性财政政策与紧缩性货币政策，以便更有效地制止通货膨胀。有时还可以把扩张性财政政策与紧缩性货币政策配合，以便在刺激总需求的同时，又不至于引起严重的通货膨胀。或者把扩张性货币政策与紧缩性财政政策配合，以便在刺激总需求的同时，不增加财政赤字等。还可以把需求管理政策与供给管理政策配合，例如在运用扩张性需求管理政策的同时运用收入政策，把通货膨胀率控制在一定程度之内。

第五节　供给管理政策

一、税收政策

减税能给劳动和资本的投入带来影响。拉弗（Laffer）等经济学家还指出，税收不但影响劳动供给，还影响对劳动的需求。提高税率（工薪税）会提高人工成本，从而减少企业对劳动的需求；反之，降低工薪税则会增加企业对劳动的需求。

许多经济学家担心减税会减少政府的财政收入，从而削弱政府调控经济的能力。但拉弗认为，减税不一定减少财政收入。如图 19—12 所示，纵横坐标分别代表政府财政收入总额和税率。显然，当税率为 0 时，财政收入为 0。当税率为 100%时，财政收入仍然为 0。拉弗曲线说明，税率高而政府财政收入不一定高，只有当税率为 t_0 时，政府财政收入最高。税率特别是边际税率已经超过 t_0 时，减税不但不会减少政府财政收入，反而可以由于征税和税基面有较大幅度的扩大而提高政府收入。

减税对供求的影响，在西方经济学中存在争论，但大多数西方经济学家认为，至少在短期内，减税对供给和需求都有影响，只不过对需求的影响更明显一些（见图 19—13）。

开始时需求曲线和供给曲线为 AD_0 和 AS_0，价格水平为 P_0，国民收入为 Y_0。减税后，总需求增加为 AD_1，总供给增加为 AS_1，总需求增加到 AD_1 使价格水平上升，国民收入也相应增加；而总供给增加会降低价格水平，国民收入也提高。并且总需求曲线移动的幅度大于总供给曲线移动的幅度。所以，减税会起到增加国民收入、提高价格的作用。

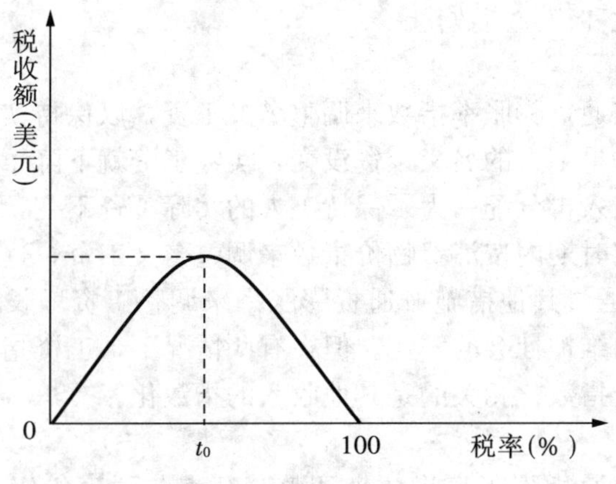

图 19—12　拉弗曲线

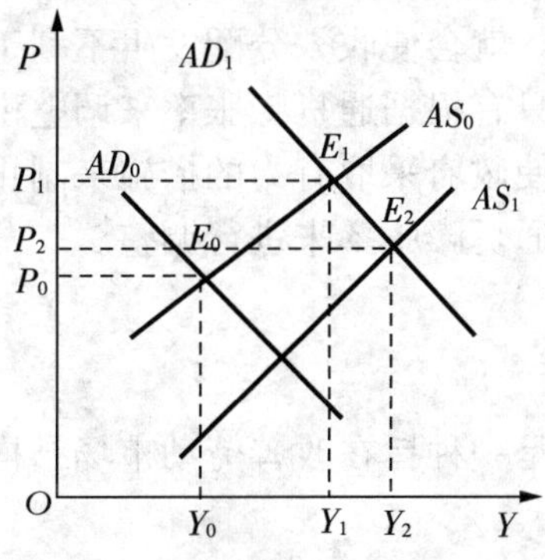

图 19—13　减税的影响

二、收入政策

收入政策主要是通过控制工资与物价来抑制通货膨胀的政策。该政策的出发点是认为通货膨胀是由成本（工资）推动引起的。收入政策把工资与物价的调控作为对象，其办法有两种。(1) 工资—物价冻结。冻结时间长则一年半载，短则三个月。经济学家认为，冻结工资—物价，短期或特殊时期可用，长期中有害无益。(2) 工资与物价指导线。政府规定工资增长率，要求企业、工会根据工资指导线确定工资增长率。企业要根据政府规定的工资、物价上涨的上限确定工人工资和产品涨价幅度，不执行者将受到惩罚（课以重税或法律惩治）。

三、指数化

通货膨胀会引起收入分配的变动，使一些人受害，另一些人受益，从而对经济产生不利的影响。指数化就是为了消除这种不利影响，以对付通货膨胀的政策。它的具体作法是定期地根据通货膨胀率来调整各种收入的名义价值，以使其实际价值保持不变。主要的指数化措施有工资指数化和税收指数化。

（一）工资指数化

工资指数化是指按通货膨胀率指数来调整名义工资，以保持实际工资水平不变。在经济发生通货膨胀时，如果工人的名义工资没变，实际工资就下降了。这就会引起有利于资本家而不利于工人的收入再分配。为了保持工人的实际工资不变，在工资合同中就要确定有关条款，规定在一定时期内按消费物价指数来调整名义工资，这项规定称为“自动调整条款”。此外，也可以通过其他措施按通货膨胀率来调整工资增长率。工资指数化可以使实际工资不下降，从而维护社会的安定。但在有些情况下，工资指数化也引起工资成本推动的通货膨胀。与工资指数化相关的是其他收入的指数化。

（二）税收指数化

税收指数化是指按通货膨胀率指数来调整起征点与税率等级。当经济发生通货膨胀时，实际收入不变而名义收入增加了。这样，纳税的起征点实际降低了。在累进税制下，纳税者名义收入的提高使原来的实际收入进入了更高的税率等级，从而使缴纳的实际税金增加。如果不实行税收指数化，就会使收入分配发生不利于公众而有利于政府的变化，成为政府加剧通货膨胀的动力。只有根据通货膨胀率来调整税收，即提高起征点并调整税率等级，才能避免不利的影响，使政府采取有力的措施来制止通货膨胀。

此外，利率等也应该根据通货膨胀率来进行调整。

四、人力政策或就业政策

人力政策又称就业政策，是一种旨在改善劳动市场结构，以减少失业的政策。

（一）人力资本投资

人力资本投资是指由政府或有关机构向劳动者投资，以提高劳动者的文化技术水平与身体素质，适应劳动力市场的需求。从长期来看，人力资本投资的主要内容是增加教育投资，普及教育。从短期来看，是对工人进行在职培训，或者对由于不适应技术而失业的工人进行培训，增强其就业能力。

（二）完善劳动市场

失业产生的一个重要原因是劳动市场的不完善，如劳动供求信息的不畅通、就业介绍机构的缺乏等。因此，政府应该不断完善和增加各类就业介绍机构，为劳动供求双方提供迅速、准确而完全的信息，使工人找到满意的工作，企业也能得到所需要的工人。这无疑会有效地减少失业，尤其是降低自然失业率。

（三）协助工人进行流动

劳动者在地区、行业和部门之间的流动，有利于劳动的合理配置与劳动者人尽其才，也能减少由于劳动力的地区结构和劳动力的流动困难等原因而造成的失业。对工人流动的协助包括提供充分的信息，以及必要的物质帮助与鼓励。

五、贸易政策和汇率政策

（一）保护贸易政策

保护贸易政策有三种：（1）关税保护；（2）进口限额和出口补贴；（3）进口特许。这几种方式都会起到保护本国产业的作用，有的措施是降低了国内市场产品的供给总量从而提高了国内产品的价格，尤其是提高了进口产品的价格，使其缺乏竞争力（如关税方式）；有的措施直接限制国外产品的进口量，同样达到了提高进口产品价格的目的（如进口限额）；而进口特许则直接降低国内对进口品的需求。

保护主义的副作用是显而易见的：(1) 使国内产品价格高于国外产品；(2) 国内消费者对同样产品要支付较高的货币量，因此会减少消费量，减少消费者剩余；(3) 长期内使国内企业越来越依赖于保护政策，丧失国际竞争力。但是也有的经济学家认为，保护政策可以改变一国的贸易条件，使国内生产者和消费者从中获益（如石油输出国组织从石油涨价中得到的巨额石油美元）；保护政策可以保护"幼稚工业"；还能减少失业，实现非经济目标等。

（二）汇率贬值政策

本国货币贬值会降低出口产品的相对价格，扩大出口，减少进口。贬值的益处通过一定时间才能显露出来。因为汇率贬值后，绝大部分贸易按原来签订的合同交易，在按新汇率结算时，会使以本币计算的出口商品收汇减少，而以外汇支付的进口商品的数额却不变，因此在短期内使国际收支状况恶化。只有过一段时间后，随着出口增加，进口减少，对经济才会有有利的影响。例如，从 1976 年底到 1978 年底，美元汇率平均下跌 15%，但贸易赤字却从 1976 年第四季度的 30 亿美元增加到 1978 年第一季度的 110 亿美元，到 1978 年第四季度才下跌至 60 亿美元。

（三）汇率管制政策

在浮动汇率下，政府要运用买卖外汇的方法对汇率进行干预，避免汇率的大幅度波动。这是因为汇率的波动影响人们对未来的预期，使人们对经济持悲观态度，从而影响经济的稳定性。特别是汇率的过分贬值还会使国内通货膨胀加剧，不利于物价稳定的目标。有时为了经济与非经济目标，也需要通过干预，维持较低或较高的汇率。

【思考题】

1. "即使政府花费大量资金用在浪费性的挖沟、填沟工程上，在经济萧条时，这一行动也有助于创造就业和价值数倍于投入的新的有用产品。"对此议论，你有何看法？

2. 描述政府开支和税收对国民生产总值的影响。

3. 财政政策的四种工具：公共工程、公共就业项目、转移支付方案和税率。请比较它们的优缺点。

4. 假设所有银行都保持 100% 的准备金，它们会创造货币吗？法定准备金起什么作用？

5. 描述中央银行在公开市场上购买 10 亿元债券的后果，以及在公开市场卖出 10 亿元债券的后果。

6. 比较法定准备金率变化和公开市场业务的变化，哪一种方法对银行利率影响大？

7. 讨论并思索下列一段话："中央银行准备金制度能够保证银行具有足够的准备金以便商业、工业和农业能够按照低利率得到货币，但是无法让人们去借款，也无法促使公众花掉由于银行进行贷款和投资而产生的存款。”

8. 假若在经济繁荣时期印刷并花掉100亿美元新钞票，物价会出现什么情况？那么，粗略的货币数量论（$MV=PT$）有一些道理吗？在经济萧条时期，假如M增加1%，那么物价可能出现什么变化？

（说明：粗略货币数量论认为，通常$P=\frac{MV}{T}=M\cdot\frac{V}{T}$中的$\frac{V}{T}$是不变的或变动缓慢。这样，政府使$M$增长100倍，物价$P$就会上升100倍。）

9. “当实际GNP增长3%而价格水平上升7%的时候，如果V是常数，M必然增加10%左右。”请说明这一情况。

（说明：$V=\frac{\text{GNP}}{M}=\frac{PT}{M}$。式中，$P$代表价格水平；$T$代表实际的GNP；$V$为货币流通速度；$M$为货币数量。）

第二十章

国际贸易和国际收支

开放经济中的宏观经济运行与调节特征是本章要解决的问题。

第一节　开放经济中的国民收入均衡

一、收入均衡公式

在简单的开放经济条件下：

总需求＝消费＋投资＋政府支出＋出口

$=C+I+G+X$

总供给＝消费＋储蓄＋税收＋进口

$=C+S+T+M$

总供给＝总需求

$C+S+T+M=C+I+G+X$

如果假定政府收支相等，且去掉消费一项，则：

$S+M=I+X$

$S-I=X-M$

式中，$S-I$ 为储蓄投资差额；$X-M$ 为进出口差额。

这两个差额中，任何一个差额都可以通过调整另外一个差额来加以变化。或者增加出口，或者减少进口；或者减少储蓄，或者增加投资，都达到国民收入均衡。

利用 $S-I=X-M$ 可以说明本国储蓄、国内投资、资本输入（输出）的关系。

以 I_f 表示国外净投资（本国对外国投资与外国对本国投资之差），国外净投资应恒等于净出口，即 $I_f=X-M$。因为当 $X-M>0$ 时，盈余以外汇、国外股票、国外债券、国外古董等资产形式存在，即国外净投资为正，$I_f>0$；当 $X-M<0$ 时，贸易赤字以外国收

入购买本国股票、本国债券、本币和本国企业资产的形式存在，即国外净投资为负，$I_f<0$。所以有：

$$X-M=I_f$$

因此有：

$$S-I=X-M$$

$$S-I=I_f$$

移项得：

$$S=I+I_f$$

公式 $S=I+I_f$ 的经济意义是：本国储蓄有两种用法，一是国内投资，二是国外投资。该公式也可以解释为：

当 $S-I>0$ 时，I_f 为正，盈余和官方储备增加，国外净投资上升或国内对国外投资增加；

当 $S-I<0$ 时，I_f 为负，盈余和官方储备减少，国内对国外投资下降，国外对国内投资增加。

我们还可以利用 $X-M=I_f$ 分析一国经常项目与资本项目之间的关系。当一国有贸易顺差（$X-M>0$，$I_f>0$）时，该国就是资本的输出国；当一国贸易出现逆差（$X-M<0$，$I_f<0$）时，该国就是资本的输入国。

二、汇率与收入均衡

进出口的变动（假定其他条件不变）涉及汇率问题。汇率是指一国货币单位同他国货币单位的兑换比率。在开放经济中，为了保持收入均衡，必须使汇率接近于货币价值。因为在生产能力、消费者偏好和收入既定的条件下，如果汇率高于货币价值，即货币升值，将使进口增加，出口减少，收入均衡受到破坏；如果汇率低于货币价值，即货币贬值，出口上升，进口减少，收入均衡同样受到破坏。

汇率的变动主要由货币购买力水平、国际收支状况、通货膨胀、利率、经济增长率、财政赤字及外汇储备等因素决定。这些因素不同程度地影响对外汇的需求和供给。图 20—1 中，r 代表汇率（即以本国货币表示的外币的价格）；D、S 分别代表对外汇的需求和供给；Q 代表外汇数量。外汇供求相互作用决定的均衡汇率为 r_0，Q_0 为均衡外汇数量。

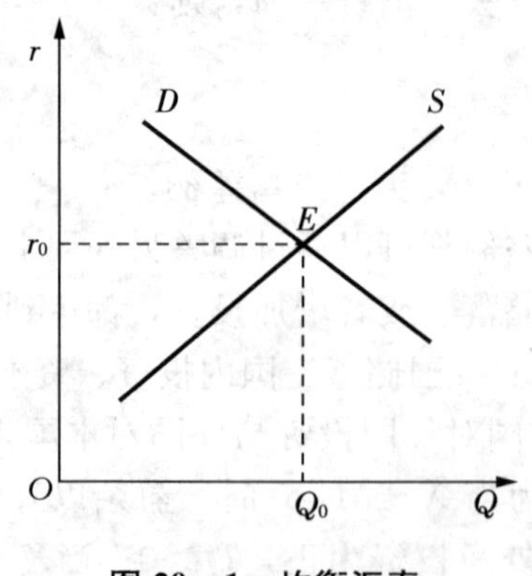

图 20—1　均衡汇率

三、传递对国民收入均衡的冲击

传递是指一个国家的国民收入不均衡（失业、通货膨胀、“滞胀”等）如何对其他国家发生影响，以至于影响其他国家的国民收入均衡。

（1）通过国际贸易渠道的传递过程是：世界市场价格波动→国内开放部门价格变动→国内非开放部门价格变动；国内价格波动→产量与就业变动。

（2）通过国际资本流动渠道的传递。例如，某国出现资本过剩或资本严重缺乏，国内利率大幅度下降或上升，引起本国资本的流出或者国际资本的流入，导致国际金融市场的利率大幅度波动。这又进一步引起国际资本的流动，并对其他国家的利率发生影响。如果一国经济严重衰退将迫使它从国外抽回资金，并停止向国外供给信贷，从而引起其他国家的企业发生支付困难，导致其他国家金融市场的混乱；或者一国经济衰退时，无法偿还到期的外债，使国外的债权人受损，从而引起国际金融市场混乱。

（3）通过利率和汇率方式的传递。假如，美国国内投资债券收益率为11%，其他国家则低于10%，许多国家的投资者会把手中的本国货币换成美元，所有人都竞相购买美元，美元升值；在美国，进口货价格便宜，出口产品价格上升，出口小于进口，就业机会下降。由于进口货便宜，许多人会购买进口货，国内通货膨胀率会下降，但国内生产会下降，就业机会减少。这时，美国为了避免国外资本流入过多，将会扩大信贷，增加货币流通量，使国内通货膨胀率上升，降低债券投资的实际收益率，直到资本不再流入，本国货币贬值，汇率下跌，其他各国持有美元者会纷纷抛售美元。结果，美国出口产品价格下降，进口产品价格上升，出口大于进口，这等于把失业传递到国外。

第二节　比较优势和资源赋予学说

（一）比较优势理论

由英国经济学家大卫·李嘉图提出的比较优势理论说明，各国专门生产该国最擅长、最有效率的产品，然后换取它们无法生产或生产效率不高的产品，最终大家都有利可图。这种理论认为，一国生产自己相对成本低的产品与别国进行交换，对双方都是有利的。例如，英国与葡萄牙生产呢绒与葡萄酒的成本情况如表20—1所示。

表20—1　　英国与葡萄牙生产呢绒与葡萄酒的成本

国　别	呢　绒	葡萄酒
英国	100	120
葡萄牙	90	80

表20—1中，葡萄牙生产这两种产品都比英国有利。在这种情况下，双方贸易的基础就不是绝对成本而是相对成本。

从葡萄牙来看，生产呢绒的成本是英国的90%，生产葡萄酒的成本是英国的67%。葡萄牙生产两种产品都绝对有利，但生产葡萄酒的相对优势更大。从英国来看，生产呢绒的成本是葡萄牙的 1.1 倍，生产葡萄酒是葡萄牙的 1.5 倍。英国生产这两种产品都绝对不利，但生产呢绒相对有利一些。这样双方生产自己相对有利的产品，并进行交换就是有利的。英国生产呢绒，换取葡萄牙的葡萄酒；葡萄牙生产葡萄酒，换取英国的呢绒。这是因为，英国 220 单位的劳动可以生产出 2.2 单位的呢绒，葡萄牙 170 单位的劳动可以生产出 2.125 单位的葡萄酒。两国按 1∶1 的比例交换，则在同样的劳动成本下，能消费的产品都增加了。

比较优势理论在国际贸易理论中具有重要的地位，成为自由贸易政策的依据。以后的各种国际贸易理论都是由此而发展起来的。

（二）资源赋予学说

资源赋予学说由瑞典人赫克歇尔（E. Hecksher）和俄林（B. Ohlin）提出，所以也称为俄林-赫克歇尔定理。

李嘉图的比较优势理论强调的是各国间劳动生产率的差异，而俄林-赫克歇尔定理强调的是各国自然资源赋予的差异。这一学说的基本内容是：各种商品生产中所使用的各种生产要素的比例是不相同的。使用劳动多的是劳动密集型产品，使用资本多的是资本密集型产品。各国由于资源赋予的不同，各种生产要素的多少与价格就不同，有些国家劳动力丰富，劳动的价格低；有些国家资本丰富，资本的价格低。在国际间，生产要素的流动要受到一定的限制。因此，各国就生产自己具有资源优势的产品。劳动力丰富而价格低的国家生产劳动密集型产品；资本丰富而价格低的国家生产资本密集型产品，然后进行交换。因为各自都是出口自己生产要素价格低的产品，进口自己生产要素价格高的产品，结果对双方都有利。

（三）机会成本理论

现实中，要衡量生产某种商品的资源成本是相当困难的。为此，经济学家用机会成本差异来解释贸易可以带来的利益。

假定在 A 国，投入一个资源单位可生产 10 千克小麦或 6 件衣物，这意味着 1 千克小麦的机会成本是 0.6 件衣物（即 6/10），而每件衣物的机会成本是 1.67 千克小麦（即 10/6）。

在 B 国，投入一个单位资源可生产出 10 千克小麦或 20 件衣物，也就是说，1 千克小麦的机会成本是 2.0 件衣物（即 20/10），而 1 件衣物的机会成本是 0.5 千克小麦（即 10/20）（见表 20—2）。

表 20—2　　A、B 两国生产小麦和衣物的机会成本

国　别	小麦（千克）	衣物（件）
A 国	0.6 件衣物	1.67 千克小麦
B 国	2.0 件衣物	0.5 千克小麦

根据表 20—2，A 国为增加 1 千克小麦需要放弃的衣物件数小于 B 国(0.6<2.0)；B 国为增加 1 件衣物需要放弃的小麦数量小于 A 国（0.5<1.67）。如果由 A 国生产小麦而由 B 国生产衣物，其产量为 10 千克小麦、20 件衣物，其总产量组合优于分别由 A 国和 B 国生产两种商品的其他选择（如 A 国生产 10 千克小麦，B 国生产 10 千克小麦；A 国生产 6 件衣物，B 国生产 20 件衣物；A 国生产 6 件衣物，B 国生产 10 千克小麦）。

第三节 汇率制度

一、固定汇率制

固定汇率制是指一国货币同他国货币的汇率基本固定，其波动仅限于一定的幅度之内。在这种制度下，中央银行固定汇率，并按这一水平进行外汇的买卖。中央银行必须为任何国际收支盈余或赤字按官方汇率提供外汇。当有盈余时购入外汇，当有赤字时售出外汇，以维持固定的汇率。

实行固定汇率制有利于一国经济的稳定，也有利于维护国际金融体系与国际经济交往的稳定，减少国际贸易与国际投资的风险。但是，实行固定汇率制要求一国的中央银行有足够的外汇或黄金储备。如果不具备这一条件，必然出现外汇黑市，黑市的汇率要远远高于官方汇率，这样反而会不利于经济发展与外汇管理。

二、浮动汇率制

浮动汇率制是指一国中央银行不规定本国货币与他国货币的官方汇率，听任汇率由外汇市场自发地决定。

浮动汇率制又分为自由浮动与管理浮动。自由浮动又称“清洁浮动”，是指中央银行对外汇市场不采取任何干预措施，汇率完全由市场力量自发地决定。管理浮动又称“肮脏浮动”，是指实行浮动汇率制的国家，其中央银行为了控制或减缓市场汇率的波动，对外汇市场进行各种形式的干预活动，主要是根据外汇市场的情况售出或购入外汇，以通过对供求的影响来影响汇率。

实行浮动汇率制有利于通过汇率的波动来调节经济，也有利于促进国际贸易，尤其在中央银行的外汇与黄金储备不足以维持固定汇率制的情况下，实行浮动汇率制对经济较为有利，同时也能取缔非法的外汇黑市交易。但浮动汇率制不利于国内经济和国际经济关系的稳定，会加剧经济波动。

为说明浮动汇率（均衡汇率），我们作图解释。如图 20—2 所示，假定只有两个国家参与外汇市场，图中本国为中国，外国为美国。横轴代表外汇（美元）的数量，自由浮动汇率就是能使外汇市场上对美元的需求和对美元的供给相等的汇率。

中国对美元的需求产生于中国对美国产品和劳务及各种资产（包括股票、债券等）的需求。当兑换 1 美元需要支付较多的人民币时，以人民币单位衡量，美国的产品和劳务价格较高。因此，中国对美国的产品、劳务及各种资产的需求量较低，从而中国对美元的需求量较小。反之，当兑换 1 美元需要支付的人民币较少时，中国对美国产品和美元的需求量较大。根据这种关系，可得出对美元的需求曲线。

美元供给产生于美国对中国产品、劳务及各种资产的需求。美元的供给与汇率的关系和对美元的需求与汇率的关系正好相反。当 1 单位美元可以兑换较多的人民币时，以美元单位衡量，中国产品、劳务及资产价格较低，美元供给较大，根据这一关系，可以给出美

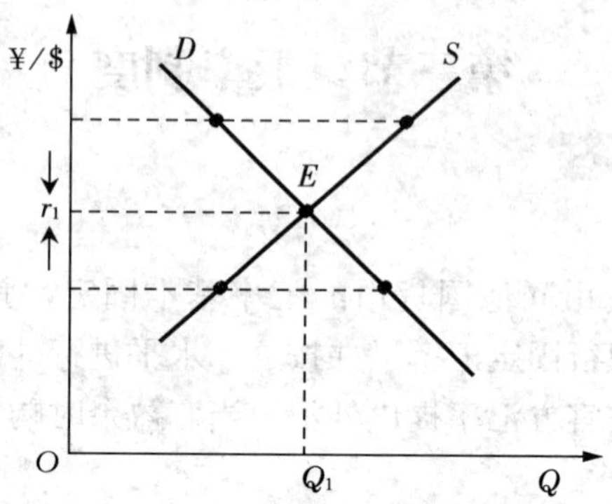

图 20—2　汇率由美元的供求决定

元供给曲线。图 20—2 中，美元的供给曲线 S 与对美元的需求曲线 D 相交于点 E，点 E 对应的汇率水平即均衡汇率。当实际汇率高于均衡汇率时，对美元的需求小于美元的供给，汇率会下降；当实际汇率低于均衡汇率时，对美元的需求大于美元的供给，汇率会上升。在自由浮动汇率制度下，汇率会自动上升至均衡汇率水平。

第四节　国际收支平衡表

国际收支是一国在一定时期内（通常是一年内）对外国的全部经济交往所引起的收支总额的对比。这是一国与其他国家之间经济交往的记录。国际收支集中反映在国际收支平衡表中（见表 20—3），该表按复式记账原理编制。

表 20—3　　**××××年美国国际收支平衡表**

单位：亿美元

项　　目	贷方	借方	净额
Ⅰ. 经常项目			
1. 货物品贸易额	2 000	2 610	−610
2. 劳务和其他			+190
3. 经常项目平衡差额			−420
Ⅱ. 资本项目			
4. 资本流量	820	490	
5. 资本项目平衡差额			+330
Ⅲ. 统计误差			+80
6. 需要清偿的总额			−10
Ⅳ. 官方结算差额			
(美国官方储备资产变动净额)			+10
7. 形式上的总计净额			0

现在根据表 20—3 来分析与国际收支有关的问题。

一、编制国际收支平衡表的基本原则

(1) 只有国内外经济单位间的经济交易才记入国际收支中，其中包括居民、企业与政府。区分国内与国外的概念十分重要，例如一家企业在国内营业的部分被作为国内，而在外国的子公司被作为国外。

(2) 要区分借方和贷方两类不同的交易。借方是国内单位付给国外单位的全部交易项目，交易中会支出货币，是一国资产减少或负债增加；贷方是国外单位付给国内单位的全部交易项目，交易中会增加货币收入，是一国资产增加或负债减少。在国际收支平衡表上，最后借方与贷方总是平衡的。

(3) 国际收支平衡表是复式簿记。

二、国际收支平衡表的内容

国际收支平衡表中的项目分为三类：

1. 经常项目

经常项目又称商品和劳务项目，包括：(1) 商品(进出口)；(2) 劳务，如运输、保险、旅游、投资劳务(利息、股息、利润)、技术专利使用费，及其他劳动；(3) 国际间单方转移，如宗教、慈善、教育事业赋予、侨汇、非战争赔款等。

2. 资本项目

资本项目指一切对外资产和负债的交易活动，如各种投资、股票与债券交易等。

3. 官方储备项目

官方储备项目是国家货币当局对外交易净额，包括黄金、外汇储备等的变动。如果一国贷方大于借方，则这一项会增加；反之，如果一国借方大于贷方，则这一项会减少。

误差项是在借方与贷方最后不平衡时，通过这一项调整使之平衡。

三、国际收支的均衡与不均衡

在不考虑官方储备项目的情况下，国际收支有平衡与不平衡两种情况。不平衡又分为国际收支顺差与国际收支逆差两种情况。

当经常项目与资本项目的借方与贷方相等，也就是在国际经济活动中一国的总支出与总收入相等时，就称为国际收支平衡。这里要注意的是，国际收支平衡指经常项目与资本项目的总和平衡。这就是说，如果经常项目的顺差（或逆差）与资本项目的逆差（或顺差）相等，则国际收支就还是平衡的。国际收支平衡时官方储备项目不变。

当经常项目与资本项目的借方与贷方不相等时，就是国际收支不平衡。如果贷方大于借方，即总收入大于总支出，则国际收支顺差，或者说国际收支有盈余。如果借方大于贷方，即总支出大于总收入，则国际收支逆差，或者说国际收支有赤字。就经常项目与资本项目来说，如果经常项目和资本项目都有盈余，则国际收支有盈余；如果经常项目和资本项目都为赤字，则国际收支为赤字。如果经常项目的盈余大于资本项目的赤字，则国际收支有盈余。如果经常项目的盈余小于资本项目的赤字，则国际收支有赤字。如果经常项目的赤字大于资本项目的盈余，则国际收支为赤字。如果经常项目的赤字小于资本项目的盈余，则国际收支有盈余。

当国际收支顺差，即有盈余时，会有黄金或外汇流入，即官方储备项目增加；当国际收支逆差，即有赤字时，会有黄金或外汇流出。这也就是说，当国际收支中的经常项目与资本项目之和不相等，即国际收支不平衡时，要通过官方储备项目的调整来实现平衡。

【思考题】

1. 仔细思考下列观点。

(1)“尽管比较优势理论过于简单化，却很深刻。忽视比较优势的国家会在生活水平和经济增长方面付出沉重的代价。”

(2)“西方经济学者在货物和技术贸易方面极力推销他们的比较优势、自由贸易学说，却闭口不谈发达国家在劳动力国际间流动方面设置的种种障碍和限制。试想，连人力这样重要的资源都不能自由流动，还谈何贸易自由?”

2. 完全自由的国际贸易会使实际工资像两个相互连接的管道里的水一样趋于相同水平吗？为什么？

3. 不发达国家的贷方项目是国外借款，成熟的发达国家的特点则是向其他国家放款。当一国经过较长时间发展后，就可能由借款人变成放款人，这种转变将影响其国际收支的状况。试设立不同类型国家的国际收支平衡表（年轻的债务国、成熟的债务国、新兴债权国、成熟的债权国）。

4. “高关税可以给政府带来较多财政收入，高关税还可以使国内免受竞争。”这种说法对吗?

5. 保护“幼稚行业”往往是不发达国家提出的一种观点。据说在国内产业年幼无知的时期，没有能力与国外成熟的生产者相竞争，需要保护。请判断这种说法含有多少正确的成分。

6. 请画出均衡汇率图，说明政府干预会如何改变该国的汇率。如果美国出售美元换取外国货币，这对美元会产生什么影响？有人认为，如果美元的供给具有完全弹性（水平线），那么干预就会无效。为什么？

7. 如果一国突然发现了新的油田并进入国际市场，该国的贸易收支会出现顺差还是逆差？该国自由浮动的货币会增值还是贬值?

参考文献

(1) [美] 萨缪尔森，诺德豪斯. 经济学. 第十二版. 北京：中国发展出版社，1992
(2) Samuelson and Nordhaus. *Economics*. 14th Ed. , McGrawhill Inc. , New York, 1992
(3) [美] 凯斯，费尔. 经济学原理. 北京：中国人民大学出版社，1994
(4) [美] 雷诺兹. 宏观经济学. 北京：商务印书馆，1986
(5) [美] 雷诺兹. 微观经济学. 北京：商务印书馆，1986
(6) [英] 凯恩斯. 就业、利息和货币通论. 北京：商务印书馆，1988
(7) 高鸿业，吴易风. 西方经济学. 北京：经济科学出版社，1988

教学支持说明

中国人民大学出版社经济分社与人大经济论坛(www. pinggu. org)于 2007 年结成战略合作伙伴后,一直以来都以种种方式服务、回馈广大读者。

为了更好地服务于教学一线的任课教师与广大学子,现中国人民大学出版社经济分社与人大经济论坛做出决定,凡使用中国人民大学出版社经济分社教材的读者,填写以下信息调查表后,发送电子邮件、邮寄或者传真给我们,经过认证后,我们将会向教师读者赠送人大经济论坛论坛币 200 个,向学生读者赠送人大经济论坛论坛币 50 个。

教师信息表	学生信息表
姓名:	姓名:
大学:	所读大学:
院系:	所读院系:
教授课程:	所读专业:
联系电话:	入学年:
Email:	QQ 等联系方式:
论坛 id:	Email:
使用教材:	论坛 id:
论坛识别码(请抄下面的识别码):	使用教材:
	论坛识别码(请抄下面的识别码):

我们的联系方式:

Email:gaoxiaofei11111@sina. com

邮寄地址:北京市中关村大街甲 59 号文化大厦 1506 室经济分社,100872

传真号:010 - 62514775

附:人大经济论坛(www. pinggu. org)简介

人大经济论坛依托中国人民大学经济学院,于 2003 年成立,致力于推动经济学科的进步,传播优秀教育资源。目前已经发展成为国内最大的经济、管理、金融、统计类在线教育和咨询网站,也是国内最活跃和最具影响力的经济类网站:

- 拥有国内经济类教育网站最多的关注人数,注册用户以百万计,日均数十万经济相关人士访问本站
- 是国内最丰富的经管类教育资源共享数据库和发布平台
- 提供学术交流与讨论的平台、经管类在线辞典、数据定制和数据处理分析服务、免费的经济金融数据库、完善的经管统计类培训和教学相关软件

论坛识别码:pinggu_com_1545967_4210768

教学支持说明

中国人民大学出版社经济分社与中国经济学教育科研网(www. cenet. org. cn)一直以来都有着密切的合作关系,这些年来为共同推动现代经济学在中国的传播与进步而成为紧密的合作伙伴。如今为了能更好地服务于教学一线的任课教师与广大学子,双方再次合作开展向全国高校教师与学子馈赠下载积分的活动——凡使用中国人民大学出版社经济分社教材的读者,填写以下信息调查表后,发送电子邮件或者邮寄或者传真给我们,经过认证后,我们将会给教师读者赠送中国经济学教育科研网下载积分 200 分,学生读者赠送下载积分 50 分。

教师信息表	学生信息表
姓名:	姓名:
所在院校:	所读院校:
所在院系:	所读院系:
教授课程:	所读专业:
联系电话:	入学年份:
Email:	QQ 等联系方式:
下载账号:	Email:
使用教材:	下载账号:
	使用教材:

我们的联系方式:

Email: gaoxiaofei11111@sina. com

邮寄地址:北京市中关村大街甲 59 号文化大厦 1506 室经济分社,100872

传真:010 - 62514775

附:中国经济学教育科研网(www. cenet. org. cn)简介

中国经济学教育科研网(简称 CENET)于 1998 年 12 月由北京大学中国经济研究中心创办,现由中国经济学年会秘书处和北京大学国家发展研究院共同主办,是中国经济学年会秘书处的官方网站,同时也是国内外经济学教育科研领域信息发布的专业平台。

● 网站为经济学人、各大学经济学院(系)以及相关的科研机构、出版社提供免费的信息发布。

● 网站有经济学博客、个人建站系统、经济学资源下载系统、经济学论坛等功能强大的专业系统。

● 网站依托北京大学深厚的人文环境和中国经济学年会的号召力,聚集了国内 100 多所高等院校财经专业的学生、教师和学者资源。

● 网站与国内外多所经济学教育机构、研究机构及金融机构有密切的合作关系,是目前国内经济学教学科研信息最丰富的大型门户网站。

图书在版编目（CIP）数据

现代西方经济学（第二版）/陈友龙等编著.—2版.—北京：中国人民大学出版社，2011.5
21世纪经济学系列教材
ISBN 978-7-300-13700-1

Ⅰ.现… Ⅱ.陈… Ⅲ.西方经济学—高等学校—教材 Ⅳ.F091.3

中国版本图书馆CIP数据核字（2011）第080913号

21世纪经济学系列教材
现代西方经济学（第二版）
陈友龙 缪代文 编著
Xiandai Xifang Jingjixue

出版发行	中国人民大学出版社		
社　　址	北京中关村大街31号	邮政编码	100080
电　　话	010－62511242（总编室）		010－62511398（质管部）
	010－82501766（邮购部）		010－62514148（门市部）
	010－62515195（发行公司）		010－62515275（盗版举报）
网　　址	http://www.crup.com.cn		
	http://www.ttrnet.com（人大教研网）		
经　　销	新华书店		
印　　刷	三河市汇鑫印务有限公司	版　　次	2002年2月第1版
规　　格	185mm×260mm　16开本		2011年5月第2版
印　　张	19 插页1	印　　次	2017年6月第5次印刷
字　　数	426 000	定　　价	32.00元